风华初现

——福兴堂建筑保护与修复

高小倩 林从华 吴征 等著

中国建筑工业出版社

图书在版编目（CIP）数据

风华初现：福兴堂建筑保护与修复／高小倩等著.
—北京：中国建筑工业出版社，2018.7
ISBN 978-7-112-22254-4

Ⅰ.①风… Ⅱ.①高… Ⅲ.①民居－古建筑－文物保护－研究－永春县 ②民居－古建筑－修复－研究－永春县 Ⅳ.①K928.71

中国版本图书馆CIP数据核字（2018）第106506号

责任编辑：徐晓飞　张　明
装帧设计：锋尚设计
责任校对：张　颖

风华初现
——福兴堂建筑保护与修复
高小倩　林从华　吴征　等著

*

中国建筑工业出版社出版、发行（北京海淀三里河路9号）
各地新华书店、建筑书店经销
北京锋尚制版有限公司制版
北京中科印刷有限公司印刷

*

开本：787×1092毫米　1/16　印张：17½　字数：382千字
2018年9月第一版　2018年9月第一次印刷
定价：90.00元
ISBN 978-7-112-22254-4
（31896）

版权所有　翻印必究
如有印装质量问题，可寄本社退换
（邮政编码100037）

目录

第一章
绪论

1.1 研究缘起与目的 ... 002
1.2 省级文物公告内容 ... 004
1.2.1 省级文物保护单位公告内容 ... 004
1.2.2 福兴堂保存价值综合评估 ... 004
1.3 研究项目与研究范围 ... 005
1.3.1 调查研究与修复计划 ... 005
1.3.2 研究范围 ... 005
1.4 调查研究方法 ... 006
1.5 研究目标环境概述 ... 007
1.5.1 岵山镇概况 ... 007
1.5.2 岵山交通系统 ... 009
1.5.3 岵山文化与社会 ... 009
1.5.4 福兴堂周边建筑现况 ... 010
1.5.5 福兴堂附属建筑现况 ... 010
1.5.6 福兴堂附近植栽调查 ... 012

第二章
永春李家大院（福兴堂）历史沿革与变迁

2.1 永春岵山千年古镇文化地景 ... 014
2.1.1 岵山镇现况 ... 014
2.1.2 岵山盆地聚落布局与文化地景 ... 016
2.2 李家商业版图沿革与回馈 ... 019
2.2.1 李家起家：企业经营模式 ... 019
2.2.2 商贸城市、流动与回馈 ... 021
2.3 永春岵山李家的福兴堂厝（1942—1947） ... 023
2.3.1 李家片区 ... 023
2.3.2 李家田中大厝 ... 024

第三章
建筑空间组织形态分析及建筑形貌考证

3.1 泉州传统古民居建筑类型叙述 ... 028
3.1.1 官式大厝 ... 028
3.1.2 手巾寮 ... 029
3.1.3 骑楼厝 ... 029
3.1.4 洋楼 ... 029

3.2 合院型（官式大厝）传统建筑空间形态概述..................030
3.3 福兴堂建筑空间特性描述..................051

第四章
建筑构造与材料分析

4.1 清末民初泉州（闽式）建筑构造特质描述..................054
4.2 福兴堂建筑结构构架系统分析..................054
 4.2.1 屋架及墙身构造分析..................054
 4.2.2 屋顶构造及作法分析..................074
 4.2.3 墙面装修材料及作法分析..................085
 4.2.4 门窗及五金零件作法分析..................119
 4.2.5 台基构造分析..................135

第五章
装饰艺术分析

5.1 中国传统建筑装饰特点..................148
 5.1.1 "成教化，助人伦"的艺术主张..................148
 5.1.2 "图必有意，意必吉祥"的创作理念..................148
 5.1.3 以线条造型体现中国绘画风格精髓..................148
5.2 永春县李家大院福兴堂建筑装饰特色..................149
 5.2.1 中外文化兼收..................150
 5.2.2 古今装饰并举..................151
 5.2.3 多种宗教民俗元素共存..................152
5.3 永春县李家大院福兴堂建筑装饰分类..................154
 5.3.1 雕刻艺术..................154
 5.3.2 灰泥塑艺术..................158
 5.3.3 书画艺术..................159

第六章
现况及损坏状况调查分析

6.1 福兴堂破损记录与分析..................164
 6.1.1 建筑周边现况调查与损坏分析..................165
 6.1.2 大木作现况调查与损坏分析..................168
 6.1.3 屋顶现况调查与损坏分析..................173
 6.1.4 墙体及门窗现况调查与损坏分析——门窗..................179
 6.1.5 墙体及门窗现况调查与损坏分析——墙体..................196
 6.1.6 装饰现况调查与损坏分析..................206

  6.1.7 台基、踏步、铺面现况调查与损坏分析 211

  6.1.8 柱系统现况调查与损坏分析 217

第七章
保存维护与修复准则

7.1 建筑保存价值定位与修复目标 228

7.2 福兴堂文物建筑修复策略 228

7.3 福兴堂文物建筑修复计划 231

第八章
文物建筑空间再利用规划方案与建议

8.1 福兴堂空间再利用课题分析及相关案例 238

  8.1.1 福兴堂原居住者经营管理空间 238

  8.1.2 文化展示空间 238

  8.1.3 民宿空间 238

  8.1.4 资源与潜力分析 239

8.2 再利用规划方案 243

  8.2.1 福兴堂再利用分期计划 243

  8.2.2 福兴堂再利用方案建议 244

参考文献 250

附录 252

 附录一：李鸿良访谈记录 252

 附录二：陈耕爱访谈记录 255

 附录三：埔尾瓦窑访谈记录 258

 附录四：瓦窑陈先生采访记录——屋顶的铺瓦过程讲解 259

 附录五：泥水匠师傅朱龙采访记录 261

 附录六：图目录 264

 附录七：表目录 271

第一章
绪论

1.1 研究缘起与目的

福兴堂坐落于岵山塘溪村"班上李"的一个小土坡上，是永春著名爱国商人李武宗及其胞弟李武庸耗尽一生心血的杰作。建筑始建于1942年，于1947年竣工，后历经时代变迁，福兴堂一直见证了李氏家族的兴衰。建筑落成后没多久，抗日战争胜利，李武宗在"土改"中被打为"工商业地主"，李氏资产随之充为国有，其中就包括福兴堂。

土改时期，岵山的建筑地产经历了一番大的整顿，福兴堂成为岵山镇区公所，后来又被改为岵山镇全镇粮食集放点，随后在1961年，建筑整体被征为部队后勤物资储备仓库，到"文革"期间，福兴堂大厝被用于全县"五类学习对象"集中学习改造的地方，成了永春县"五类学习班"。"文革"结束后，大厝又成为岵山塘溪村小学的幼儿班学习地。直到1986年永春县岵山镇落实归还土地政策，福兴堂的产权才得以归还李氏后人的手中，由李氏族亲居住管理。

福兴堂建筑外观与样式直接传承闽南传统建筑技艺，因时值西方文化引入，并表现在建筑精湛的工艺上。福兴堂整座建筑由李氏兄弟聘请各地能工巧匠建造而成，建筑材料经过精挑细选，雕刻材料有辉绿岩、花岗岩、樟木、桧木等，均由福建省乃至全国最好的匠工雕刻而成。

永春县人民政府于2000年9月公布福兴堂为第三批县级文物保护单位，2013年1月28日福建省人民政府公布其为第八批省级文物保护单位。福兴堂是塘溪村重要的物质形态遗产，也是具有丰富文人涵养及工艺技术超群的非物质形态文化遗产。塘溪村特有的围田村落特征、侨乡与闽南住居文化及生活形态等，对福兴堂的建筑发展有着重要的影响。

ICOMOS世界文化遗产组织在1999年墨西哥召开并制订《乡土建筑遗产宪章》，文中阐述对乡土建筑对社会具有重要的价值，宪章中特别强调："乡土建筑遗产在人类的情感和自豪中占有重要的地位。……它是人类的作品，也是时代的创造物。……如果不重视保存这些组成人类自身生活核心的传统和谐，将无法体现人类遗产的价值。……乡土建筑遗产是重要的，它是一个社会的文化的基本表现，是社会与它所处地区的关系的基本表现，同时也是世界文化多样性的表现。"

中国传统村落即拥有物质形态和非物质形态文化遗产。2012年4月在冯骥才先生的倡议下，由住房与城乡建设部、文化部、国家文物局、财政部等联合启动了中国传统村落的调查与认定，福兴堂是永春县重要的县级及省级文物，其所在的岵山镇塘溪村，即在第二批中国传统村落公布名单之列。

根据《福建省文物保护管理条例》第3条规定："地方各级人民政府负责本行政区域内的文物保护工作。文物行政主管部门对本行政区域内的文物保护实施监督管理。"第4条则阐明："县级以上人民政府应当加强对文物保护工作的领导，将文物保护纳入国民经济和社会发展规划、土地利用总体规划、城乡建设规划和风景名胜区规划，协调解决

图1-1 福兴堂"文物保护单位"立碑

文物保护工作中的重大问题,正确处理经济建设、社会发展与文物保护的关系,确保文物安全。"明确地指出在地方发展过程中,应顾及文物保存的重要性,又依据《文物认定管理暂行办法》第8条:"县级以上地方文物行政部门认定文物,应当开展调查研究,收集相关资料,……"为了彰显福兴堂文物价值及加强文物保护的宣传教育推广[1],由永春县住房和城乡规划建设局委托福建工程学院建筑与城乡规划学院执行"永春县李家大宅院古建筑保护"的调查研究与教育出版工作项目,调查研究工作包含文献史料的梳理及现场调查,了解福兴堂的现存的建筑现况及相关设施的变迁,探究建筑形态、构造形式及损坏状况,制定保存的策略及保存效益的评估;教育出版具有推广与宣传的功能,更可以提高全民的保护意识,对文物的保存具有积极的效益。

福兴堂是永春县重要的民居建筑,现况保存尚良好,虽然部分空间因多次挪为他用,已难恢复其原貌,但仍可由本宅使用者的口述了解遗产相关概况。从《奈良宣言》的精神来看,遗产价值与真实性的评断是无法有固定的评断,因此必须在其所归属的文化脉络下进行考虑及评判,而评判结果的可信度与真实性更是来自非常多样性的信息来源[2],包括形式与设计(form and design)、材料与物质(material and substance)、使用与机能(use and function)、传统与技术(traditions and techniques)、区位与场合(location and setting)、精神与感情(spirit and feeling)及其他外在或内在的因素。因此,希冀透过本研究的进行,为福兴堂及外围环境留下现况调查、访谈记录、整理与分析等研究成果,来彰显文物建筑的文化遗产价值,研拟修复计划为后续修复工程提供重要的参考依据,再利用的规划方案将作为空间再生重要的指导。

---

[1] 《福建省文物保护管理条例》,2009年08月02日公布,2009年10月1日起施行;本条例第8条:"县级以上地方人民政府及其有关部门应当加强文物保护的宣传教育,增强全民文物保护意识,重视文物保护的研究和人才培养,提高文物保护的科学技术和管理水平"。
[2] ICOMOS, 1994, THE NARA DOCUMENT ON AUTHENTICITY(1994),附录二"信息来源:所有物质的、文字的、口述的与图像的来源,其使人可以了解文化遗产之本质、特殊性、意义与历史"。

1.2 省级文物公告内容

1.2.1 省级文物保护单位公告内容

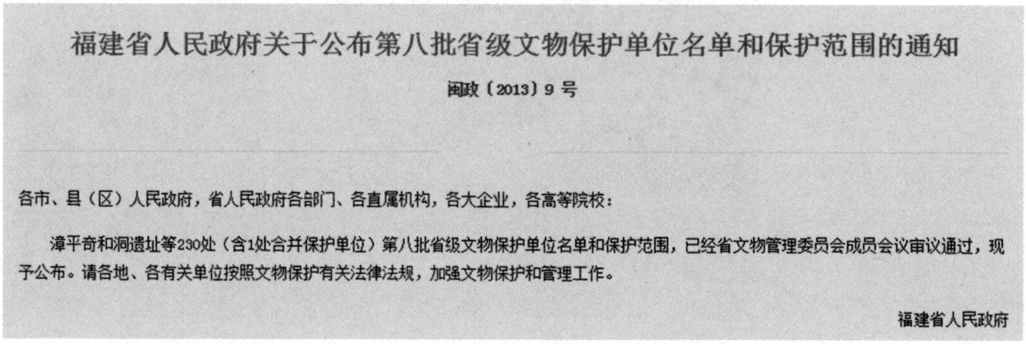

> **福建省人民政府关于公布第八批省级文物保护单位名单和保护范围的通知**
>
> 闽政〔2013〕9号
>
> 各市、县（区）人民政府，省人民政府各部门、各直属机构，各大企业，各高等院校：
>
> 漳平奇和洞遗址等230处（含1处合并保护单位）第八批省级文物保护单位名单和保护范围，已经省文物管理委员会成员会议审议通过，现予公布。请各地、各有关单位按照文物保护有关法律法规，加强文物保护和管理工作。
>
> 福建省人民政府

图1-2　福兴堂列入省文物保护单位文件

福兴堂在2013年被评选为福建省省级文物保护单位，表1-1是入选名单中福兴堂部分的文字节选。

第八批福建省省级文物保护单位名单（节选）　　表1-1

序号	名称	年代	坐落地点	简介	保护范围
222	福兴堂	1943年	永春县岵山镇塘溪村	1943年建，坐西南朝东北，由大门、门厅、两侧厢房、正厅和左右护厝等组成，砖石木混合结构，占地面积1570平方米。门厅面阔五间、进深三柱，正厅面阔五间、进深五柱，均抬梁、穿斗式梁架，悬山顶	堂四周各外延10米

1.2.2 福兴堂保存价值综合评估

福兴堂以其恢宏的屋宇、和谐的架构、轩敞的厅堂被评为福建省省级文物保护单位，其最大的特点在于精湛的建筑工艺，福兴堂作为一个私人宅院，从建筑表现上看得出其正处于继承旧时代与迈向新时代的关键时刻，融合传统技艺及外来文化的冲击，具体表现在建筑艺术表征，是极具时代意义的。

福兴堂的雕刻艺术有匾额、楹联、格言古训、木雕、石雕和剪瓷画。楹联是福兴堂体现始建者人文精神的重要体现，李氏兄弟在建筑福兴堂时邀请了当地知名的文人墨客到家中题刻，有福建省文史馆馆员，永春清末举人、诗人、书法家郑翘松，著名书法家、瓷器画家陈尧民等。楹联的内容丰富多彩，有写生活，写景物，写人生的，引经据典，《法华经》、《礼记》、《诗》、《世说新语》等等，都是楹联取材的范围，另一方面楹联的书写使用了多种字体，小篆、隶书等等均有发现。

格言古训就是福兴堂的教育方针，朗朗上口，如这副"三十二年冬录古人读书格言"："读书欲精不欲博；用心欲纯不欲杂。读书务博，常不尽意；用心不纯，讫无全功。治经之法，不独玩其文章，谈说义理而已。一言一句，皆以养心治性。事亲从政，取友接物，得失忧乐，一考之于书，然后尝古人之糟粕而知味矣。"这也是李氏教育读书的态度。许多格言至今仍然在李家后人中传诵。福兴堂的木雕、石雕和剪瓷画更是巧夺天工，由于战乱，当时各地少有建筑工程，这使得福兴堂能够请到许多一流的师傅，雕刻作品中多有曾经参与建造南京总统府和中山陵的工匠的手艺，为闽南地区罕有。福建莆田仙游开创仙游画派先河而享誉海外的李霞以及书法家陈尧民都在这里留下了墨宝。木雕、石雕和剪瓷画所雕刻的故事都是出自中国传统古典小说和优秀戏剧，如《三国演义》、《郭子仪拜寿》、《昭君出塞》、《穆柯寨》等。雕刻栩栩如生，让人称奇，大厅两侧角间木雕《郭子仪拜寿》和《穆柯寨》更是以多达百人的雕刻场景，成为福兴堂雕刻的一绝。

福兴堂作为岵山的一座古厝，曾经接待过华侨领袖陈嘉庚先生，新加坡规划之父刘太格教授等社会名流。整座建筑的装饰集中反映了闽南地域文化与佛教、基督教、伊斯兰教、西方文化在建筑艺术上的碰撞和融合，是民国时期闽南民居建筑的典型代表作，具有极高的价值。

保存好这些完整的建筑装饰和福兴堂完好的建筑形制，就可以从岵山这一闽南小镇小中见大地窥探闽南地区建筑在近代的演变过程和闽南社会文化的变迁，其所包含的历史价值、人文内涵、艺术美学都是闽南建筑艺术和文化底蕴的体现。

1.3 研究项目与研究范围

1.3.1 调查研究与修复计划

（1）文献史料之搜集及建筑（建造、修建）沿革之考证；
（2）现况调查，包括环境、结构、构造与设备、损坏状况等调查及破坏鉴定；
（3）原有工法调查及施工方法研究；
（4）必要的考古调查、发掘研究；
（5）传统匠师技艺及材料分析调查；
（6）恢复策略、方法的研拟及初步修复概算预估；
（7）文化资产价值与再利用事宜性之评估；
（8）必要的紧急抢修建议；
（9）文物现况测绘及图说（按一定比例的平面、立面、剖面、大样等必要现况测绘及图说制作）。

1.3.2 研究范围

本项目研究范围，系依照由永春县城镇规划设计室拟定的"福兴堂建设控制地带规划图"制定，如图1-3所示。

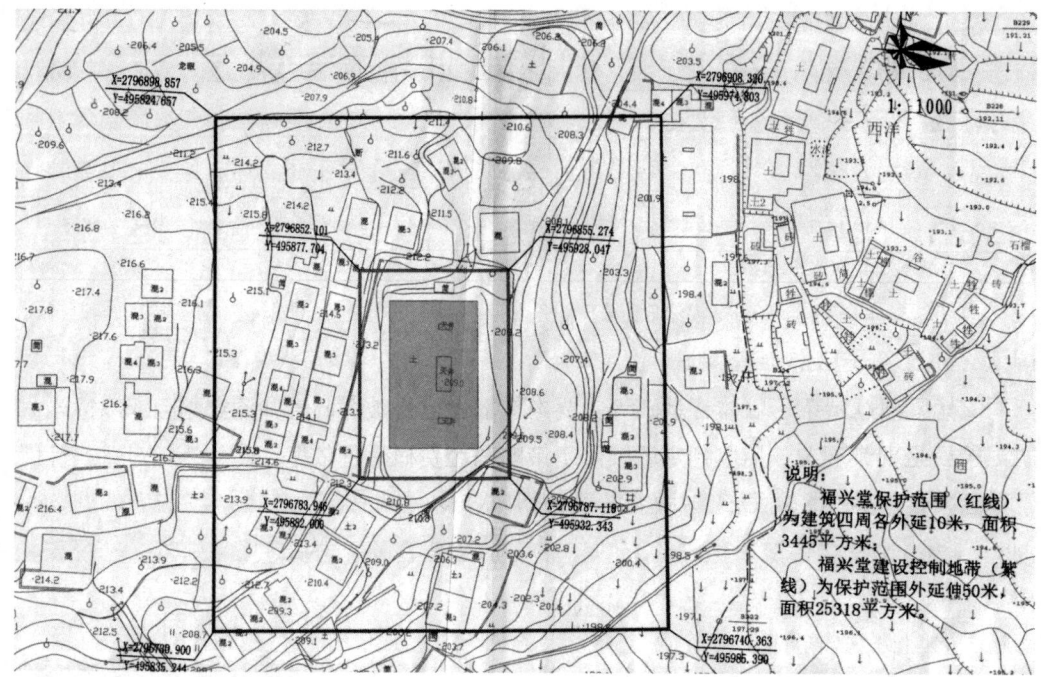

图1-3 福兴堂建设控制地带规划图
（永春县城镇规划设计室提供）

1.4 调查研究方法

1. 文化资产价值判定

在文化资产价值的评定方面，本研究首要进行的工作即在进行全区建筑物现况之基本调查、配合历史文献资料整理后，参酌现行文物保护单位登录基准，拟定"历史价值"、"建筑价值"、"再利用潜力"等项保存价值的评估指针，并予以适当计分比重及方式后评估。

福兴堂虽然兴建年代不是非常久远，但因其匠艺独具，经永春县人民政府于2000年9月公布为第三批县级文物保护单位，2013年1月28日经福建省人民政府公布为第八批省级文物保护单位，其展现岵山在地工艺的价值，也是闽南传统建筑文化的重要证据，当然，创建人李武宗商贾家族的发展在岵山亦具有代表性，这些都是地方相当重要的非物质形态文化遗产。

2. 文献整理

研究将借由现存福兴堂所属之土地资料，并配合各项史料及访谈结果，对历史沿革发展进行记录及考证。

3. 建筑研究

除了说明本身的建筑与空间特质之外，本研究另搜集岵山镇塘溪村邻近民居类型与用途相似的历史建筑进行比较，作为探讨福兴堂建筑形式依据的基础。

4. 构造调查

针对已确认保存价值之福兴堂建筑，依其屋顶、屋架、墙体、基础等主要构造部位进行调查，而各主要构造部位如有特殊细部构造，则予以详细测绘，以作为后续研究的依据，并为其特殊构造留下记录。

5. 结构系统与评估

针对福兴堂屋架、墙体各结构单元内杆件之受力情形，以判定各构件在外力作用下是否有破坏的可能，以及后续是否有补强之必要。

6. 破坏调查及修复建议

依其屋顶、屋架、墙体、基础等主要构造部位进行破坏调查并探究原因，以适当方式记录后呈现其现况，用以判定后续修复策略与经费概估的依据。此外，针对普遍性以及范围较大的破坏模式提出具体的修复方式建议。

7. 再利用计划

（1）再利用必要设施系统及经营管理；
（2）建筑物及外围设施的环境评估。

1.5 研究目标环境概述

1.5.1 岵山镇概况

福兴堂所处的岵山镇位于永春县城南部，距离县城有5公里，东接东平镇，西邻仙夹、达埔，东南与南安相邻，北与桃城、石鼓接壤。全镇总面积54.3平方公里，其中耕地面积1.09万亩。山地面积5.43万亩。永春仅有的四个中国传统村落都在岵山镇境内，分别为塘溪村（即为福兴堂所在村落）、铺上村、浦下村和茂霞村（图1-4）。

岵山镇地处东经117°15′，北纬25°17′，海拔在160～250m，地势由西北向东南倾斜，属南亚热带季风气候，年平均气温20.3℃，年平均降雨量1670mm。周围峰峦环抱，主要山脉有西山、对面山、锡石岩、关公尖、石碧尖、铜墓寨、风鼓隔、东山尖、石竹岐、山后格（图1-5）。

镇区中心为开阔盆地，小姑溪自西北而东南，曲折穿流于盆地中间，青山绿水，秀色夺人。全镇森林覆盖率达70%，森林植被都保护得比较好。植被资源主要有榕树、樟树、荔枝树、松树及一些灌木，此外，还有毛竹、紫竹、水竹等竹类，蕨类，藤类和各类兰科植物。镇区中心地势平坦，成片稻田绵延铺展，自然生态环境良好。

根据《永春县城总体规划调整（2012—2030）》，未来到2030年的20年间，岵山镇的定位为县城周边武术、文化、温泉、娱乐旅游区，其中打造以岵山为核心的古民居资源区，强调古村落保护及商贸休闲区，即闽南典型古村落保护区和永春南大门，重点发展文化休闲服务业和城市型现代物流商贸业。

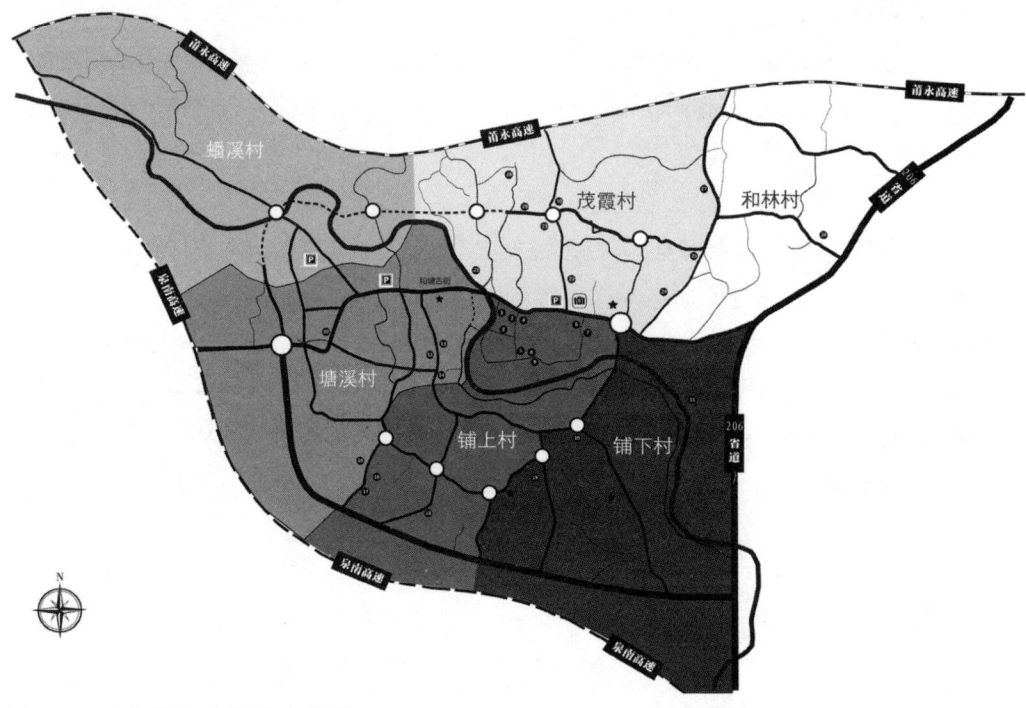

图1-4 岵山镇传统村落分布图

图1-5 岵山镇土地利用现况

1.5.2 岵山交通系统

永春地区对外主要交通形式由高速公路、普通道路、铁路构成，其中公路运输是永春的主要交通形式，铁路由于未经过永春县城，不是其主要的客货流线。纵向方面：泉（州）南（宁）高速公路往北可达泉州大田县，往南可直达泉州市区。横向方面：莆（田）永（定）高速公路，往东通往莆田市区，往西通往龙岩漳平市，同时有省道203线、省道306线过境。铁路方面，有漳泉肖铁路、长泉铁路、德化铁路支线从永春西部过境。

依托永春地区的交通网络，岵山镇南北有莆（田）永（定）高速、泉（州）南（安）高速及省道206线接入，东西岵山夹公路贯穿，其中高速公路在岵山有一个"岵山出口"，高速车辆可以直接由这个出口进出岵山，另一方面省道206线是联结岵山和永春县城的大动脉，车程大约15分钟。

图1-6 岵山镇永春的交通条件

整体而言，岵山处在永春南大门位置，对外交通相对便利，依托其交通网络3小时内可达福建省大部分经济发达地区。

1.5.3 岵山文化与社会

千年的自然滋养，岵山镇拥有着榕树、凤凰木、樟树等百年大树2000多株，其中以古荔枝树最为突出，天然形成一片园林景致。此外，这里延续着传统农耕生活，镇区内稻田绵延成片，呈现出古朴清新的田园风貌。古树、古寨、古厝、稻田相互交错、交相辉映，天然勾勒了一幅自然与人和谐的千年古镇田园山水画卷。

岵山全镇现有完全中学一所（永六中）、完全小学7所、幼儿园10所，适龄儿童入学率达100%，实现了农村九年义务教育。岵山的六大工业支柱产业为建筑装潢、针织雨具、食品老醋等；镇上大力发展传统水稻种植，建设了柑橘、荔枝、龙眼、火龙果、枇杷、麻竹、无公害蔬菜、淡水养殖、养蜂、食用菌等基地，促进了农业增效、农民增收、农村稳定；充分利用便利的交通条件和丰富的自然人文资源优势，发展道口经济和旅游业。2014年，全镇农业总产值15808.08万元，同比增长12.71%；规模以上工业总产值8.99亿元，同比增长21.22%；镇财政总收入2430.4万元，同比增长9.53%；农民人均纯收入12567元，同比增长10.16%。

永春是福建著名侨乡，约有120万侨胞遍布在世界47个国家和地区。同样岵山在明嘉靖二十一年（1542年）就有往吕宋等地谋生的记载，距今已500多年历史。全镇旅居海外的侨胞、港澳台同胞达十数万人，主要分布在东南亚、欧美等地区。他们身居他乡，心怀祖国，热爱桑梓，慷慨捐资家乡兴办公益事业和投资经济建设，对岵山的发展和进步做出了巨大贡献。福兴堂的始建者李氏兄弟也同样旅居香港和南洋等地。

1.5.4　福兴堂周边建筑现况

福兴堂位于岵山镇塘溪村的小山坡上，坐西朝东，建筑四面都临水泥道路，道路宽度为3～4m不等，在建筑西面高于建筑基地的土坡上有多栋村民自建的民宅，砖构结构，高度为3～4层楼高，基本为近年所建，离建筑有一定的距离，在福兴堂保护范围（建筑四周外延10m）之外，但在建设控制地带（保护范围外延伸50m）内，各房屋横平竖直，互相对其，属于经过村民自发的规划形成，福兴堂另外三面皆为茂密的树木。在福兴堂西北面，有福兴堂居民为来访参观的游客建设的一层现代公厕。

整体而言，福兴堂周围建筑环境相对整洁，周边多为村民自建房，都没有明显的建筑风格，但高度基本相似，西面的多栋建筑会对建筑景观造成一定的影响，除此之外并没有出现乱搭建、屋内电线胡乱牵引的现象。

1.5.5　福兴堂附属建筑现况

根据对福兴堂居民的访谈得知，福兴堂西北面有一栋福兴堂居民自建的公共厕所属于福兴堂拥有，在建筑西面离建筑有一段距离还有三间福兴堂居民的祖屋，分别为儒丰堂、儒苑堂、儒林堂。后经实地勘察发现，公共厕所为近期所建，砖构结构，闽南传统屋顶样式，但都采用现代建筑手法施工，外立面贴瓷砖，设有男女厕所以及残疾人厕所，功能现代，环境干净。

三间祖屋通过福兴堂门口的盘山水泥路可以到达，步行约有20分钟路程，儒丰堂三落五间张带双护厝，有人居住，建造年代为1712年，土木结构，穿斗式木构架，基础为石构，墙体夯土，墙面用木板、芦苇夹板抹灰，屋顶悬山顶，燕尾脊，铺小青瓦。儒苑堂三落五间张带双护厝，建于1812年，有人居住。儒林堂建于1942年，三落五间张带双护厝。这三栋建筑建设年代相距大约都是一百年，保存基本完好，建筑形式与福兴堂相同，都属于官式大厝。

图1-7 福兴堂周边建筑现况

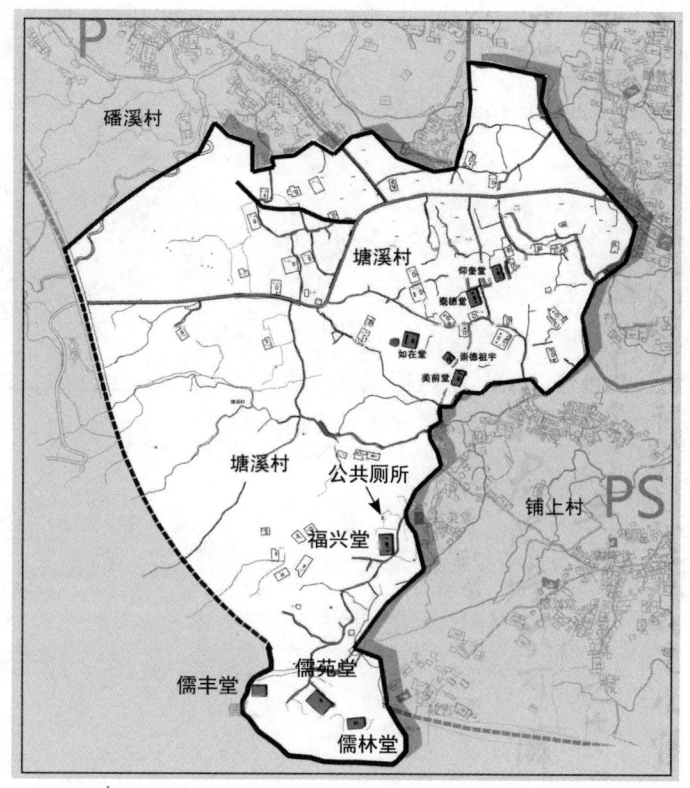

图1-8 福兴堂周边建筑

1.5.6 福兴堂附近植栽调查

本研究只是初步调查福兴堂周边的植栽分布，对于岵山而言其地势由西北向东南倾斜，属南亚热带季风气候，基本植物栽以果树为主。福兴堂位于山坡地，在建筑正门（东侧）有一片荔枝树林，有二十株以上，而后在另外两侧（北、南侧）有荔枝树、龙眼树等，基本都为果树，其经济价值可以依据树干直径及树木年龄作为评定标准，虽然不是古树名木，但不建议砍除。

图1-9 福兴堂周边植被

第二章

永春李家大院（福兴堂）历史沿革与变迁

李家祖上是朝廷下派到泉州永春岵山一带的粮官，中意此地的山水风光，任职期满决定在班上瑞安家落户，以"勤俭"、"耕读"为祖训。福兴堂的李氏一族——父亲李世沂，有三子，老大年轻时亡于东南亚，李武宗（名昭派，1896—1945）排行老二，李武庸（名登梯，1900—1960）排行老三。福兴堂便是由李武宗、李武庸两兄弟筹划兴建而成。

2.1 永春岵山千年古镇文化地景

2.1.1 岵山镇现况

1. 地名源起

岵山得名于桃源姑峰阳山之简称，原名小姑。相传古称南山。

《陈氏族谱》称岵山为小姑。据传元朝末年天下大乱，群雄割据，岵山人民为反抗异族统治，暗中准备起义，因被察觉，朝廷派员征剿，乡民得悉，聚众计议，集所有佛像于宫中，伪装古刹。有一民女愿为尼，诵经礼忏，避过大祸，乡民免于杀戮，后为纪念民女小姑的功德，易岵山为小姑。

2. 政区沿革与人口构成

宋（960—1279年）小姑属永春县集庆乡平安里。

元（1180—1363年）至民国初，岵山均属集庆乡安平里十二都。据乾隆五十二年《永春州志》的永春州疆域图，小姑当时已设有驿站。

民国18年（1929年）属桃林（岵山）区。人们开始把"小姑"称"岵山"，有时也把"小姑"写作"小岵"。民国28年（1939年）设岵山乡。1949年6月，永春县人民政府成立，下设"区"、"乡"，岵山乡属第三区，同年11月划归第五区，1952年划属第八区。1956年6月岵山设区，（辖仙夹）小姑设乡，属岵山区。1956年至1957年先后设初级社、高级社。1958年3月改为岵山乡，小姑属岵山乡；同年10月，与仙夹合并，成立岵山人民公社；1984年改公社为乡，设岵山乡；1988年8月31日改为岵山镇。

2011年末，辖岭头、龙阁、磻溪、塘溪、茂霞、和林、铺上、铺下、南石、文溪、北溪11个行政村，下设119个村民小组。

2011年末，辖区总人口25182人，其中城镇常住人口835人，城镇化率3.31%。另有流动人口4915人。总人口中，男性12838人，占50.98%，女性12344人，占49.02%；14岁以下3817人，占15.16%，15~64岁19207人，占76.27%，65岁以上2252人，占8.94%。总人口中，以汉族为主，达25130人，占99.79%；有壮族、土家族、苗族、布依族、畲族、蒙古族、瑶族、京族、白族、侗族、黎族等52人，占0.21%，超过5人的有壮族、土家族、苗族、布依族共42人，占少数民族的80.77%；壮族17人，占0.06%，土家族13人，占0.05%，苗族7人，占0.03%，布依族5人，占0.02%。2011年人口出生率9.38‰，人口死亡率6.95‰，人口自然增长率2.43‰。[①]

3. 千年古镇现况

现在岵山盆地主要由茂霞、和林、铺上、铺下、塘溪、磻溪部分地区的6个行政村组成，行政村下还分布着46个自然村和3条老街区。

自2012年开始，岵山镇筹备申报中国传统村落和国家级历史文化名镇；2013年，岵山镇茂霞、铺上、铺下、塘溪四个村落入选中国传统村落；2016年通过成为省级的历史文化名镇。

（1）老街区与自然村保存

铺尾街和檺林街当前因城镇建设已经进行了一定改造，但最初的格局和风貌依然存在。和塘街（现塘溪旧街）则保存完好，街道两边建筑及街道两边巷落构造依然保留着民国时期的样貌。

镇区6个村均分布着数量较多的闽南传统民居，因后期建设改造，这些传统民居与普通建筑混合，形成古今对比的风貌。在这看似零散的城镇肌理中，仍然保留着自古以来闽南民居背山面水与私田的格局。此外，一些村落还保留着原始古寨落，或是为抗击土匪而建、或是为自家福泽绵延而建。

（2）保存完整的历史文化名镇

规模：岵山镇境内拥有从明代至近代的350多座古大厝，面积30万平方米，这些民居古厝在古街道、水系、环境、建筑风格等方面，基本保持了传统格局，其中保存完好的有100多座，精品40多幢。

布局形式：从建筑布局和建筑形式看，岵山镇的古厝以硬山及卷棚屋顶、燕尾型屋脊、穿斗式木构架为主要结构，形成"红砖、赤瓦、白石基"独特的闽南特征建筑风格，及"大六路"、"大九架"、"七架二落"等建筑形式，既体现了其建筑形制的多样性，又展示了其布局的规范性，堪称一大特色。

材料：这些民居古厝充分发挥当地泥土、岩石、木材等天然材料特性，形成以木材、红砖、白石为主建材的传统建筑风格。红砖坚固耐磨、具有良好的防潮性能，与闽南潮湿、多台风的气候相适应。石垒土分、竹壁卢墙、朱砖灰瓦等，堪称闽南建筑技艺的活化石。

此外，岵山镇还有明朝福茂寨、清代炮楼、和塘古街、陈氏宗祠、清水祖师故里仙硿岩等文物古迹。

几年前，岵山镇按不大拆大建、修旧如旧的原则，由专业设计团队规划并现场指导施工：按和塘古街原有白石基、红砖墙、小灰瓦、燕尾脊的闽南风格进行立面整治；对古厝按修旧如旧的风格进行整理，同时对线路进行整治，让原本零星分布的古厝、古树、古街、古寨连成一体。

---

① 数据来源：中国·岵山——永春县岵山镇人民政府门户网。

2.1.2 岵山盆地聚落布局与文化地景

1. 家族与聚落选址布局

（1）家族分布

岵山镇有陈、李、郑、林、郭、刘、颜、黄、吴、廖等55个姓氏。依镇志记载，陈弘元于后周显德三年（956年）定居于岵山，陈氏家族于元末（1354年）举族几遭灭绝，其巧世孙陈楠于明末回岵山重创基业。

陈氏家族是岵山盆地的第一大家族，人数最多，而且陈氏宗祠和南山庵等陈氏家族的主要宗祠，都坐落在岵山盆地之中。

（2）聚落选址与布局特征

自然要素与家族要素，主导着岵山盆地聚落的选址。

靠山：岵山盆地四面环山，夏季易受台风袭击，而金溪河河道较小，夏季不时有水患出现。基于生活安全考虑，早期的古厝分布基本上沿盆地内部的微丘布置，体现一定的靠山性，随着家族人数的壮大，古厝开始向盆地其他处微蔓延。同时，出于生产需求，选址也存在一定的靠水性，由古厝分布情况分析，靠山性明显比靠水性强烈些。

面田：古厝选址一般选择在某个坡度以下的区域，靠山面田是第一原则，向阳性也是考虑要素，住宅分布多位于山麓缓坡上，把肥沃的土地留给农田，聚落整体与周边山体形成山——住宅——田——河的聚落布局，这与现代住宅受道路和家族因素影响呈集中或线性布局甚为不同。

住宅围田：岵山民居遵循中国古代顺应地势与自然结合的"天人合一"自然哲学观，逐渐形成了岵山盆地聚落表面混乱，实则有序的散落式聚落布局，并形成建筑围绕中间农田的基本单元。每单元基本构成为：中央是农田，古厝围绕着农田分布，以古厝为中心，形成各式各样的现代住宅，现代住宅正门一般也朝向农田，若有乡间主要街道通过，现代住宅正门选择临街，古厝与现代住宅的房屋均种植着荔枝树，形成了住宅围田的基本格局。

（3）耕读文化地景

当地先民在小山丘的山麓缓坡上修建住宅，住宅又多朝向家族田地而建，形成背山面水的"散村格局"。随着千年来的宗族繁衍生息壮大，岵山聚落不断发展，逐渐形成了带状和团状的"散村"形态。

古时以农耕为主要的生产方式，而生活、读书的传统民居，分布在田野之中，中国古代知识分子便以半耕半读为合理的生活方式，以"耕读传家"为价值取向，形成一种"耕读文化"。这种传统造就了岵山如元代文学家张养浩所云之"依山傍水厝数间，一头犁牛半顷田"的风貌。

岵山依山傍水，读书风气兴盛，在科举时代便涌现出一批进士、举人，如宋朝理学家陈知柔、广东安抚使陈朴、国子司业陈晋接、明代学者陈嘉谋等，还有一些武举人、武进士，有些家族有"七世蝉联"、"一门八俊士"、"两世四名贤"等美誉。

山、水、田、屋、读、官形成了一系列的文化景观，是自然也是人文的。

2. 荔枝文化，滋味地景

岵山镇森林覆盖率达70%，植被资源主要有榕树、樟树、荔枝树、凤凰木、松树及一些灌木等，永春县的百年荔枝大树就有2000余株，多数在岵山镇。

（1）"厝在树中，树在田中"的风水老树

在这些森林植被地景中，以荔枝树最为突出，岵山自古就有新屋落成时种荔枝树传统。岵山镇现有荔枝2000亩3万余株，年产量可达600多吨，卫星定位的百年以上荔枝树达1811株，200年以上的荔枝树有380株，其中以茂霞村为最，百年以上的荔枝树600多株。在塘溪村，在清末炮楼与福兴堂之间，也有隔着一大片树龄百年以上的荔枝树。

茂霞村的荔枝树，几乎遍布每栋房子的房前屋后，树干遒劲粗大，树高16.0米以上，冠径15.0米以上的不在少数。荔枝长相好、长寿，可以为人遮风挡雨，果实好吃且可用于交换，当地人习惯称之"风水树"，宅子也被称为"荔枝宅"。

村里两株树龄500年的荔枝王，是同一时间种下的夫妻树，相距50米，分立南北，如牛郎织女遥遥相望。树干直径约2.5米、连续多年年产优质荔枝1800斤左右，被称"荔枝树王"。现在这两棵荔枝树为茂霞村集体所有，是村民的共同财产与共同历史。

（2）《荔枝谱》中有名

岵山荔枝种植历史悠久，从宋朝时期开始种植，距今已有1000多年历史。

在这里，还流传着一个与荔枝有关的故事。宋代政治家、书法家蔡襄出任泉州太守时，曾到永春第一名山——乐山的"圣泉"为民祈雨，时值荔枝成熟季节，乡民采摘一串红艳艳的岵山荔枝请他品尝。生长在荔乡兴化府的蔡襄品尝岵山荔枝后，觉得其味较之兴化荔枝尤佳，且籽核细小状如花生米。他又看到岵山荔枝的树冠比兴化名种"状元红"高大浓绿，称叹不已。于是，蔡襄便把岵山荔枝列为名种，载入其专著《荔枝谱》。蔡襄的《荔枝谱》，是一本果艺栽培学专著，也是世界上最早的荔枝专著。

明代礼部尚书曹学佺在福建任职时也对岵山荔枝推崇备至，称道："海内如推百果王，鲜食荔枝终第一"。

（3）串连海内外记忆的"百草园"

对于村民们来说，荔园更是童年时"百草园"。

"我们小时候，孩子整天都在树下玩耍，调皮的有时还爬上树掏鸟窝。特别是夏天时，树下特别凉快，左邻右舍的大人们都爱聚在树下'讲古'。"荔枝园，就是乡村地区小朋友的游乐园，也是平常左右邻居休息聚集聊天的公共空间。

即便离乡远赴东南亚经商的族人，对于永春的记忆，岵山荔枝是其第一名产记忆。"桃陵书法桂亭织画翘松诗词三绝思前哲；岵山荔枝太平紫李前溪碧桃上珍忆故乡。"这是马来西亚怡保永春会馆内的一副对联，生动地概括了永春的名人名产，表达了海外侨胞对故乡的眷念深情。①

3. 岵山传统文化与流传

（1）清水祖师信仰文化源头

岵山是闽南五大俗神之首清水祖师出生地。清水祖师一直是闽、台、粤及东南亚地区共同供奉的神祇，信徒众多，遍布海内外。每年清水祖师诞辰、清水祖师祭祖之际，来自各地及海内外的侨亲络绎不绝。此外，这里还信奉保生大帝、广泽尊王、三坪祖师、法祖公四大俗神以及郑成功、戚继光两大民族英雄，这些信仰不仅是千百年的民间文化传承，是闽南文化的重要组成部分，更是联系海内外华侨，延续文化脉络的重要纽带。

（2）宗祠文化的远播

岵山许多地方分布着宗祠，以陈氏宗祠和崇德祖宇最为突出。宗祠内记录着每个直系的繁衍沿承，特别是一些分布在异地乃至海外的侨亲，皆可在宗祠的族谱里找到。一座宗祠，就是一部家族发展史，也是岵山各地侨胞的资料大全。现遇节庆假日，岵山海外亲族都要回乡谒祖，每年进行的"春冬二祭"（清明祭扫祖坟，冬祭以全猪全羊等祭祀先祖），海外各支系均派代表参加，回到宗祠举行祭祖，从未间断。

宗祠文化是闽南文化的重要组成部分，是岵山各地华侨的血脉枢纽和根基。海外永春各类宗乡社团组织也历史悠久，分布地域广。现有110个，其中乡会社团54个、宗亲社团41个、行业及其他社团15个。

（3）民俗民风活动的承传

岵山镇至今保留着完整且丰富的岁时节令、人生礼俗及民间艺术，岁时节令有春节、长命菜、天公生、上元、请火、清明等；特色民俗节日如四月十四吕洞宾诞辰、正月初六清水祖师诞辰、十二月初四三代祖师诞辰等；人生礼俗如婚嫁礼仪、节庆习俗活动等；民间音乐（南音、五音、八音、闹台、闹厅等）、民间舞（鼓队舞、漆篮舞、拍胸舞、碰球舞、高跷舞等）、民间戏曲（如木偶戏、高甲戏、歌仔戏、子弟戏等）。

这些是岵山当地民众的日常生活习惯，也是岵山各地侨亲至今仍遵循的传统习俗，每逢节日，不管是家乡的宗祠寺庙，还是异乡的门房大厅，都会遵照先人教诲，有条不紊，一道一道程序的进行。

岵山的侨乡文化作为典型的闽南文化，已成为世界华人文化的组成部分。

（4）侨乡建筑文化的凝结

侨乡民居，大部分是华侨出国谋生发达后回家修建，因此在主体上保留了闽南传统建筑木框架，又融合了一些西方的建筑特色。

最典型就属"骑楼式"古厝：①形式方面，采用层楼建筑形式，少采用合院式的单层建筑形式；门前也多采用科林多式圆形廊柱；楼前屋后还会有一些花草园地；②建材

---

① 福建省海外交流协会，2004，岵山荔枝，福建侨报，http://www.66163.com/fujian_w/news/fjqb/040611/4_6.html

方面，就地以传统的土、木、石、砖为主要建筑材料，增加钢筋、水泥、有色玻璃、金属材料、马赛克、釉面砖等，在新中国成立前，一般民居很少见这种建材；③装饰方面，既采取以木刻、石雕、泥塑等方法为建筑的装饰品，又增加西方或东南亚的花纹、图案等装饰方法等。

这种中西结合的民居建筑形式，是闽南侨乡独特的民居建筑形式，岵山镇凝结了这种建筑文化。

2.2 李家商业版图沿革与回馈

2.2.1 李家起家：企业经营模式

1. 李家的商业版图

李武宗的企业汇总表　　　　　　　表2-1

城市	公司名称	经种种类	备注
永春县城五里街		批发土特产、棉布	李世沂（父） 福州、泉州出货
泉州	永盛兴批发公司	棉布、棉纱	与周卿章（桃溪人）、刘士城（达埔人）、刘帮（留安人）合资开店
上海	永顺兴进出口商行		与上海商人郑崇丘、郑崇瑞（仙夹人）、郑金桂（岵山铺下人，日本籍）合资开店［另一据资料（永春县志：人物志：周公甫、沈逢源），与周公甫、沈逢源、梁祖选、郑文良合组］
上海	鸿荣商行	棉布进出口	
上海	上海九峰织布厂	织布	股东
上海	上海大丰布行	布	股东
上海	大上海百货公司		股东
上海	上海鑫大公司		股东
上海	上海谊联银行	银行	股东
福州	福州胜津火柴厂	火柴	股东
福州	福州福胜兴公司		股东
福州	福联兴公司		股东
泉州	泉永通公司		股东
武汉汉口	裕记庄棉布贸易公司	棉布	股东
宁波	宁波宁德公司		股东
温州	温州棉布批发站	棉布	股东

续表

城市	公司名称	经种种类	备注
莆田	涵江友丰棉布商行	棉布	股东
永安县	新兴茂贸易公私		股东
香港	南荣贸易公私（华隆行？）		股东（永春县志·人物志）
马来西亚，新加坡，印度尼西亚		土特产和棉布	合股
永春县城	长合兴棉布批发公私	棉布	家族企业，李武庸主经营

数据来源：据李鸿良口述资料（2014）以及《永春县志-人物志》（2015）整理

（1）勤俭、耕读与诚信经营

李武宗以挑货郎的角色走上经商之路，识字不多，但机灵勤奋，从小跟父亲学得一些经商诀窍。李武宗谨记父训，做生意时依靠一个"德"字。诚信给李武宗换来好名声，他结交的生意场朋友越来越多。福兴堂对联中"遵祖宗二字格言曰勤曰俭；孝子孙两行正路唯读唯耕。"传递着李武宗的家训：勤俭、耕读。这种以岵山耕读文化、个人诚信、勤俭美德，成为岵山李家家族商业发展史特殊的基础。

（2）从亲缘县城到物资的上海与东南亚

就目前资料20余家公司的投资看来，从父亲最初在县城开店，泉州开店，即便到上海第一个事业也是与合伙人开商店为主，之后，则是以入股东为发展方式。

李武宗最开始的县城店铺，是与父亲一起，到后来永春县城的长合兴棉布批发公司，是由弟弟李武庸主经营，是中国家族企业的模式。出了永春县城，进入泉州、上海这种大商贸城市之后，他的合伙对象，扩大到以永春县人为合伙对象，具"永春商帮"只与永春人合伙的特色，此属"五缘文化"的"地缘"（Geographical relationship，就是邻里、乡党等关系，即通常所说的"小同乡"和"大同乡"）。由于往后其他公司未有记录或进一步说明，李武宗是否仍以永春人企业为入股标准，则不得而知，但为着同一产业而入股，这又进入了"业缘／物缘"类。到了香港，不管是采股东或合股的方式，李武宗的产业以经营棉布和土特产为主，到了东南亚，"无永不开市（不开埠）"，体现了在"地缘"关系基础上形成的"物缘"关系。[①]

可以看到李家经商贸易合作业象的变化，从初期亲人血缘关系形成的商贸关系，到以永春老乡地缘关系；到了泉州上海等大商业城市，依赖与建立的业缘、物缘关系；到了香港及东南亚，地缘关系基础一直存在，但永春县城的起家之店，永远是以亲缘为主。

---

① 业缘（Business relationship）就是同学、同行之间的关系，有共同的利益和业务关系，有切磋和交流的需要和愿望，由此组合而成的人群，其组织形式便是同学会、学会、协会、研究会等；物缘（Product relationship），就是因物（如土、特、名、优等产品）而发生的关系，因物而集合的人群。

(3) 敏锐投入民族棉纺织市场的批发贸易

由李父开始，日常的棉布与百货是李氏经营的两大项目。经营棉布和布的店约有7~8家，从工厂、批发到布店都有，批发是主项，永春县城的家族企业也是以棉布批发为主，东南亚虽未有明确的投资家数，但也是以棉布和土特产为主；以贸易为名的公司有5家，即以百货贸易为主。其他比较特别的，是一家银行和一家火柴厂，据说还有葡萄糖厂和药厂，有待后续研究确定。

李父自19世纪末开始于五里街经营批发棉布开始，到李武宗的开拓投资，李武庸经营永春县城的家族企业，皆是以棉布为主。19世纪末（甲午战后）到第一次世界大战之间，是中国民族企业的黄金年代，李家以其对政治与经济的敏感度，写就了这一段商业版图崛起的家族史。

2.2.2 商贸城市、流动与回馈

1. 以上海、福州为基地，以侨乡港市拓展东南亚

李家20余家的投资，主要集中于福建（9家）与上海（7家）。上海，是为长江流域腹地的终端的进出口点，福建，甚早就是海上丝绸之路起点，除了发迹地永春县城（1家或2家，家族企业和父亲李世沂经营的可能是承传的同一家公司）外，以福州（3家）为主，再扩及泉州（2家）、莆田两大临海侨乡城市，也还扩及位于闽西与闽中大山带之间的（今三明市）永安县，另外，加上浙江省的宁波与温州两侨乡港市。

福州和永安县（也是泉州海上丝绸之路内地码头）福建省会的据点，上海是长江流域吞吐口，李家直接入股生产工厂的只有两家，便位于上海（织布厂）和福州（火柴厂），其他皆是以批发与贸易为主，除这两大城市外，皆是以外贸历史久远的侨乡港市为批发与贸易拓展点。

2. 随战火移动与抗日

除因城市及市场的扩点与移动，李家的商贸范围亦受战争影响。抗日战争时期，由于福州为日军所占，福建省会移至永安，商行也设至永安县；福建省为日所据后，便移至香港和新加坡设商行。

3. "视国犹家"的商帮思想与回馈

（1）视国犹家的"三无私"执守

李家福兴堂正门左右两侧石卷轴："国顺"、"家齐"。

柱联有："福不唐捐处世勿违十善道，兴堪计日居心要奉三无私"，更是突显了福兴堂主人之执守。上联出自佛经，下联源于儒学；以"十善道"处世，以"三无私"居心。①

---

① "十善道"指的是去除身、口、意的十恶（心去贪、恚、痴，身除杀、淫、盗，口断妄、杂、诸非正言），便三业清净；"三无私"指的是如日月天地般无私（天无私覆，地无私载，日月无私照），以天下为公，不谋一己私利。

起于19世纪末盛于20世纪中叶的李家,虽以商致富,但早期仍是以官立居于此,齐家与国顺乃是其传统思想,虽不为官,亦不独善其身,但从居心处世都要十善与无私,佛教与儒家思想影响至深,无论平时或战时。

(2) 战时建厝救济民间

战争,让李武宗的商行公司在各城市迁移;至抗日时,李家在永春岵山山区家乡,兴起了各种工程,启新小学(19? ~1940年)和福兴堂(1942~1947年),在战时无工时,创造各种劳力工作机会,作为战时救济工程。

福兴堂的修建工作,由家乡的弟弟李武庸全权负责。做工以点工为主,工资多寡全由李武庸和总负责的老师傅商定。从早期的备工,到兴建的能工巧匠,李家创造各种作工机会。例如:整地的挑工,就由岵山平原村农民负责,挑户按劳计酬,每百斤5分钱。选材运石,无论是船运或人工直接扛到目的地,用南安和永春人扛石。建材,亦由各地人工肩挑来,可说是依靠着在地及建材所在地人工。

福建本多石雕师傅,福兴堂雕刻,就也在战时多赖福建各地师傅,如:惠安石雕师徒共100多人,木雕师傅30余人,分别来自永春岵山、永春仙夹、渤溪、南安县、安溪、莆田、仙游等地,泥水、土墙、砖雕师等30~40余人,或来自岵山铺上村,或来自南安县等。

(3) 平时侨乡兴学回馈

相较于其他华人商帮,永春商帮更有着对于文化教育的执着。岵山虽有耕读传统,但走遍海内外的永春商人,深感西式现代教育之新与现代需求,认为特需兴学。连在海外马来西亚的马六甲会馆中,只有永春会馆名下有两所学校(1922年育民小学校、1947年育民中学,还有更早期的丰顺义学)。海外永春各类宗乡社团组织也历史悠久,分布地域也甚广。现有110个,乡会社团54个、宗亲社团41个、行业及其他社团15个。

当时交通不便,李武宗经商长年在外,一年难得回家一两次,平时多以电报代替。亦如其他侨乡商人般,回馈乡土,建屋兴学,提供家族及宗族各种安居乐业需求,以弥补平时社会与家庭角色的空白。不在家,反而更强调建立家与家乡认同的重要性。

现在的永春岵山镇塘溪村的塘溪小学,前身为培英学堂和启新完小学。培英学堂,是1909年福州全闽师范生陈肇光等人发起兴建,是永春最早的学校;启新完小学,是1940年由李武宗独资创办。

清末兴学风潮,陈姓家族创办的培英学堂,借用陈氏崇德公祖宇为校舍。相较之下,1940年李武宗独资创办6万(币种不详)启新完小学,开启了永春西式教育之先。李武宗兴建完成一座"山"字形教学楼,共12间教室,此外还配有礼堂、办公室、图书室、仪器室、教师宿舍、厨房、膳厅、花圃、厕所等设施,并且配齐教具、图书、球场、铜乐队、学生校服等设备,学生免费入学。杨德义(后下南洋)出任首任校长。一时间,有自潘溪、茂霞、铺上、铺下,甚至边远的大山、南石、文溪等地的学子来校就读，成为闻名全县的小学。1951年，培英学堂并入启新小学；1966年，更名为塘溪小学，并被接收为公办，被誉为"花园式学校"。①

李武宗过世后，李武庸承袭并完成宗中中学的兴建，和永春大姓陈家、印度尼西亚华侨陈姓等人，长期捐资助学该校未停，捐资兴楼，或赞助奖学金、增办幼儿班等。其他，如：岵山中心小学、群力小学、蟠溪小学、南石小学、文溪小学、龙阁小学等学校也都长期获得华侨的眷顾。②

一个商帮的崛起并非偶然。晋商和徽商等商帮的兴起，主要源于两地以物易物商业流通的繁盛和商业精神的作用。相较之下，永春商帮，则综合表现着永春人的各种人生价值观：积极稳健的政治态度，机智敏锐的战略眼光，个人自主的文化观念，以和为贵、和气生财的处世态度，与时俱进、开拓进取的创新精神，以诚为本、恪守信义的商业道德。这用来形容永春人李家亦甚为恰当。③

2.3 永春岵山李家的福兴堂厝（1942—1947）

李家大院福兴堂开建于1942年，占地面积5380平方米，建筑面积1570平方米，坐西南朝东北。从开工到竣工，耗时6年。

2.3.1 李家片区

明永乐年间李氏一族祖先被省里下派到此任当地粮官，后定居此地所建。李氏最早的祖厝属明朝的政府房，就建在官道入口处，后经历代繁衍，修建了儒丰堂、儒苑堂、儒林堂，以及后来的福兴堂，共同构成了李家祖厝片区。

儒丰堂：清道光年间（1712年）始建，房子占地面积3亩左右，房间约有三十几间，为"三落两边户"格局，是李氏当时下派到此的一个祖先所建。

儒苑堂：清光绪年间（1812年）始建，是儒丰堂主人的大儿子李经雄所建。房子占地面积约3亩，共40多间房间，为"三落两边户"格局，雕梁画栋。

儒林堂：建成于1942年，为李经雄的曾孙李皎友、李皎博所建，占地约3亩，共40余间房间，因建设年代较晚，现在房子仍保留着当年精致美观的装饰，自是一派雅致祥和。

---

① 百年小学—塘溪小学，http://www.cnhushan.com/index.php?m=content&c=index&a=show&catid=47&id=57
② 2014，行走四海根在永春之十七——巍巍丰碑眷眷侨情（岵山篇）：http://www.qzwb.com/ycxww/content/2014-11/11/content_4985452.htm
③ 2013，走出大山，翱翔大海——一个商帮的商海搏击，永春新闻网：2013-06-10

2.3.2 李家田中大厝

1．选址、整地与备料

福兴堂厝的宅基地，位于一处小山坡，李武庸在家负责将地买下，在启新小学于1940年完工后，于1942年开始整地。整地挑工主要依赖岵山平原村的农民，按劳计酬，挑户将整地后的土挑到600米外的溪边倒掉。整地过程，花费近半年的时间。李家利用秋收田地无水干燥之机，开始大量备石，且选材皆为上选。

（1）南安县石砻的花岗岩白石

石砻白石质地洁白，花纹细致，磨光如镜；石面不生青苔，不怕沾污；具有不易受潮、散热快、抗压力强、耐酸性强及耐高温等特点。因此，闽南各地历代所筑寺观、石塔、牌坊，以石砻白石为石材。当时福兴堂的运石路线分水路与陆路二路：一路是运白石，通过桃溪流将石材船运到永春留安溪畔，然后人工运到目的地；另一路是运青石，由南安石窟将石材直接由人工扛到目的地。

（2）其他建材

杉木，来自蓬壶达埔一带龙阁红岭阁方向；砖，从泉州及南安罗口人工挑来的；水泥花砖，是由上海运来的进口砖；白灰，来自安溪湖头；屋顶瓦片，由岵山各地瓦窑人工肩挑运来的。建材皆为精挑细选之材。

2．田中大厝格局

福兴堂，由正门、门厅、天井、两厢、正厅和左右护屋组成，共有22个房间、6间厅堂、5个天井。正厅面阔三间，进深三间，抬梁穿斗木结构，悬山顶正厅面阔三间，进深三间，抬梁穿斗木结构，悬山顶。

从屋外看，大厝呈现"山"字形，到屋里，变成"回"字形。大门立面中间近门处是成片的辉绿岩墙面、镂空窗雕与门柱，而左右两边则是印着各种纹案的红砖墙，两种色调形成了鲜明对比。

福兴堂的屋脊没有采用夸张翘角，而是以缓坡来展现它的沉稳。在一条中轴线上，有6个缓坡脊，层层叠叠，如浪相推。脊上有彩色剪瓷贴塑屋脊装饰，剪瓷贴塑既有花纹图形，还依稀能辨出有狮豸等祥物的造型。[①]

3．集能工巧匠之艺术

门户、窗棂、廊檐、角柱、柱础等处，都饰有大量的木雕、石雕和泥塑，运用了圆雕、线雕、浮雕、镂空雕等多种手法来进行雕刻，闽中闽南罕见。

（1）石雕——国家级匠师雕刻再现

石雕师傅来自惠安人，总负责人是一位叫"土成"的惠安人，师徒约100余人。人员分2大组，厝的左右各一组人马雕刻对拼。整体要用什么石块，雕刻用什么内容，什

---

① 蔡飞跃，2016，塘溪：隐于绿野的传奇http://toutiao.com/i6264221961103081985/ 2016-03-21 02:21

么图案，尺寸大小，最后均由"土成"师傅决定。

当时没电没机械，要磨平石块，要用两块石块叠在一起（下面磨石是黑色），两块石之间放金刚沙，用木棍夹住上面的石块，两边用人拉动来回磨，直至上面的石块光滑为止。石头磨滑后，在石块上画上要雕刻的草图，然后用钢锥逐渐打造成形。

石雕，"南有惠安，北有曲阳"。惠安石雕，融中原文化、闽粤文化、海洋文化为一体，在明末清初已发展成熟，清光绪年间，开始在南洋一带声名大噪。

福兴堂的石雕师傅，曾参与过中山陵的雕刻。李武宗的好友陈嘉庚，曾两三次专门来欣赏福兴堂雕刻好的石雕，赞不绝口，希望石雕师傅修完福兴堂后，到集美帮他雕刻。陈嘉庚在1950年代于厦门集美创建鳌园，园内650件青石雕，即为惠安石雕师傅们的作品。

（2）木雕——本土民间精彩聚集

木雕在福兴堂占了很大比重。雕刻师傅总负责人是岵山磻溪村木雕师"铜师"（磻溪瑞芳的父亲），由"铜师"负责调集福建各地的著名木雕师：有岵山铺下村的尾树胡相铜师，有的来自永春仙夹、南安县、莆田、仙游等地。当时没有设计图纸，方案完全由铜师依据李武宗的设想要求，在李武庸的主持下，由铜师执笔，将厝的模型草图尺寸画在一块一米多见方的篙尺上。整座厝要建多大面积，多高，厅多宽，巷要多宽，埕要多大，梁要多长，由众师傅共同讨论研究。经李武庸同意后，将尺寸标在篙尺上，依据尺寸，由各项师傅各展才能，各师其所。

闽中民间木雕，分为龙眼木雕、黄杨木雕、金木雕三大类。龙眼木雕作品古朴大方、粗犷别致、人物造型准确生动。黄杨木雕风格细腻逼真，传神洗练。金木雕多为制作金碧辉煌的佛像作品雕，主要流行区有莆田、福州等十几个县市，用于建筑装饰、佛像制作和刻书等方面，历史甚久。

（3）砖雕泥塑——各地匠师云集

泥水师傅总负责人共2人，亦分两组做工，一组是铺上村大路脚人，师傅叫"陵师"，另一组是南安人"庵师"。两人常一起讨论问题，并共同负责调集各地著名的土墙师、砖雕师、泥塑师、画师等。

（4）书画艺术——集名人作品于一厝

福兴堂对联，隶书、篆书、正楷、行楷龙飞凤舞，笔法遒劲。这古厝内的书法、绘画，汇聚了被称为"人物第一家"的近代著名画家——李霞，书法家、诗人、末代举人——郑翘松，和著名瓷画家—陈尧民等人的墨迹与画卷，还有清朝著名教育家—朱伯庐的治家格言等。许多画图，是名画直接贴在石板上雕琢而成的。

4. 多元文化回流侨乡体现

泉州古厝是"五代皇宫遗制"，承继晋朝士族衣冠南渡的威仪和气派。福兴堂以泉州古厝为基本蓝图，又糅合西方的审美观念，采用中西合璧的形制。

如在顶落平面布置上，比传统民居多设一排石柱，采光更为通透；屋脊采用马背型，底下波浪是水形的山墙；地面铺贴材料局部采用外国生产的瓷砖，花色明艳，增强视觉效果；正厅的罗马柱上融合丘比特形象的青铜纹样，室内的八仙过海透雕，闽南饮茶四乐浮雕，展现从自行车到小轿车时代变化的木雕，以及雕有穆桂英挂帅、三国故事等历史典故的镂空窗棂，都展现了极高的工艺水平。佛教、基督教、伊斯兰教、南洋文化、华侨文化在这座古民居里融合。[①]

　　李氏一族从明至今繁衍了十九代，总人口达上千人。现居岵山本地的有600多人。福兴堂于1947年建成后，因时局动荡，李家人便散居南洋及上海等地，没能乔迁新居。而后福兴堂几经变迁，1986年落实政策，产权交还李武宗后裔。

[①] 蔡飞跃，2016，塘溪：隐于绿野的传奇http://toutiao.com/i6264221961103081985/ 2016-03-21 02:21

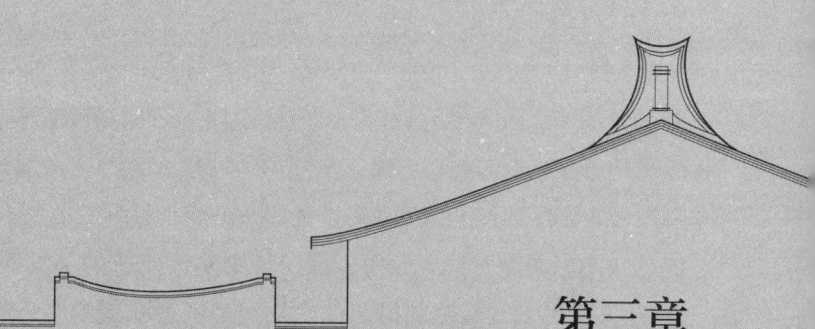

第三章
建筑空间组织形态分析
及建筑形貌考证

3.1 泉州传统古民居建筑类型叙述

泉州民居大致可以分为四种,即官式大厝、手巾寮、洋楼和骑楼。其中官式大厝和手巾寮,属于传统古民居,骑楼和洋楼则属于近代民居,福兴堂格局属于官式大厝。

3.1.1 官式大厝

关瑞明教授等从辞源上追溯,"官式大厝"在《中国民居》一书中,被归为四合院民居,属于"闽粤侨乡民居",此说法在《福建民居》得到验证:"泉州……大型宅邸因为是仿照北京四合院所建,当地称为'宫廷式'"(关瑞明,陈力,2006);但若从与泉州极有渊源的台湾,其对传统建筑分成官殿式与厅堂式,官殿式指的是皇宫、王公贵族及庙宇等的建筑形式,而一般民居则是厅堂式的,故何以"官式大厝"称之?可以从"富民"普遍建造宅邸的现象论及,官宦之家的屋宇一定是富丽堂皇的,故富民(地方有名商贾)在不踰越规制范围内,会将官式样式的房屋是视为典范并找来各工艺名匠施作。

其传统住宅通常称为"三间张""五间张",有的甚至还有"七间张"。三间张、五间张,即顶落为三开间、五开间。住宅布局为:第一进为"下落",下落的明间是门厅,两边次间是下房,下房多作为次要用房使用。第二进为"顶落",也称上落,顶落的明间是正厅及后轩,正厅是奉祀祖先、神明和接待客人的地方,面向天井,宽敞明亮。正厅、后轩的左右次间各有前后房,是住室和起居间。两厢称为"榉头",东榉头一般作为厨房,西榉头一般用作闲杂间。下落、顶落与榉头围合成天井称为"深井",下落前方有石坪,称为"埕"。若增建第三进,则称为"后落"。闽南合院建筑(官式大厝)整体形式依据其特征有"一明二暗"、"四合天井"、"三间两廊"等,兹介绍如下:

(1)一明二暗

建筑规模只有正堂、左右房,也称一条龙式。当人口增加时,可向左右延至九间或十间,也称一条龙式。《明会典》记载:"庶民所居房舍,不过三间五架。"人类在农业社会早期,居住模式普遍采用"一明二暗"型及其衍化形式。这种布局模式较为简便地解决了人类早期居住生活的基本要求,其又可分为"单列型排屋式"与"并列型排屋式"两种。

(2)四合天井

这是闽南、粤东普遍存在和最具代表性的一种建筑模式。闽南潮汕一带称之为"四点金"。"四点金"空间结构的最大特点是以中庭为中心,上下左右四厅相向,形成一个十字轴空间结构。这是其与北方"四合院"最明显的不同之处。

这种型制的平面格局是以正方形为基础的九宫格式,中央为庭院,四正为厅堂,四维为正房,但无论如何扩展,均保持以中庭为核心的纵横两条轴线。

（3）三间两廊

这是南方普遍存在着的一种平面布局形式。这种"三合天井"型最典型的例子是云南的"一颗印"住宅以及江西、皖南、湖南一带的天井式住宅。这种布局形式在闽台各地也大量存在。"三合天井"型可以分为两大类型：堂庞式和堂厢式。

3.1.2 手巾寮

与官式大厝在空间上的区别就是，手巾寮在泉州属于单开间的传统民居，由传统民居形式变体而来，多见于临街的商业区以及交通便利的地段，多是单开间，面宽约4~7m，进深不定，由用地面积决定。建筑功能前面门厅为店铺，后为住宅，其内设置天井、厅堂、卧室等部分。有时为了达到增加面积的目的，住户会在屋内设置夹层。

手巾寮是明清时期南方传统工商城镇中大量存在的一种建筑形态。其最早出现于泉州，后续在漳州、台湾也有类似建筑，如漳州称作"竹竿厝"，彰化鹿港镇称作"长条形屋"。手巾寮有两种形式，分别是前店后宅式和单纯居住式。由于要争取沿街铺面，手巾寮开间比较小，进深大，平面面宽与开间比例在1∶5到1∶13之间。而手巾寮大部分都有阁仔，用于储藏或临时避难。

彰化鹿港的长条街屋是手巾寮在台湾地区的演变类型。其建筑类型包括"两壁两井式"以及双开间、三开间长条街屋。

3.1.3 骑楼厝

别名"一条龙"，可以看作横向发展的手巾寮，但其形式多为砖构建筑，属于近代建筑方式，有上下层，甚至多层，向街一侧设置扶手围栏，下层临街外侧作柱廊通道，店面内缩，在闽南多雨的环境下可以方便百姓避雨。

闽南骑楼产生于近代。闽南骑楼建筑最早于1918年在漳州开始建设，其建筑平面是传统商业建筑的竹竿厝临街面改造而成。大部分骑楼分布在工商城镇中，乡土砖木混合结构的乡土骑楼，现主要分布于泉州市域。

骑楼街的建设是城市改造的结果。由于现代城市交通的需要，市政改造和环境改造势在必行。传统步行商业街道改造成为汽车道，而骑楼的建筑形态有效地实现人车分流。骑楼形式的出现有效地解决闽南地区商业步行街、交通以及居住的需求。闽南骑楼建筑的建造是一个地域化的过程。其开始阶段是将国外的外廊式建筑模式及其立面的装饰与闽南传统商业建筑，如手巾寮、竹竿厝等结合。在地域化的过程中，闽南人利用本地的材料和工艺，形成自然、经济和社会方面都适合本地情况的、具有闽南地域特色的骑楼建筑类型。

3.1.4 洋楼

在闽南又称为番仔楼，这种民居主要是归国华侨受自己侨居地的建筑形式影响而形成的一种中西式建筑。建筑临街或正门前有大埕，两侧也不一定有类似官式大厝的榉头。材料和做法虽然还有保存传统的民居做法，但从立面上已经可以明显地看出西洋的建筑装饰风格。

3.2 合院型（官式大厝）传统建筑空间形态概述

本节希望透过对福兴堂所在的地区的历史建筑空间形态进行考掘，基本的建筑语言包括"风格"、"建造"，空间形态是一组建筑语言构成所表征，表现了"峃山传统建筑"的基本典型，"典型"是特征及风格间相互作用的结果，将被作为风格及建造持续性的表现（Christian Norberg Schulz，1996），再进行建筑特色的建构与理解。

为了理解"峃山传统建筑"的典型，本研究的作法是引用厦门大学戴志坚教授等完成的"峃山镇古建筑测绘文本"的测绘图，从中挑选29栋民居（排除祠堂等非居住型建筑物）进行平面组织形态及屋架形式的比较分析，企图理解峃山传统建筑的空间形态典型及组构这些典型的建筑语言，Heidergger的"建造"、"聚居"表明人存在于世界的方式，间接地支持了本研究的做法，乡土建筑更直接提供了这项作法的明确方向，以峃山古建筑中民居类型的形态分析为主，因为地域的特性赋予建筑象征性的特征，为重新把握失去的乡土知识，其扎根于并存在生活世界中的乡土建筑。

峃山位于姑山盆地，现存的传统建筑以四合天井型建筑特征为主，再衍变出多种样式（图3-1～图3-20）。二间张双落厝（二落一院，平面为口字形的四合院）可视为其基本型，以此为原型，建筑可以向纵横两个方向扩展，纵向可增加房屋的进深、层次：分别建成只落两院的四合院，平面为日字形，还有五落大厝平面为日字重叠形；横向可将三开间扩展为五开间，还可以以基本形制为核心体，左右配以"护厝"（核心体两侧纵向的生活用房）组合而成。由于家族的繁衍或者地形的限制，闽南红砖厝的基本形体，向纵深或横向发展过程中，依据实际情况，因地制宜调整，产生了数不清的小样式。但"中庭护厝"的基本单元则是贯串在这些建筑中的核心精神。

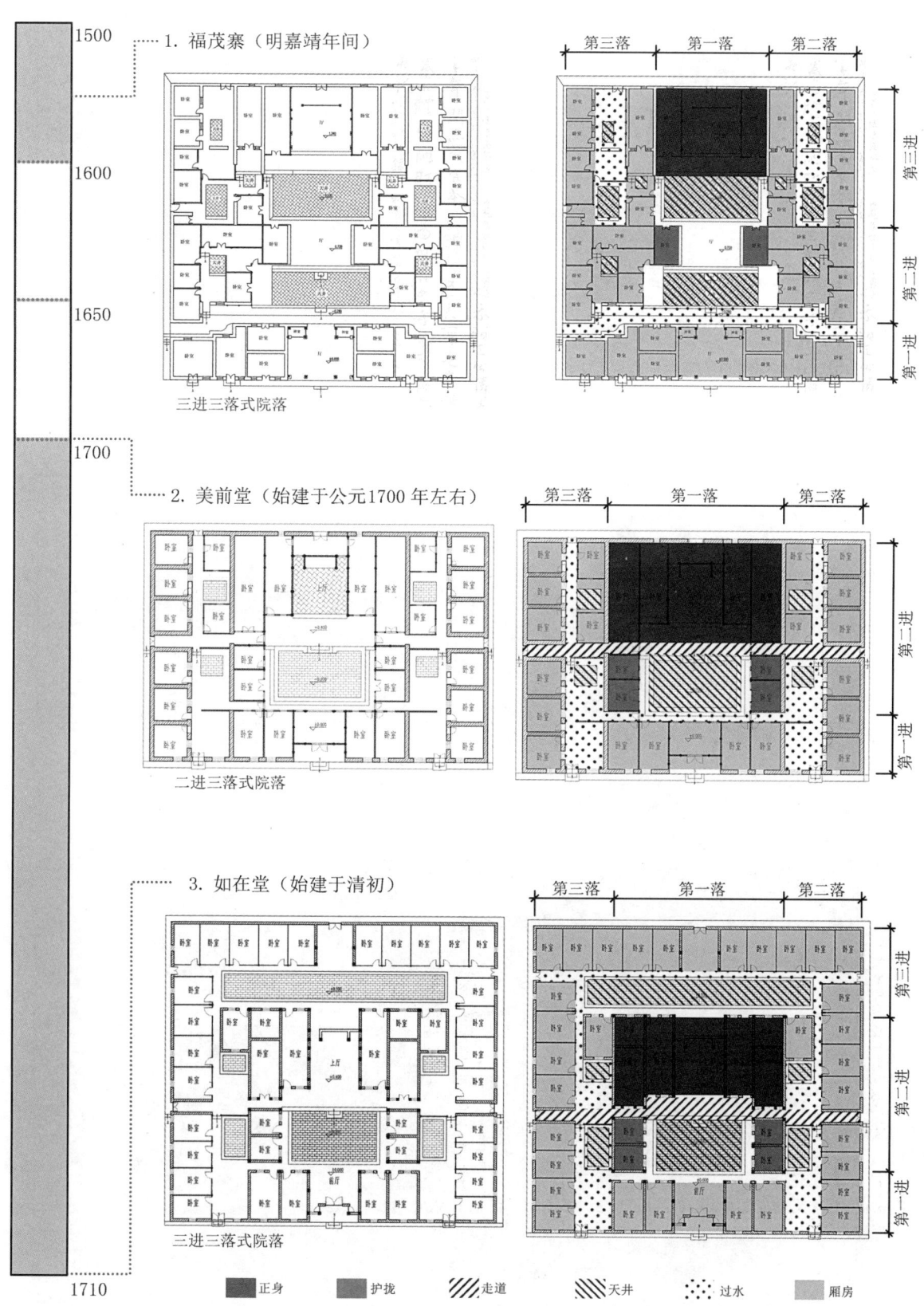

图3-1 福茂寨、美前堂、如在堂平面组织形态

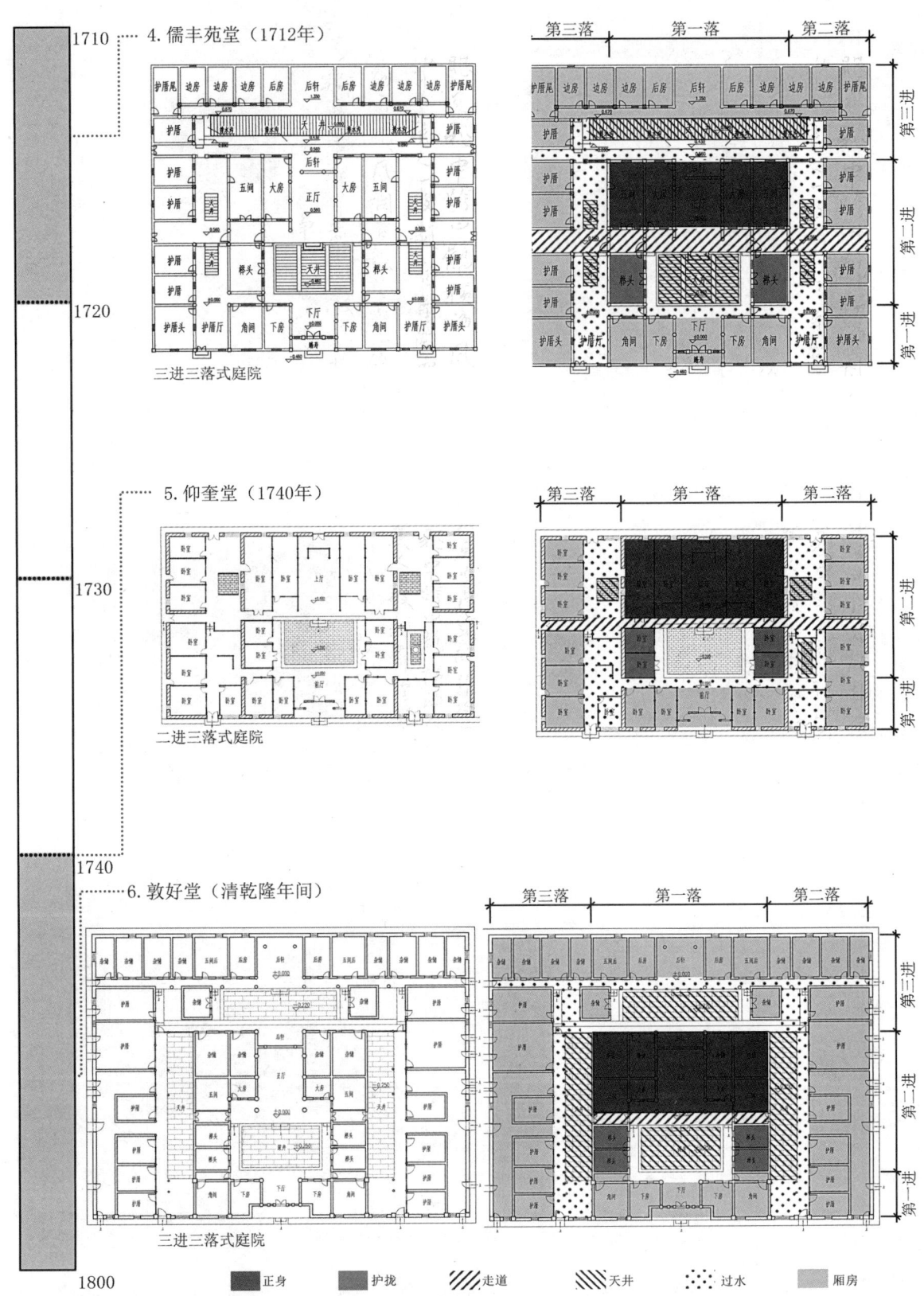

图3-2 儒丰苑堂、仰奎堂、敦好堂平面组织形态

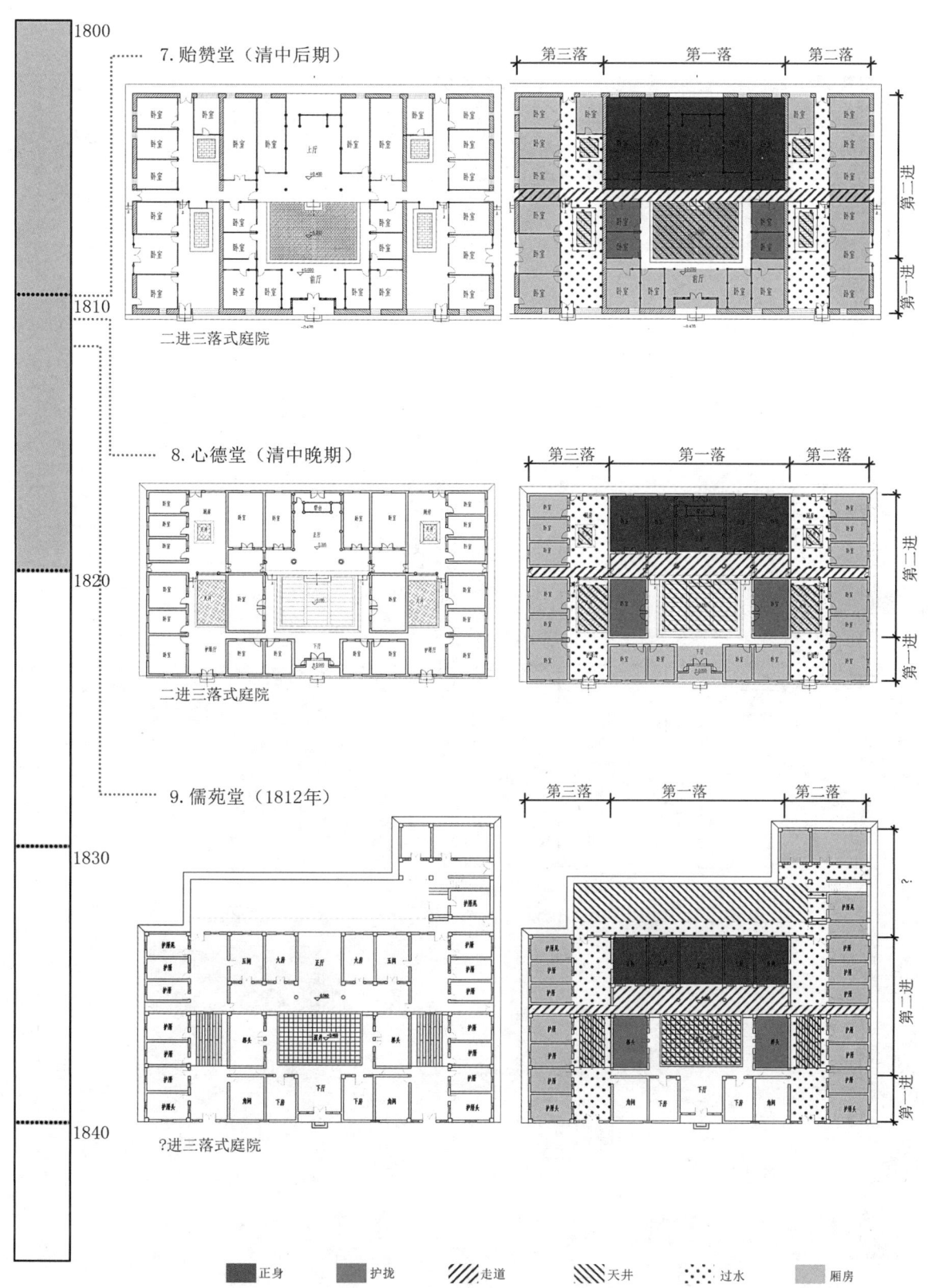

图3-3 贻赞堂、心德堂、儒苑堂平面组织形态

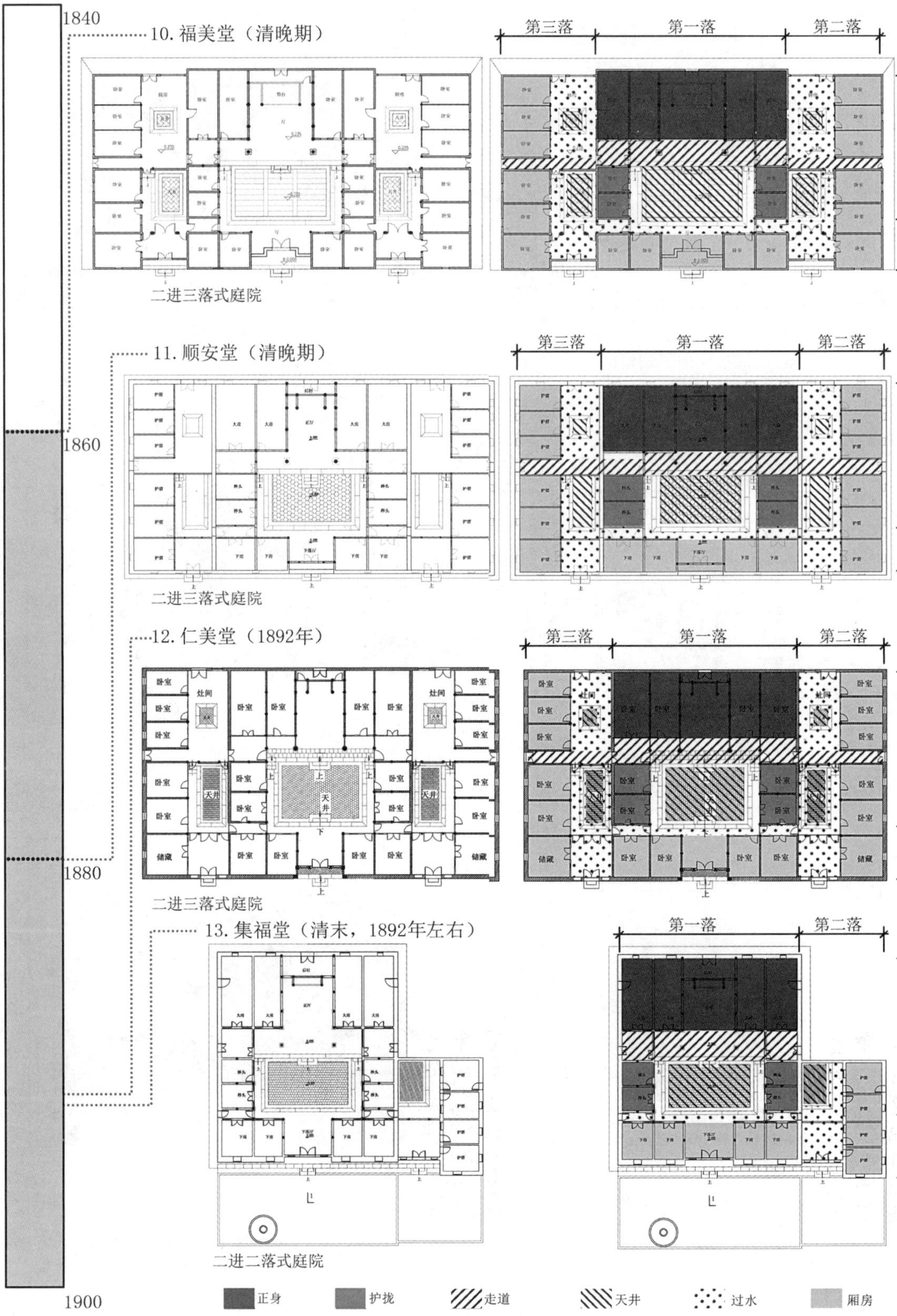

图3-4 福美堂、顺安堂、仁美堂、集福堂平面组织形态

第三章 建筑空间组织形态分析及建筑形貌考证　035

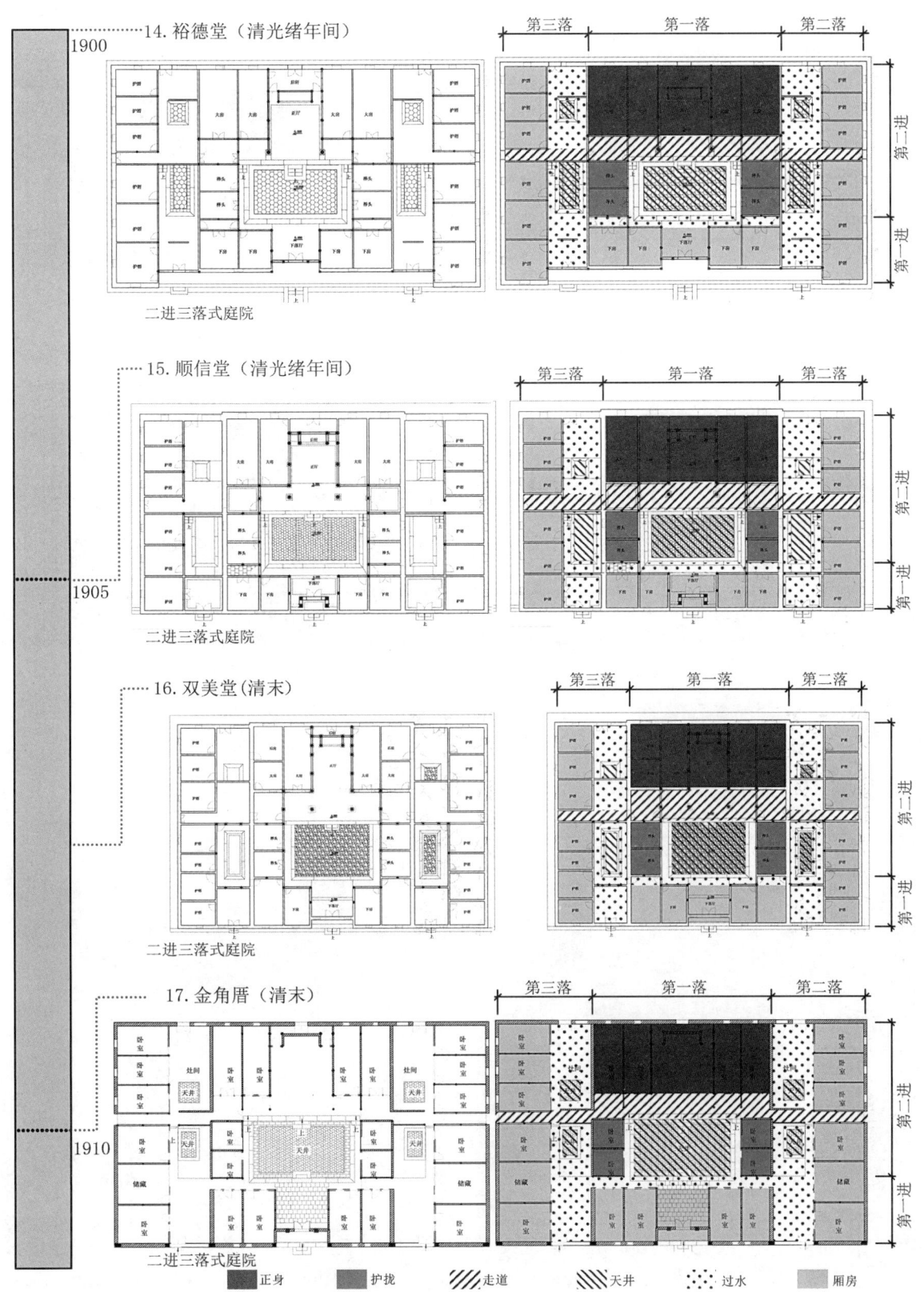

图3-5 裕德堂、顺信堂、双美堂、金角厝平面组织形态

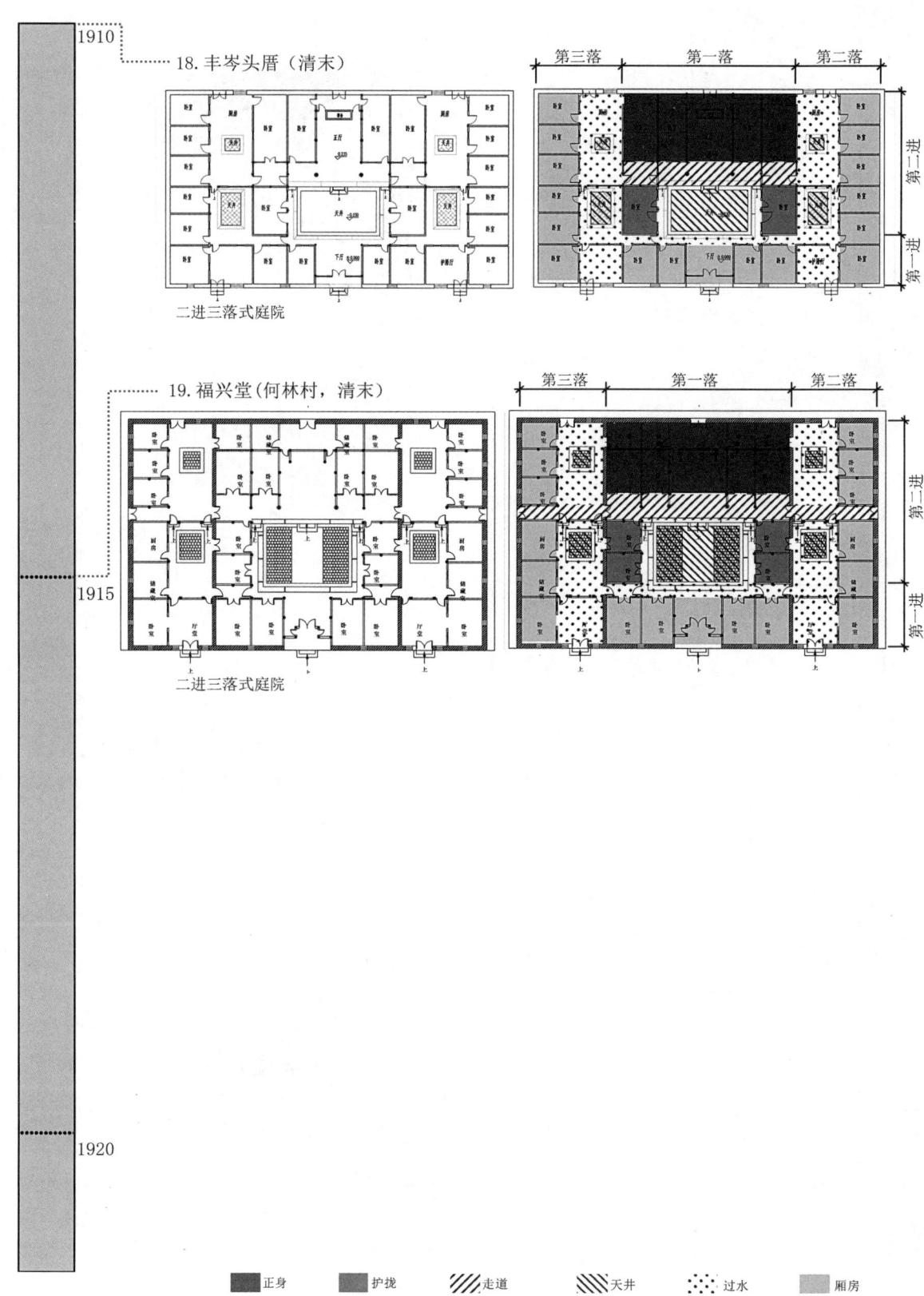

图3-6 丰岑头厝、福兴堂平面组织形态

第三章 建筑空间组织形态分析及建筑形貌考证　　037

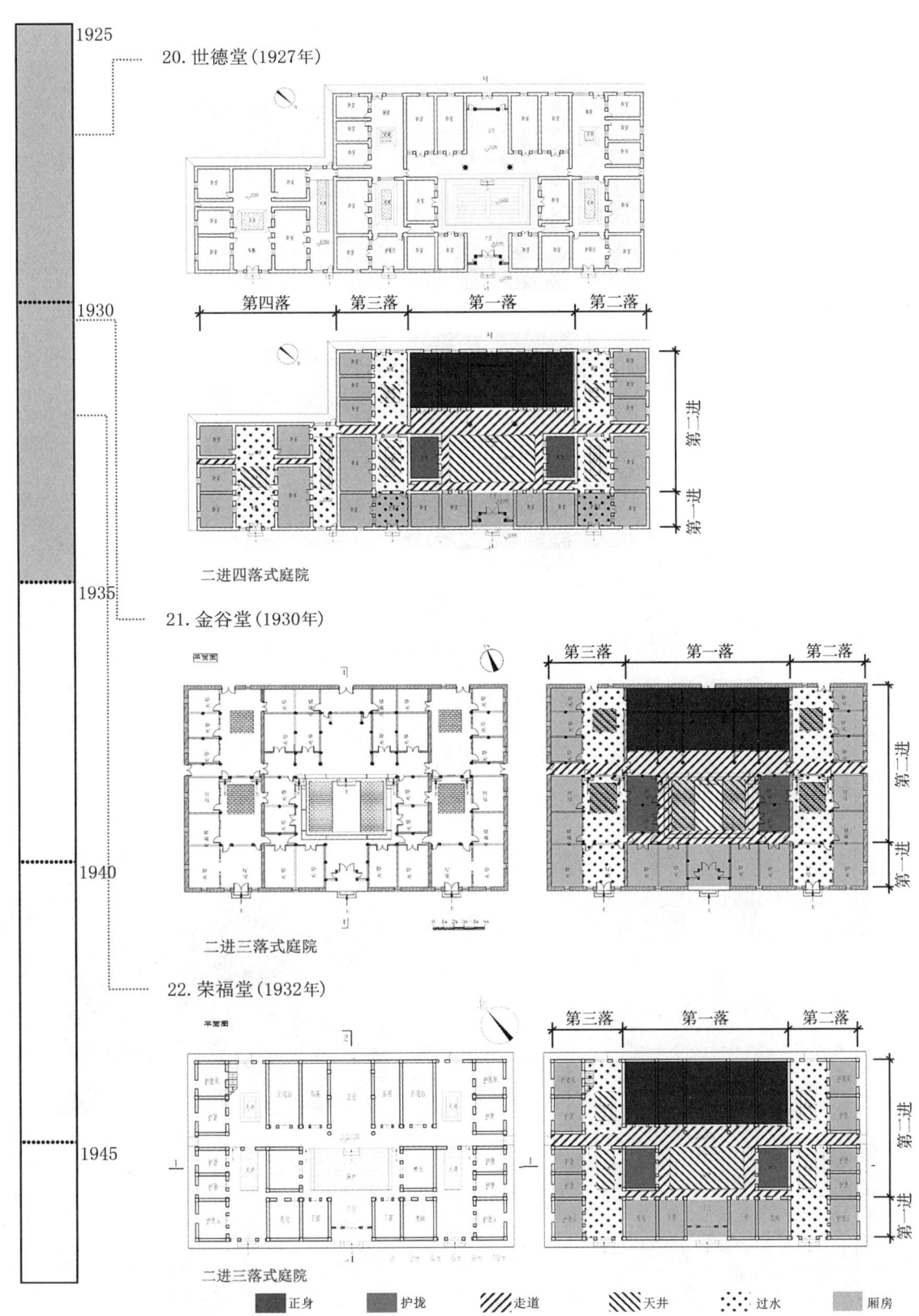

图3-7　世德堂、金谷堂、荣福堂平面组织形态

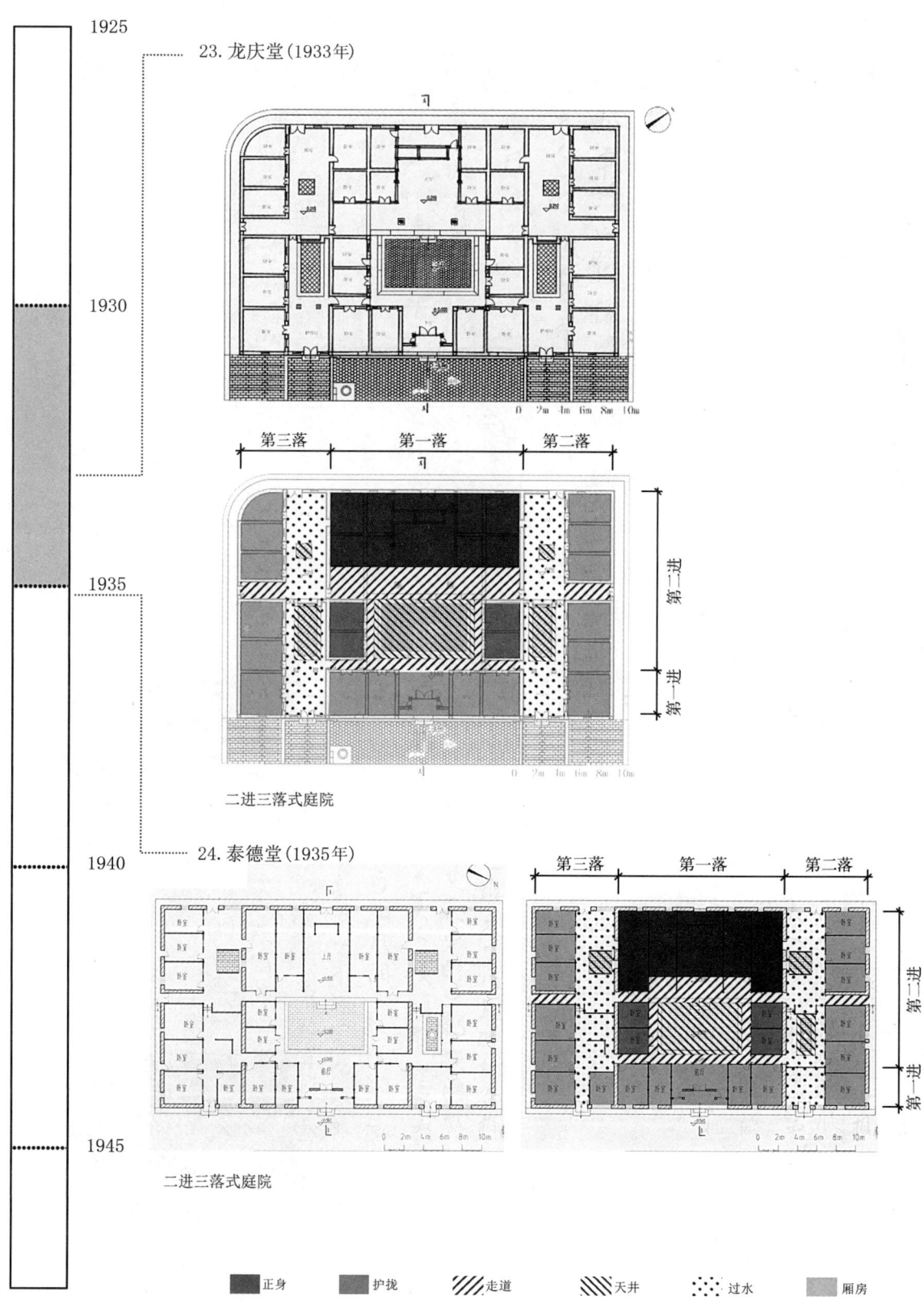

图3-8 龙庆堂、泰德堂平面组织形态

第三章 建筑空间组织形态分析及建筑形貌考证　　039

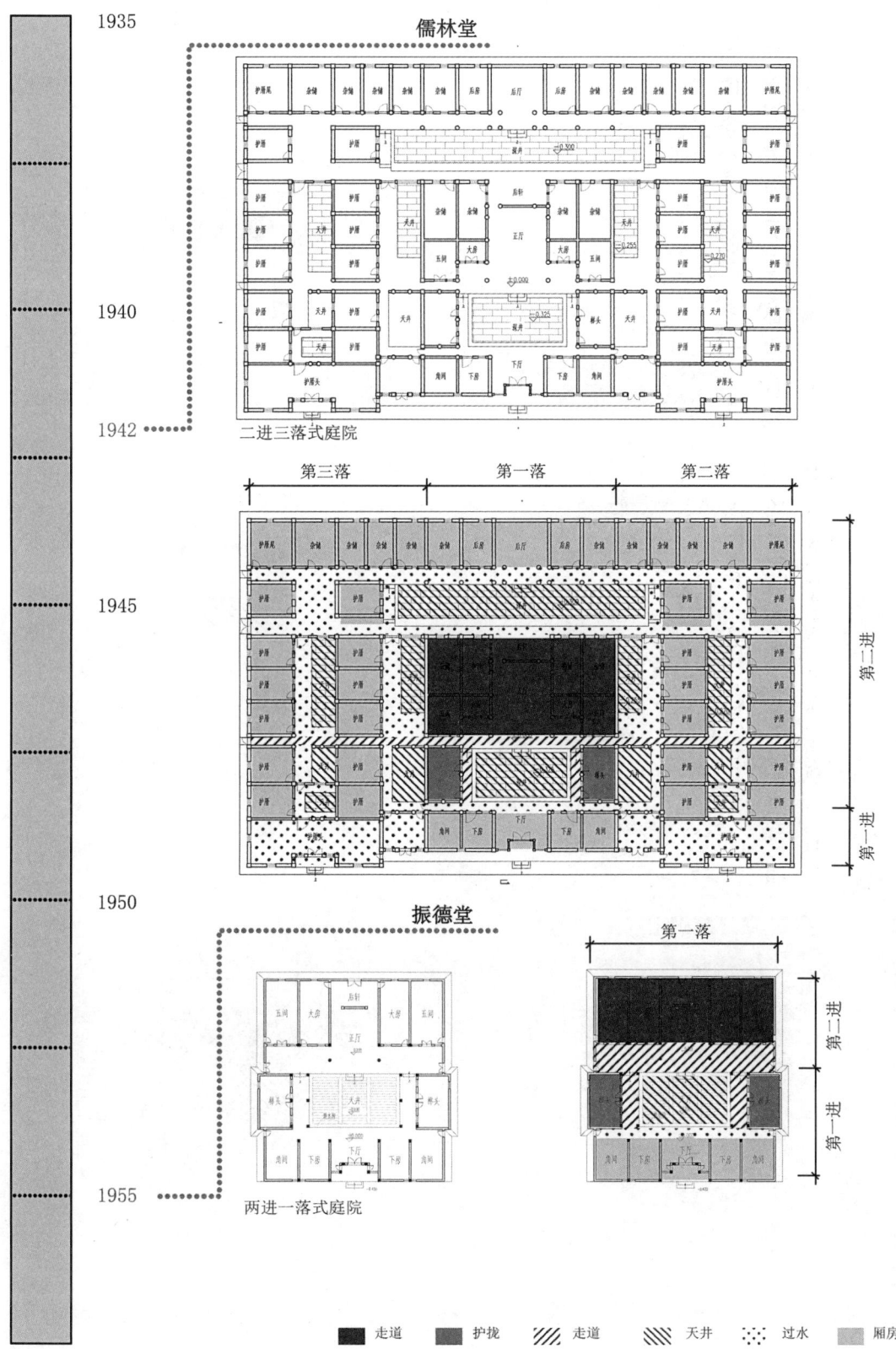

图3-9　儒林堂、振德堂平面组织形态

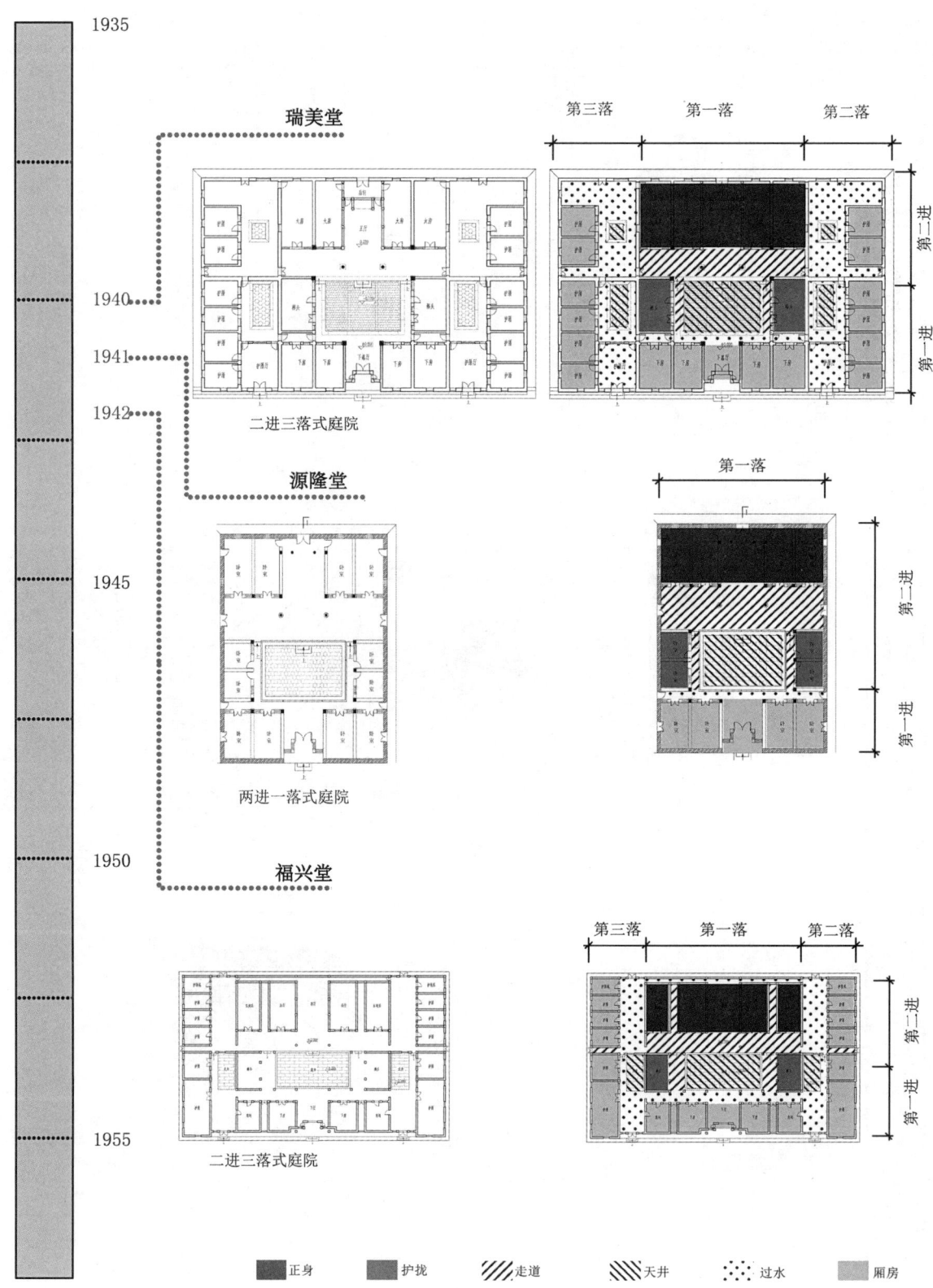

图3-10 瑞美堂、源隆堂、福兴堂平面组织形态

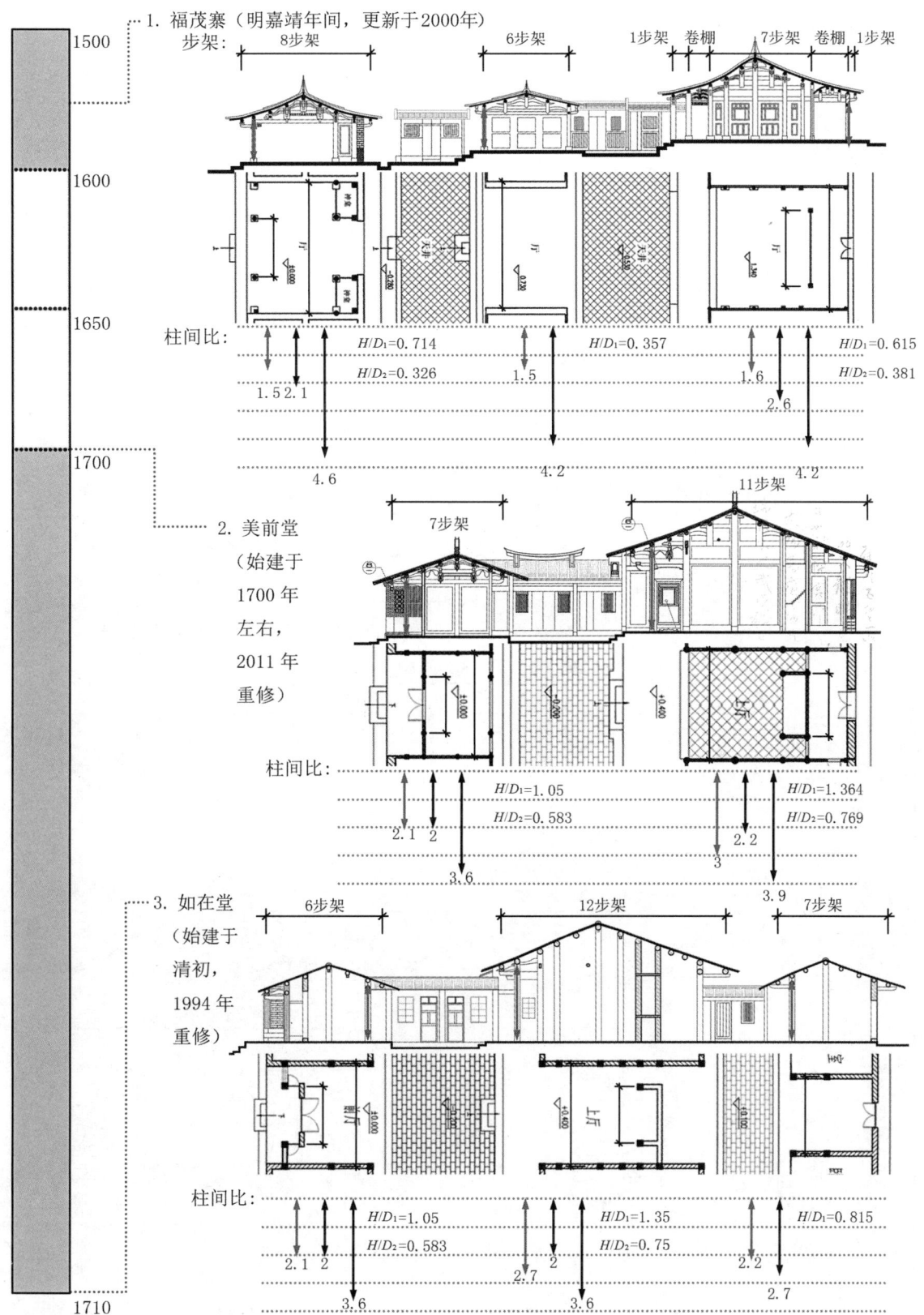

图3-11 福茂寨、美前堂、如在堂屋架形式

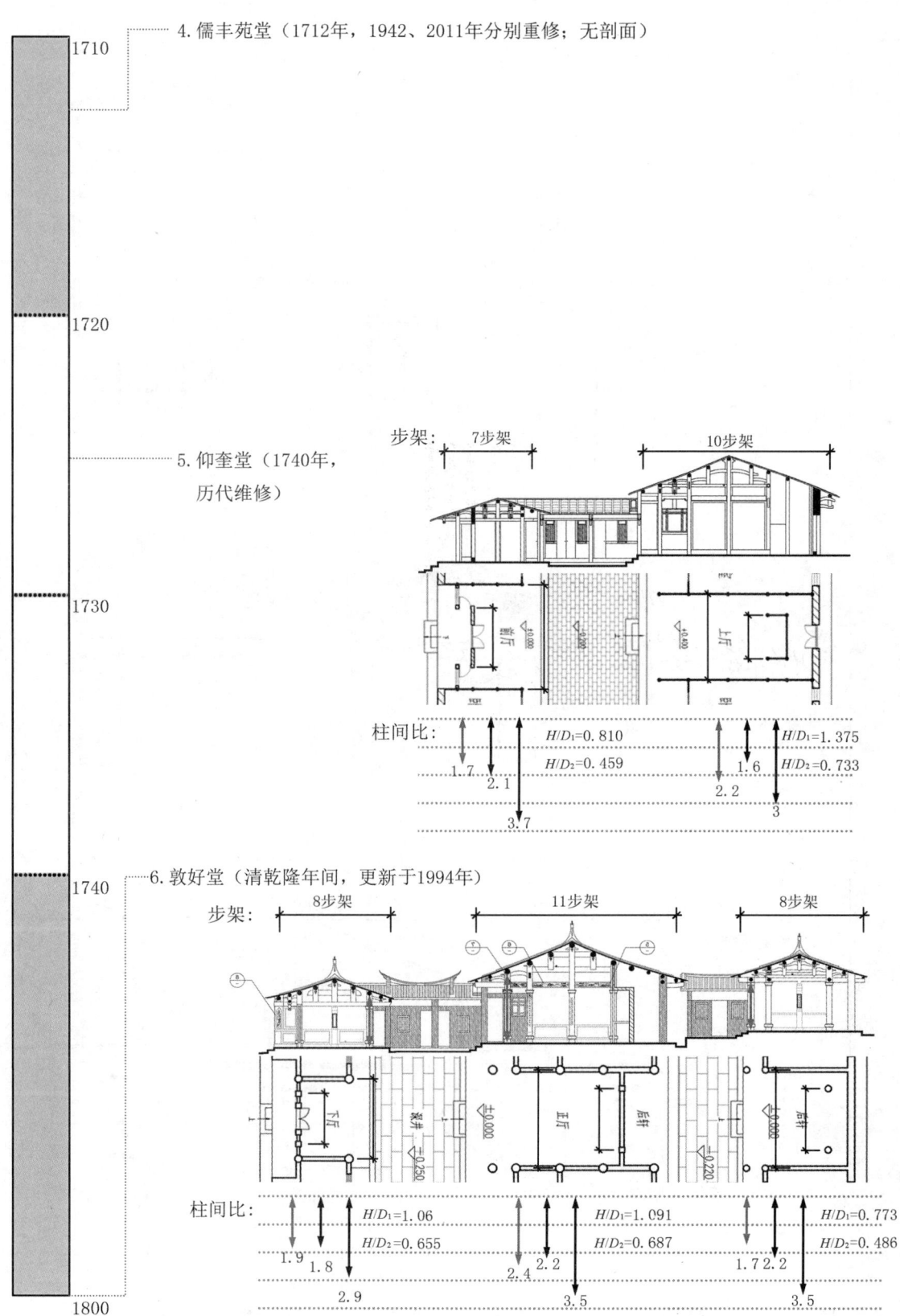

图3-12 儒丰苑堂、仰奎堂、敦好堂屋架形式

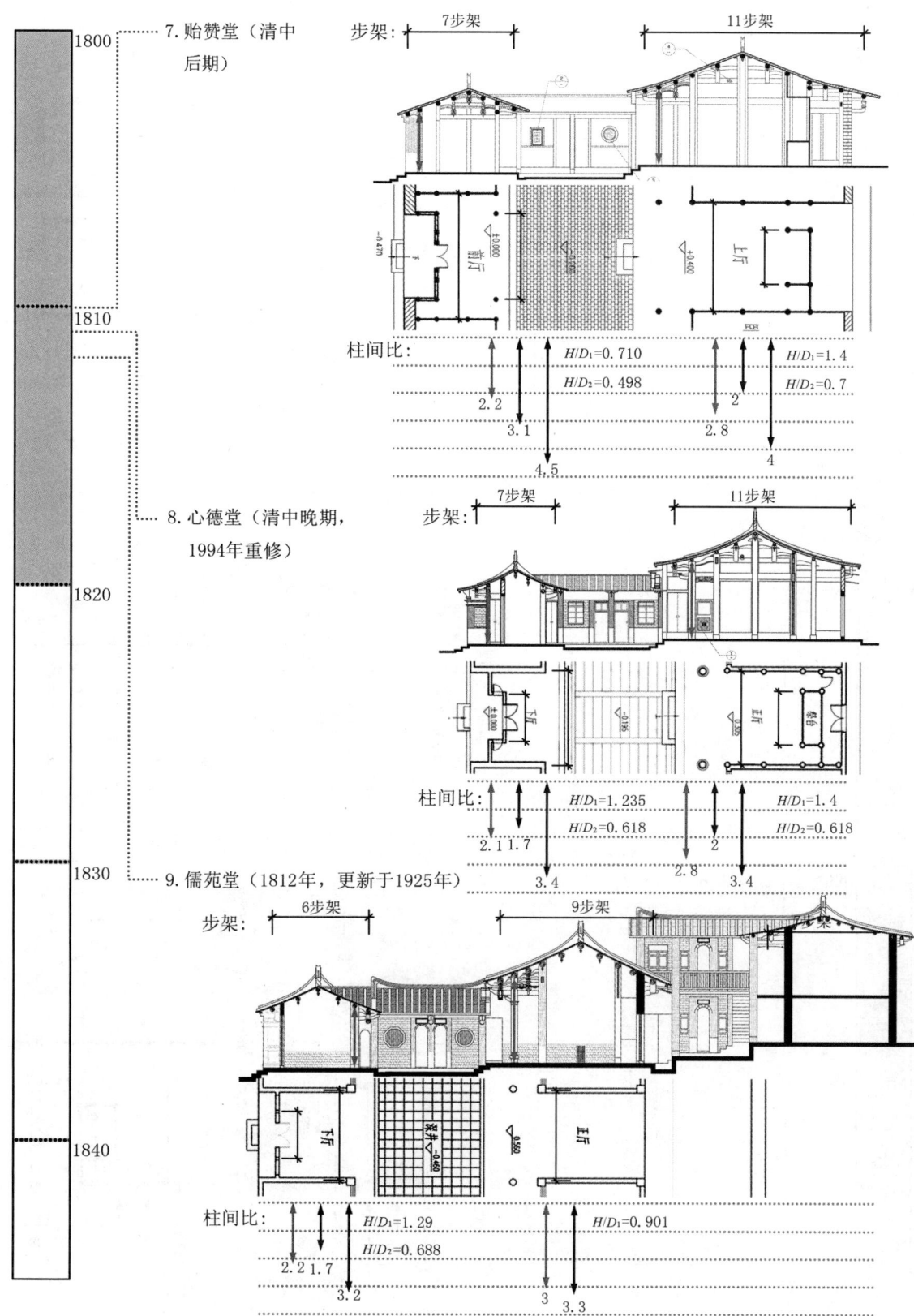

图3-13 贻赞堂、心德堂、儒苑堂屋架形式

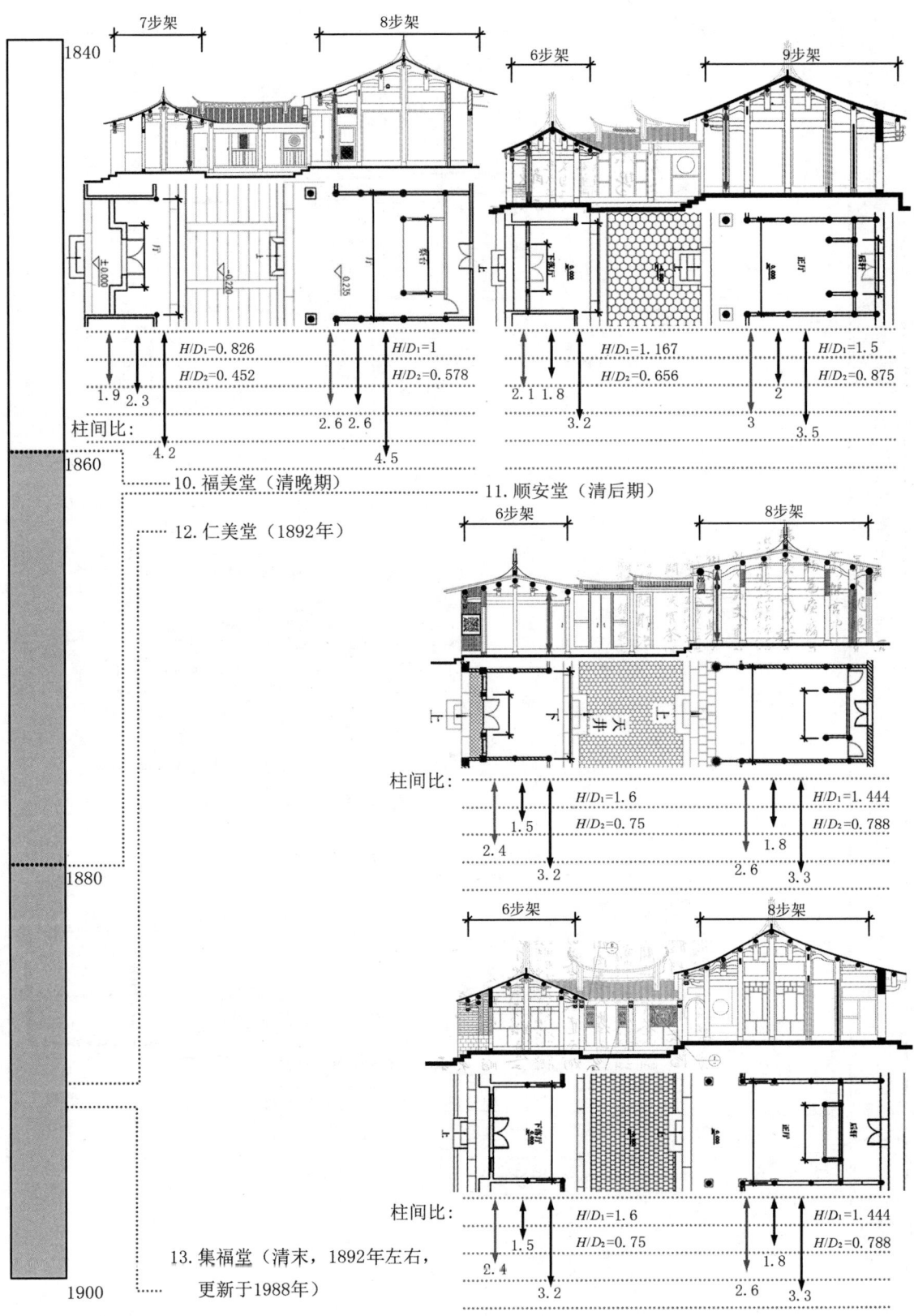

图3-14 福美堂、顺安堂、仁美堂、集福堂屋架形式

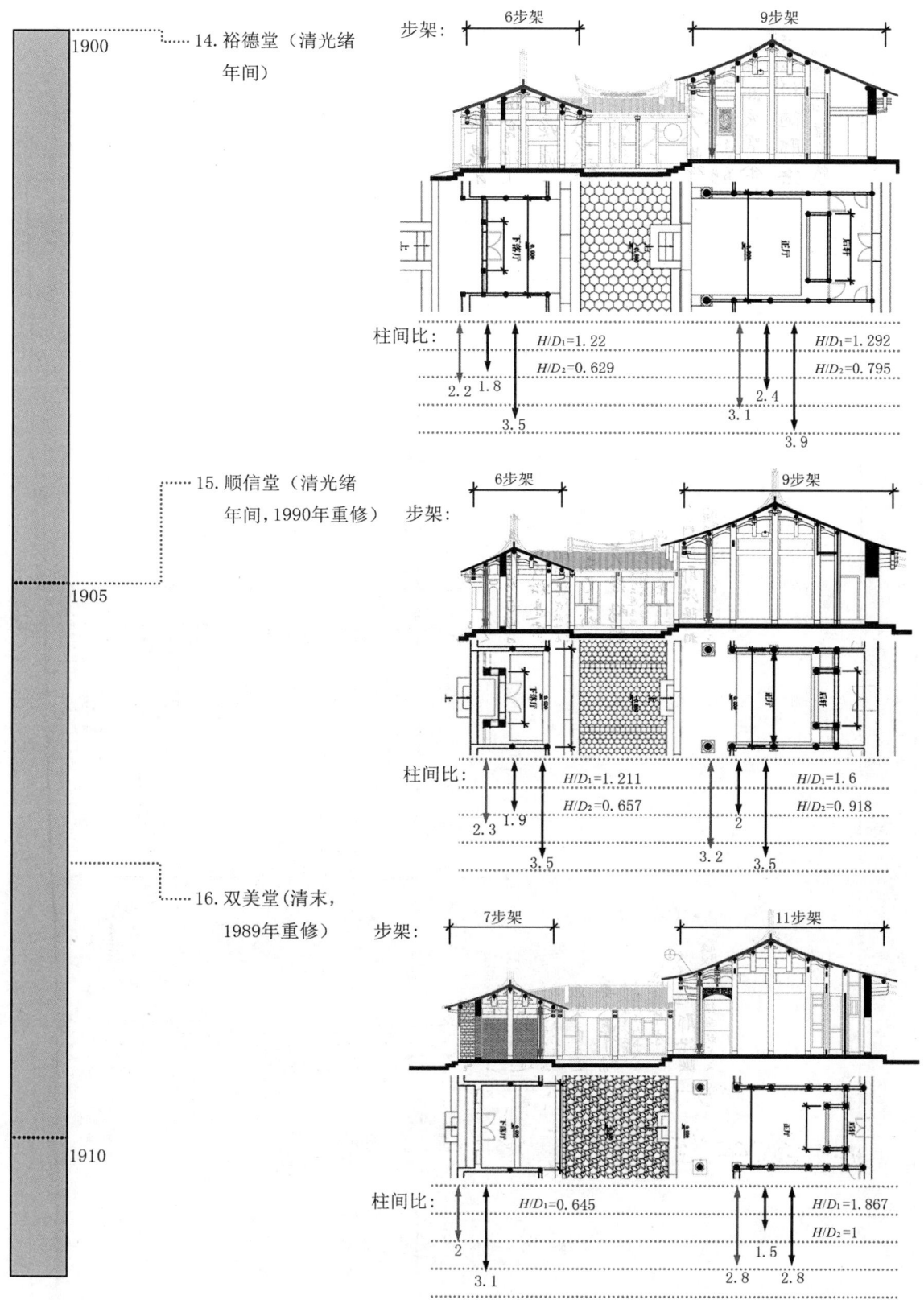

图3-15 裕德堂、顺信堂、双美堂屋架形式

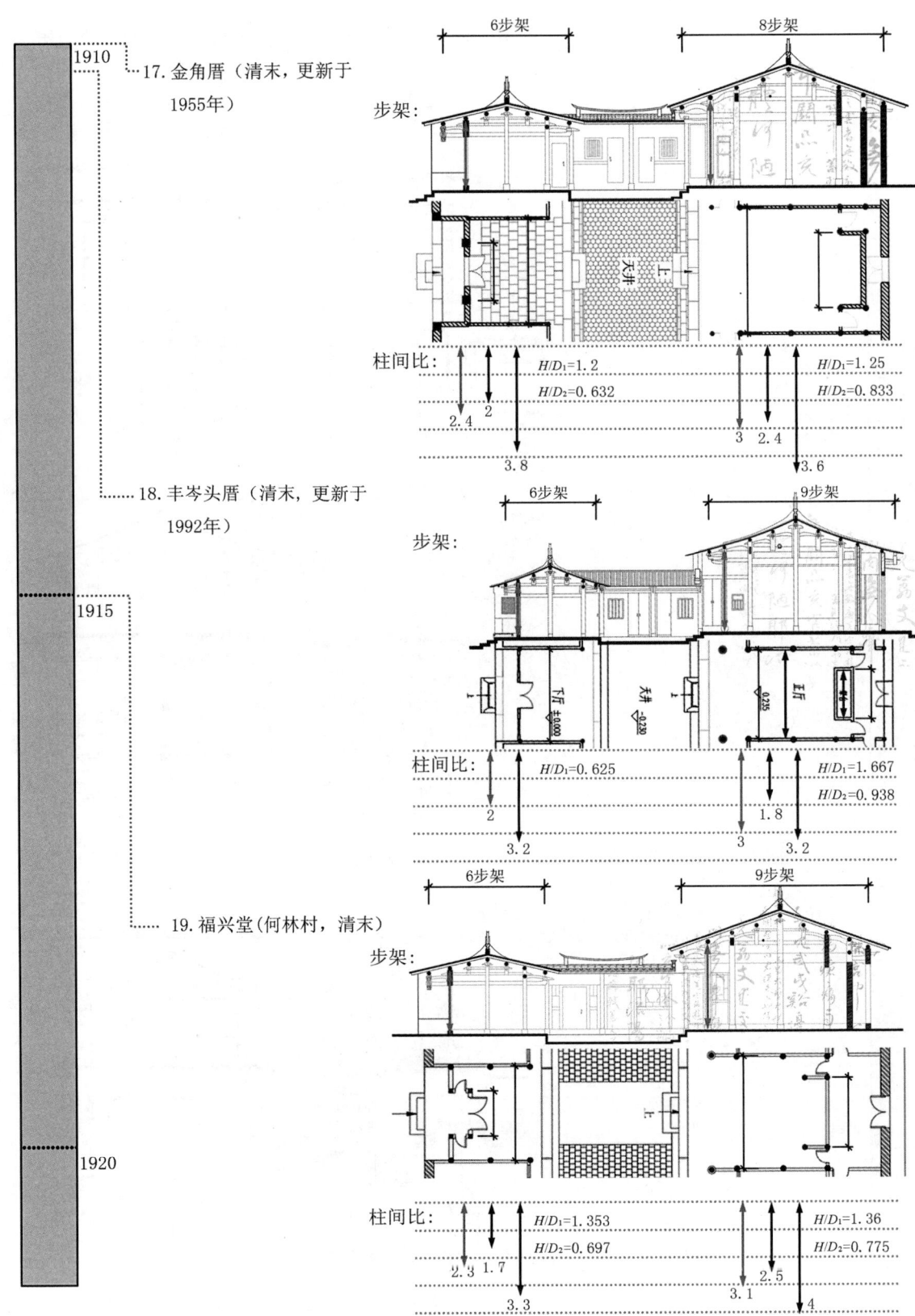

图3-16 金角厝、丰岑头厝、福兴堂屋架形式

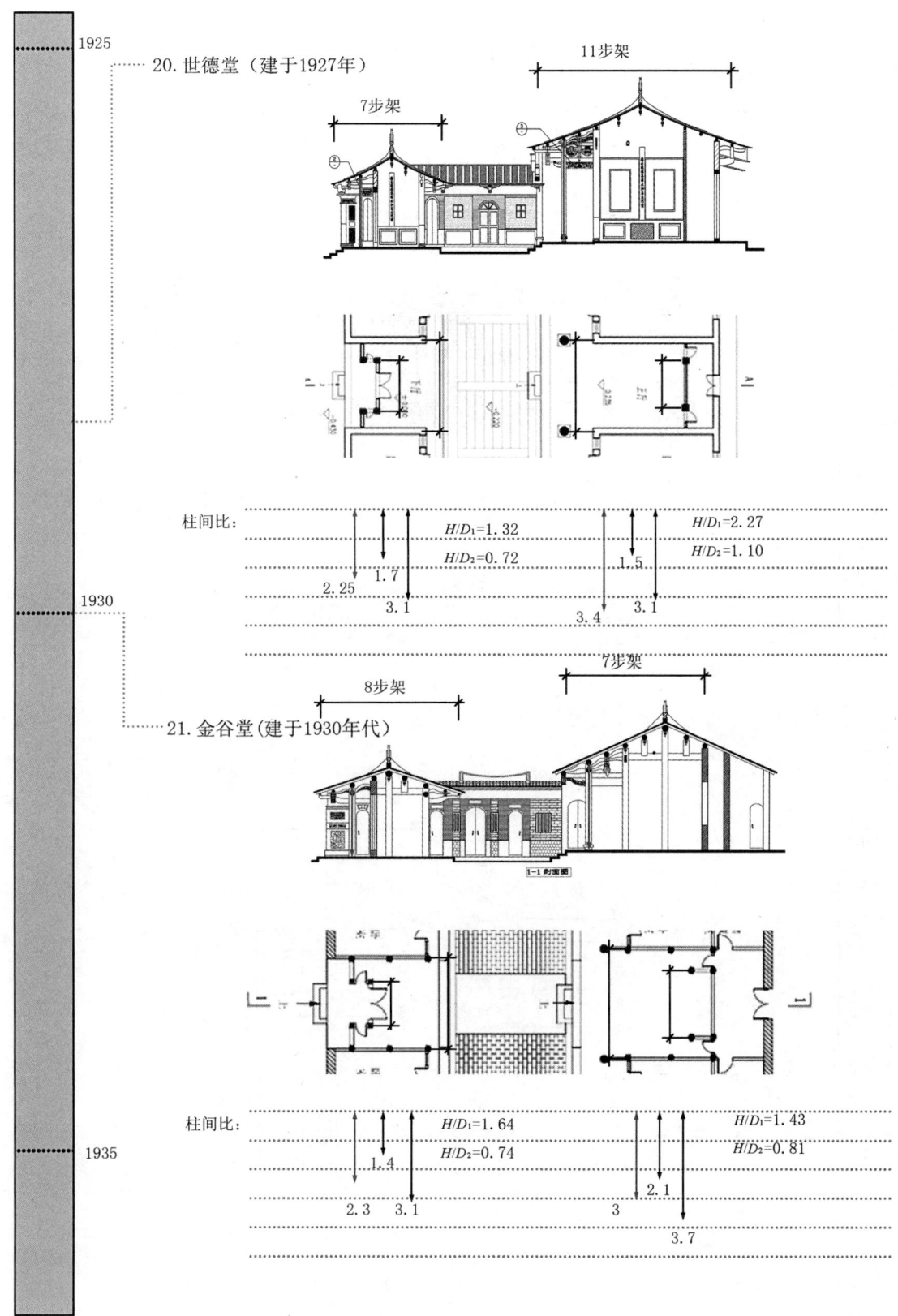

图3-17 世德堂、金谷堂屋架形式

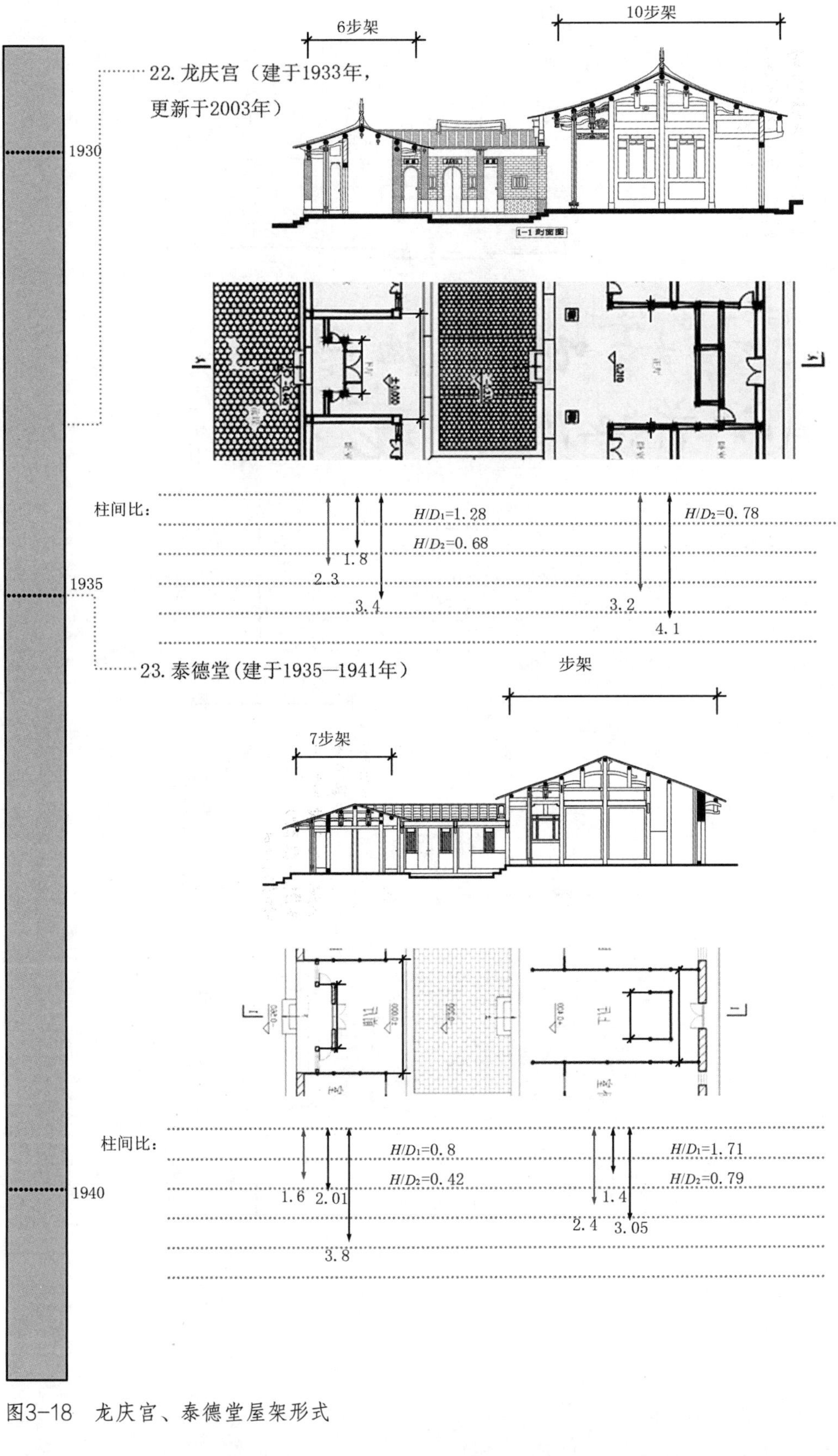

图3-18 龙庆宫、泰德堂屋架形式

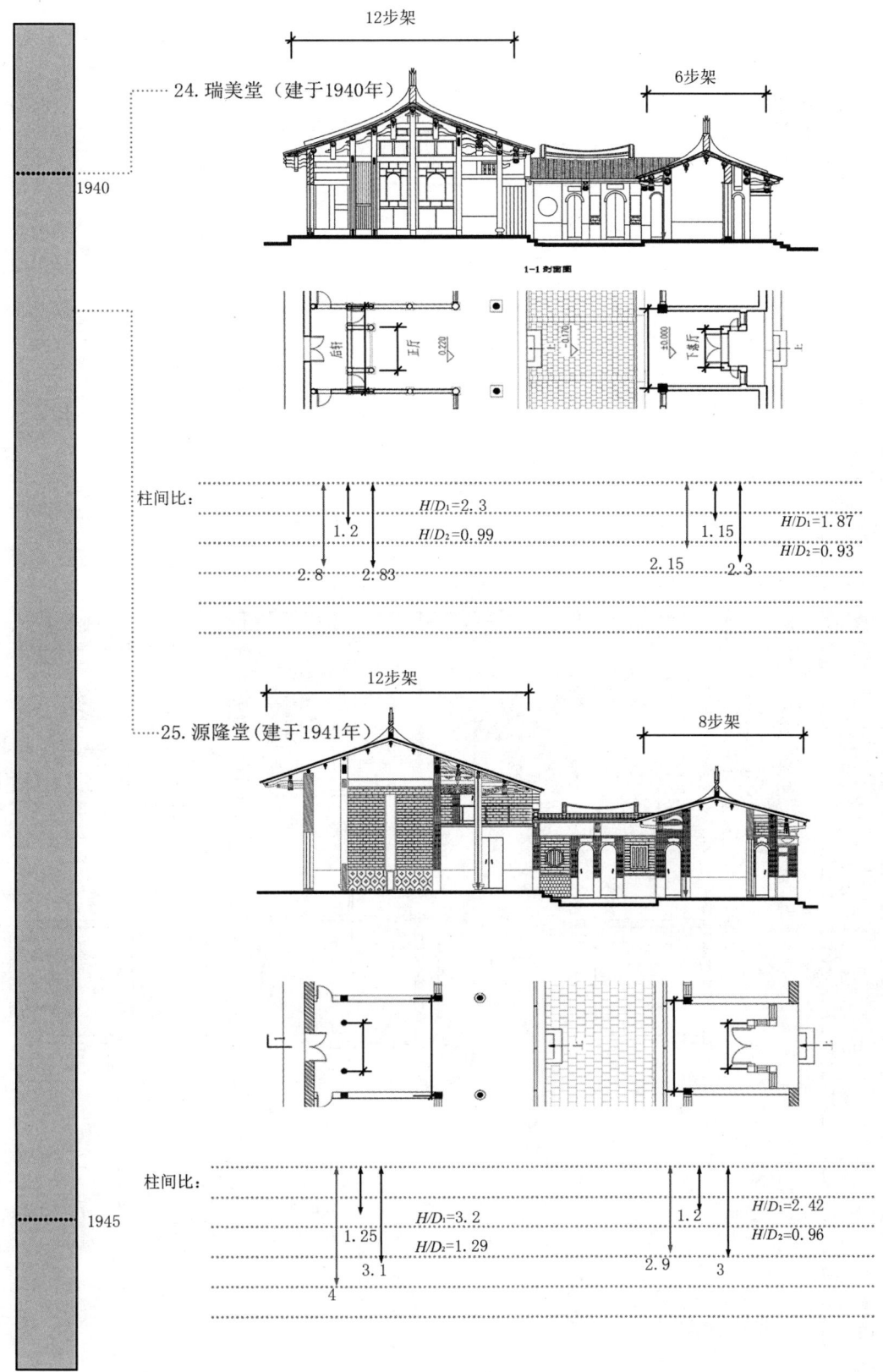

图3-19 瑞美堂、源隆堂屋架形式

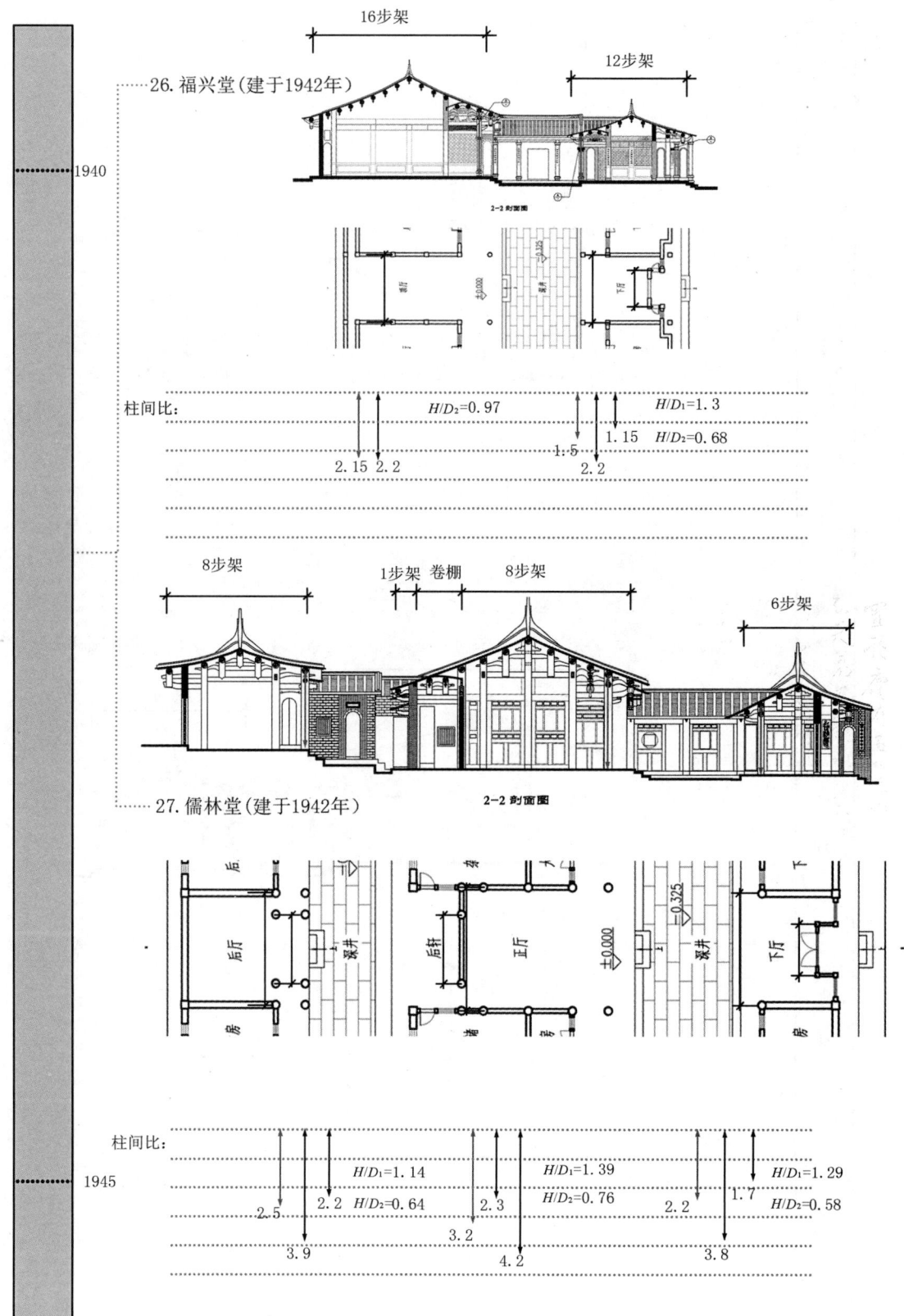

图3-20 福兴堂、儒林堂屋架形式

3.3 福兴堂建筑空间特性描述

通过对福兴堂所在的区域进行摸底调查，发现福兴堂所处的岵山镇传统民居的平面形式以长方形为最普遍，只有少许如石城寨等有一些特殊形式，而福兴堂由于属于官式大厝，外形为长方形。对比闽南传统官式大厝的建造，可以发现，设计之初，师傅都是先定出厅"中脊"的高度，为了达到厅堂"一高、二深、三阔"的要求，所以建筑平面都要做成方形，但为了进深大，面宽长，又没有绝对的正方形建筑，福兴堂也是长方形的平面。

福兴堂建筑空间成型于20世纪50年代，正处于近代社会变革的风潮中，而永春岵山所处的闽南地区由于地理环境的特殊，使得福兴堂的建造者得以接触西洋文化，这造成了福兴堂建筑文化受海外，特别是南洋地区文化的影响。

福兴堂以"五间张"为基础，设计了顶厅，在顶厅两侧为大房，再往外为边房，以此形成"五间张"的基本形式，而后向前有深井，即为天井，深井两侧为榉头，下落由下厅两侧下房，再往外角间构成。"五间张"两侧再建护厝。

对比研究可以发现，（1）福兴堂并没有像通常的"五间张"一样有后落；（2）福兴堂在顶厅和大房之间有一个行走的通道，直通屋后的走廊。通过对房屋居住者和当地耆老的走访可以得知，福兴堂建设时因为基地的限制，无法像平常一样设置后落；而设置顶厅和大房之间的走廊是由于李家家大业大，家中仆人众多，受传统思想影响，李氏兄弟让工匠设置这样一个通道，作为佣人通道，佣人可以直接通过这个通道进入主人房后的走廊，而不用经过顶厅，顶厅是祭奠先人及主人招待客人的地方，下人不便进入，体现了闽南惯有的主仆思想。

第四章
建筑构造与材料分析

4.1　清末民初泉州（闽式）建筑构造特质描述

黄金良在《泉州民居》中认为，泉州传统民居造型朴素，色彩和谐明亮，空间层次明确，石材与片砖插花砌筑的墙体，山花与入口的红砖贴面，形成强烈的个性。特别是本地所特有的橘红色贴面砖和层面瓦，使建筑呈现了统一的暖色调。"色感异常强烈，形成最具特色的红砖文化区。"即"红砖白石"。

"双坡曲"，泉州民居屋脊两边的瓦面并非如其他地方的直线坡度，而是略下弯呈弧度下降。从外观上看，其独特的"曲线美"能给人美感，但科学上也有其道理。黄金良分析认为，这种"双坡曲"，使得雨水在屋面流下时，先蓄势下滑，后在屋檐口完成"冲刺"，出得更远更彻底。

"出砖入石"是闽南红砖区建筑中一种十分独特的砌墙方式，利用形状各异的石材和红砖交垒叠砌，因其外观而得名。相传明末，闽南地区发生大地震，地震过后当地人民就地取材，利用坍塌破碎的砖、石、瓦、砾构筑成了这样一道独特的墙体，后来被人们广泛应用，沿袭成风。用这种方法砌成的墙不仅坚固防盗、冬暖夏凉，而且古朴美观，成为我国民居建筑艺术的一大杰作。

"燕尾脊"，顾名思义，就是如燕尾一样的屋脊，在泉州官式大厝，只要规模稍大的古厝都可以见到。

"雕梁画栋皇宫式"，皇宫式即按皇宫式样建造的大厝，也称官式大厝或"皇宫起"，是泉州传统民居的典型。在这种建筑中，木雕、彩绘、石刻、透雕、泥塑、剪贴等民间手工艺精品随处可见。

4.2　福兴堂建筑结构构架系统分析

4.2.1　屋架及墙身构造分析

泉州岵山福兴堂的屋顶木构架部分，因其所在空间的形制等级不同和受力部位的不同，有不同的构件样式；又因其受海外文化影响，其构造方式又有别于闽南传统建筑。

1. 屋架系统的构成

福兴堂屋架的构成可以从桁架本身面内的垂直系统与桁架之间的面外水平系统进行分析。桁架本身面内的垂直系统在挑檐、檐廊、室内（室内屋架构造有插梁式和搁檩式）和卷棚的部位上的构架形式会有所不同。桁架之间的面外水平系统主要由檩（桁）条和枋构成。

福兴堂不同房间的桁架本身面内系统可由不同部位以加法的运算组合形成（表4-1、表4-2）。

福兴堂桁架之间的面外水平系统，即起到水平方向的连结作用。水平系统加之垂直系统与承重系统就形成了完整的屋架结构。

第四章　建筑构造与材料分析　055

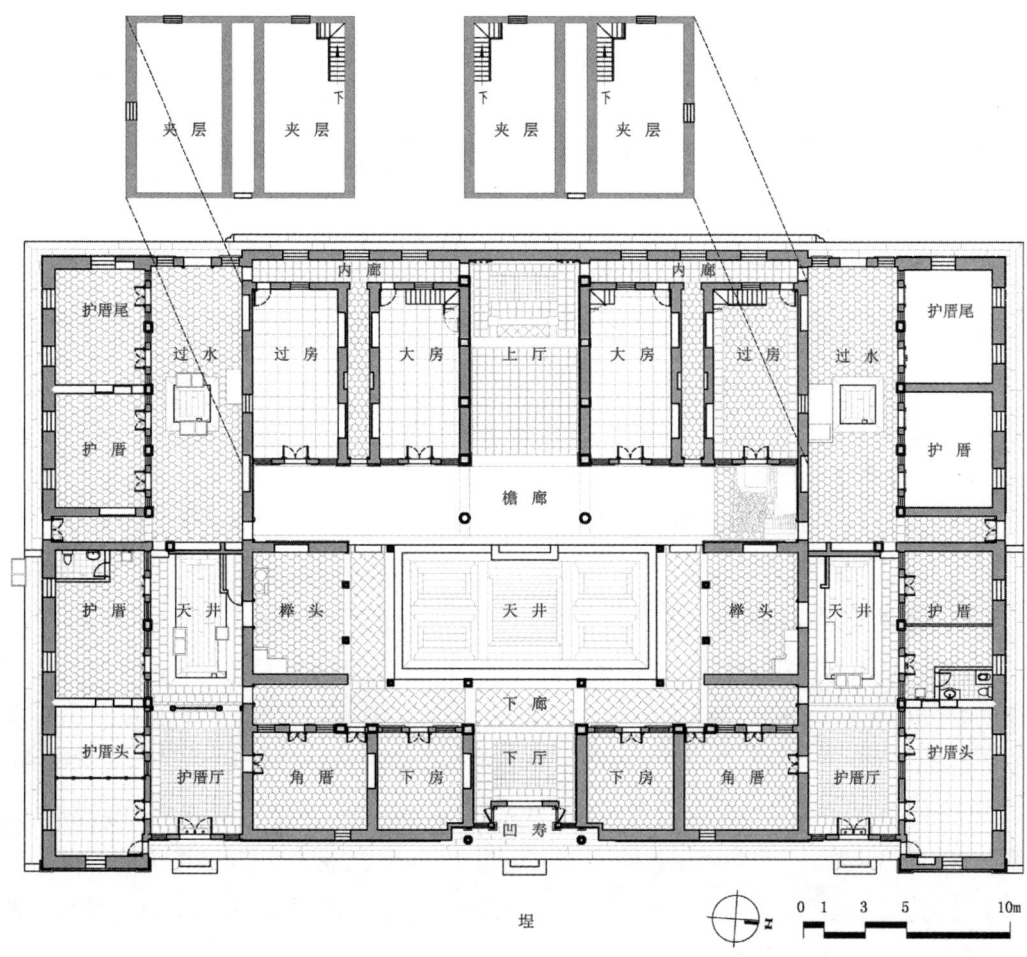

图4-1　福兴堂平面空间名称图

福兴堂各空间桁架面内系统组合分析表1　　表4-1

编号	运算规则					面内系统所在空间
	挑檐	檐廊	卷棚	构架	挑檐	
①	√	×	√	搁檩式	√	上厅
②	√	√	√	搁檩式	√	下厅
③	√	×	√	插梁式	√	榉头
④	√	×	×	插梁式	√	护厝
⑤	√	×	×	搁檩式	√	下房、角厝

福兴堂各空间桁架面内系统组合统计表2　　　　表4-2

编号	运算规则							构成的空间	
	承重构件			垂直构件	水平构件		屋面系统		
	地基	墙体	柱		枋	檩（桁）条	屋顶	上厅	厅堂
⑥	√	√	√	①	√	√	√	上厅	厅堂
⑦	√	√	√	②	√	√	√	下厅	
⑧	√	√	√	③	√	√	√	榉头	
⑨	√	√	×	④	√	√	√	护厝	厢房
⑩	√	√	×	⑤	√	√	√	下房或角厝	

2. 构件构成

在此陈述各个构件的形式和组成。

（1）室内屋顶构架

福兴堂的室内屋架样式有三种。福兴堂上下厅位置的屋架形式为搁檩式（屋架样式一），是将檩条搁置在墙上的做法，而闽南传统建筑的上下厅位置却大多为穿斗式。屋架的檩条间距约960mm（图4-3）。

福兴堂在护厝与角厝位置的屋架形式以檩条的搁置形式来分类为穿斗式，但整体样式更接近孙大章在《中国民居研究》一书中提出的插梁式。插梁式的结构特色即是承重梁的梁端插入柱身（一段插入或者两端插入），与抬梁式的承重梁顶在柱头上不同，与穿斗式的檩条顶在柱头上，柱间无承重梁、仅有拉接用的穿枋的形式也不同。但福兴堂的插梁式是以墙代替了柱子的作用（图4-4、图4-5）。

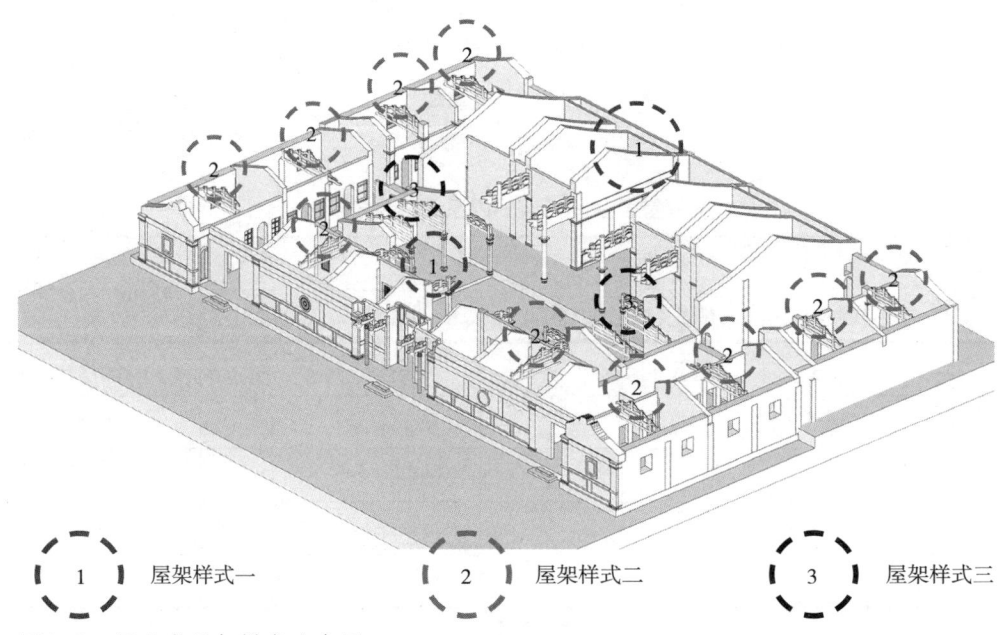

| 1 | 屋架样式一　　2 | 屋架样式二　　3 | 屋架样式三 |

图4-2　福兴堂屋架样式分布图

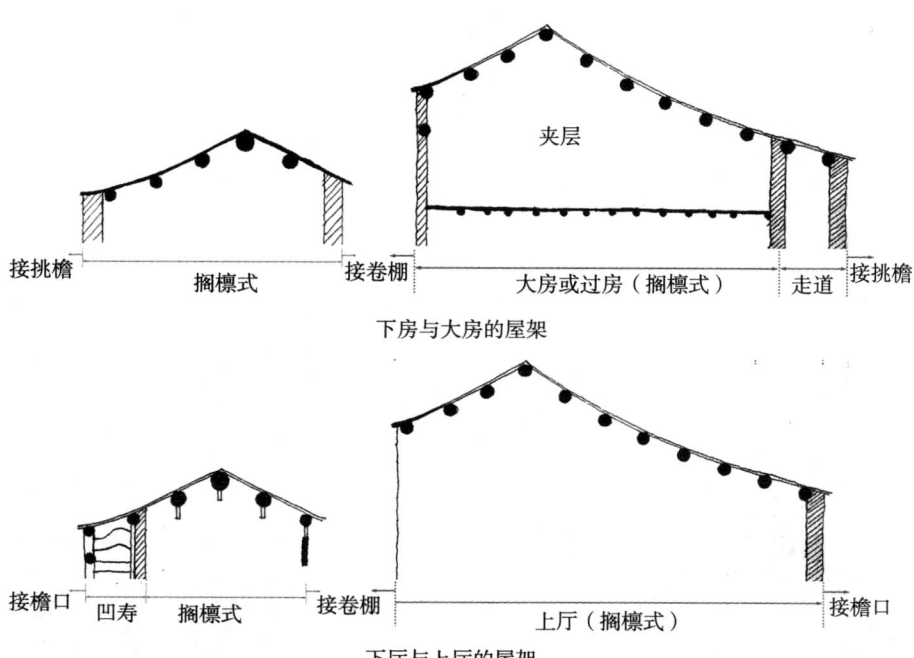

图4-3 福兴堂屋架样式一

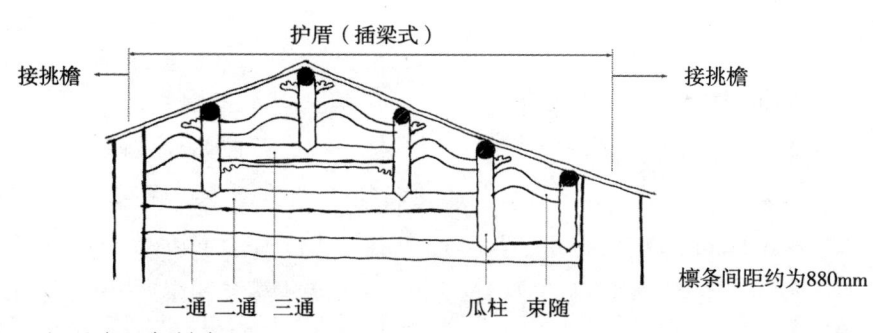

图4-4 福兴堂屋架样式二

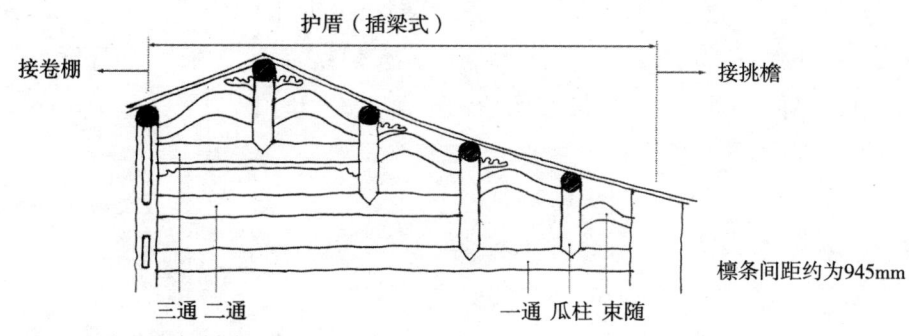

图4-5 福兴堂屋架样式三

（2）卷棚样式

福兴堂的卷棚样式为闽南传统样式，是福兴堂的装饰重点之一，因为它位于廊道上方，是行人在行走时最易看到的地方。

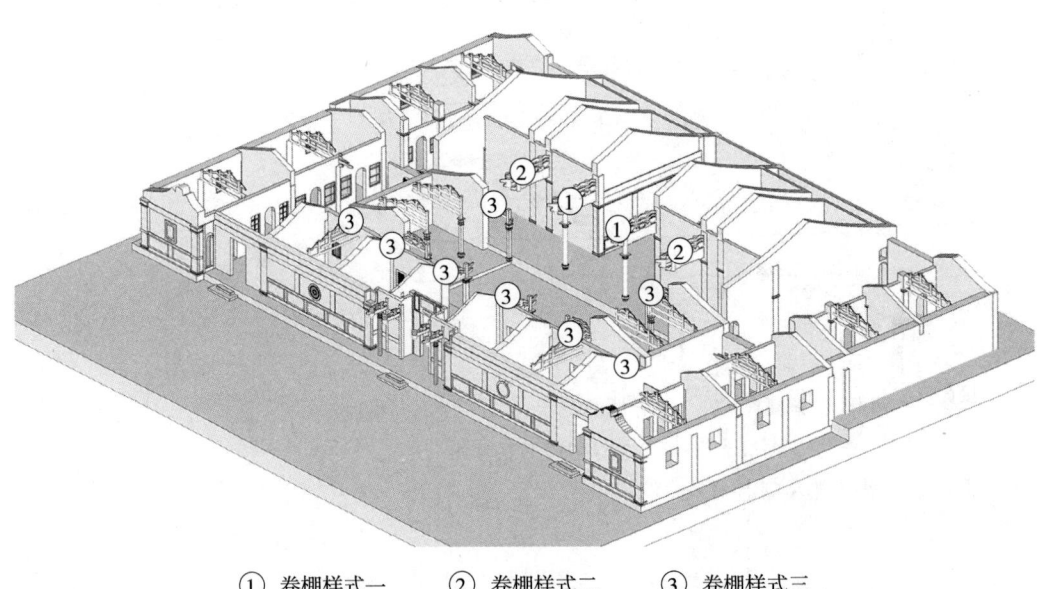

① 卷棚样式一　　② 卷棚样式二　　③ 卷棚样式三

图4-6　卷棚分布图

福兴堂的卷棚样式可归纳为三种。

卷棚样式一：步通前端插入檐柱（该檐柱下端为石柱），后端直接插入屋身，步通上放置两束叠斗，（叠两次斗，束随成二束样式）成三步架，两束叠斗上承接两根檩条，橡条做成卷棚的式样，橡条（弯桷）后端插入墙身中，前段越过第一根檩条后插入第二根檩条中，其上才是屋顶的橡条。这样一来由卷棚橡条和屋顶橡条之间形成一个暗厝（表4-3）。

卷棚样式二：与卷棚样式一基本一致，只在叠斗位置不同，样式二的叠斗叠三次斗，束随成三束样式（表4-4）。

卷棚形式三：布通前端插入护厝墙身，后端插入主身墙身，下随员光。布通上立两短柱，一短柱贴护厝墙身放置，另一短柱与主身墙身之间置二通，二通下随小员光，小员光上放置两束叠斗，成三步架，形式开始与形式一相同（表4-5）。

福兴堂卷棚样式一	表4-3
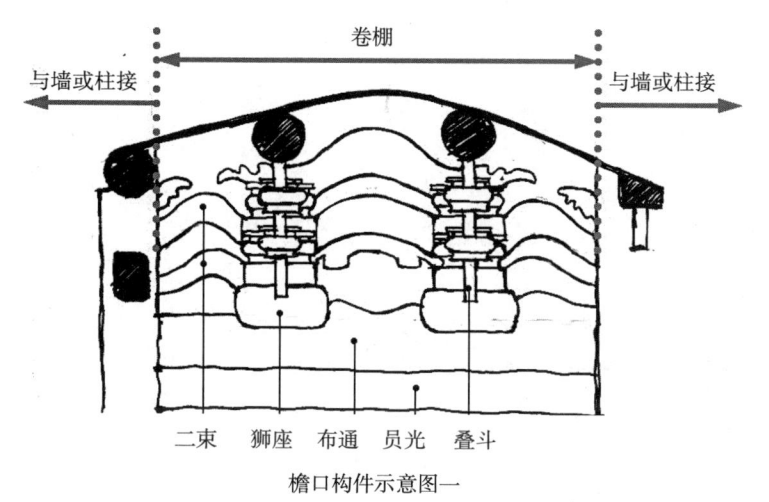 二束　狮座　布通　员光　叠斗 檐口构件示意图一	名称：卷棚样式一 位置：详见图4-3 卷棚分布图 跨度（净跨度）：约1970mm 高度（净高）：约1120mm
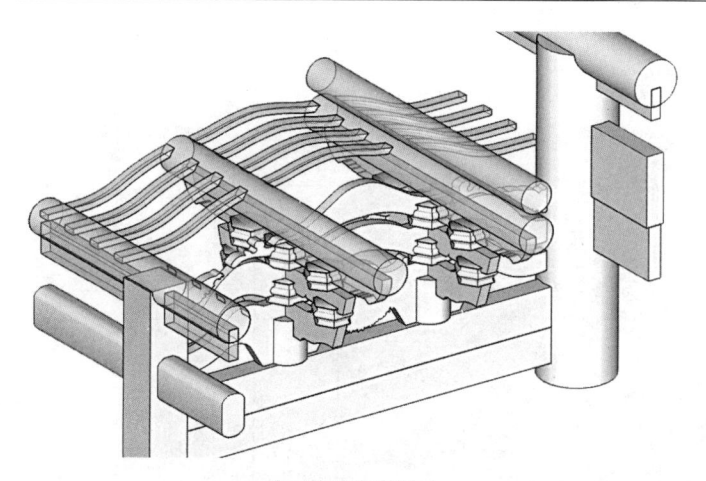 檐口构造示意图二	其瓜柱部分以叠斗的形式，围绕中心院落布置
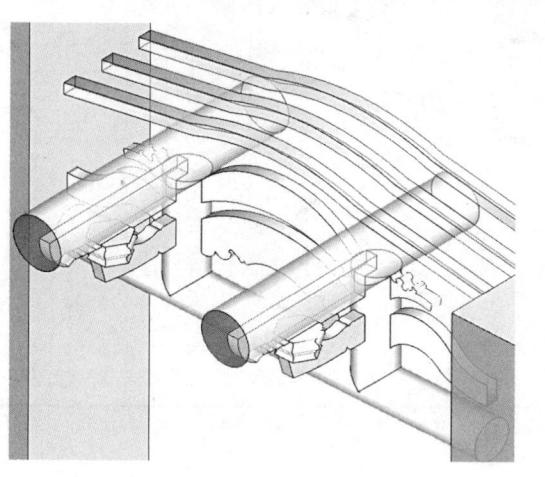 檐口构造示意图三	插在其通梁上的短柱为瓜柱，且只有靠近院落的一侧有安置斗栱。其位于下厅卷棚的两端

福兴堂卷棚样式二	表4-4
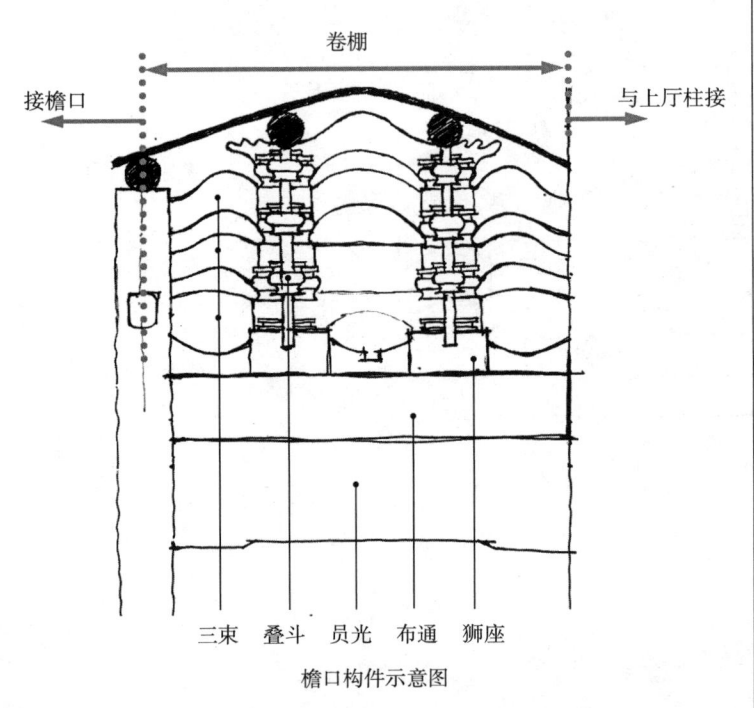 檐口构件示意图 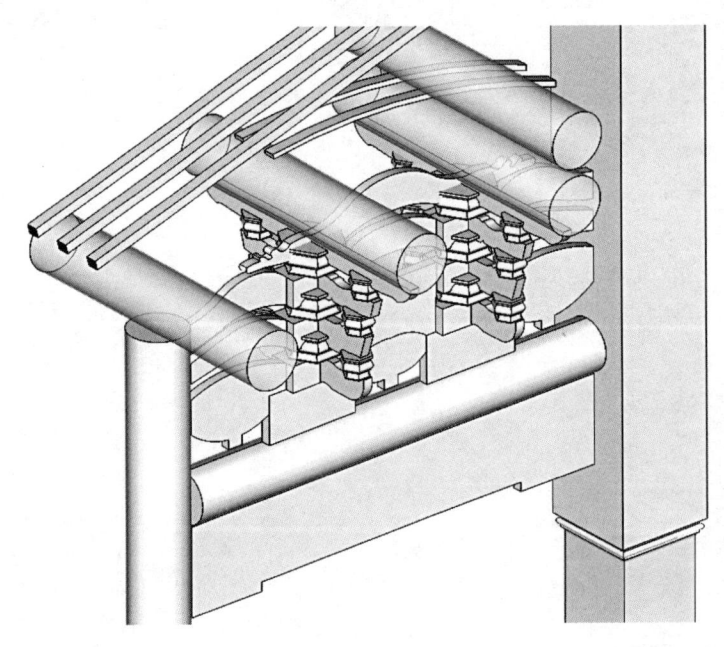 檐口构造示意图	名称：卷棚样式二 位置：详见图4-3卷棚分布图 跨度：约2405mm 高度：约1830mm

福兴堂卷棚样式三

表4-5

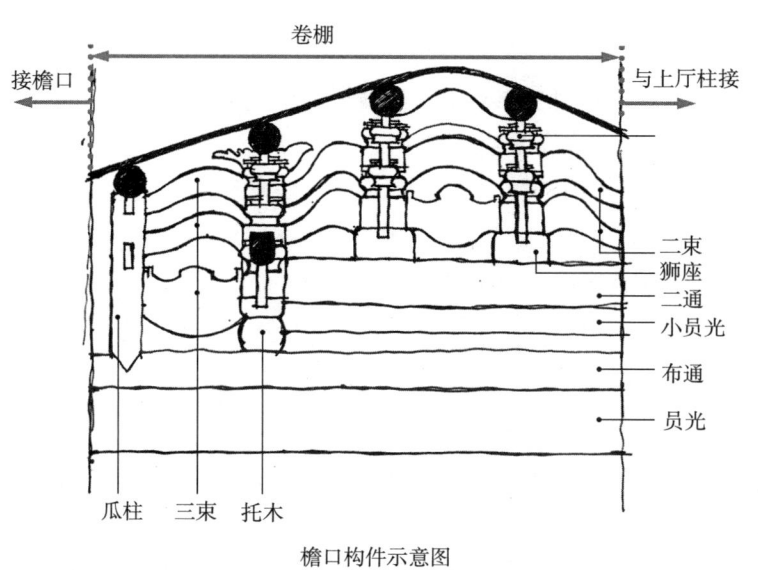

檐口构件示意图

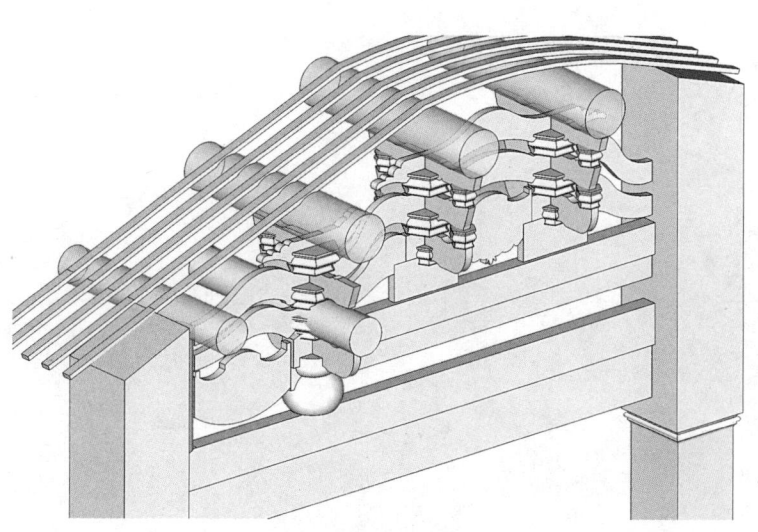

檐口构造示意图

名称：卷棚样式三
位置：详见图4-3卷棚分布图
跨度：约2405mm
高度：约1830mm

（3）挑檐样式

福兴堂的挑檐为闽南传统样式，其屋顶出檐较大，尤其是檐廊位置的出挑。在闽南传统建筑中，其栋架前后出挑的部位称为"寮"、"寮口"，挑檐凛称为"寮圆"，连接的束木则称为"寮束"。

经现场调查可发现，福兴堂的出挑样式繁多，按其构造形式不同，可分为8种（表4-6~表4-12）。

福兴堂上厅前檐廊外的出檐（挑檐样式六）做法：檐廊的步通伸出檐柱之外，称为"步通出尾"，步通之下的通随也伸出檐柱之外，形成丁头棋承托步通出尾。步通出尾上挑住吊筒，末端出承托柱一丁头栱，檐廊内有两束随伸出檐柱之外，其一束随出尾安置在吊筒与钉头拱之上，末端上安置檩条，在吊筒的上方处安置一坐斗，坐斗上方再安置另一束随出挑与托木，承托柱檩条。

榉头与下厅檐廊的挑檐（挑檐样式一），形式简单，出挑较短。只有布通和一束随出尾，其间承托一丁头栱，其上承托檩条。

福兴堂其他位置基本上都跟挑檐样式六的构造做法相仿，但因福兴堂在承重方面为墙体承重，因此在福兴堂有些地方（墙角交界处）的挑檐在室内没有构架，是直接插入墙体。

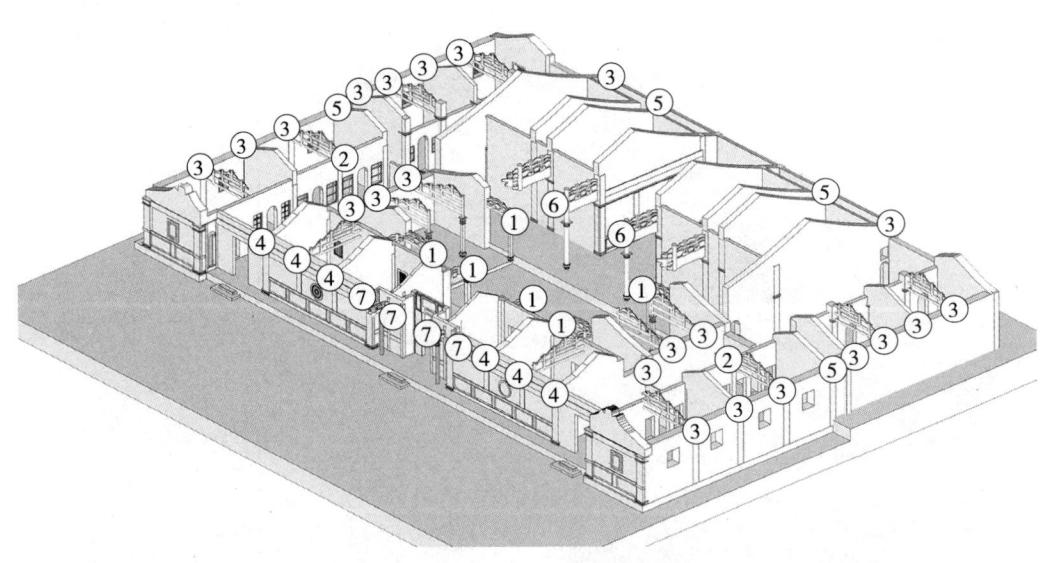

① 挑檐样式一　② 挑檐样式二　③ 挑檐样式三　④ 挑檐样式四
⑤ 挑檐样式五　⑥ 挑檐样式六　⑦ 挑檐样式七

图4-7 挑檐样式分布图

| 福兴堂挑檐样式一 | 表4-6 |

名称：挑檐样式一
出挑长度：约540mm
高度：约750mm
位置：详见图4-7挑檐样式分布图

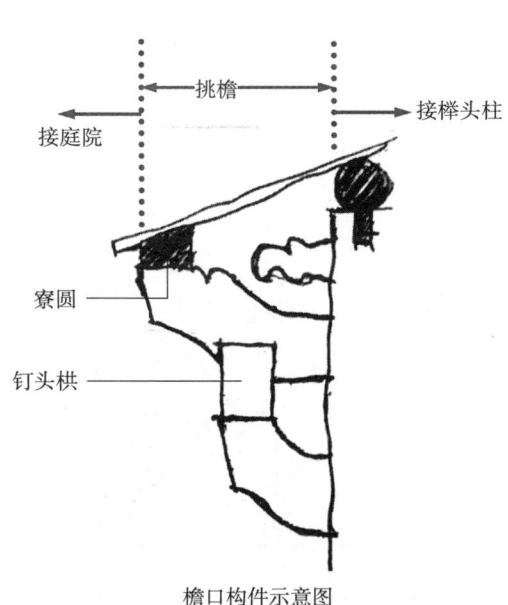

檐口构件示意图

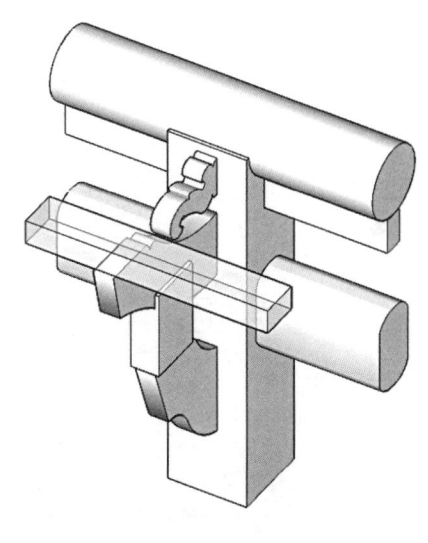

檐口构造示意图

实景照片一

实景照片二

福兴堂挑檐样式二	表4-7

名称：挑檐样式二
出挑长度：约1320mm
高度：约970mm
位置：详见图4-7挑檐样式分布图

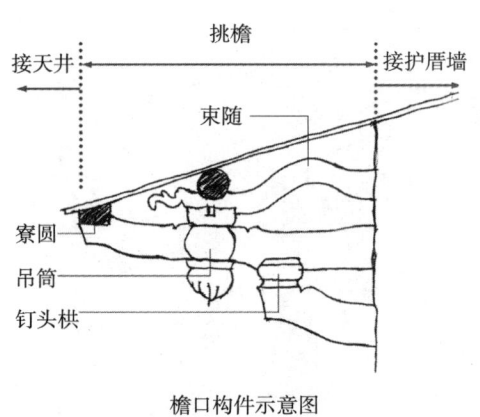

檐口构件示意图

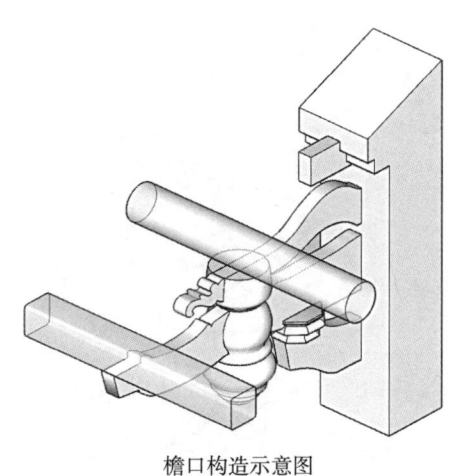

檐口构造示意图

实景照片一

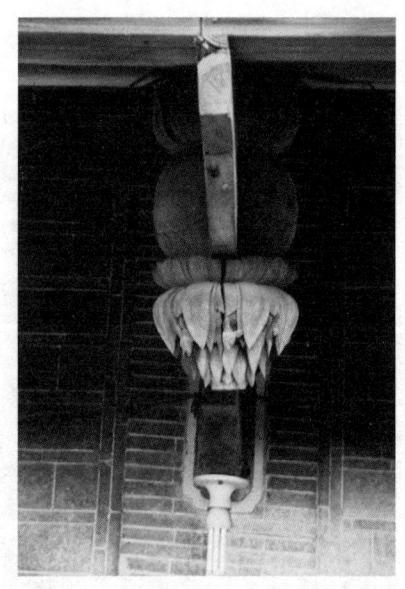

实景照片二

福兴堂挑檐样式三 表4-8

位置：详见图4-7（外接室外） 出挑长度：约1140mm 高度：约710mm	位置：详见图4-7（外接天井） 出挑长度：约905mm 高度：约540mm
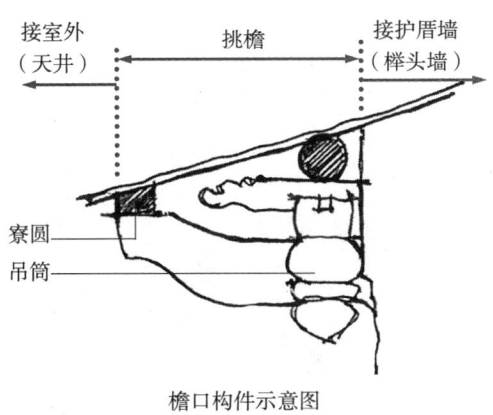 檐口构件示意图	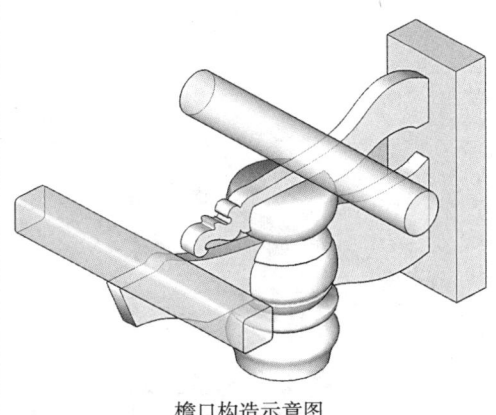 檐口构造示意图
 实景照片一	 实景照片二

福兴堂挑檐样式四 表4-9

出挑长度：约1450mm
高度：约800mm
位置：详见图4-7挑檐样式分布图

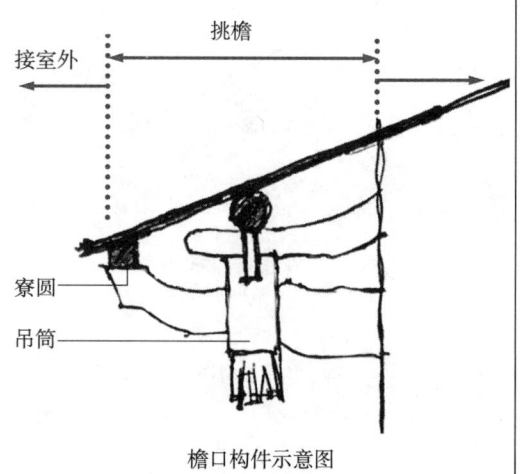

檐口构件示意图

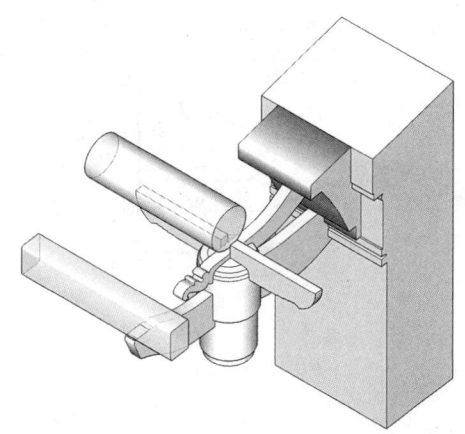

檐口构造示意图

实景照片一

实景照片二

福兴堂挑檐样式五	表4-10

出挑长度：约1140mm
高度：约710mm
位置：详见图4-7挑檐样式分布图

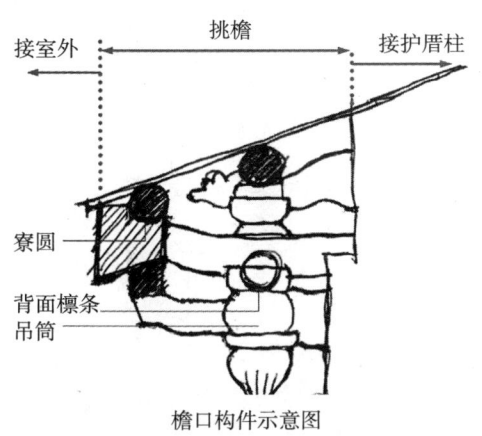

檐口构件示意图

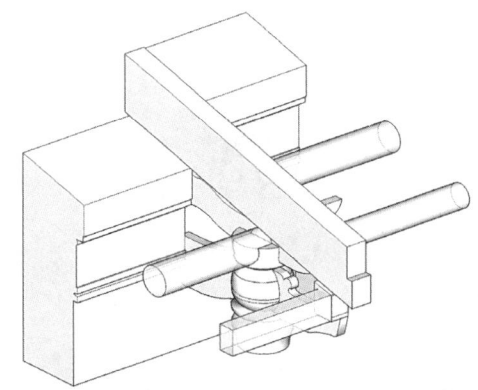

檐口构造示意图

实景照片一

实景照片二

福兴堂挑檐样式六	表4-11

出挑长度：约1140mm
高度：约710mm
位置：详见图4-7挑檐样式分布图

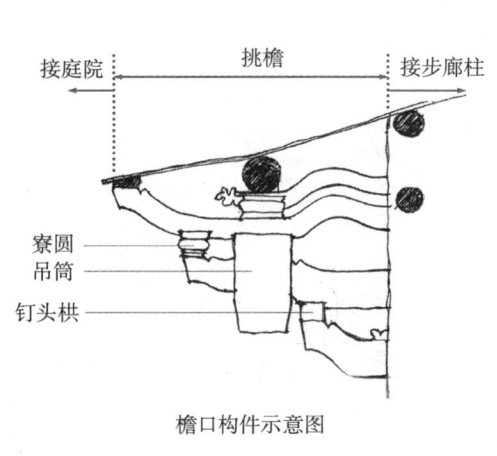

檐口构件示意图

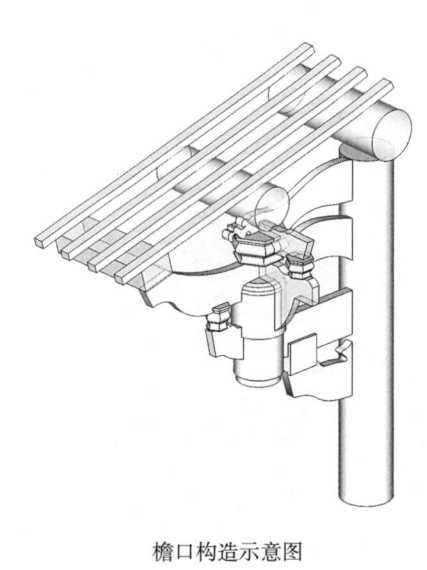

檐口构造示意图

实景照片

福兴堂挑檐样式七、样式八　　　　　表4-12

出挑长度：约1970mm 高度：约965mm 位置：详见图4-7挑檐样式分布图	出挑长度：约1600mm 高度：约965mm 位置：详见图4-7挑檐样式分布图
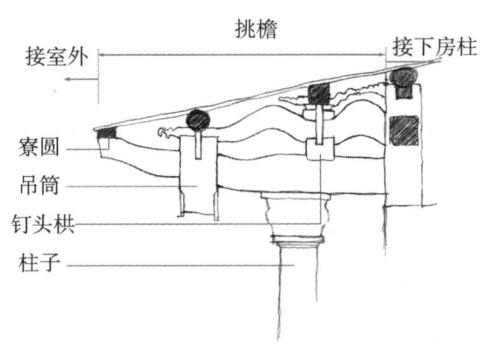 檐口七构件示意图 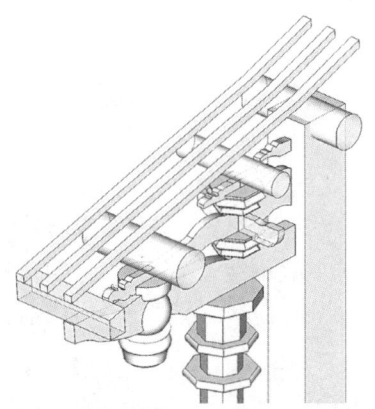 挑檐样式七构造示意图	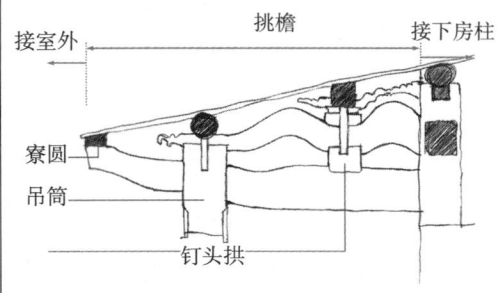 檐口八构件示意图
 实景照片	 实景照片

说明：挑檐样式七和挑檐样式八都位于福兴堂凹寿处，构件样式基本一致，不一致的地方在于：样式七的挑檐下端有独立柱支撑，整体出挑长度较长；样式八的挑檐下端无独立柱支撑，出挑长度至吊筒前方停止，整体长度相比样式七较短。

（4）柱式

福兴堂的柱子是其最具有特色的地方。

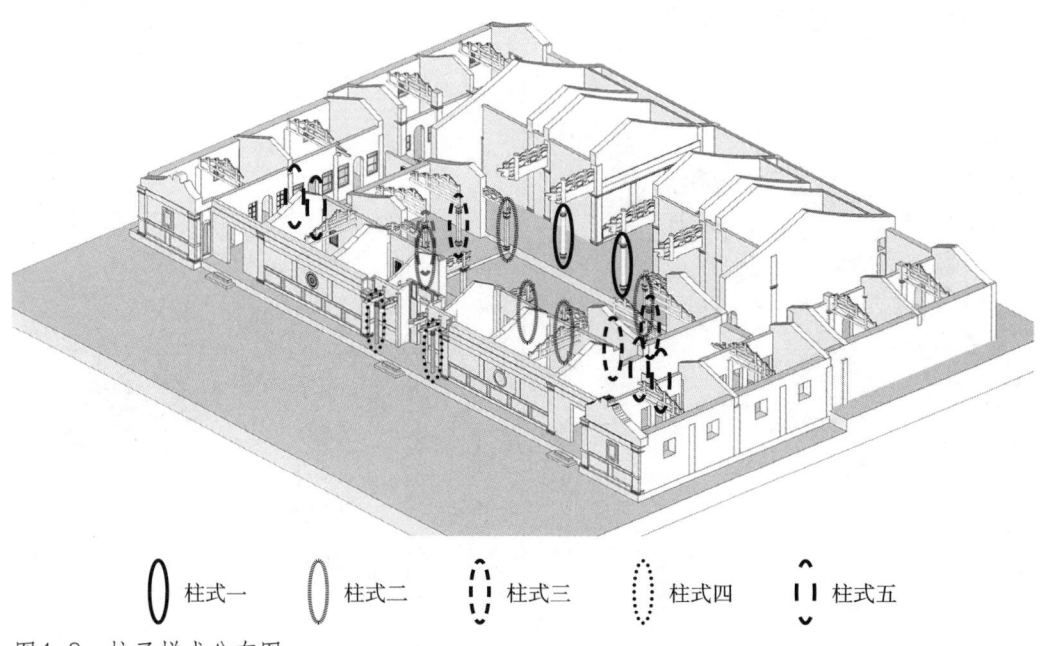

图4-8 柱子样式分布图

福兴堂的柱子，依据大小、位置和材质，可分为五类：一是上厅前两根对柱（柱式一）；二是环绕天井的檐下小柱（柱式二）；三是榉头下的小柱（柱式三）；四是门口凹寿处两根对柱（柱式四）；五是位于护厝厅与天井间的木隔墙处（柱式五）。厅前对柱，较粗较高，其中上厅前对柱横截面为圆形，下厅凹寿对柱横截面为正八边形，环天井檐下小柱横截面均为四方形。中国传统柱身上一般不做任何雕饰，福兴堂的厅前对柱则吸收了古典爱奥尼柱的凹槽元素和柯林斯柱的莨苕叶涡卷状形式。福兴堂中，柱式五是唯一的木柱，其柱身与柱础形式较简单，但在柱头处却是木质的爱奥尼柱头（表4-13）。

福兴堂柱式分类及说明　　　　　　　　　　表4-13

	柱式一	柱式二	柱式三	柱式四	柱式五
柱头	上端宽510mm 下端直径380mm 高260mm	上端宽540mm 下端宽325mm 高310mm	上端宽360mm 下端宽300mm 高450mm	上端边长140mm 下端边长110mm 高420mm	上端宽290mm 下端宽190mm 高140mm

续表

	柱式一	柱式二	柱式三	柱式四	柱式五
柱身	形状为圆形 直径约430mm 柱高约2685mm	形状为方形 边长为200mm 柱高约1947mm	形状为方形 边长为200mm 柱高约1955mm	形状为正六边形 边长为175mm 柱高约2400mm	形状为方形 边长约为170mm 柱高约3475mm
柱础	横截面形状为 圆形 最长直径约 450mm 高约320mm	横截面形状为 方形 边长最宽处约 363mm 高约265mm	横截面形状为 方形 边长最宽处约为 370mm 高约355mm	横截面形状为 六边形 边长最长处约为 1750mm 高约280mm	形状为长方体 边长约为210mm 高约200mm

3. 福兴堂屋架构件分析

（1）步通、员光

"员光"是闽南建筑中特有的一种称谓，在李乾朗先生《台湾古建筑图解释典》一书中将其定义为紧附在较短的梁枋之下的长形木雕构件，也称为"通梁"或"通随"，其功能是为稳定梁柱，使其成九十度且不易变形。

（2）斗座

斗座在福兴堂木装饰中有两种形态，一种是在方块上以花鸟之形，用写实的手法，施以透雕刀法。另外一种是雕刻成动物的形态，即狮子、大象，也称"狮座"、"象座"（图4-10）。

（3）束木

束木是闽南建筑用语中对位于相邻两根枋柱穿插构件的叫法，就其位置看，相当于清式的"单步梁"穿插于叠斗、蜀柱之间，以联系后步架并扶持，稳定叠斗和栱枋。束木不同于普通的梁枋构件，其长度短、弯度大（图4-11）。

（4）吊筒

吊筒往往是一座建筑在外檐下最醒目的木雕装饰部分。图4-12为李家大院正门凹寿处宫灯形制吊筒，工艺为双层木雕。

图4-9 步通、员光

图4-10 福兴堂狮座图　　图4-11 福兴堂束木图

第四章 建筑构造与材料分析　073

图4-12　福兴堂吊筒图

图4-13　福兴堂斗栱图

图4-14　福兴堂托木

（5）斗栱

斗与栱是传统建筑木构件中最基本的构件，因其重要的结构功能，所以在木雕装饰方面，对斗与栱大多采用素面或者浅雕的方式，不做深、透雕琢。李家大院的斗部分采用六角立方形体，上下各有一指宽的凹道，斗肚部分雕以花叶纹样（图4-13）。

（6）托木

托木是指梁枋横面与立面墙或立柱的相交处一块类似三角形的构件，也称雀替。在李家大院的雀替均雕琢成盘龙飞云纹，功能有二：一提高横梁木架稳定性，二破直角造型产生的所谓"尖煞"之气（图4-14）。

4.2.2 屋顶构造及作法分析

梁思成将台基、柱梁与屋顶，合称为中国建筑的三要素。

按中国古建筑屋顶形式分类，福兴堂屋顶的形式是悬山顶。

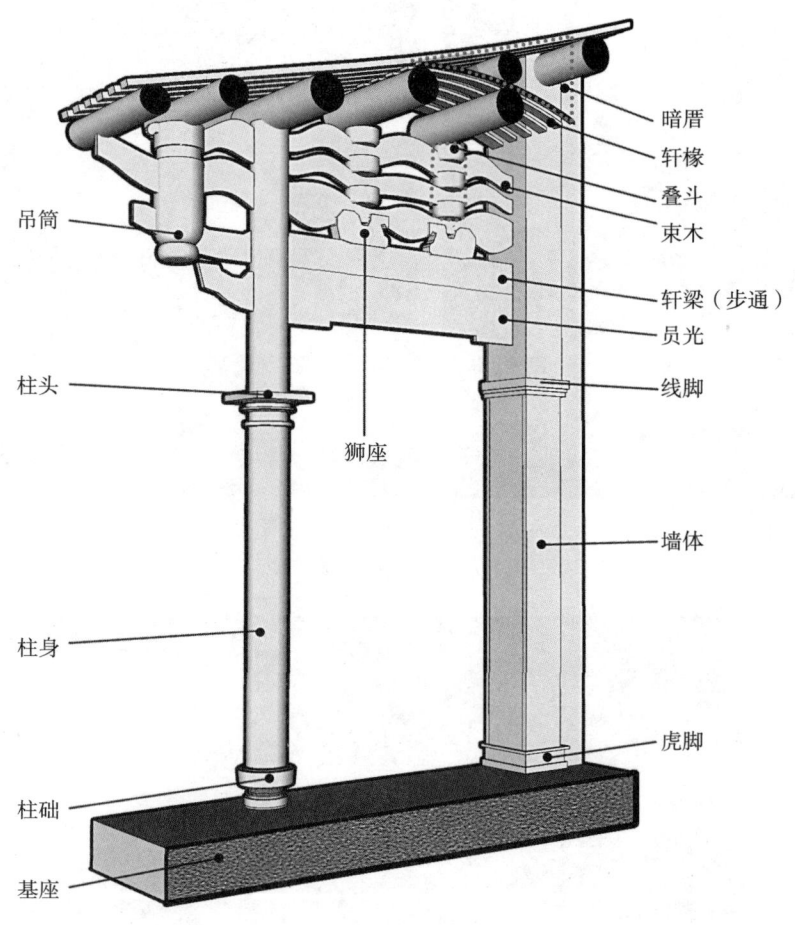

图4-15 构件位置示意图

图4-16 中国建筑三元素示意图

图4-17 悬山顶示意图

图4-18 福兴堂屋顶

1. 屋顶各组成构件

传统建筑的屋顶可分为：结构支撑与面层系统两部分。结构支撑部分称之为"屋架"，是由梁柱系统或者承重墙系统构成；面层系统部分称之为"屋面"。福兴堂屋面是由椽子、望板、屋瓦、屋脊逐层叠加构成。

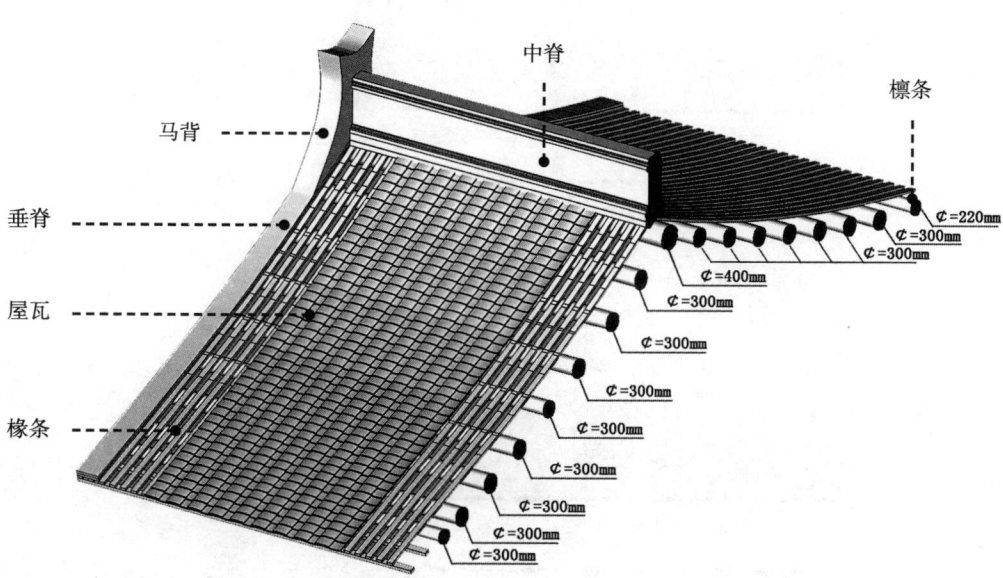

图4-19 福兴堂正身屋面结构示意图

2. 屋顶施作程序

铺椽子 → 铺望板 →(三合土)→ 作滴水 →(三合土)→ 铺瓦 →(三合土)→ 屋脊 →(三合土)→ 压脊 → 作装饰

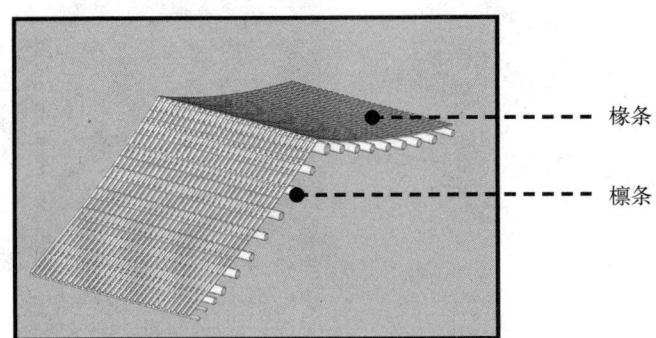

铺椽条施工示意

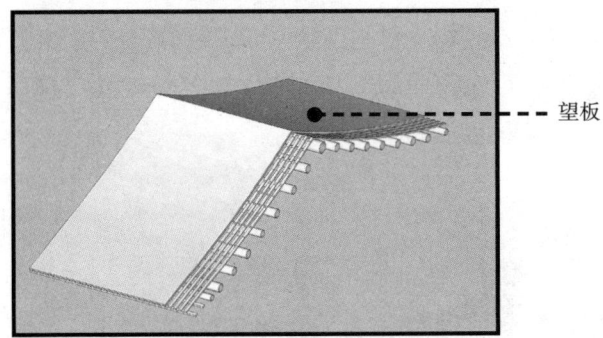

铺望板施工示意

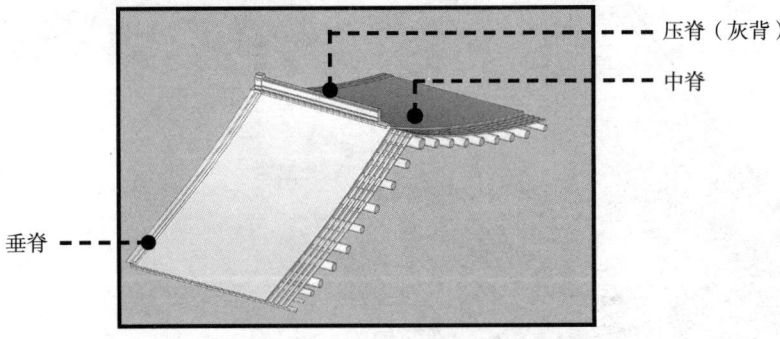

垂脊、中脊、压脊施工示意

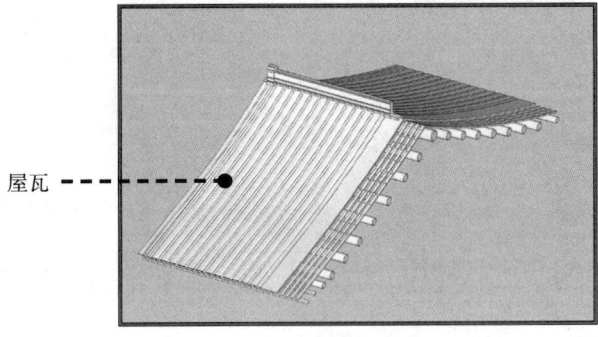

铺瓦施工示意

图4-20　屋顶施作过程图

3. 福兴堂的屋顶形式分类

福兴堂屋顶的高低交错丰富，形成了几种不同的形态，分析如下：

屋面的正脊分成了三段，中间一段被抬高，并于两侧加垂脊，屋脊由中间向两边起

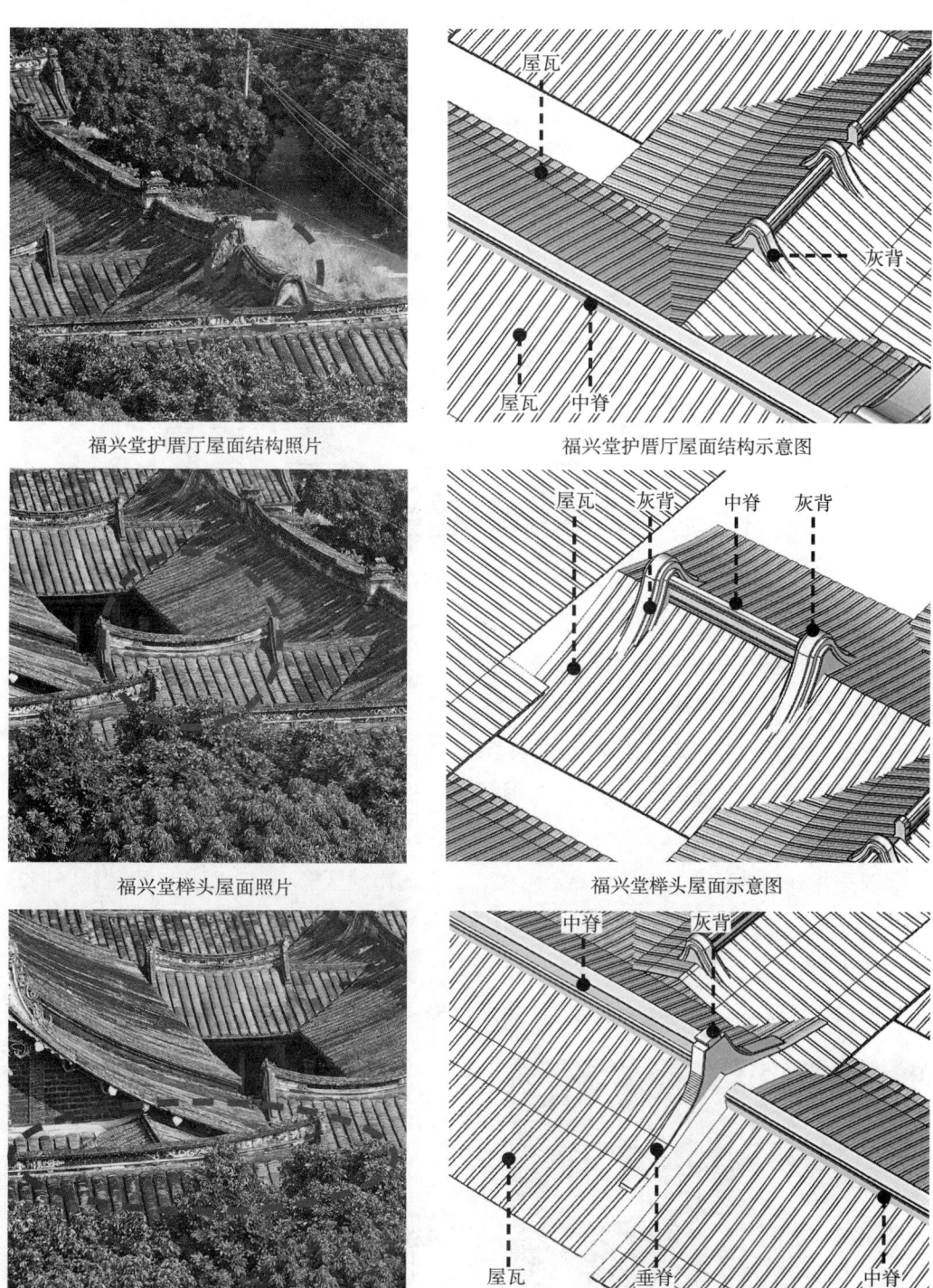

图4-21　福兴堂屋顶的三种形态

翘。构造做法是房屋正身部分的檩条抬高一个檩径（图4-23中H），使屋脊中间高而两边低（此点待验证）。

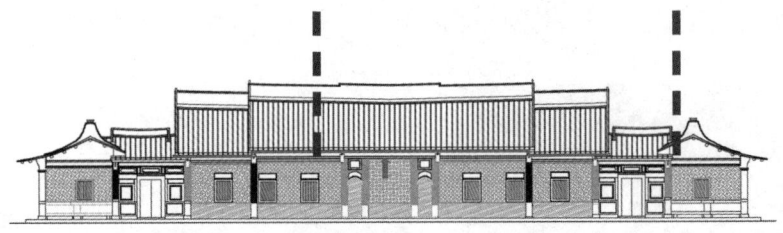

图4-22　福兴堂屋面分段示意图

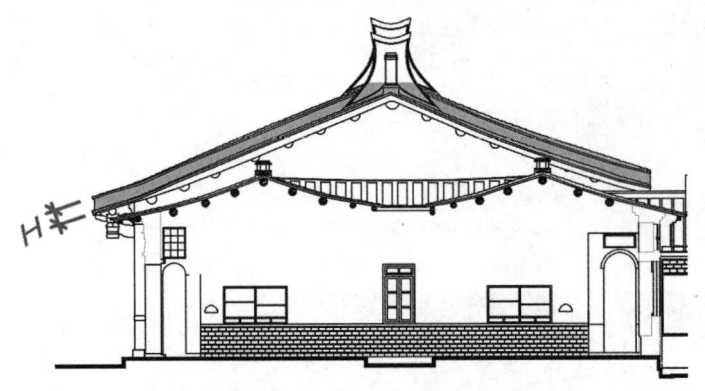

图4-23　福兴堂正身屋脊抬高示意图

4．福兴堂屋面构件分析

（1）桷枝板（椽条）

无论是北方传统建筑还是南方传统建筑，檩条之上铺设的均是椽子这一构件。椽子在闽南地区成为"桷子"、"桷枝"、"桷枝板"。福兴堂的椽子，厚度很薄，断面扁平，高宽比约1∶4，闽南地区得椽子采用扁方形原因有二，一是闽南传统建筑的屋面采用曲线，又采用通用的椽子，扁长形易于弯曲。二是闽南地区椽子之上直接铺设望砖，扁方形的椽子增大了与望砖的接触面积，使望砖比较稳定。

（2）望砖

闽南传统建筑的屋面不用"灰背"，所以福兴堂屋顶的做法是在桷子板（椽条）上

图4-24　椽条

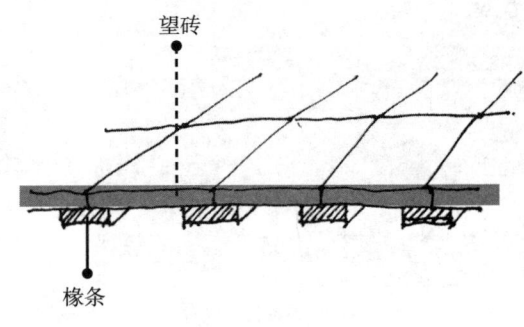

图4-25　望板示意图

图4-26 水遮一

图4-27 水遮二

铺望砖，其上直接铺瓦，这也是椽子采用扁方形的原因之一。闽南的望砖很薄，红色，约1厘米厚。闽南地区气候潮湿、炎热，木料容易腐烂，屋面需要通风，只铺望砖或省去望砖，有利于屋面的通风，有利于室内空气的调节，这也是闽南传统建筑对气候适应性的一个表现。[①]

（3）屋瓦

闽南地区传统建筑的屋瓦有红、黑两种颜色，从古至今大量的瓦都是用土烧制而成，闽南东部沿海地区多使用红瓦，山区则使用的是黑瓦。据说是因为烧制瓦所用的土和烧制的技术有关，永春等地虽同属闽南，但因交通闭塞，与沿海地区交流甚少，所以没有红瓦的传入。

黑瓦的制作是永春的一项传统工艺。永春当地制瓦工艺，可以追溯到宋代，因明清时期大量民居的建造而盛极一时。看似简单的瓦片，却要经过好几道工序。[①]

（4）水遮

水遮是闽南建筑中位于左右护厝与正屋的交接处的屋顶，以防止泼雨影响正屋与护厝回廊之间的活动。李家大院在水遮的装饰上融合了剪粘、彩绘、灰泥塑等多种手法，在由建筑内向天外的高处几乎真实地还原了一座鳞次栉比的街市，这沿着护拢屋檐渐低的"街市"建筑里刻有人物，如麻姑、仙翁、嫦娥等。

（5）屋脊

屋脊按位置分为以下三种：①中脊；②垂脊；③中脊与垂脊交会。

①福兴堂中脊

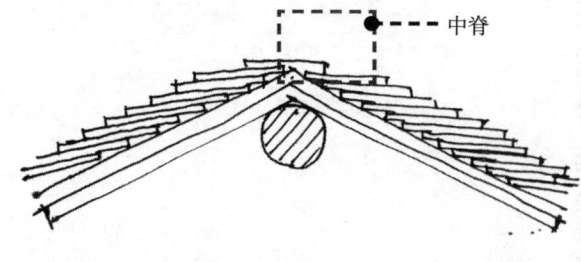

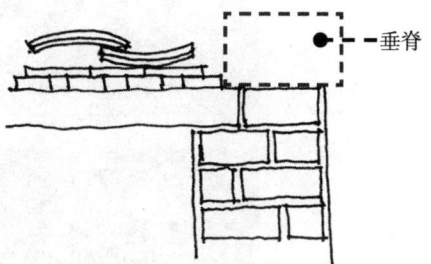

图4-28 斜向屋面交汇处　　　　图4-29 屋面与山墙交汇处

---

① 李炜，闽南传统建筑屋顶意匠研究. 厦门：厦门大学，2014.

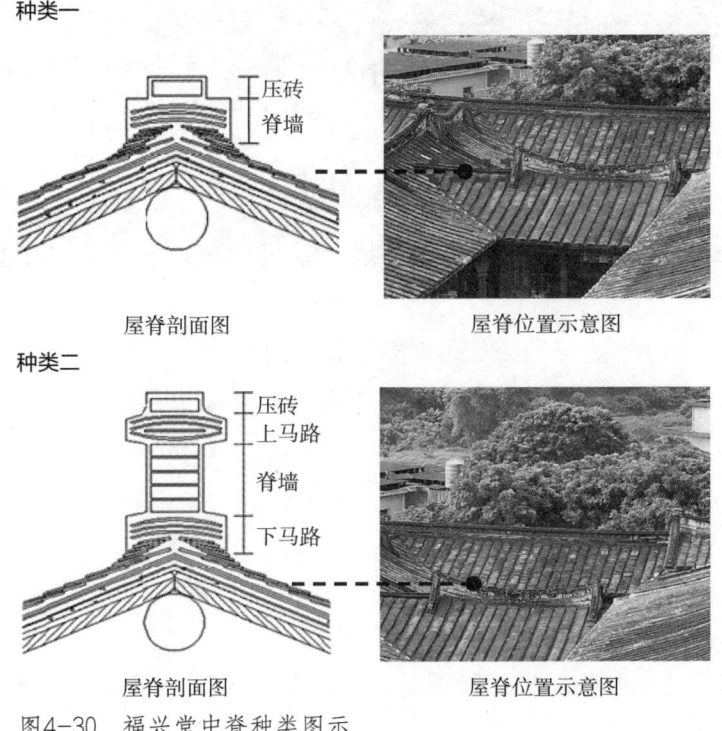

图4-30 福兴堂中脊种类图示

②福兴堂垂脊

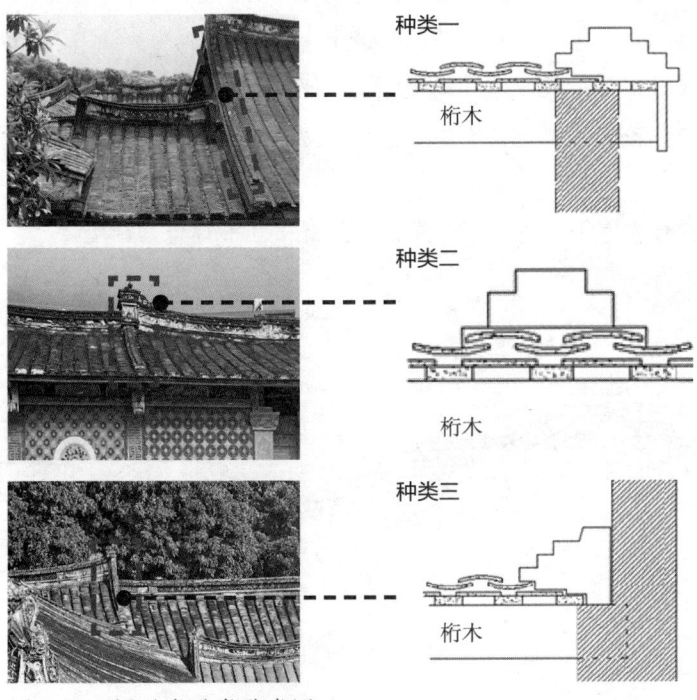

图4-31 福兴堂垂脊种类图示

③中脊、垂脊交会

传统民居建筑的中脊、垂脊之交会有三种（图4-32）。

马背：垂脊与中脊衔接处成鼓状凸起，常因地域、社群背景而与形式有所不同。脊头的形式与五行有关，据风水书籍记载：土形方、火形锐、水形曲、木形直、金形圆。福兴堂的马背形状包含了两种五行元素：金、水。

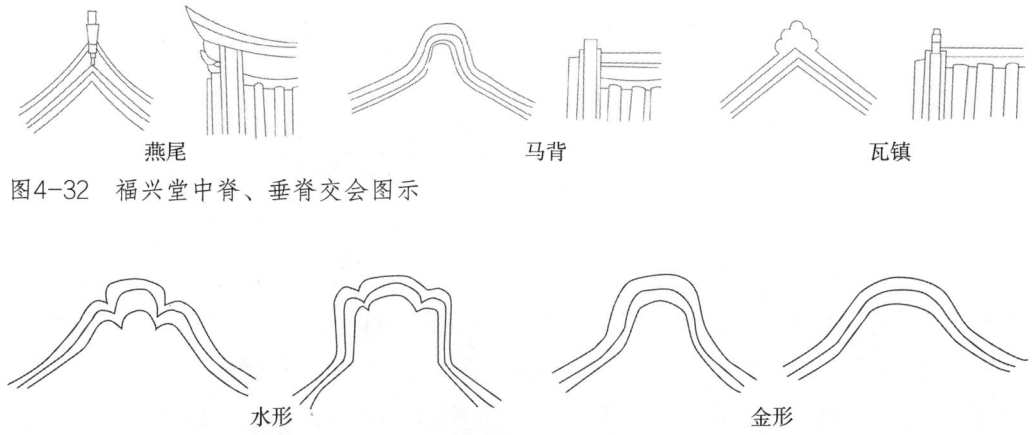

图4-32 福兴堂中脊、垂脊交会图示

图4-33 马背型的两种图示

图4-34 福兴堂屋顶中脊、垂脊交会处示意图

5. 屋顶坡面设计

福兴堂屋面前后坡度的曲率不同，并且垂直进深方向上也存在一定的曲率。根据《福建传统大木匠师技艺研究》中关于屋面曲率的做法，是先确定檐口和中脊的高度，然后将两点连成一线取中点，通过降低中点的高度的确定曲率，降低的具体数值要根据老工匠的经验来判断，通常是先用一根长竹条或木条，根据定好的下降高度把木条折弯，草绘制出此道曲线，再进行调整。

闽南地区称屋面高度与坡度的设计为"算水"。算水之前匠师要先对建筑群体和单体之间以及建筑和环境之间的关系做出整体的考虑，然后才进行屋面坡度的计算。虽然工匠有一套完整的口诀，但匠师们还必须靠自己的审美经验灵活的去设计，这样才能最终形成完美的凹曲面的传统建筑屋顶形象。

闽南地区的算水一般按的1:10比例画在木板上，称为"画水卦"，具体做法同《营造法式》中记载的类似，屋面也是先"举屋"，后"折屋"。

闽南地区有先定挑檐檩（闽南称"钱口"）高度的，也有先定中脊高度的。以先定钱口为例，将察圆至脊圆的水平投影长度均分为10分，脊圆的高度即在钱口高度基础上"加水"，据《福建传统大木匠师技艺研究》中讲述，民居的加水为3.8~4.5分，寺庙加5~7分，比如加4分，就表示"加四水"，即脊檩高度为钱口高度再加上挑檐檩至中脊之间水平距离的。

确定好中脊高度之后，便开始"运水"，这是使屋面产生曲度的方式。"运水"一般在前坡跨度的1/2处进行计算，即将钱口和中脊连一直线，将其中点的标高下调，这一过程叫"运水"。下调的数值没有明确的算法，完全按匠师的经验来确定。闽南的匠师认为运水值越大越好，下调越大，曲度越大，则屋面较美观。但过大桷木会翘起，屋瓦也会下滑，因此运水值要适中，具体的做法是取一根长竹条或木条，根据定好的运水值弄弯长木条，草绘制出此道曲线，看效果好不好，再进行调整。这就注定了闽南传统建筑屋面曲线为一对称的圆弧线，中间凹曲最大，至两端渐小。

画好曲线之后，要进行"报水"，即确定各檩条的标高，这是最终的目的，也是匠师最终要得到的数据，至此，屋面的算水完成。

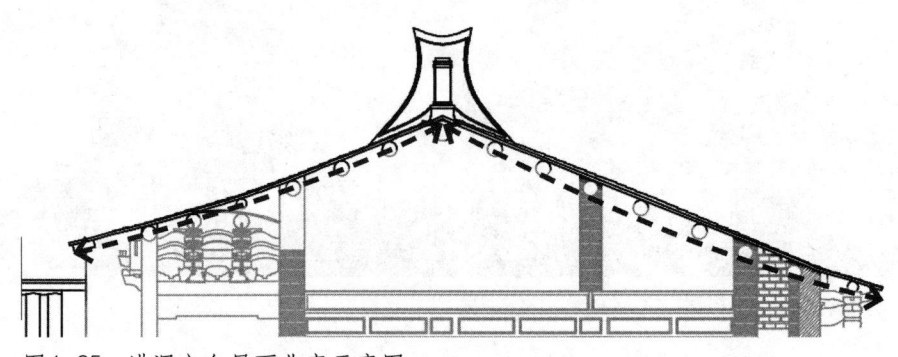

图4-35 进深方向屋面曲率示意图

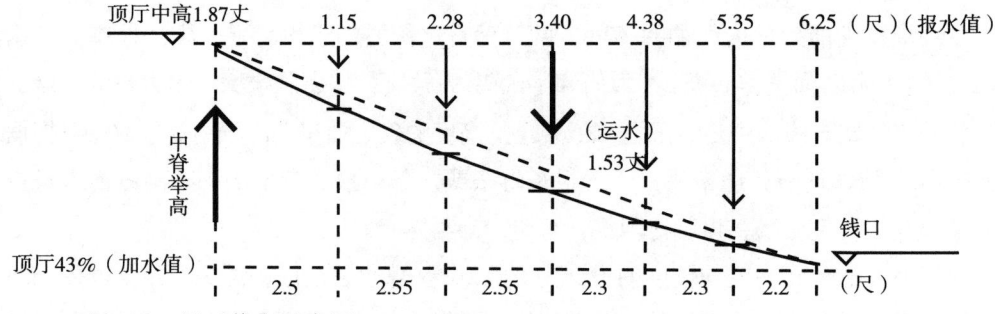

图4-36 屋面算水示意图
（资料来源《福建传统大木匠师技艺研究》）

6. 装饰

闽南地区采用悬山屋顶的，往往也在山尖处施彩绘，闽南地区使用泥塑的方式进行装饰。泥塑又称灰塑，是工匠利用灰泥的可塑性在现场施工完成的。制作灰泥的成分各地区略有不同，但是基本上配方都包含石灰、砂以及棉花，三者按一定比例混合性成。为了增加灰泥的黏度，常掺入红糖汁或糯米汁。泥塑的颜色除了石灰的浅灰色外，也可以在制作过程中掺入色粉，或者在其将干未干之际涂刷色料，使之吸入表层。

悬山山花处的灰塑图案一般较硬山的简洁，配合檩条在山墙上形成的曲线，形成一幅完整的画面，在檩条处常多做花样，仿佛北方传统建筑的惹草落在了墙面之上。

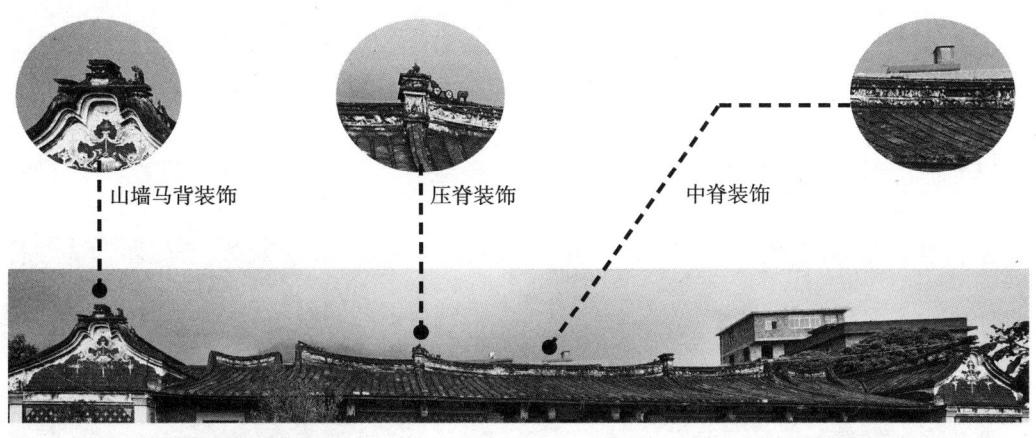

图4-37 正立面屋顶装饰

护厝的山墙因朝向建筑的正面，与下落在同一立面上，水车堵会延伸到护厝的山墙，悬山屋面从而也保护了水车堵的泥塑不受日晒雨淋的侵蚀。在永春岵山地区，比较有财力的家族大厝，护厝山花装饰得非常精彩，檩头不再简单的钉一瓦片，而是模仿博风板的做法，用较厚的泥塑做一护板，在原先惹草的部分塑成各种卷草的造型，并施彩绘。山墙上再做几层纹路，纹路下做水车堵与下落的相连，下面再做脊坠，装饰多姿多彩。

图4-38 护厝屋顶装饰

（1）山墙马背装饰

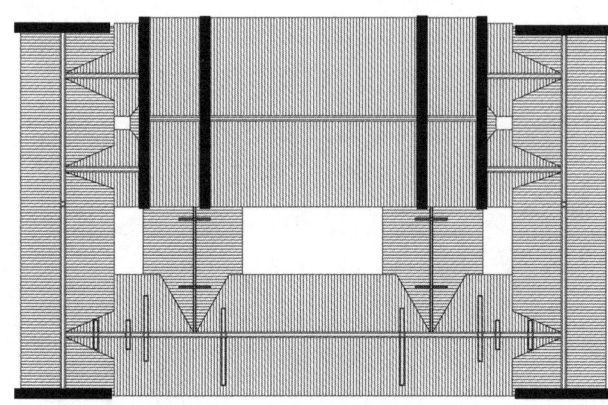

图4-39　马背装饰位置图及应用样式

（2）压脊装饰

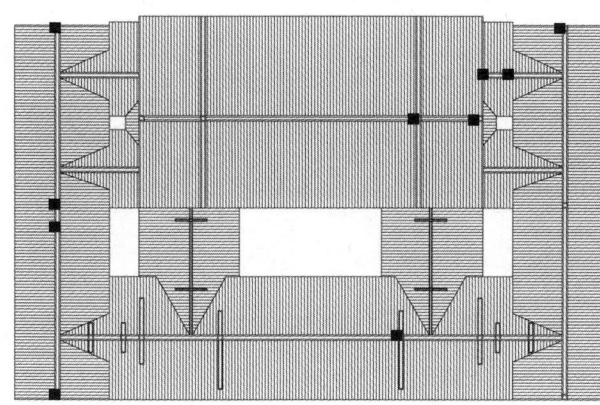

图4-40　压脊装饰位置图及应用样式

（3）中脊装饰

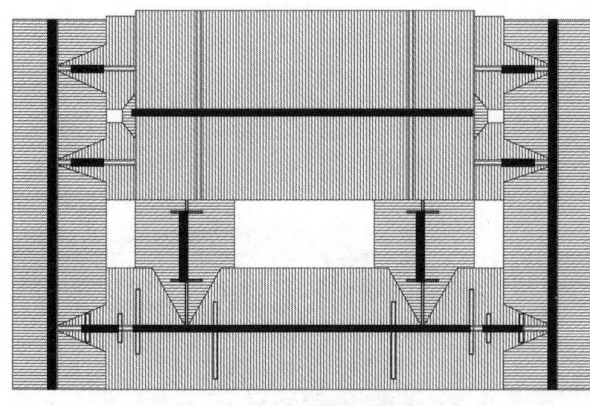

图4-41　中脊装饰位置图及应用样式

4.2.3 墙面装修材料及作法分析

1. 墙体概况

福兴堂建造过程是依据传统的闽南官式大厝形式，其墙体各部位的名称如图4-41所示。为了方便施工和出于美观的考虑，通常将正面墙分成数块面，每块称"堵"，分三到六堵不等。完整的分法从上往下依次为"水车堵"、"顶堵"、"身堵"、"腰堵"、"裙堵"，以及"裙堵"以下用于装饰的柜台脚。

福兴堂另外的墙体虽然装饰用材不同于正立面墙，但各部位名称称呼同正立面墙。

2. 墙体构造方式

福兴堂的建造运用了土、花岗岩、木材、砖等材料，采用空斗砌筑、夯土砌筑、编竹夹泥砌筑三种方式搭配砌墙，在福兴堂形成了五种不同的墙体构造。

结构一：为整堵墙都运用空斗砌筑方式砌筑而成（图4-43）。

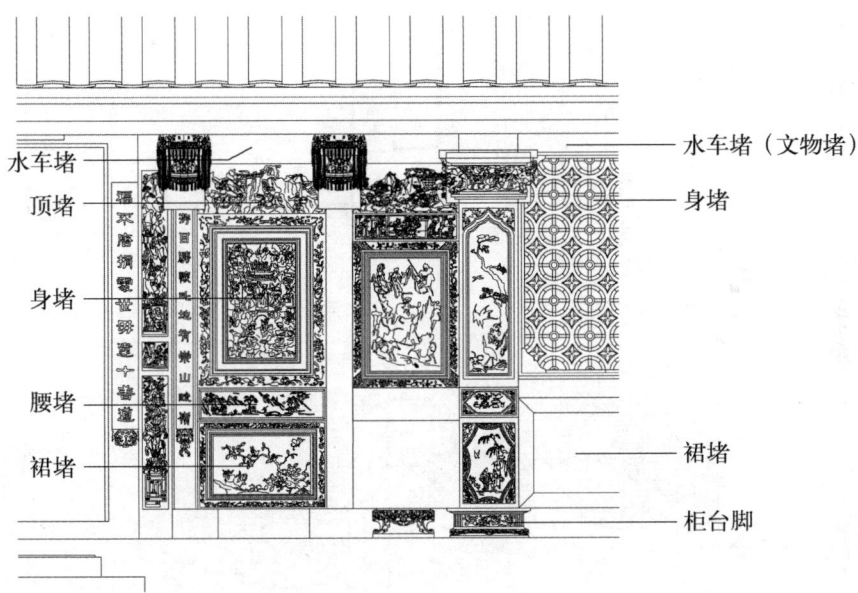

图4-42　墙体部位名称

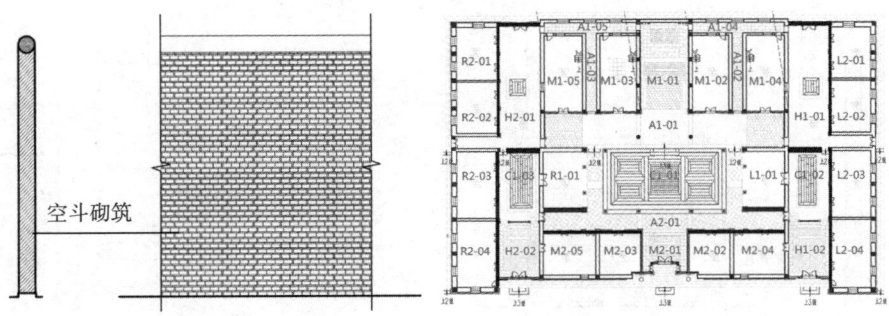

图4-43　墙体剖面图1及分布图示

结构二：为墙体下部中部运用空斗砌筑，上部运用土夯（图4-44）。
结构三：为墙体下部运用空斗砌筑，上部中部运用土夯（图4-45）。
结构四：为墙体下部运用夯土，上部中部运用空斗砌筑（图4-46）。
结构五：为墙体下部中部运用空斗砌筑，上部运用编竹夹泥形式（图4-47）。

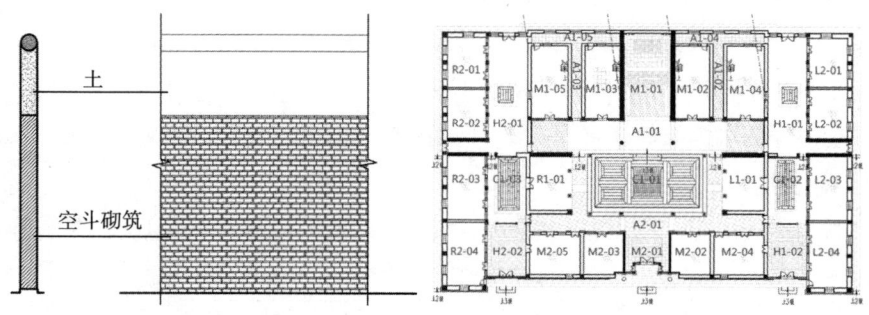

图4-44　墙体剖面图2及分布图示

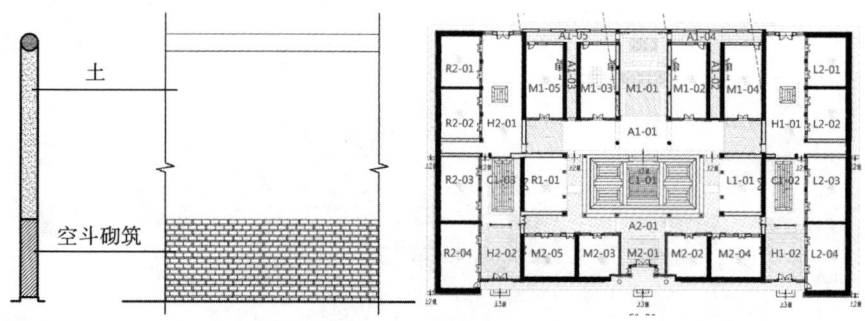

图4-45　墙体剖面图3及分布图示

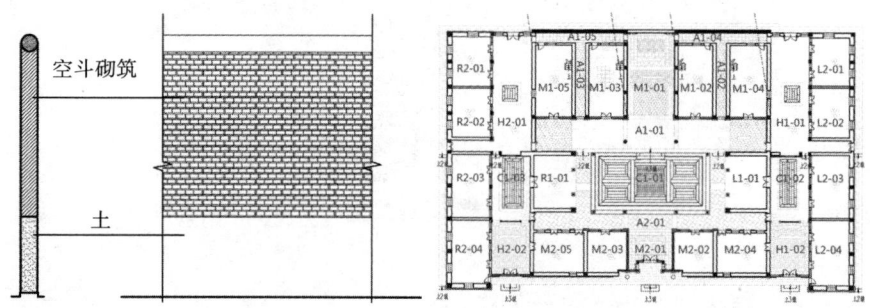

图4-46　墙体剖面图4及分布图示

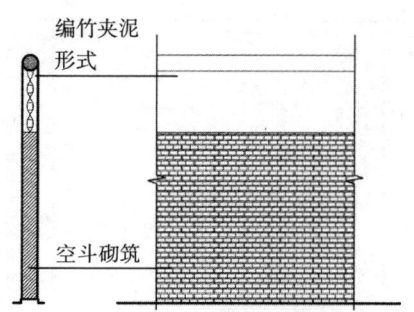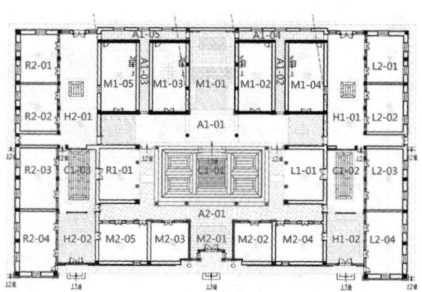

图4-47　墙体剖面图5及分布图示

3. 墙体装饰艺术

福兴堂墙体的装饰主要是通过在墙外贴石雕刻及运用砖材拼花两种。

在此对福兴堂的墙体砖材拼花方式进行具体的分析，因为福兴堂建筑符合中国传统建筑中轴对称的建筑模式，所以左右两侧的拼花相似。

（1）正立面运用了4种拼花模式（图4-48~图4-51）。

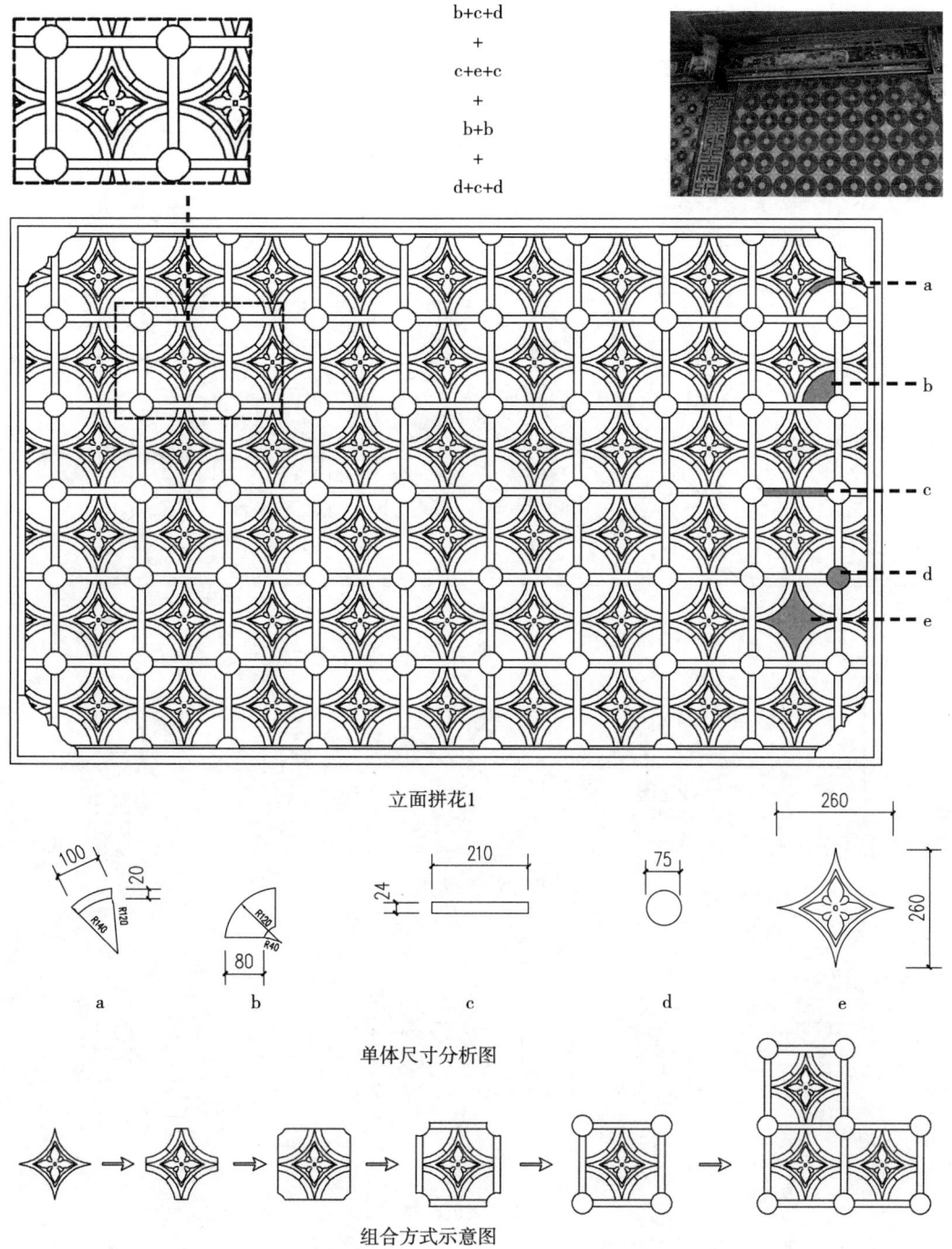

图4-48　正立面拼砖组合方式分析图1

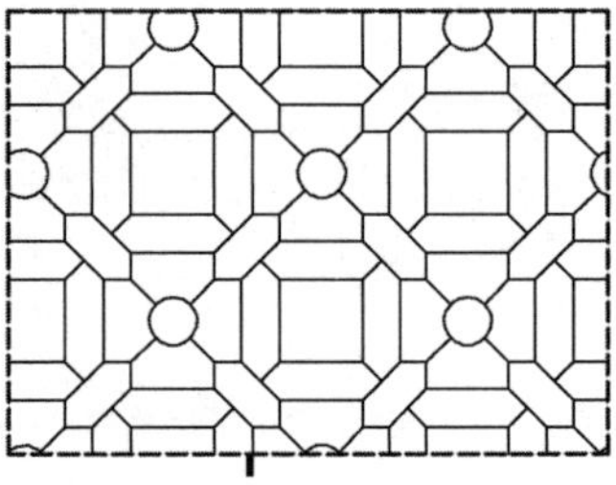

4b+a
+
e+g+e
+
(4b+a) +g+f+g+ (4b+a)
+
e+g+e
+
4b+a

立面拼花2

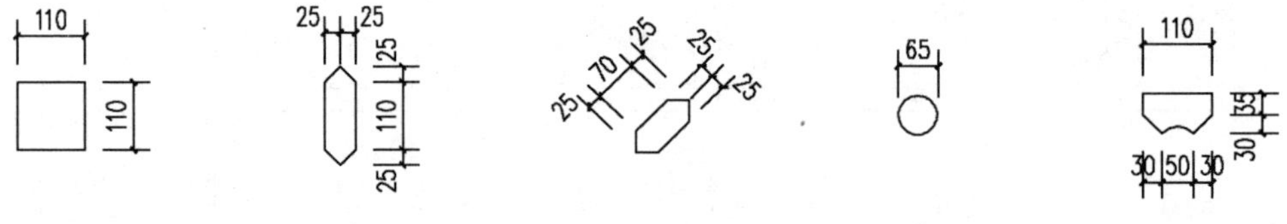

单体尺寸分析图

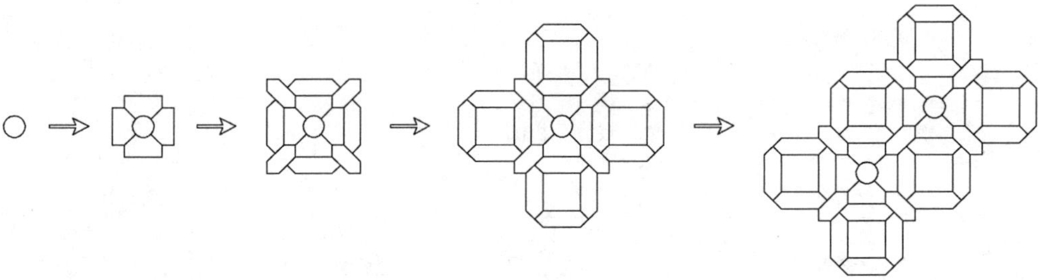

组合方式示意图

图4-49　正立面拼砖组合方式分析图2

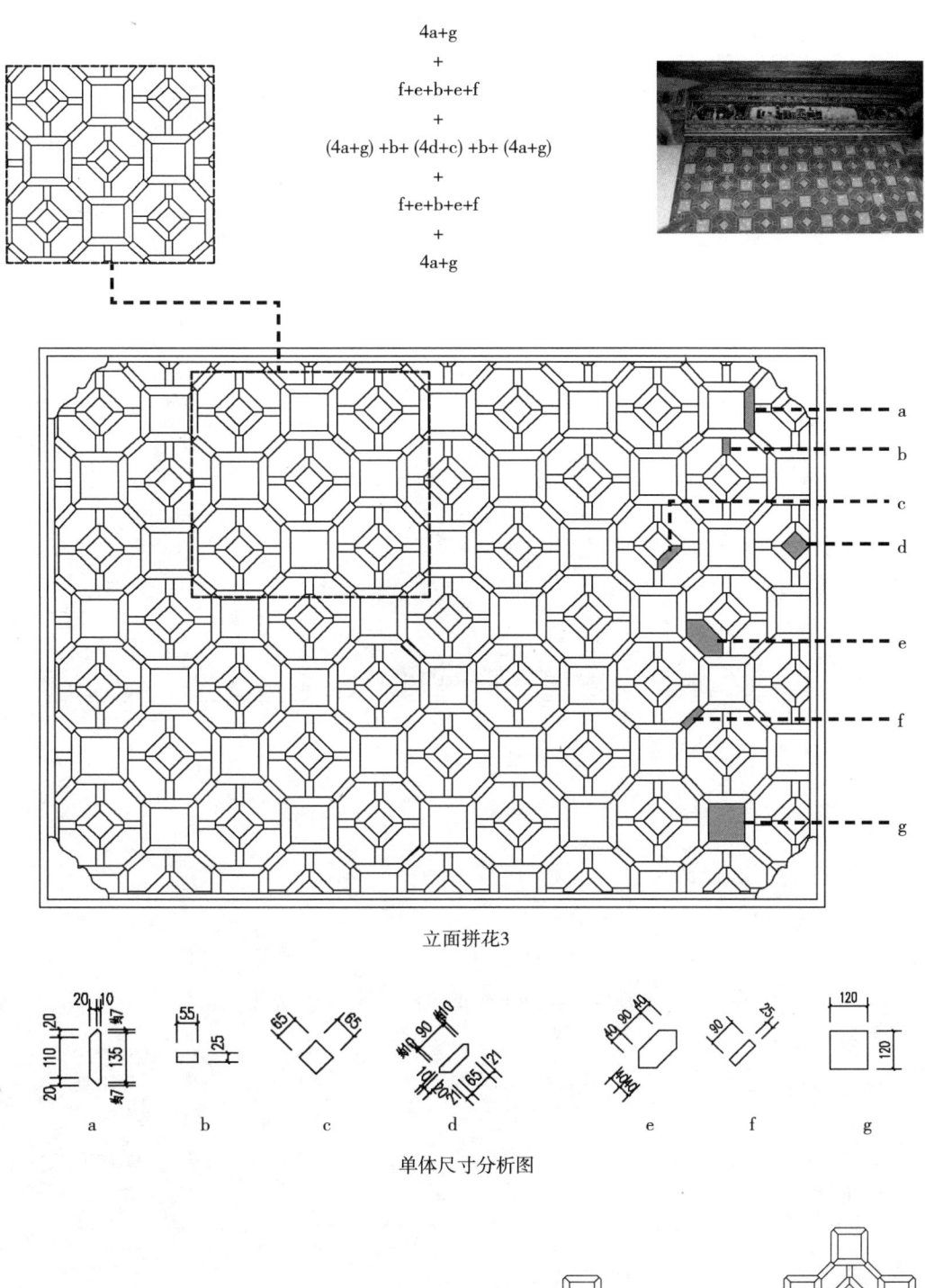

4a+g
+
f+e+b+e+f
+
(4a+g) +b+ (4d+c) +b+ (4a+g)
+
f+e+b+e+f
+
4a+g

立面拼花3

单体尺寸分析图

组合方式示意图

图4-50　正立面拼砖组合方式分析图3

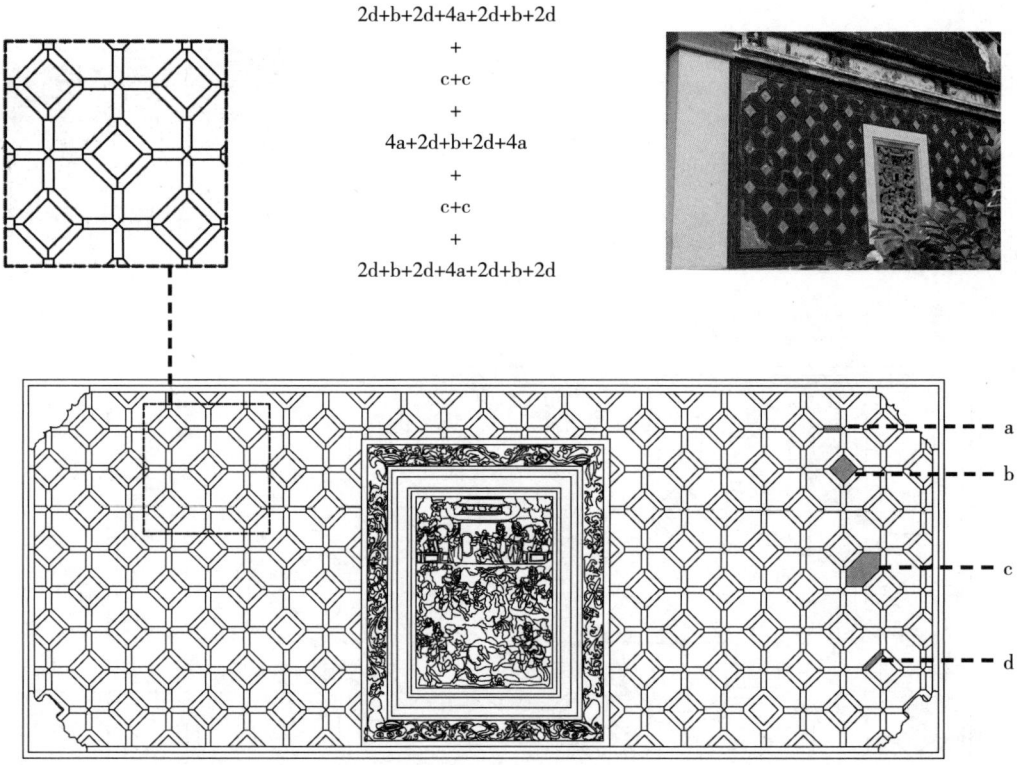

立面拼花4

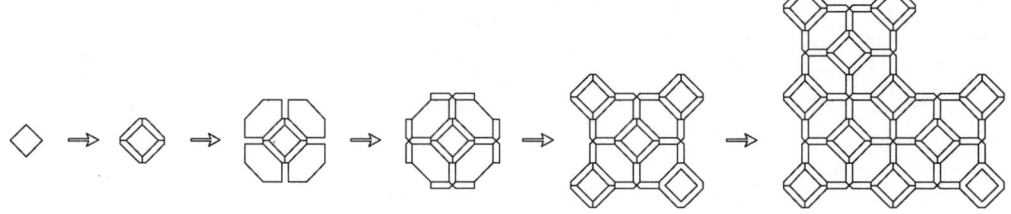

单体尺寸分析图

组合方式示意图

图4-51 立面拼砖组合方式分析图4

（2）背立面运用了5种拼花模式（图4-52~图4-56）。

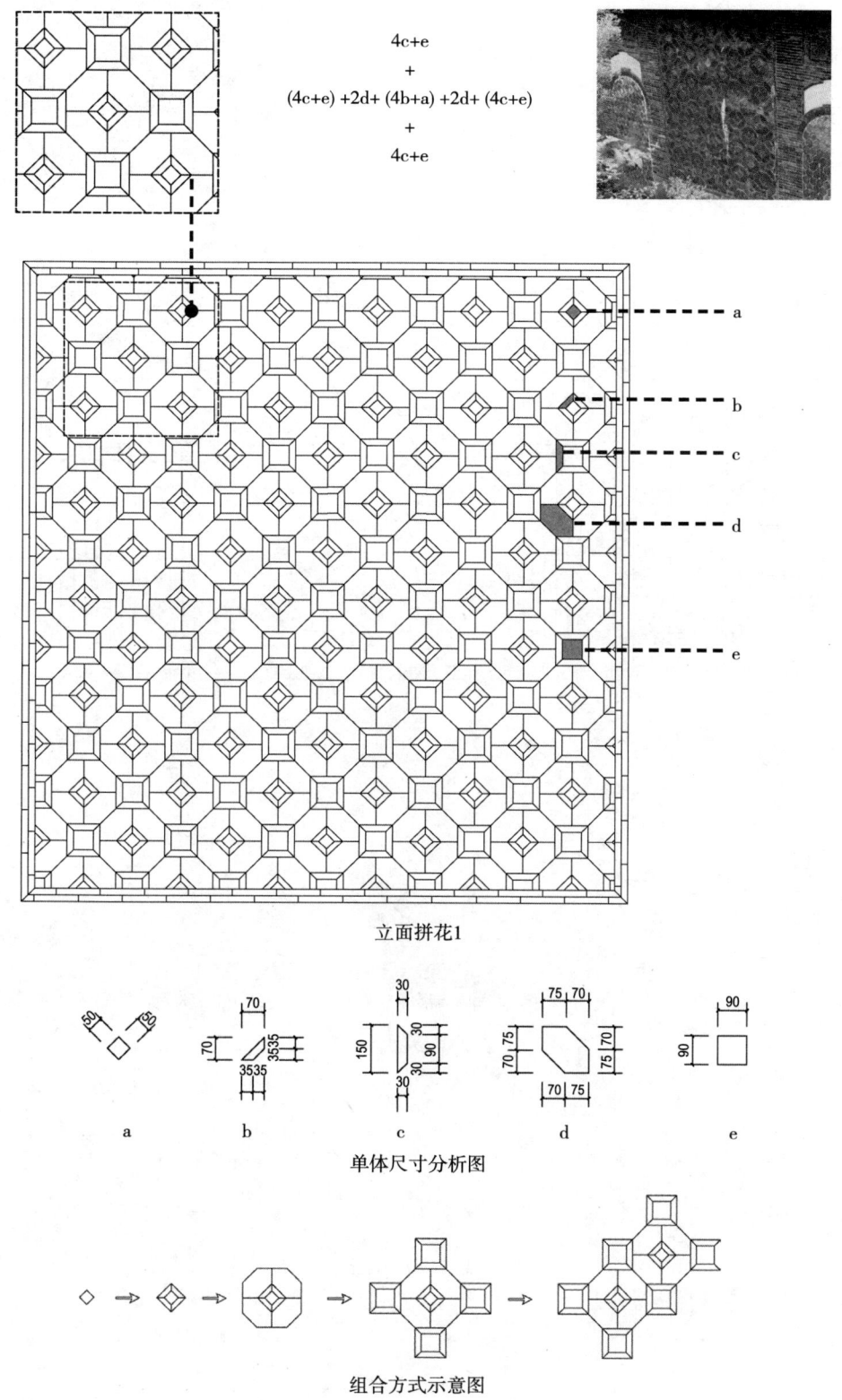

图4-52 背立面拼砖组合方式分析图1

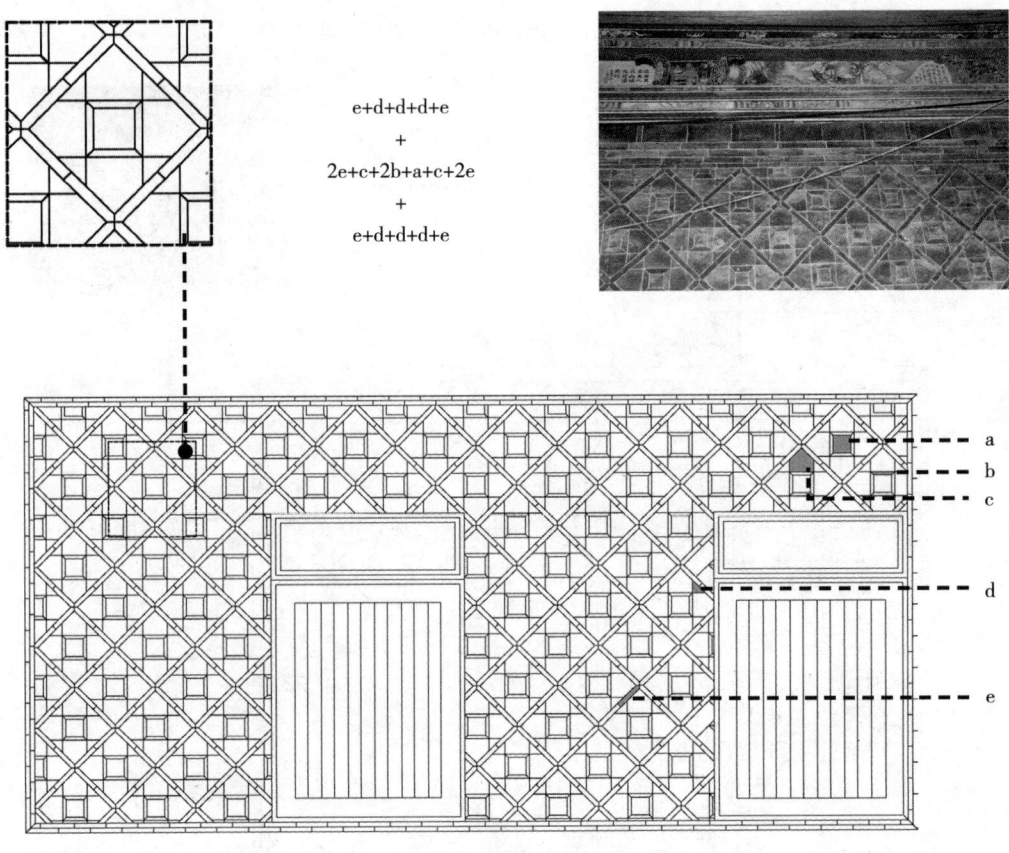

立面拼花2

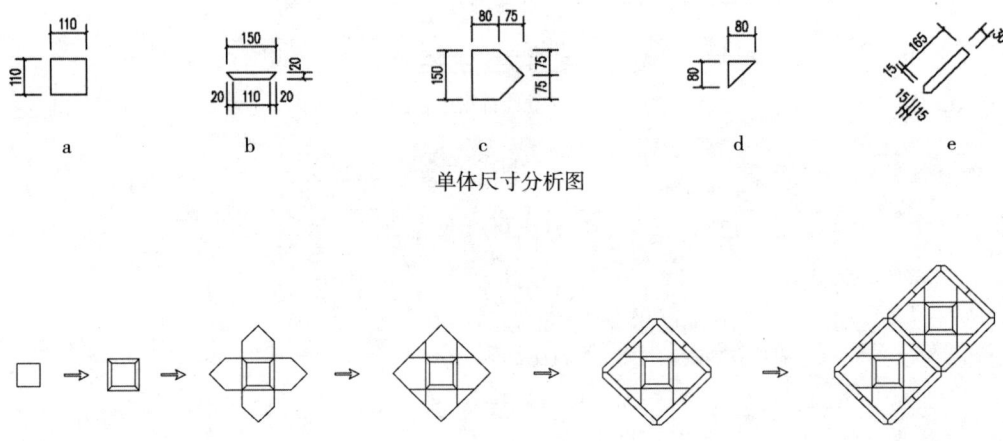

单体尺寸分析图

组合方式示意图

图4-53 背立面拼砖组合方式分析图2

第四章 建筑构造与材料分析

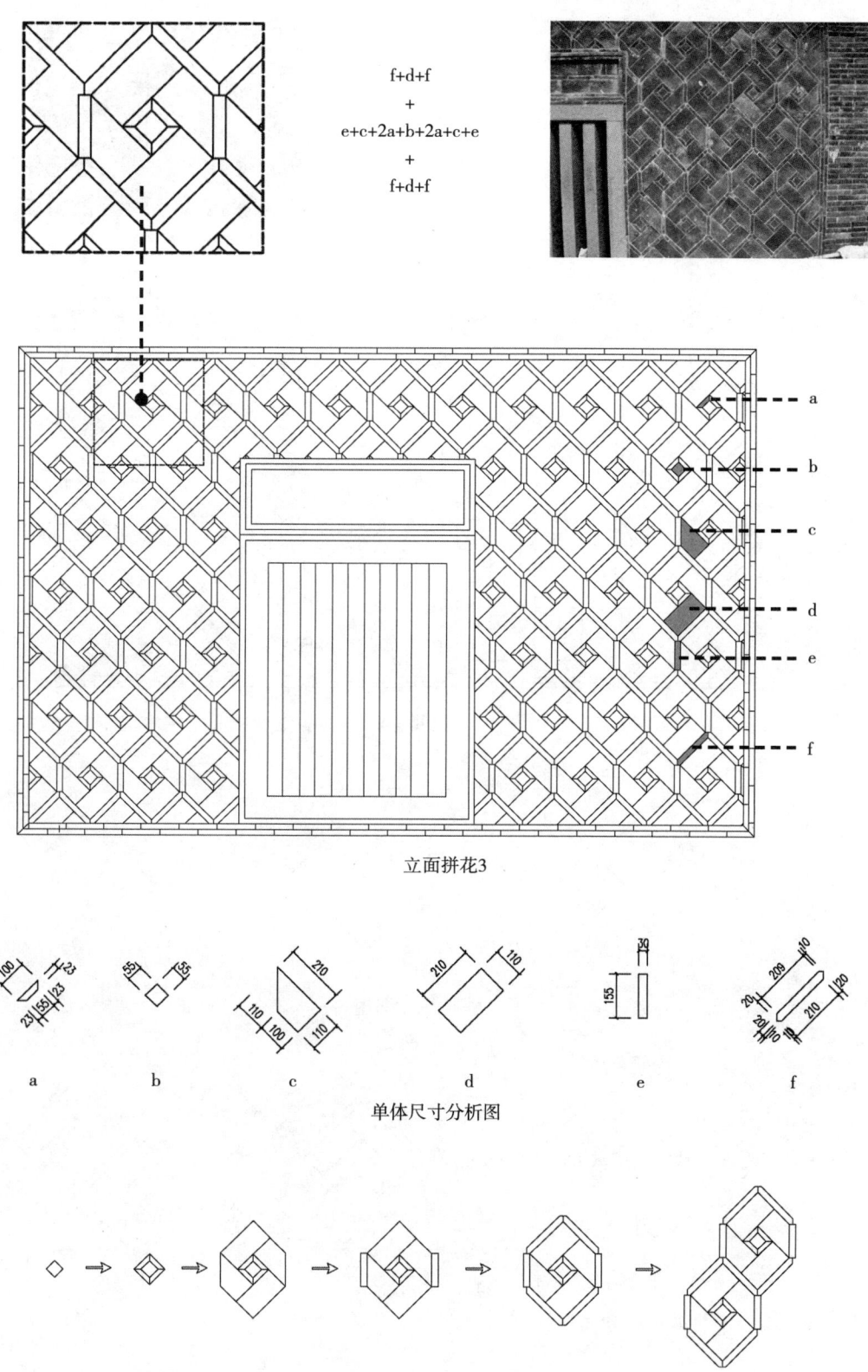

f+d+f
+
e+c+2a+b+2a+c+e
+
f+d+f

立面拼花3

单体尺寸分析图

组合方式示意图

图4-54 背立面拼砖组合方式分析图3

d+c+d
+
2d+c+2b+a+2b+c+2d
+
d+c+d

立面拼花4

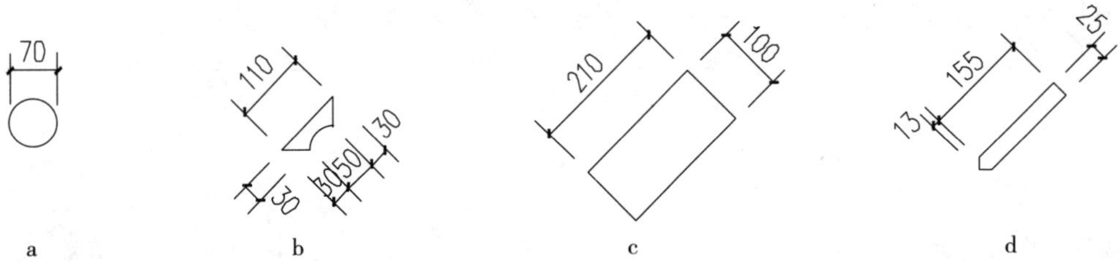

单体尺寸分析图

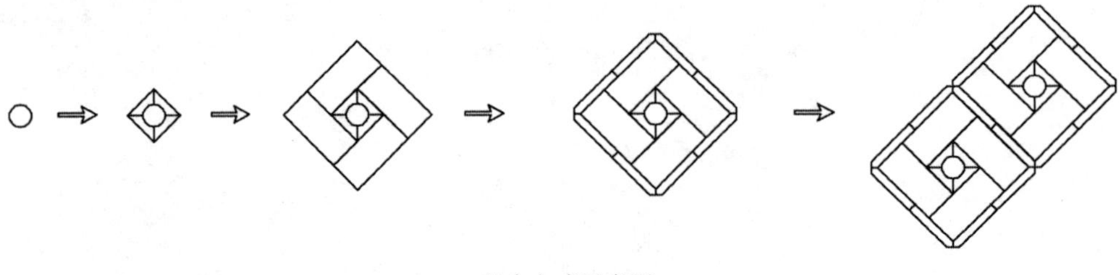

组合方式示意图

图4-55 背立面拼砖组合方式分析图4

第四章　建筑构造与材料分析　　095

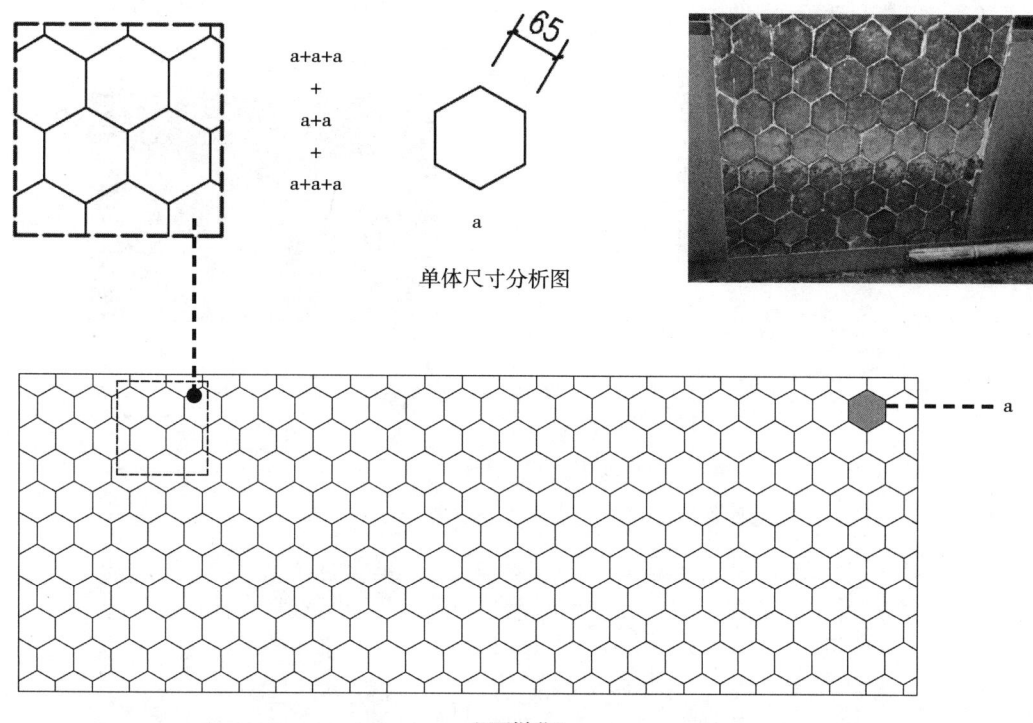

单体尺寸分析图

立面拼花5

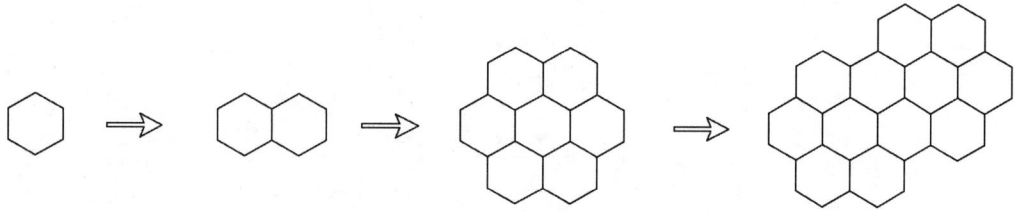

组合方式示意图

图4-56　背立面拼砖组合方式分析图5

（3）侧立面运用了8种拼花模式，建筑两侧拼花模式相同（图4-57~图4-64）。

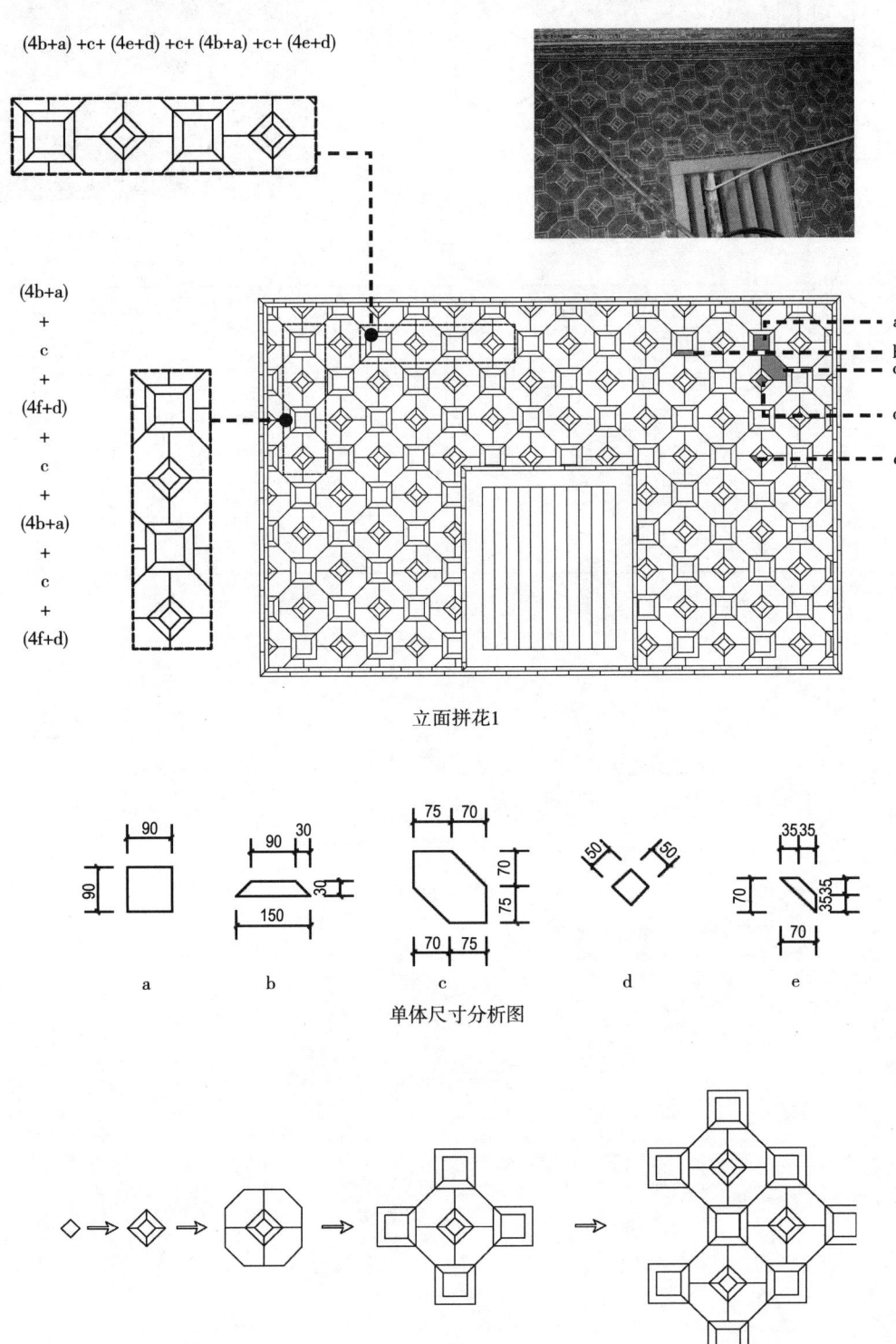

图4-57　侧立面拼砖组合方式分析图1

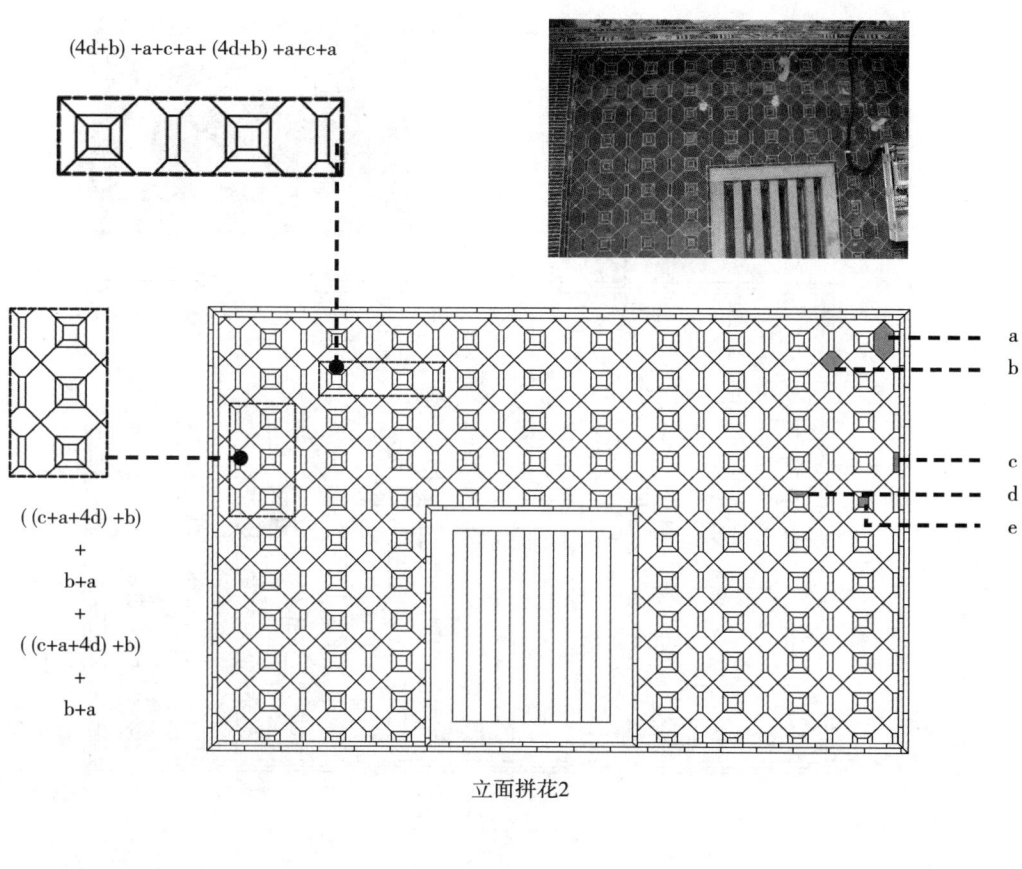

立面拼花2

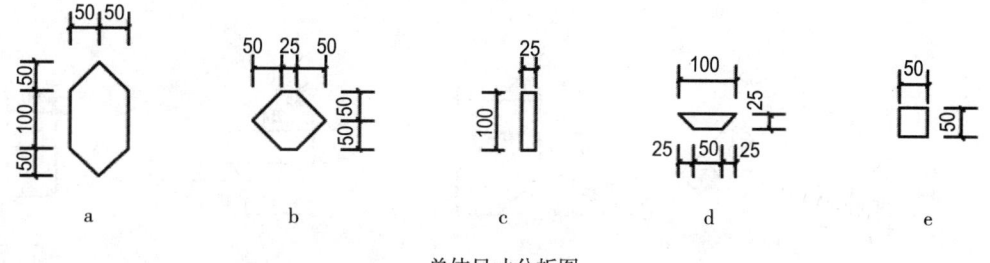

单体尺寸分析图

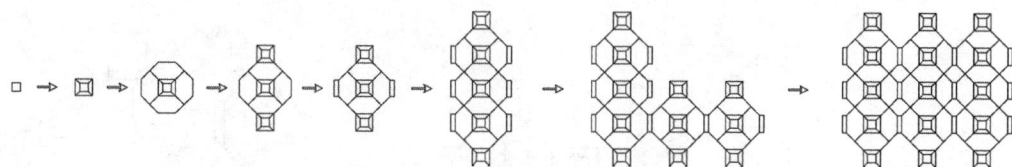

组合方式示意图

图4-58 侧立面拼砖组合方式分析图2

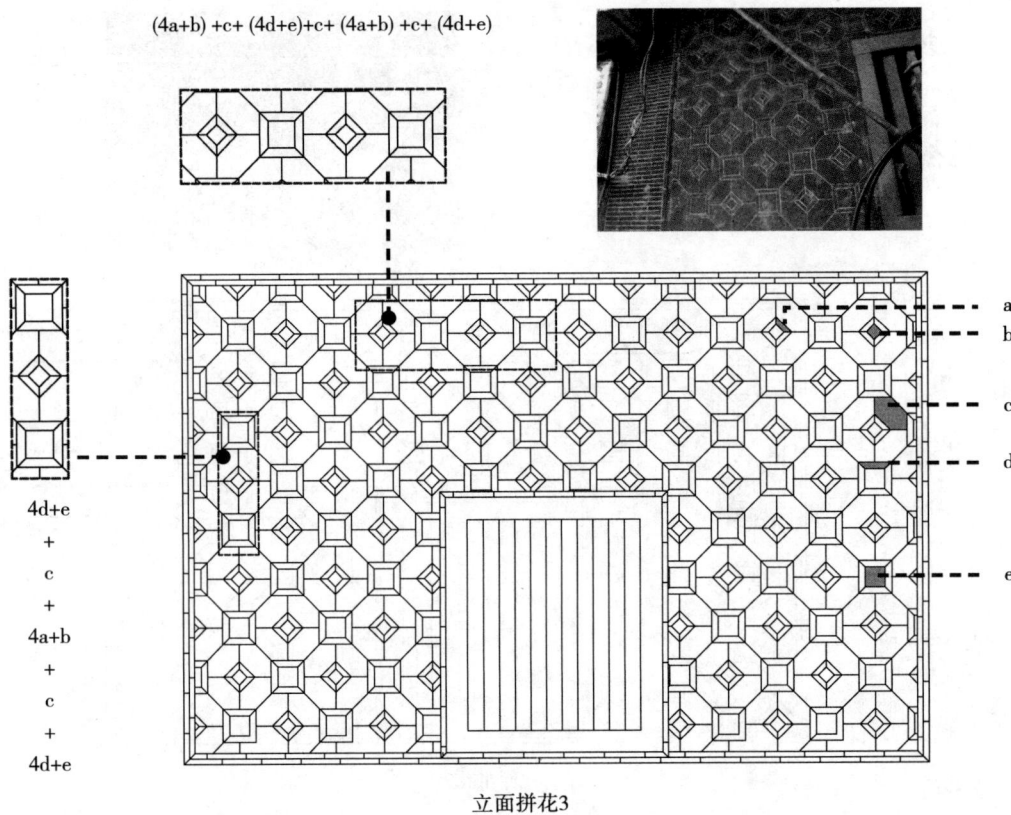

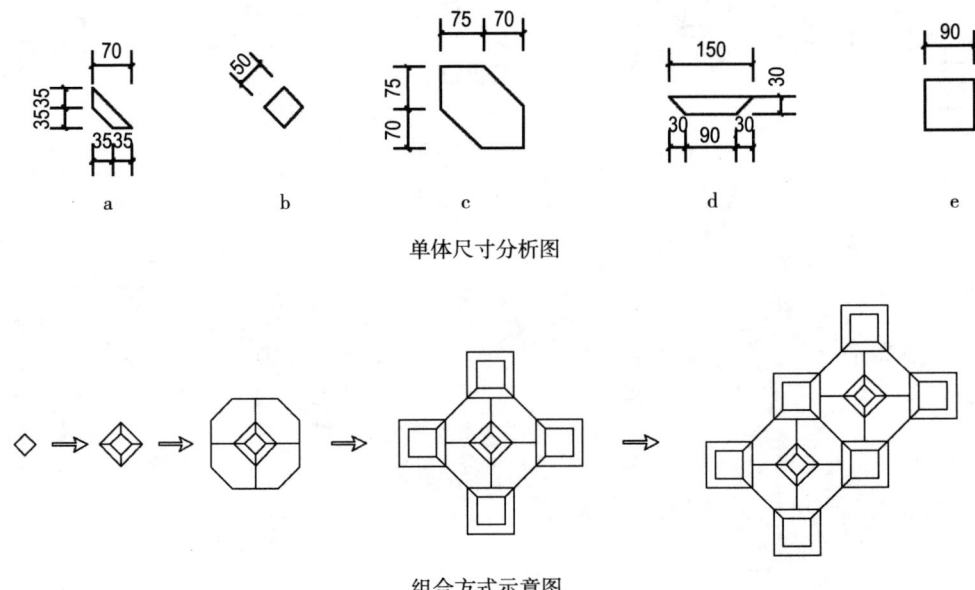

图4-59 侧立面拼砖组合方式分析图3

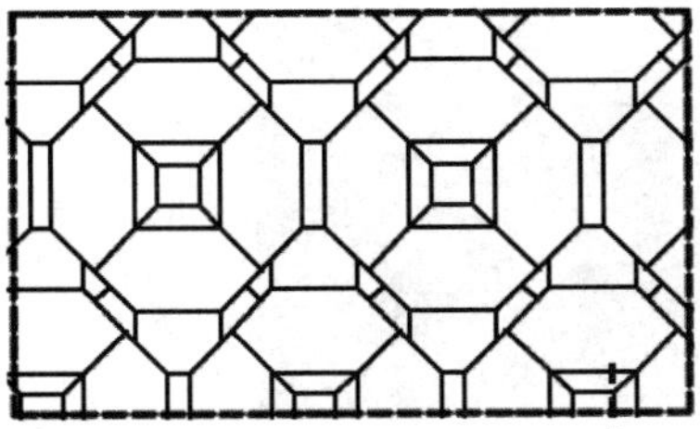

g+f+c+f+g
+
c+((4a+b) +4d) +c
+
g+f+c+f+g

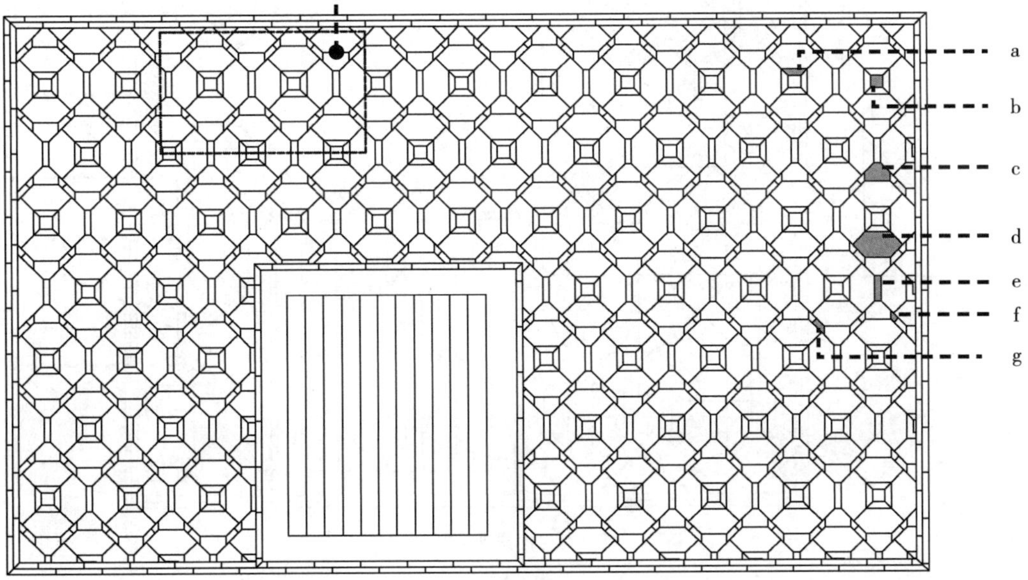

立面拼花4

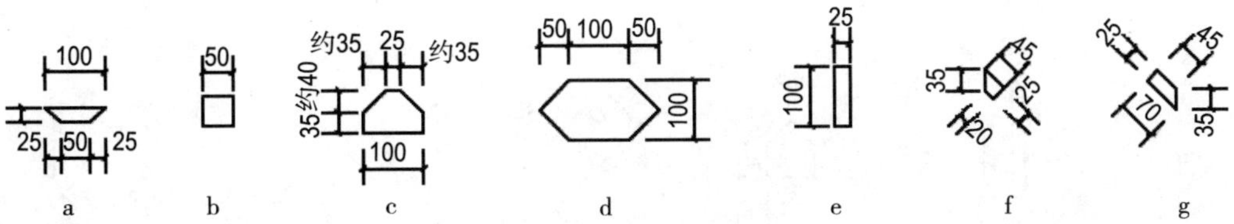

单体尺寸分析图

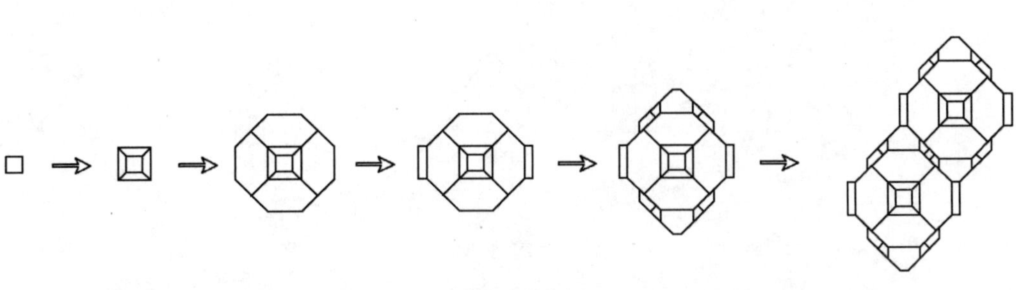

组合方式示意图

图4-60 侧立面拼砖组合方式分析图4

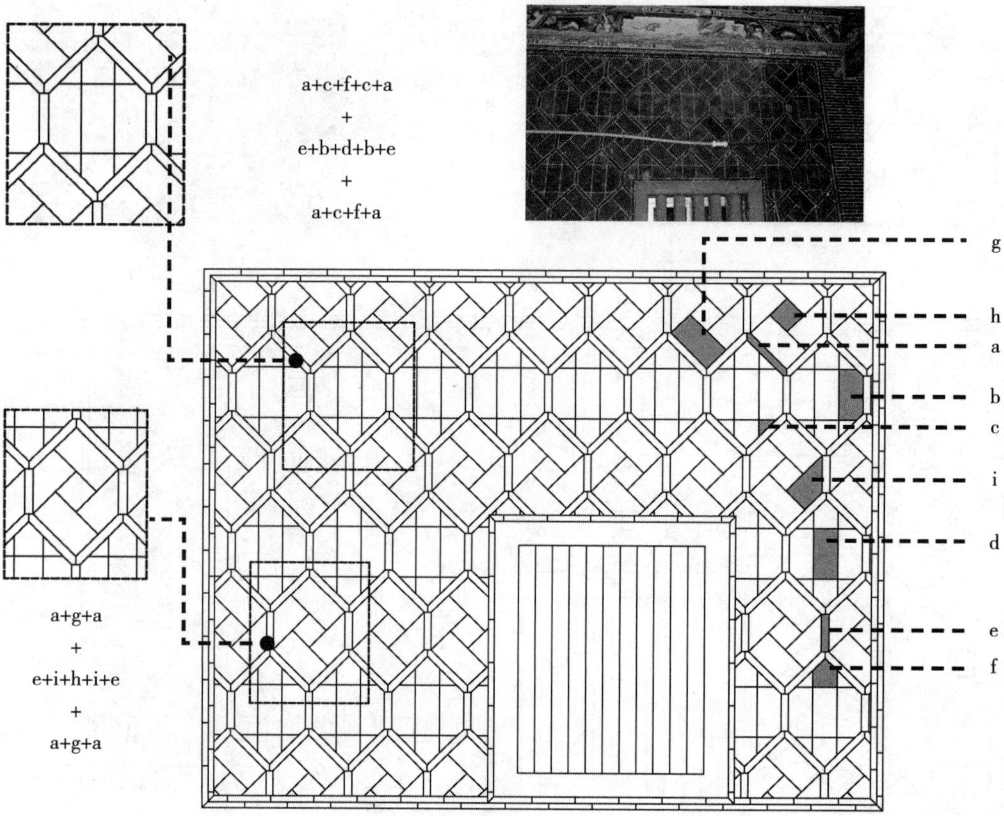

立面拼花5

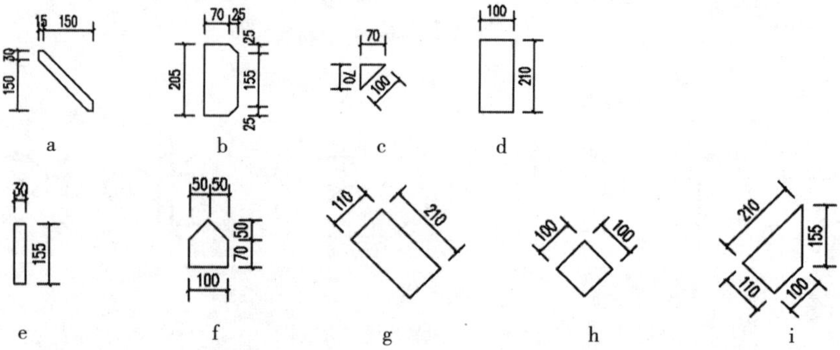

a+c+f+c+a
+
e+b+d+b+e
+
a+c+f+a

a+g+a
+
e+i+h+i+e
+
a+g+a

单体尺寸分析图

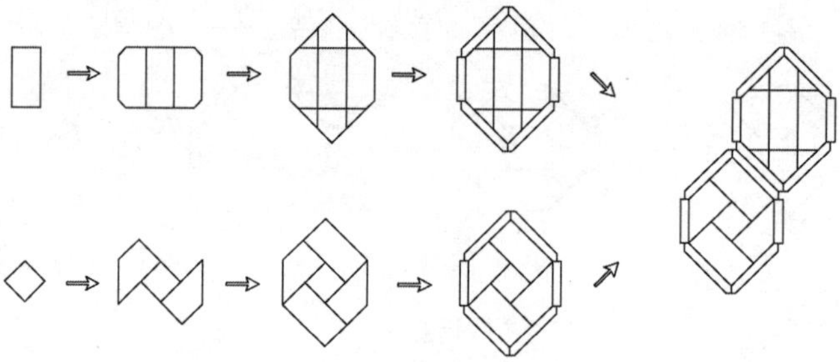

组合方式示意图

图4-61 侧立面拼砖组合方式分析图5

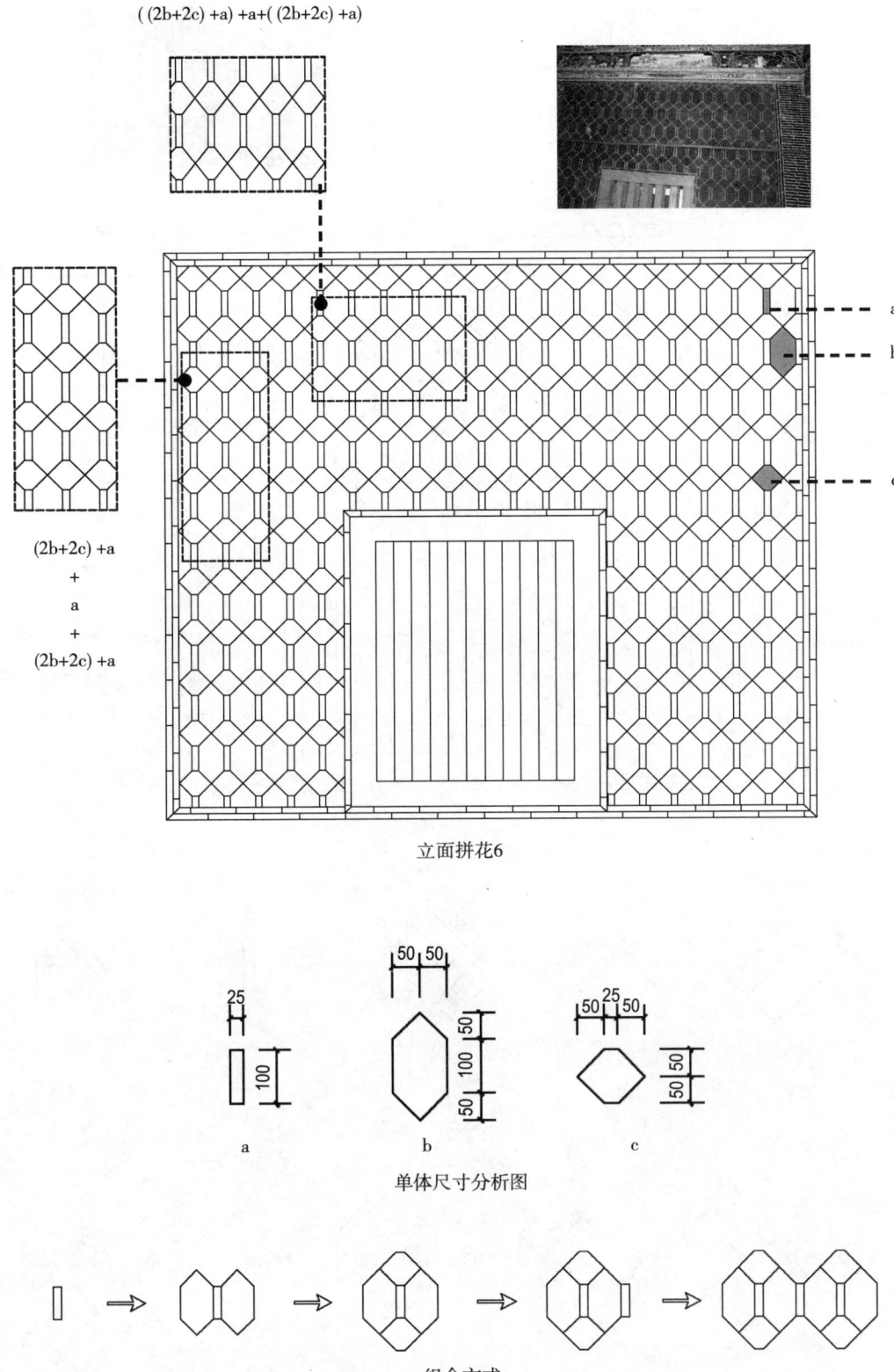

图4-62 侧立面拼砖组合方式分析图6

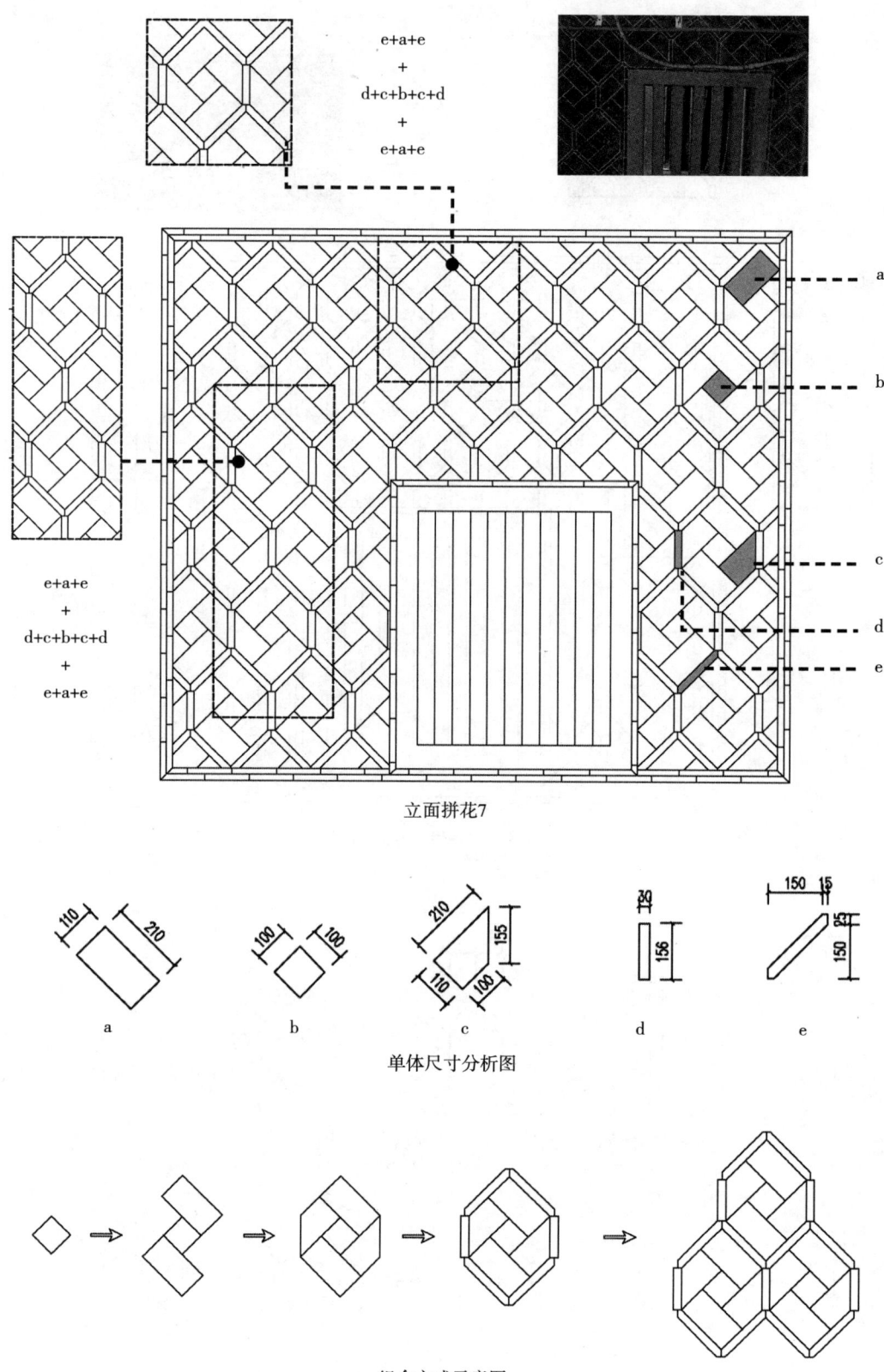

图4-63 侧立面拼砖组合方式分析图7

第四章 建筑构造与材料分析 103

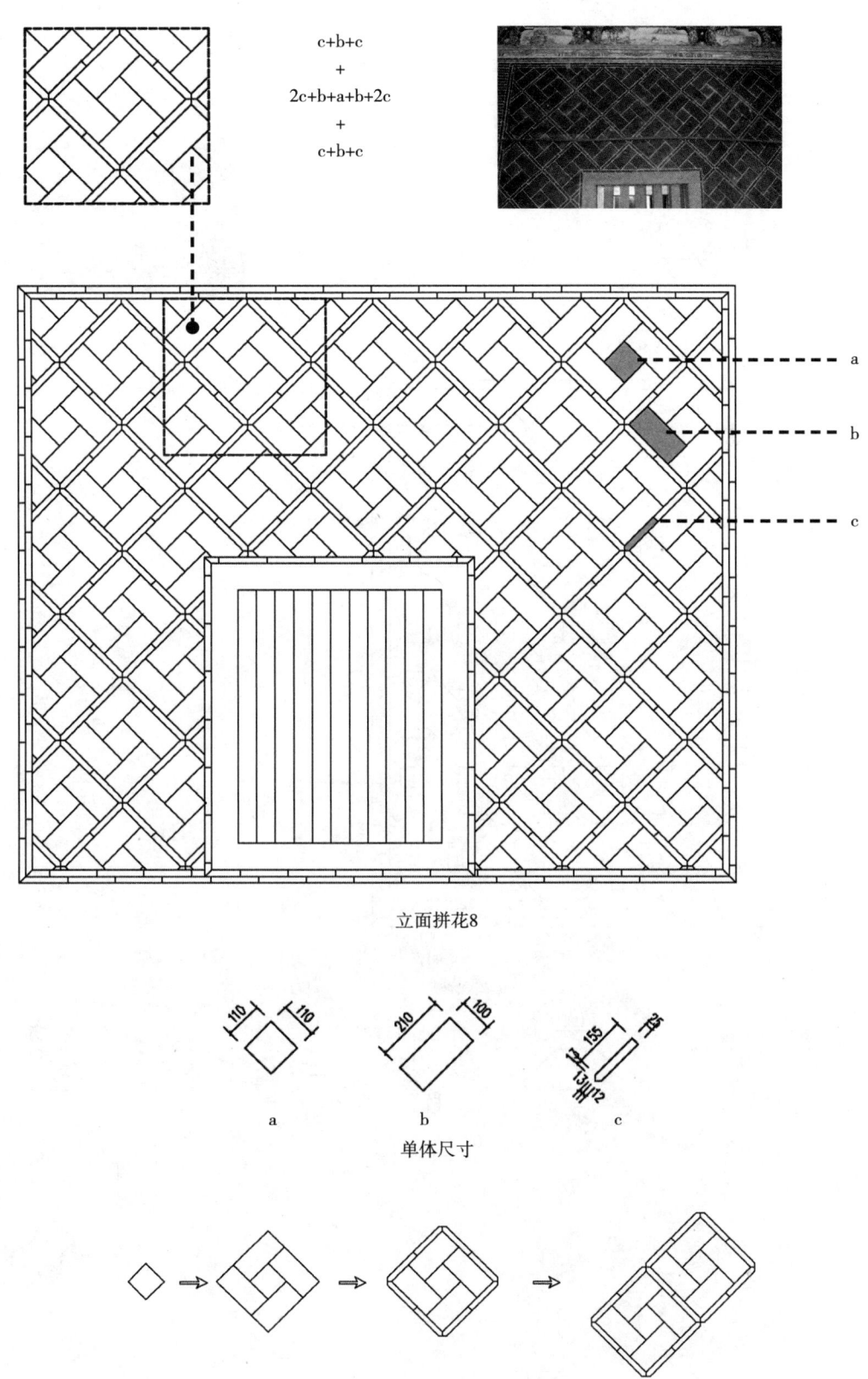

图4-64 侧立面拼砖组合方式分析图8

（4）此处立面运用了1种拼花模式，建筑两侧拼花模式相同（图4-65）。

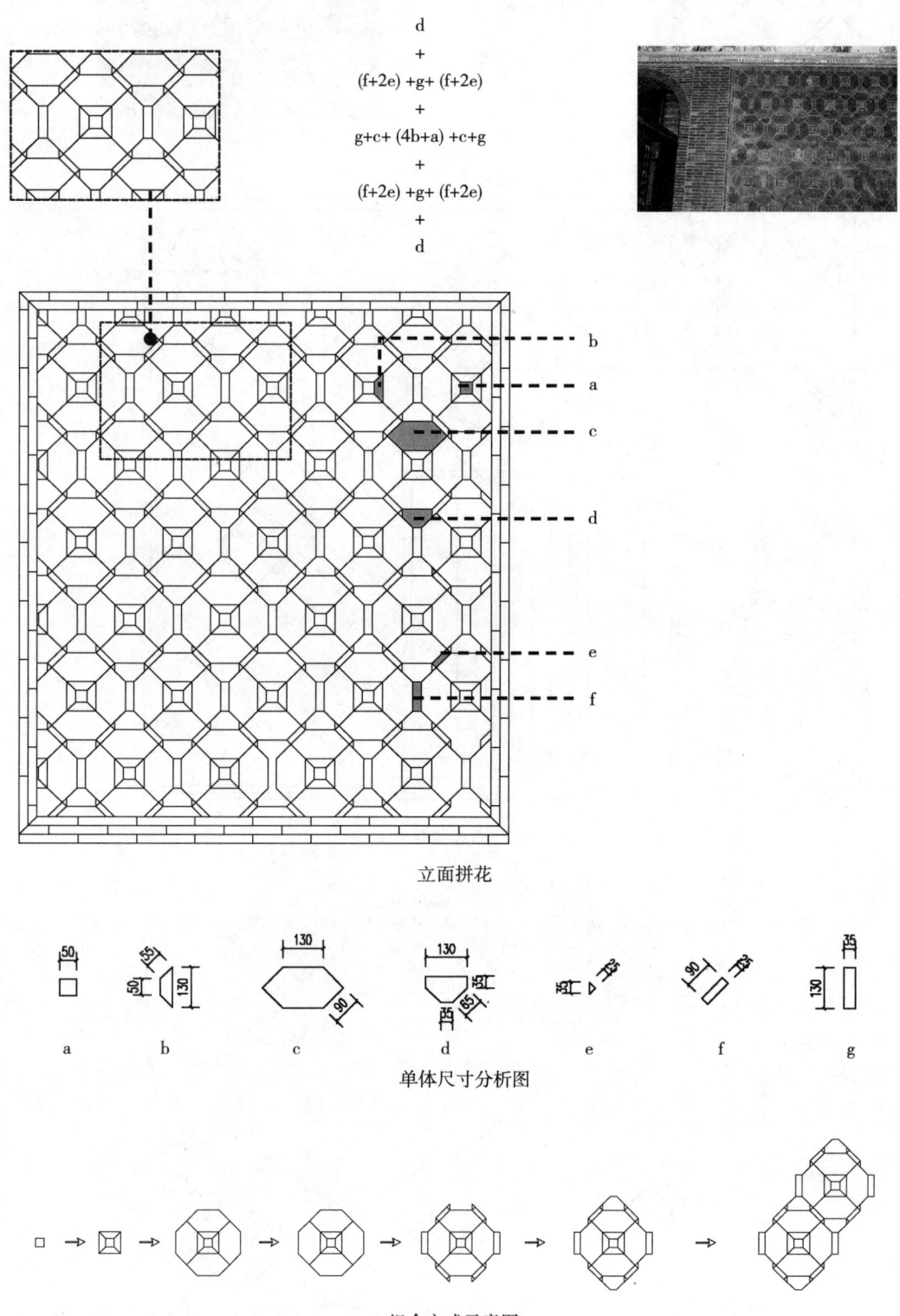

图4-65 立面拼砖组合方式分析图

（5）此处立面运用了1种拼花模式，建筑两侧拼花模式相同（图4-66）。

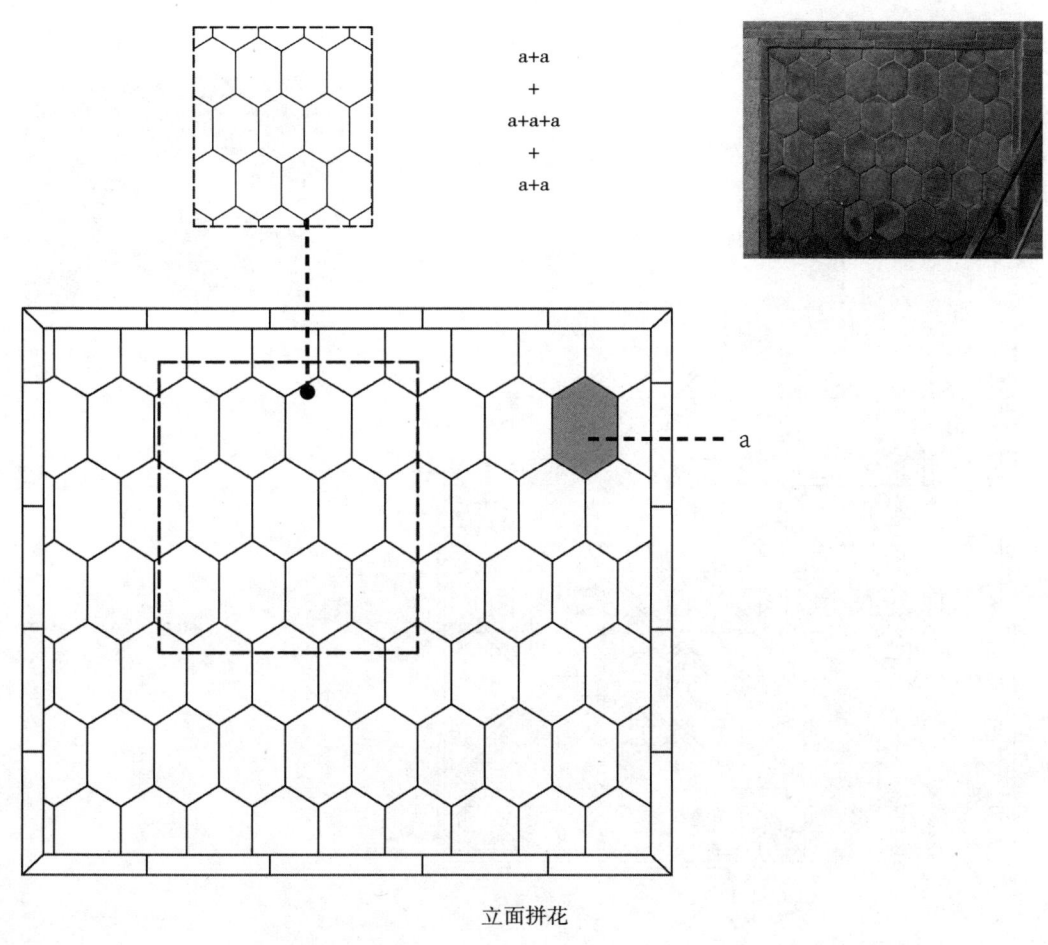

图4-66　立面拼砖组合方式分析图

（6）此处立面运用了5种拼花模式，建筑两侧拼花模式相同（图4-67~图4-71）。

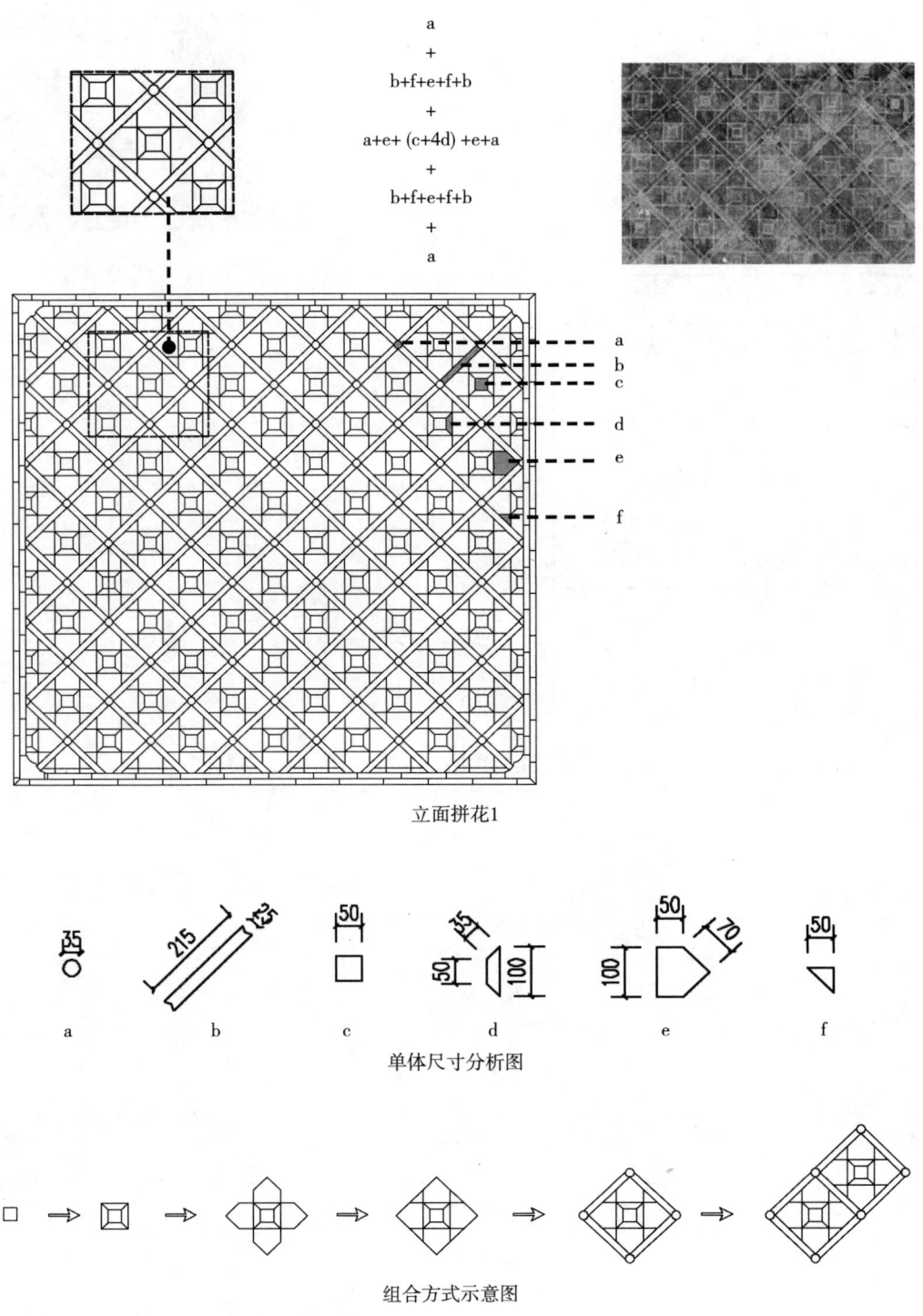

图4-67 立面拼砖组合方式分析图1

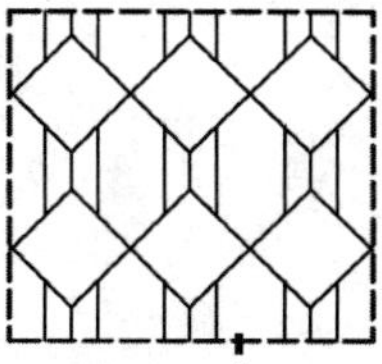

第四章　建筑构造与材料分析　107

c
+
b+ (a+a) +b
+
c

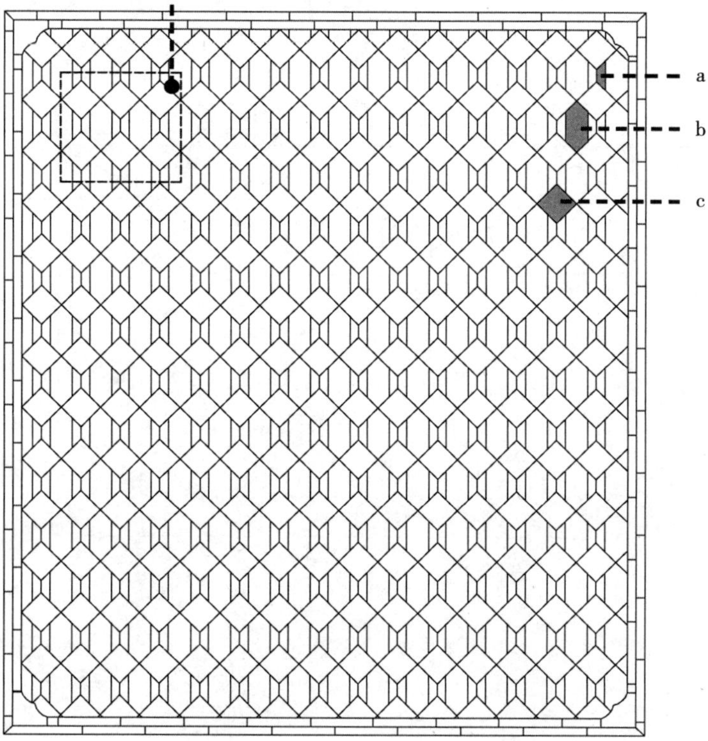

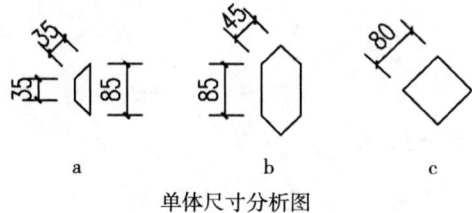

立面拼花2

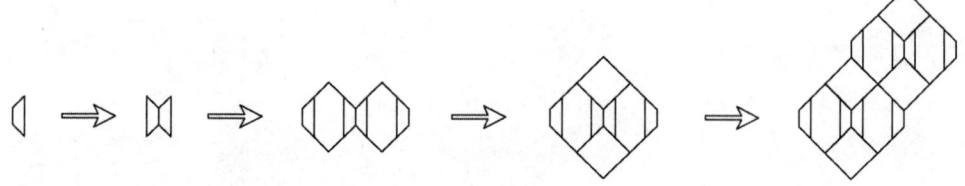

单体尺寸分析图

组合方式示意图

图4-68　立面拼砖组合方式分析图2

108　风华初现——福兴堂建筑保护与修复

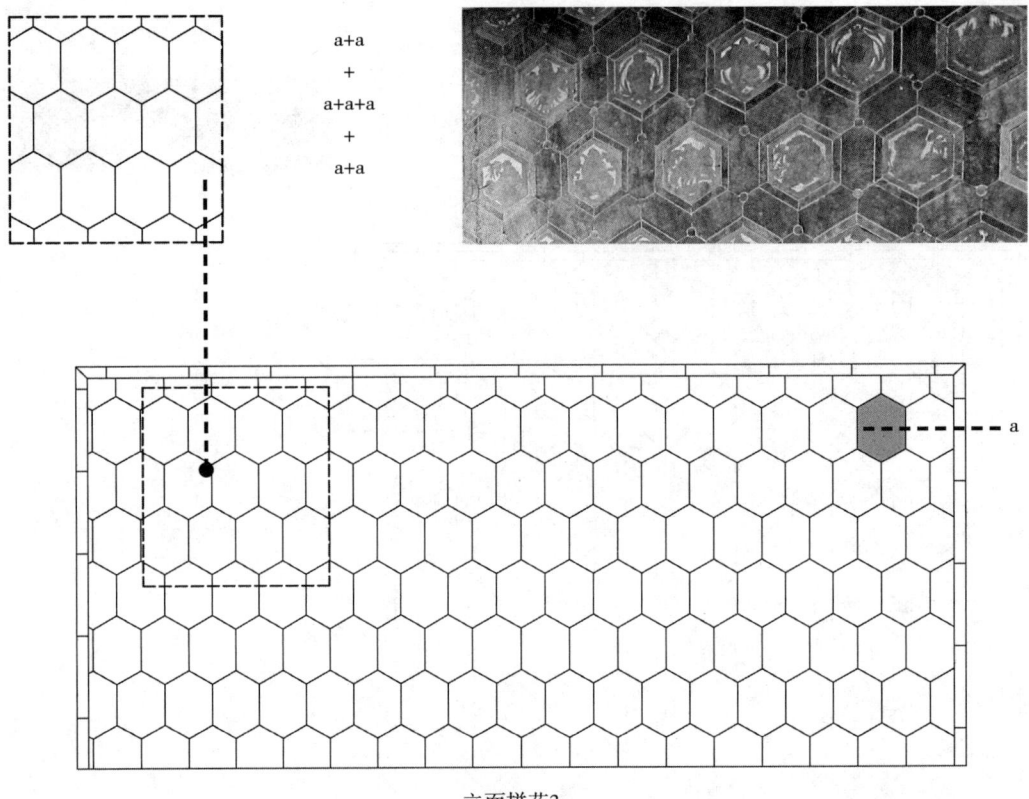

立面拼花3

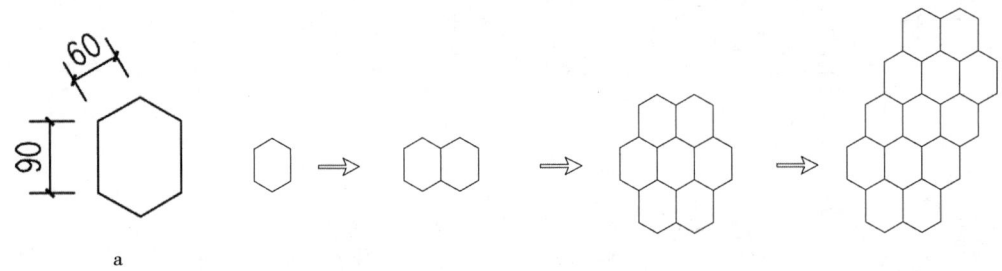

单体尺寸分析图　　　　　　　　　　　组合方式

图4-69　立面拼砖组合方式分析图3

第四章 建筑构造与材料分析 109

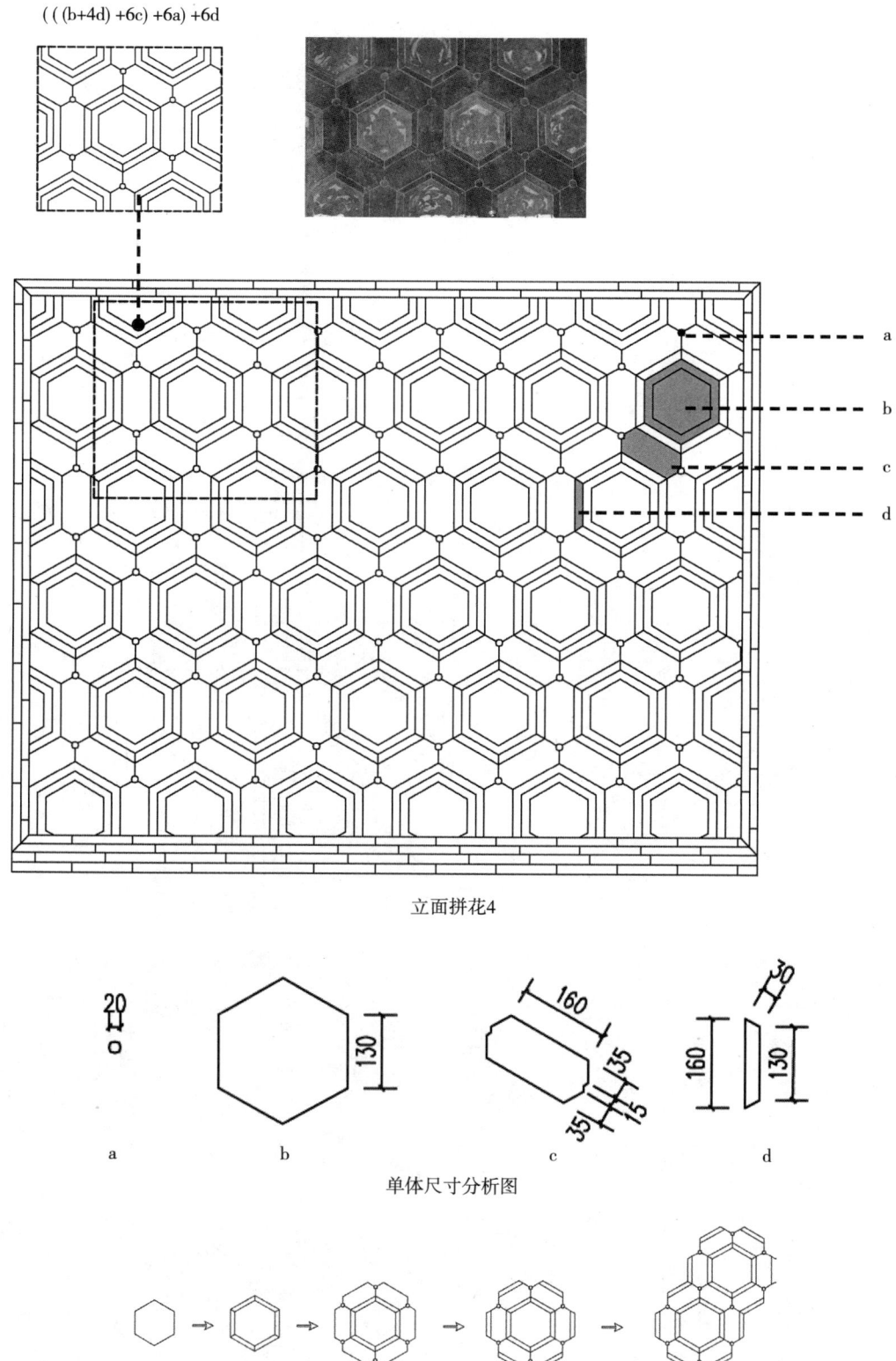

图4-70 立面拼砖组合方式分析图4

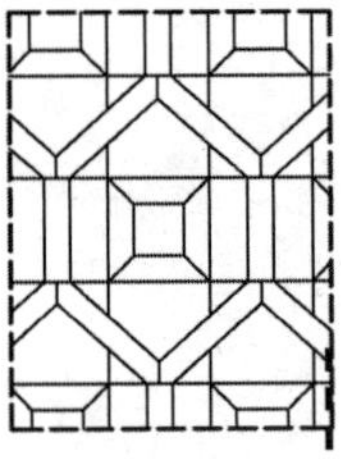

g+e+b+e+g
+
c+f+ (a+4d) +f+c
+
g+e+b+e+g

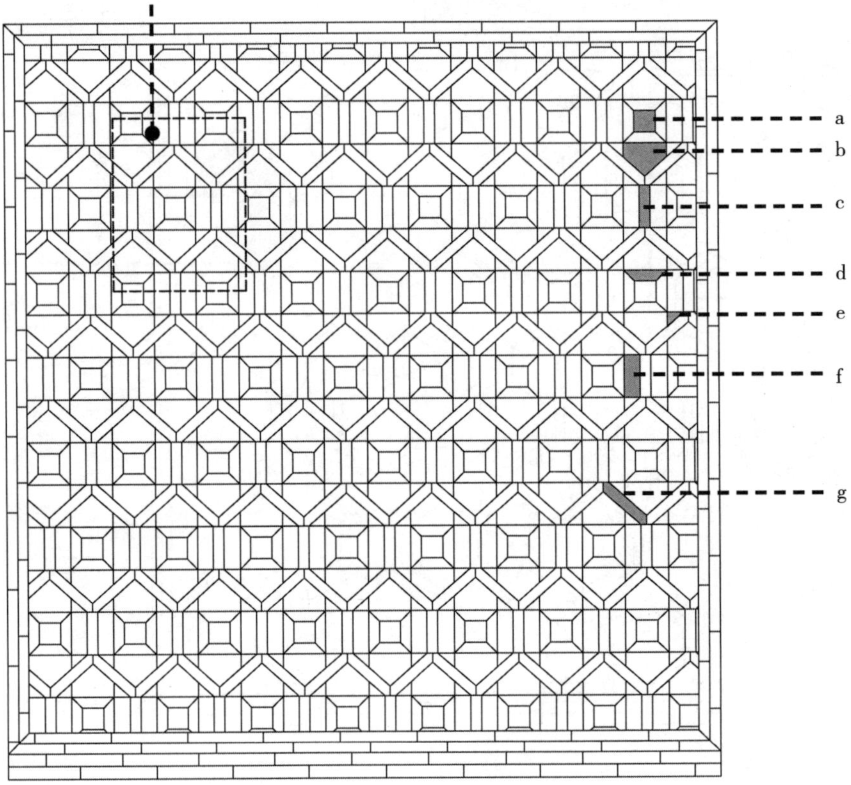

立面拼花5

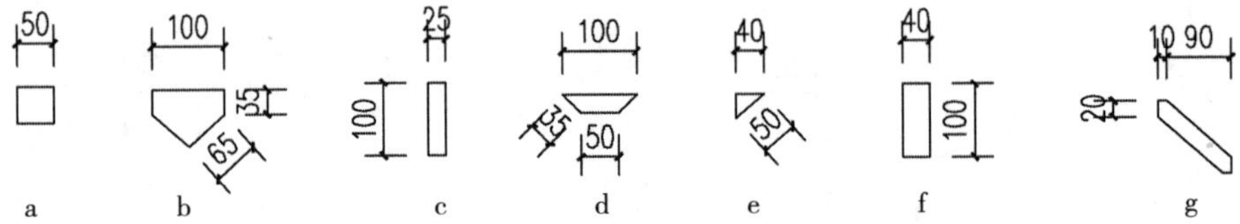

单体尺寸分析图

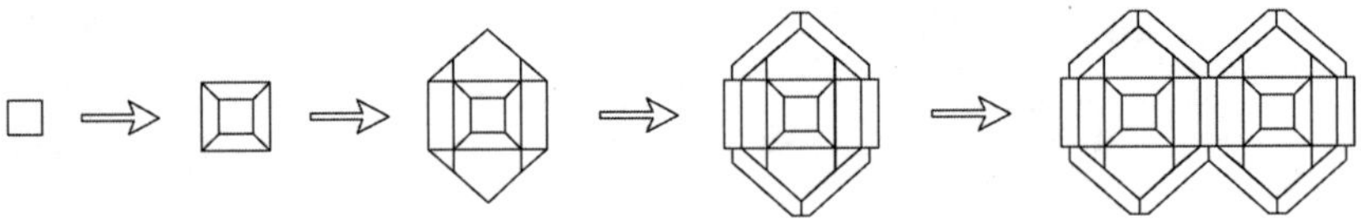

组合方式示意图

图4-71 立面拼砖组合方式分析图5

第四章 建筑构造与材料分析 111

（7）此处立面运用了2种拼花模式，建筑两侧拼花模式相同（图4-72、图4-73）。

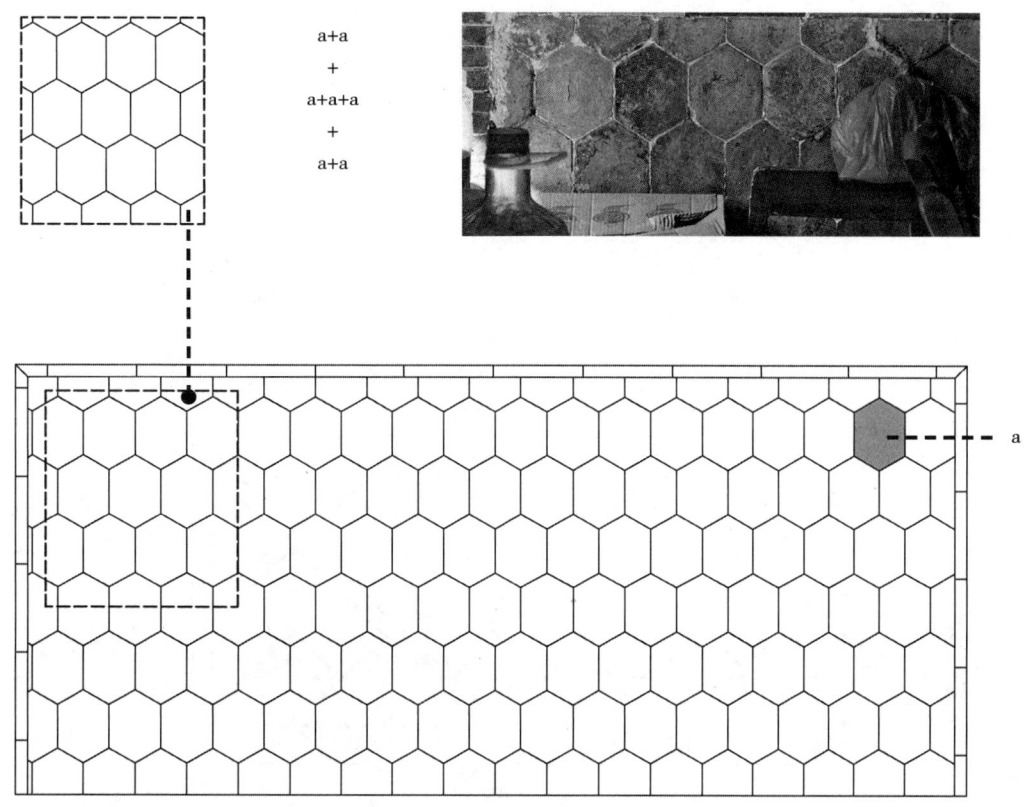

图4-72　立面拼砖组合方式分析图1

112　风华初现——福兴堂建筑保护与修复

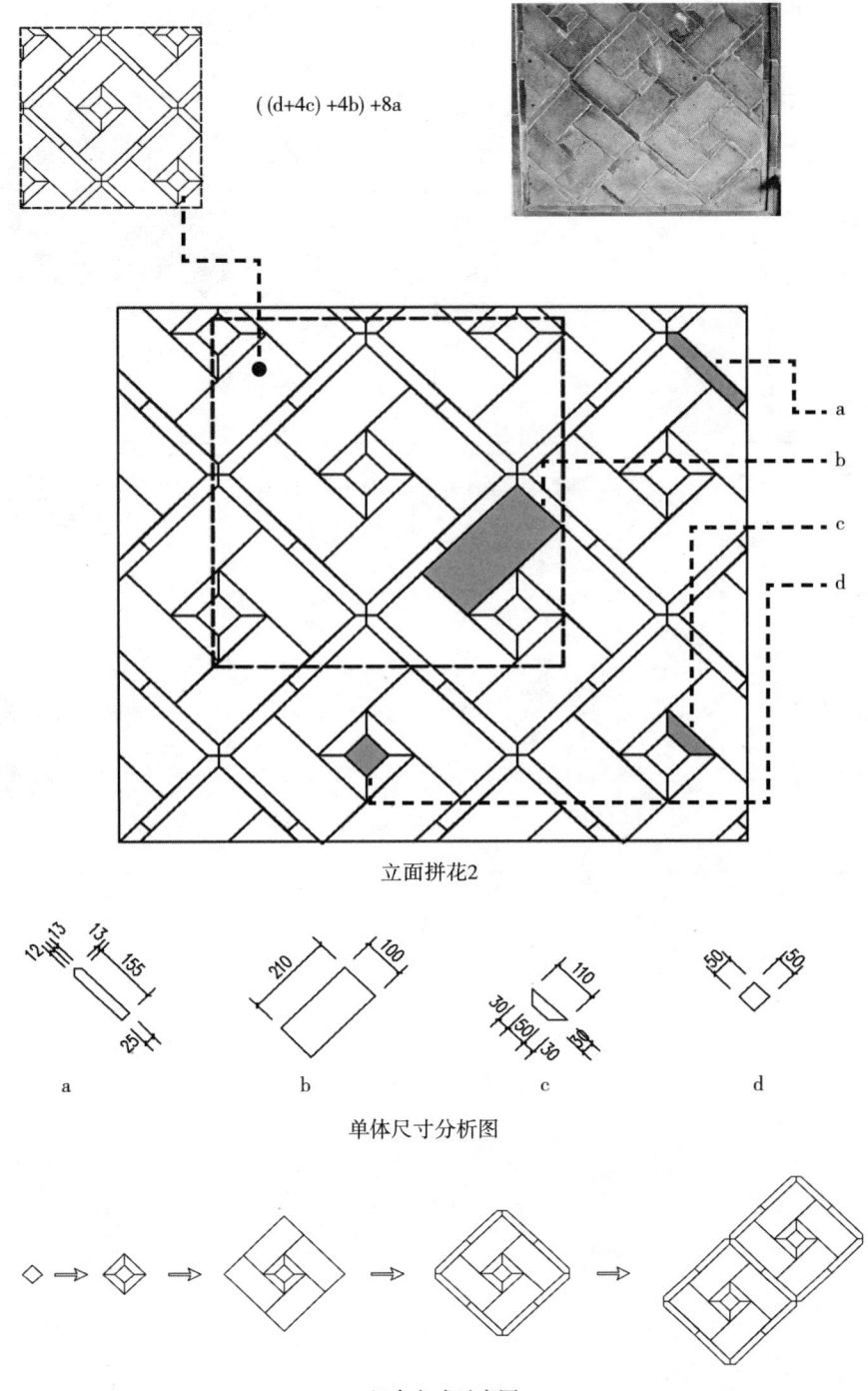

((d+4c) +4b) +8a

立面拼花2

单体尺寸分析图

组合方式示意图

图4-73　立面拼砖组合方式分析图2

（8）此处立面运用了1种拼花模式，建筑两侧拼花模式相同（图4-74）。

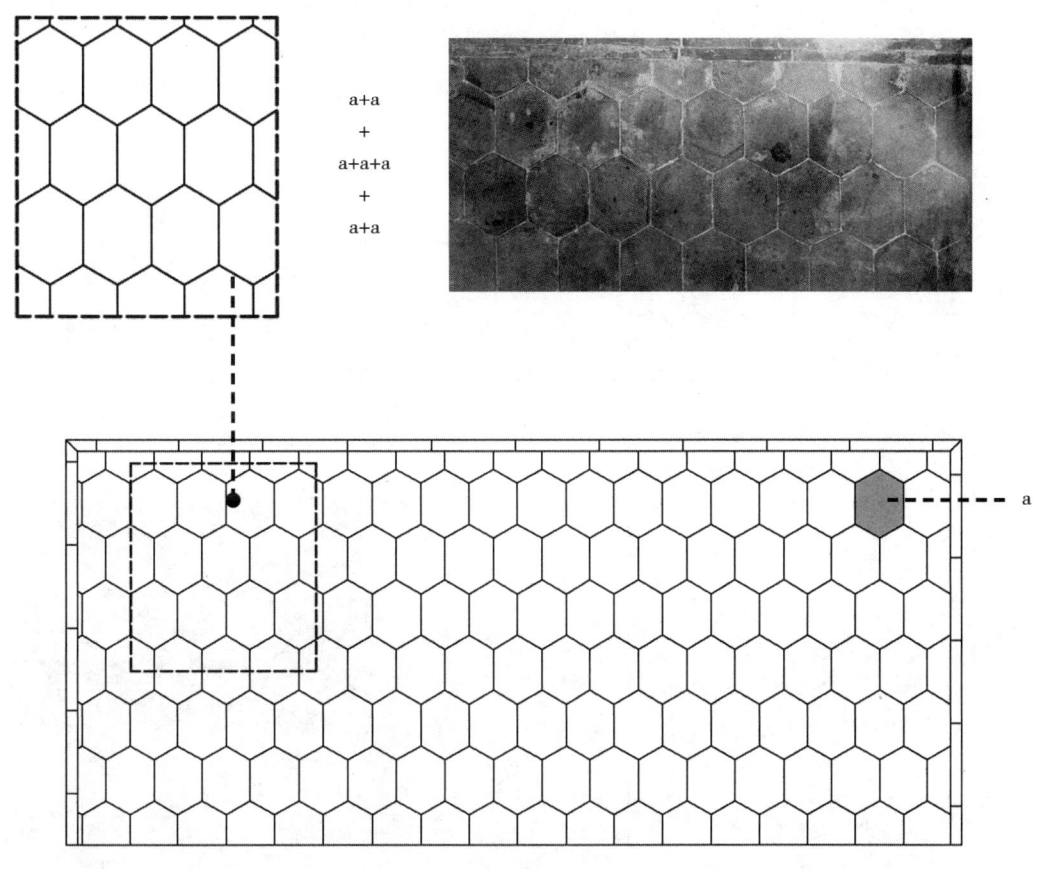

立面拼花

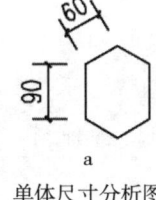

单体尺寸分析图

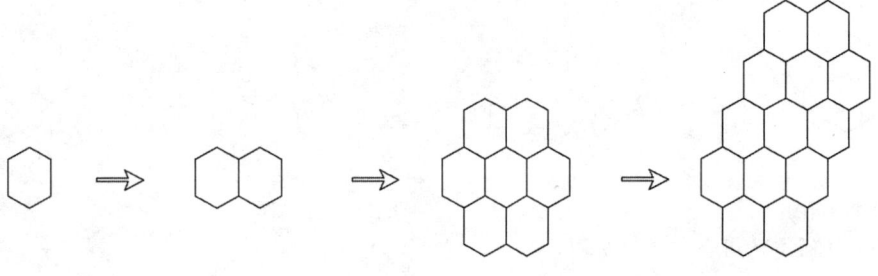

组合方式示意图

图4-74　立面拼砖组合方式分析图

（9）此处立面运用了2种拼花模式，建筑两侧拼花模式相同（图4-75、图4-76）。

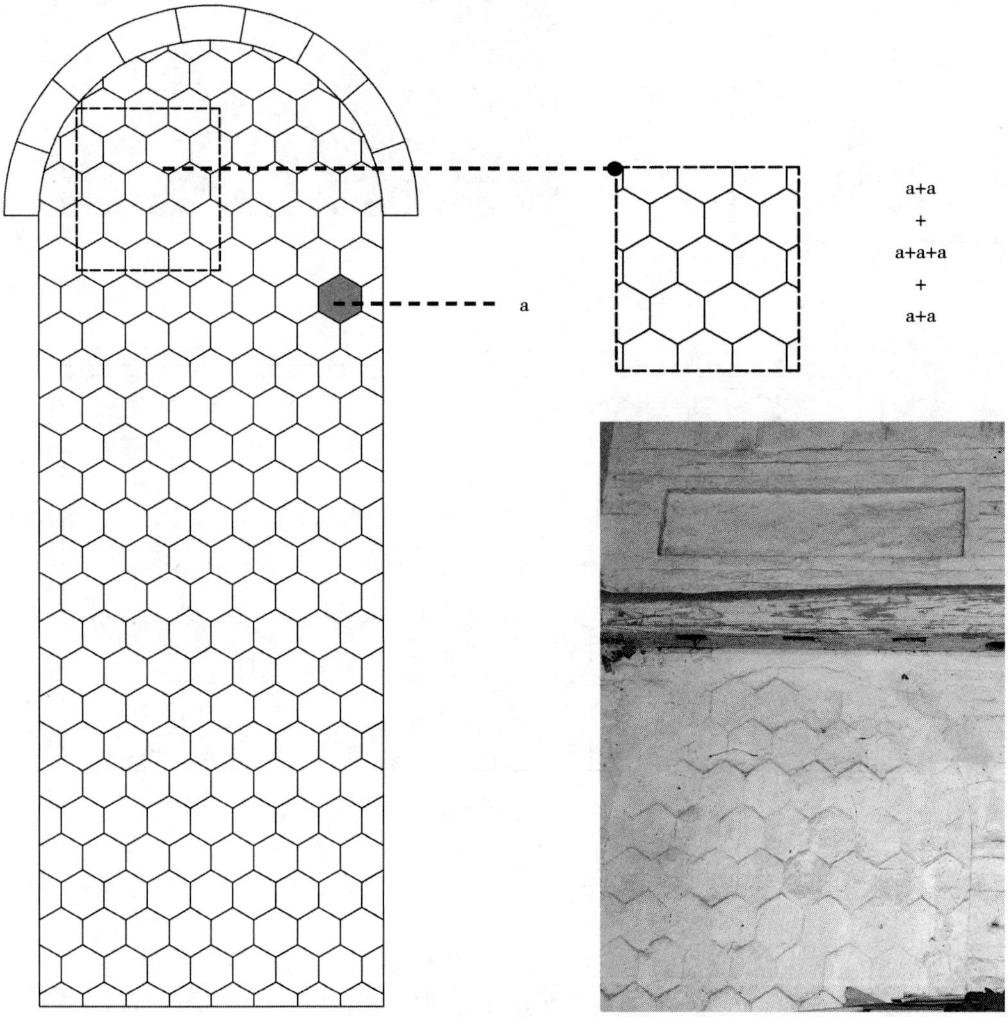

a+a
+
a+a+a
+
a+a

立面拼花1

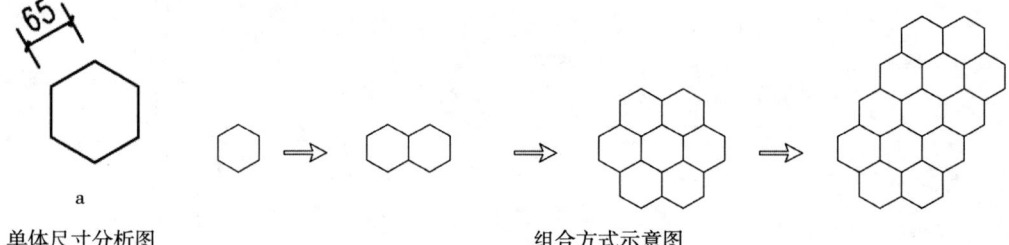

单体尺寸分析图　　　　　　　　组合方式示意图

图4-75　立面拼砖组合方式分析图1

第四章 建筑构造与材料分析　115

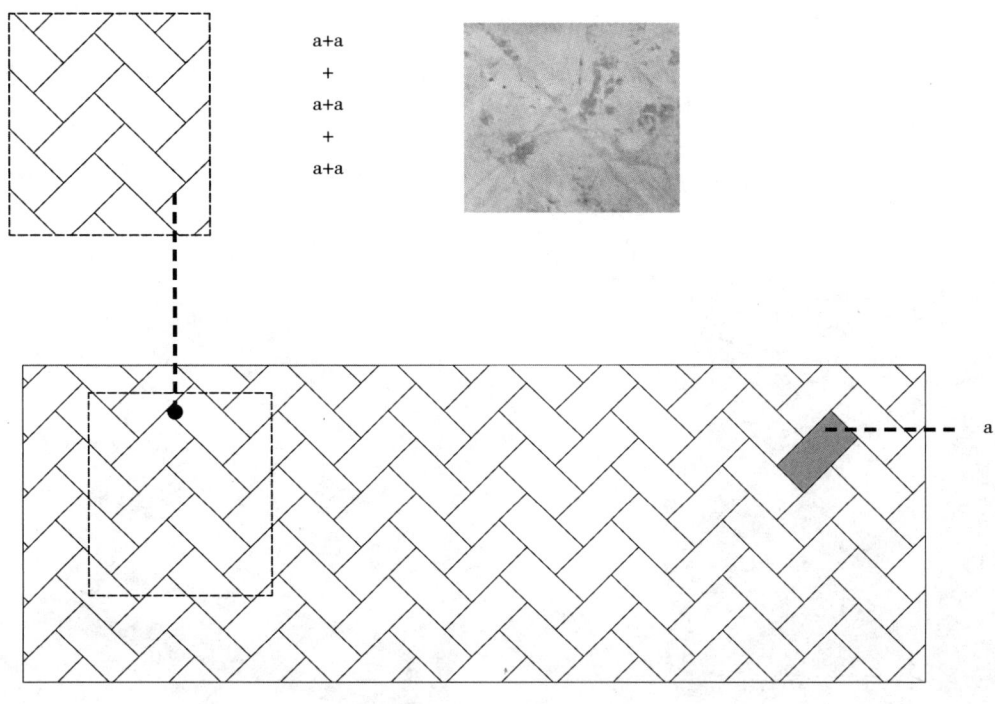

立面拼花2

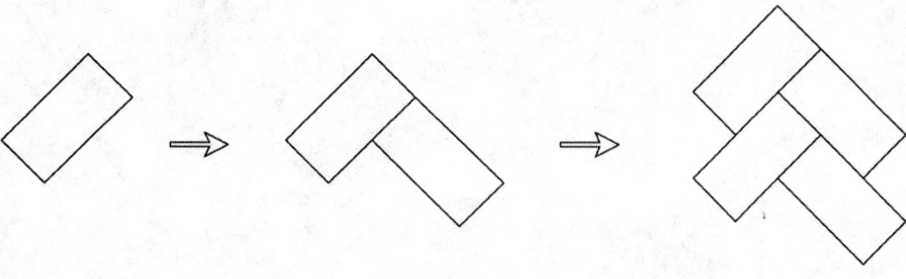

单体尺寸分析图

组合方式示意图

图4-76　立面拼砖组合方式分析图2

4. 墙体特殊装饰

福兴堂还存在一种特殊的砖材装饰艺术，为运用砖砌图案拼出文字对联或某种简易的线图案，形成表面凹凸状，可以称为凹凸砌筑。这种砌筑是利用砖块本身的长面、短面，在砌筑时将单块或成组的砖块出挑或退入墙体表面，在墙面上形成有规律的凹凸变化，因此产生了丰富的肌理效果。

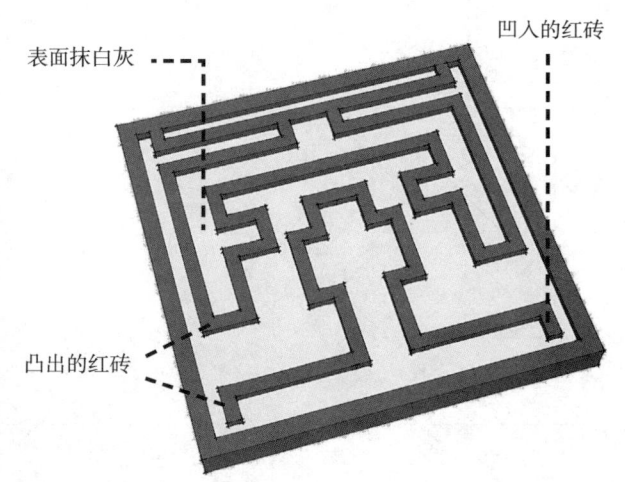

图4-77 凹凸砌筑实景图　　图4-78 凹凸砌筑模型图

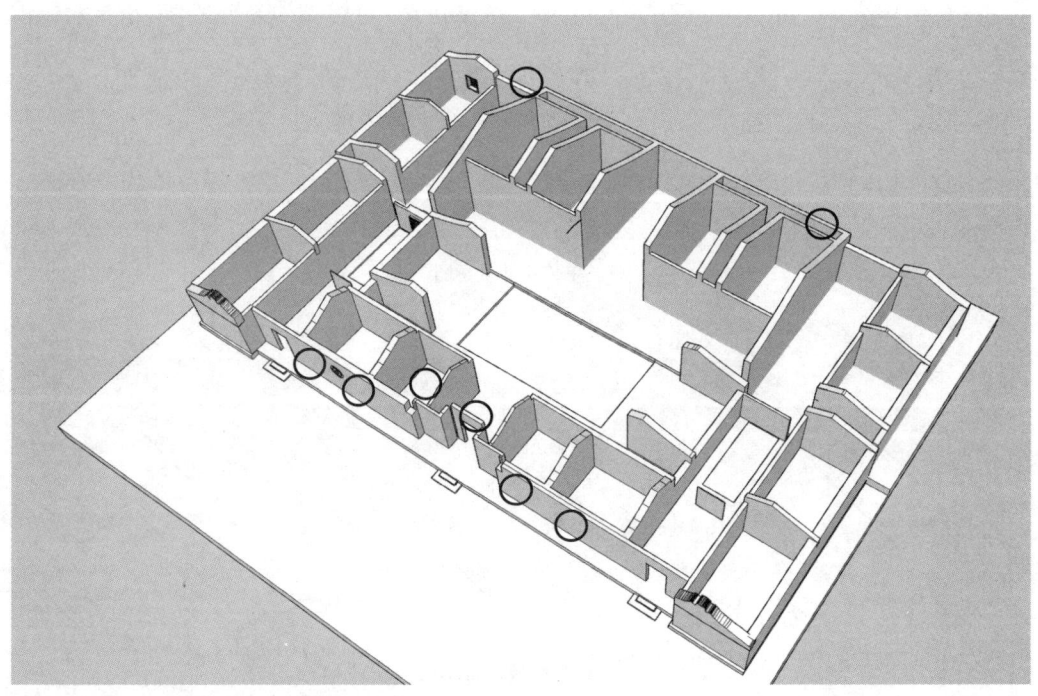

图4-79 凹凸砌筑在福兴堂所处的位置

5．墙体的特殊构造

（1）福兴堂封护檐做法

"封护檐"是指将砖墙一直砌筑到屋板底面，用砖料将檐口封砌起来的墙体，如图4-80所示，福兴堂的封护檐在檐口的砖檐采用直线型做法，它是指檐口挑出的砖，砌成一水平横线，即直线形式，檐口砖不做任何加工，这是最简单的一种檐口做法，一般只有两层挑出。

砖檐高度按砖檐形式各层之和计算，施工时以屋面望板上皮为准线，向下量出砖檐总高，即为头层檐位置。

封护檐的做法为只做墙靠公共空间的一侧，不做室内一侧，在福兴堂的多个墙体都有出现，并且多同时出现封护檐上画彩画及贴剪瓷画。

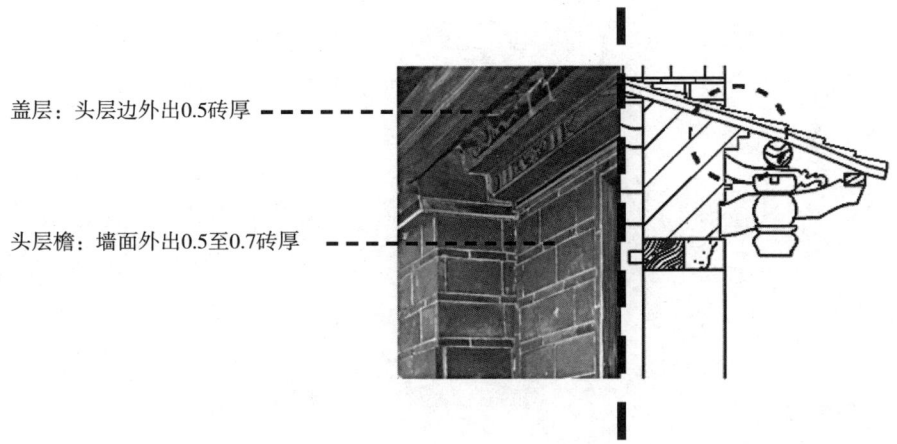

图4-80　封护檐示意图

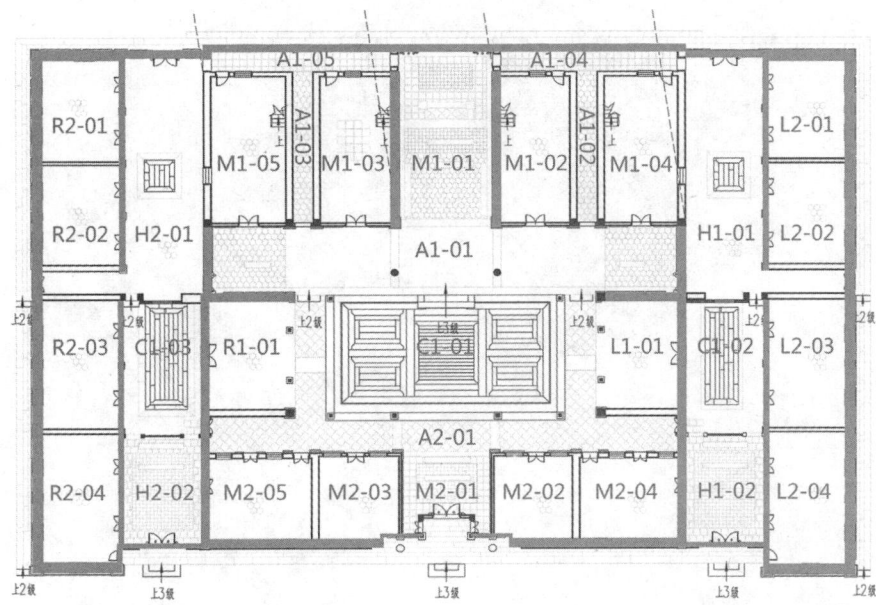

图4-81　封护檐在福兴堂分布图

（2）福兴堂砖券做法

砖券又称"砖碹"，是墙体洞口、空圈或洞道上的一种拱形砖过梁，它是利用中间起拱形成一定弧度，借用拱的撑力来承担空洞上的荷载，并将其分布于墙体上。多用于不装木框的窗洞和门洞等。

图4-82 拱券示意图

福兴堂的砖券类型属于半圆券，是在半圆弧的基础上再按5%的跨度起拱而形成的（图4-82）。

砌筑砖券的术语称为"发券"，发券工艺分为放制券胎、赶排试砖、铺砌灌浆。

福兴堂砖券的放样是在已有圆弧线基础上放弧线：

先以券底水平AB为准作垂线，垂足为O，使AO=OB，AB为跨度，CO=DO=NO=起拱度=5%AB。然后以C（D）为圆心，CB（DA）为半径画弧，与CN（DN）延长线交于F（E）。再以N点为圆心AE（BF）为半径画弧至F（E），则AEFB弧即为券线，过程如图（图4-83）。

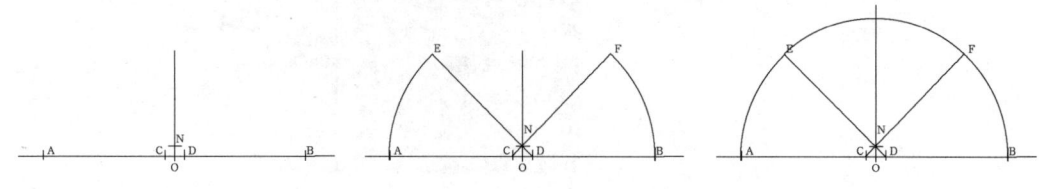

图4-83 拱券分析图

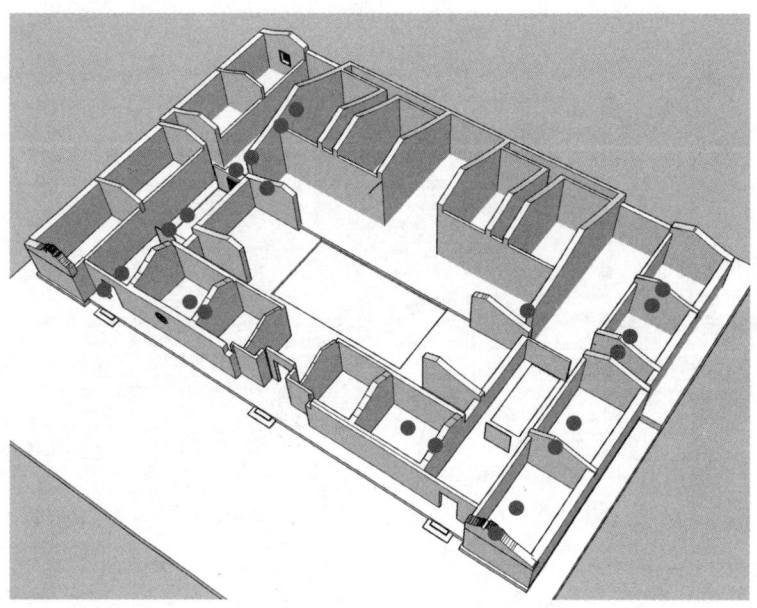

● 拱券位置

图4-84 拱券在福兴堂分布图

4.2.4 门窗及五金零件作法分析

1. 门样式及构造分析

福兴堂大门一个门扇由四块木板拼制；大门转轴上头穿在（钉在大眉的）连楹里，下头立在门枕上；门内安插关，关门时插上，开门时拔出。福兴堂所有门的结构基本一致。

（1）门扇

福兴堂根据门所处的位置不同，门扇分为单扇与双扇两种（图4-85、图4-86）。每个门扇由四块木板拼制而成（因此双开大门在闽南地区也叫八仙大门），最后一块木板末端制成圆柱形转轴。双开门的两个门扇之间形成一凹一凸的卡口，形成相互咬合的关系（图4-87）。

图4-85 单开门样式　　图4-86 双开门样式　　图4-87 双开门卡口

（2）固定构件（门枕、连楹）

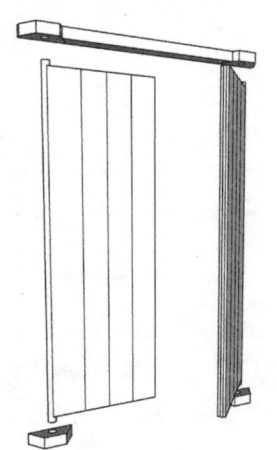

图4-88 门扇固定构件模型及实物

①门枕

门枕石俗称门礅、门座、门台、镇门石等，是用于中国传统民居的大门底部，起到支撑门框、门轴作用的一个石质的构件。因其雕成枕头形或箱子形，所以叫门枕石。福兴堂门枕石采用当地的白色花岗岩制成，为简单的样式（图4-89、图4-90），高度不等在60~200mm之间浮动。

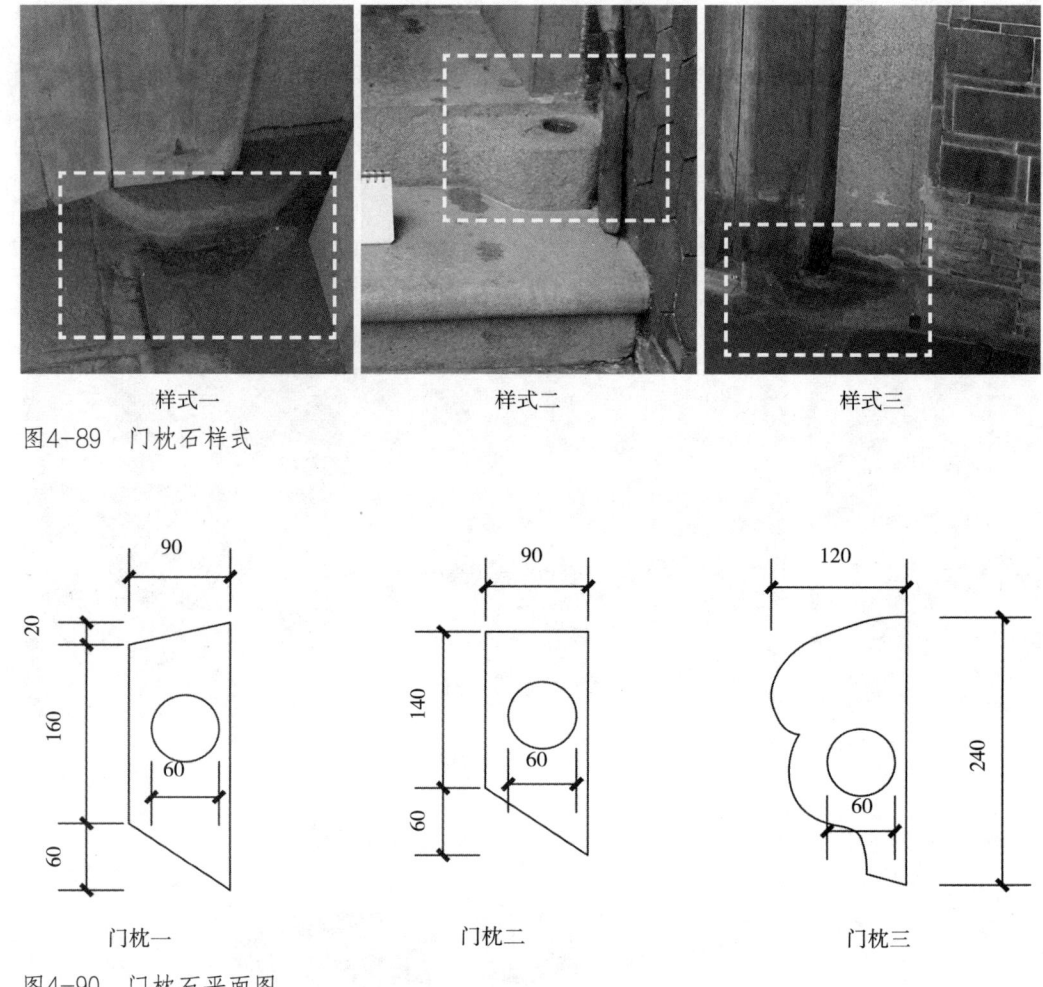

图4-89　门枕石样式

图4-90　门枕石平面图

②连楹

固定门上轴的是一根称为"连楹"的横木，连楹两头各开一个圆孔，大小正好可以放进门的上轴。石制连楹直接整块砌入墙体固定；木质连楹靠几根木栓和门框上的横槛相连，这几根木栓形似钉子，一头是大木栓头，一头呈扁平状插入横槛和连楹的卯孔中。木栓头留在门框上的横槛外，如同门扇上的钉子头，成了一种装饰，称为"门簪"。

图4-91　不同的石制连楹样式

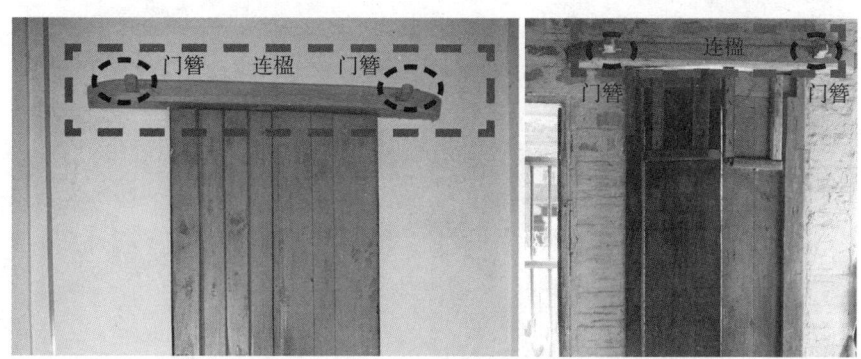

图4-92　不同的木制连楹样式

（3）插关

①安在门上的木门栓

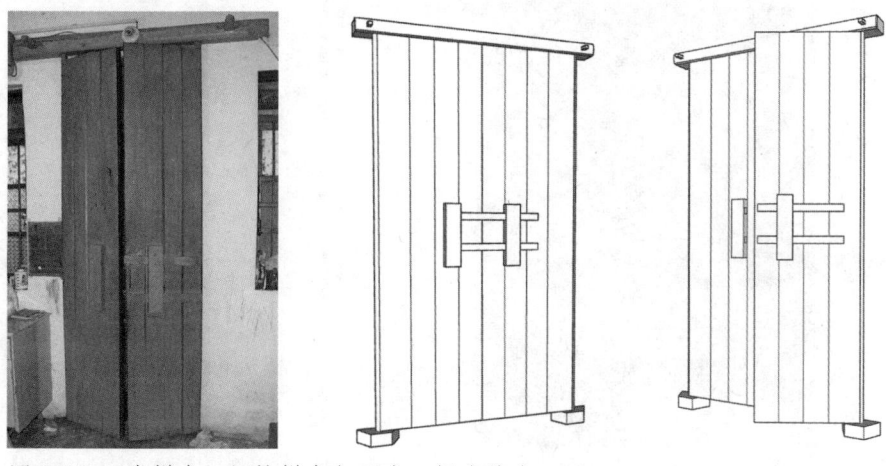

图4-93　a类样式—门栓样式与开启、闭合状态

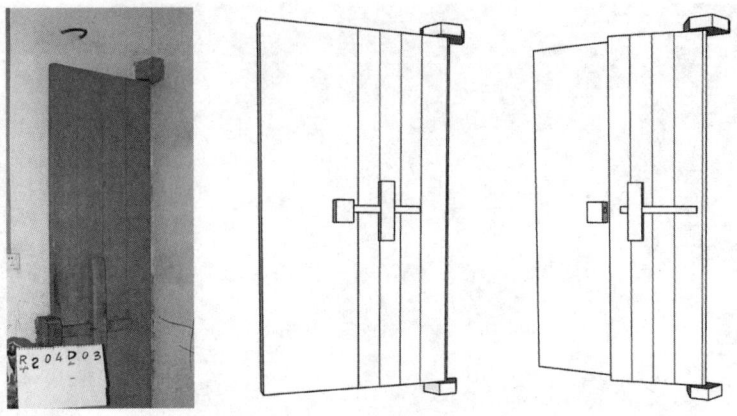

图4-94　a类样式二门栓样式与开启、闭合状态

②整根木头横放做门栓

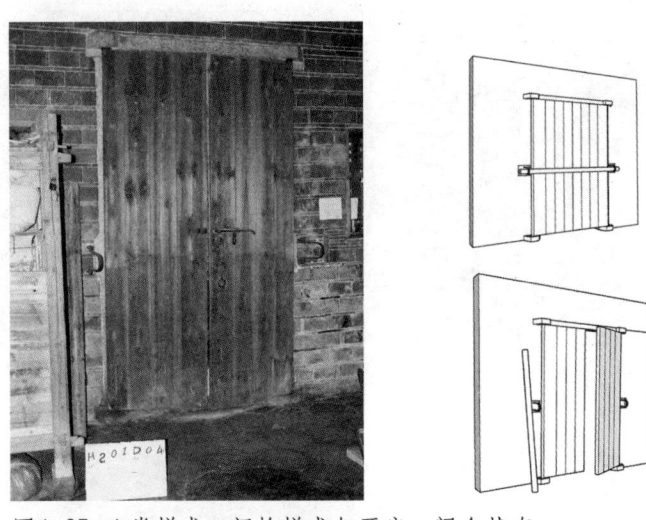

图4-95　b类样式一门栓样式与开启、闭合状态

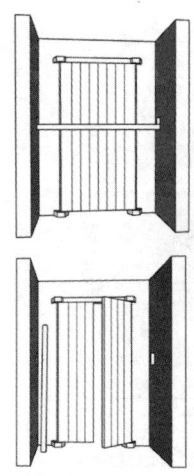

图4-96　b类样式二门栓样式与开启、闭合状态

③整根木头竖放做门栓

图4-97　c类样式一门栓样式与开启、闭合状态

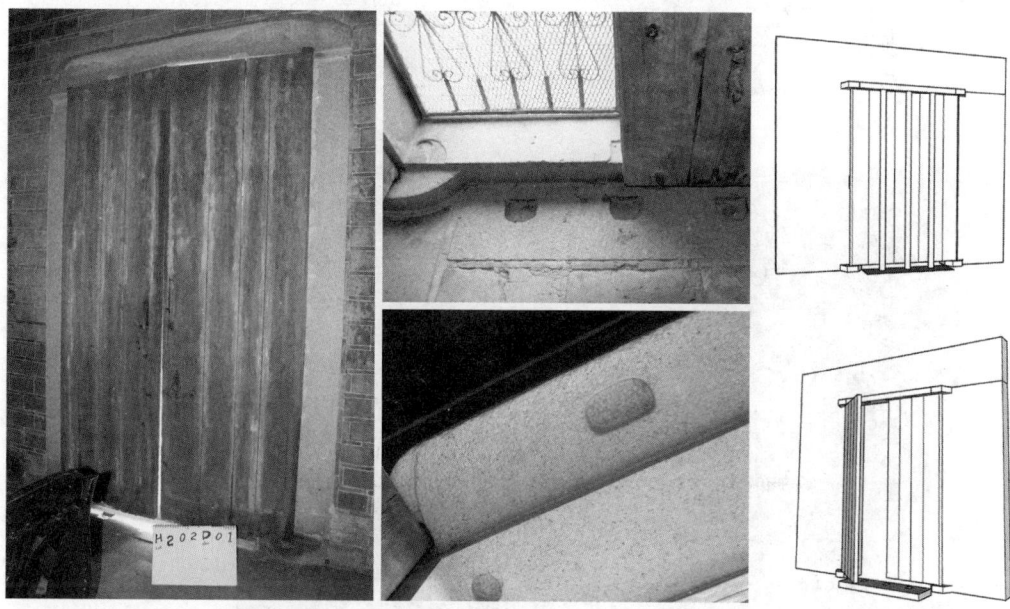

图4-98　c类样式二门栓样式与开启、闭合状态

2. 窗样式及构造分析

福兴堂多为组合的多层窗户。石作与砖砌的为固定窗扇，起到美观防盗作用；木作多为可动窗户，起到通风采光的作用。部分石窗为精美的透雕，是福兴堂宝贵的遗产，而木窗的独特构造，也是重要的技术资源。

（1）单层窗

分布较少，有木质（部分后期有加上纱窗或重新油漆过）及砖砌两个类型。

①木质单层窗

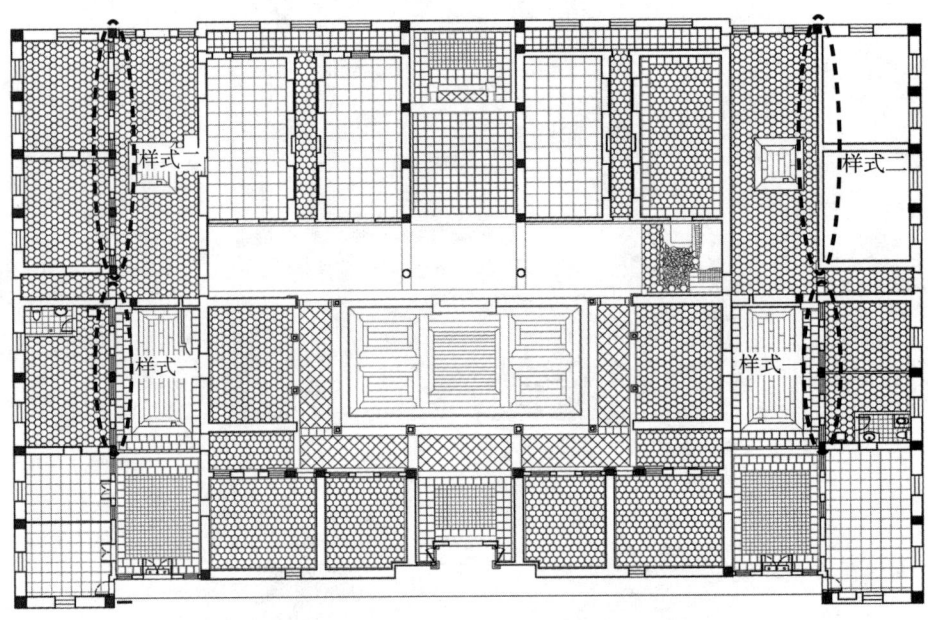

图4-99　福兴堂单层木窗位置示意图

样式一　　　　　　　　样式二

图4-100　木制单层窗样式

第四章 建筑构造与材料分析

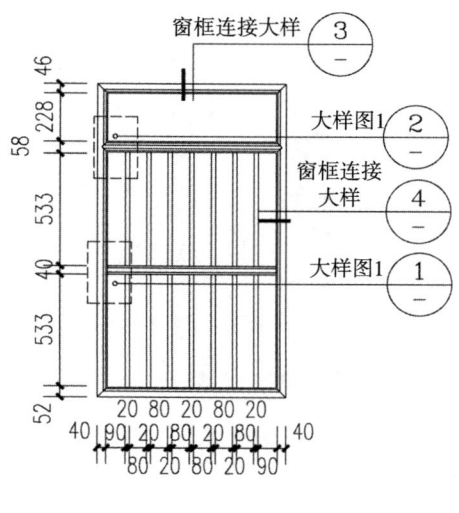

窗户立面图

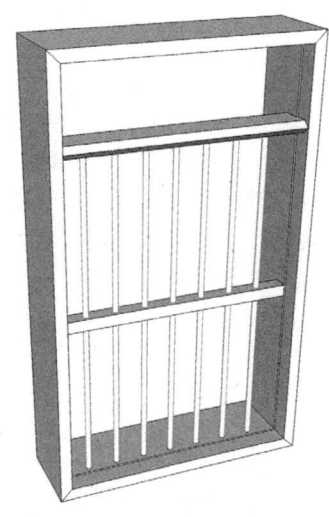

样式一模型

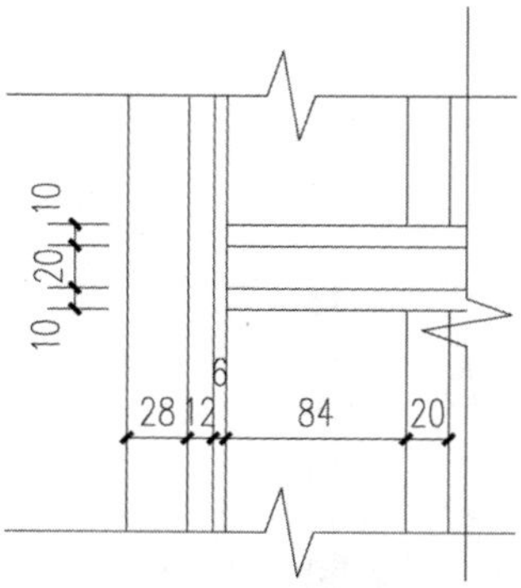

①窗户大样图

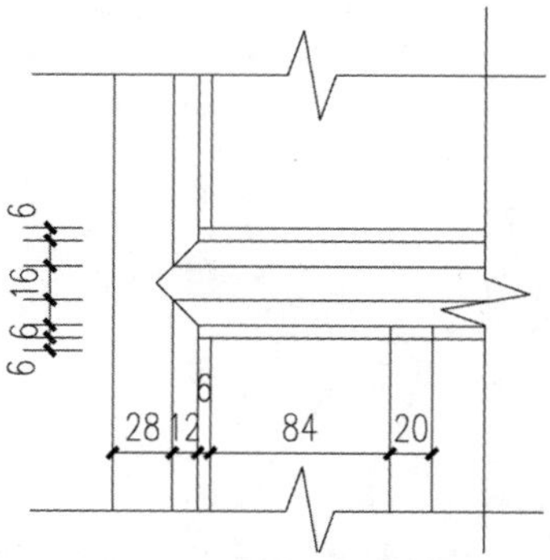

②窗户大样图

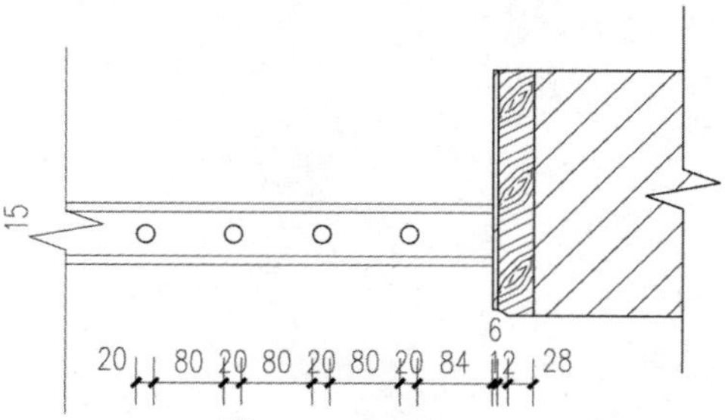

③窗户大样图

④窗户大样图

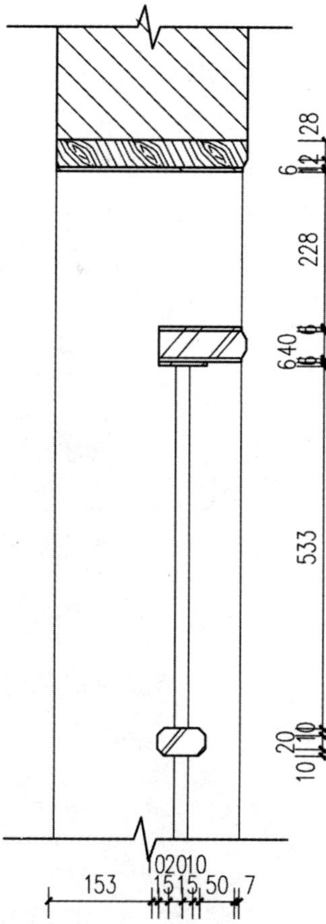

图4-101 木质单层窗样式一大样图

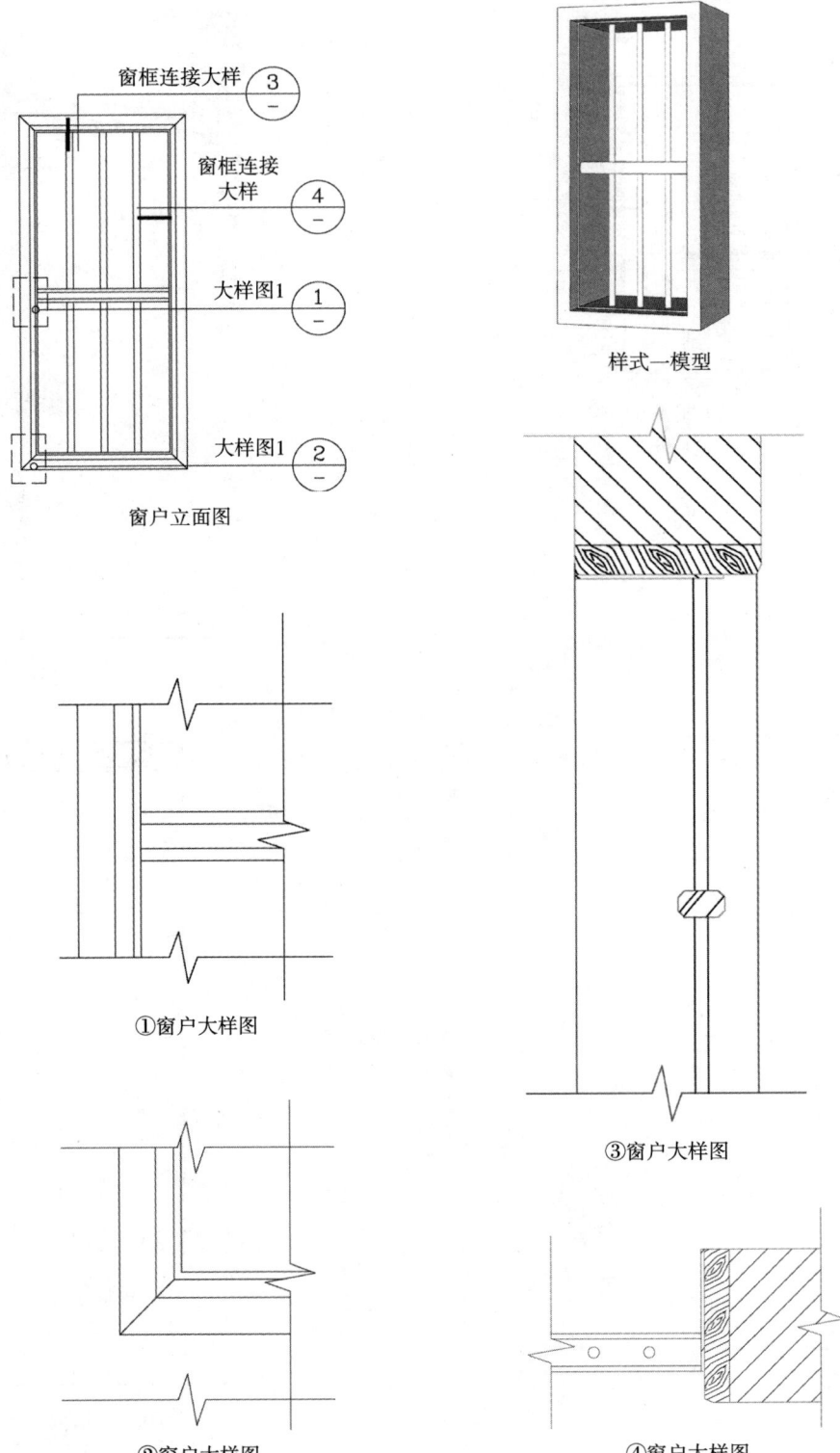

图4-102 木质单层窗样式二大样图

②砖砌单层窗

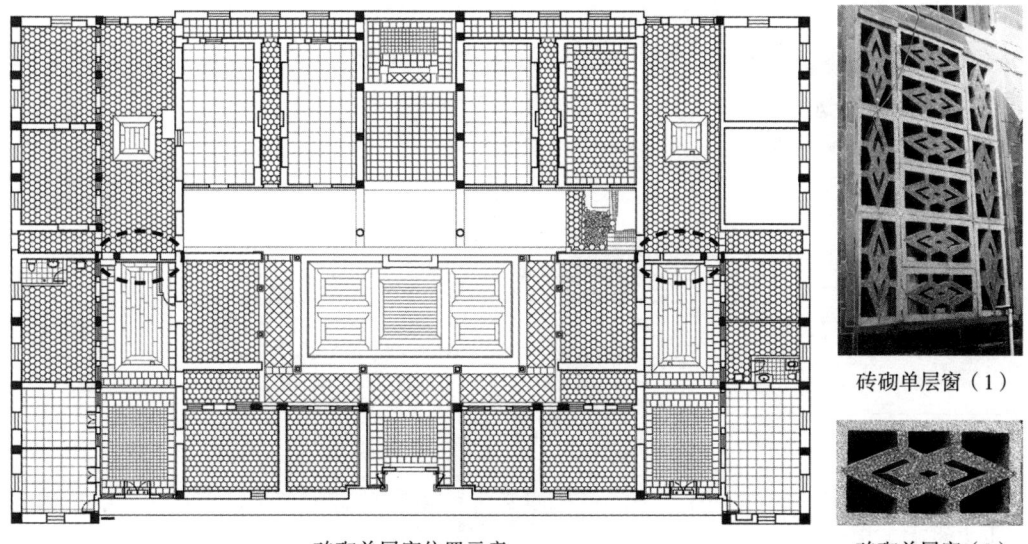

砖砌单层窗位置示意

砖砌单层窗（1）

砖砌单层窗（2）

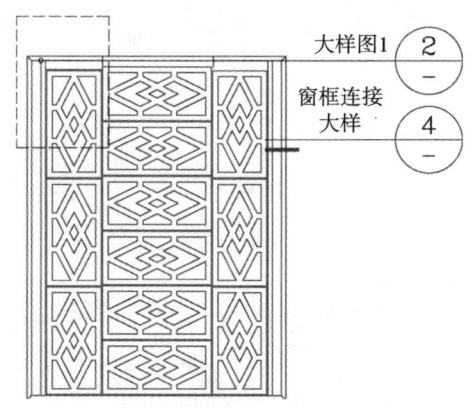

砖砌单层窗样式一大样图

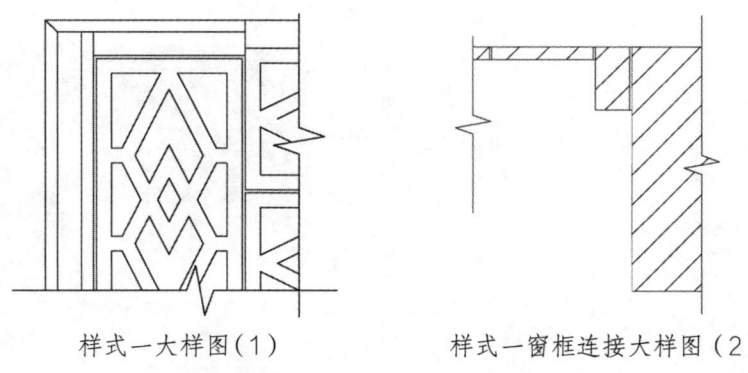

样式一大样图（1）　　样式一窗框连接大样图（2）

图4-103　砖砌单层窗样式一位置示意及大样图

（2）组合窗

福兴堂多为组合窗，一般为木制窗扇加一层其他材质的窗扇。由于木质窗户的损坏程度不同，窗户呈现出2~3层的不同情况。另外每种类型的窗户由于所在部位不同，尺寸存在差异，且因人为因素，部分窗户进行过翻新，但基本构造相似。以下对每个类型举其中一个案例进行分析。

①石制花窗+木窗

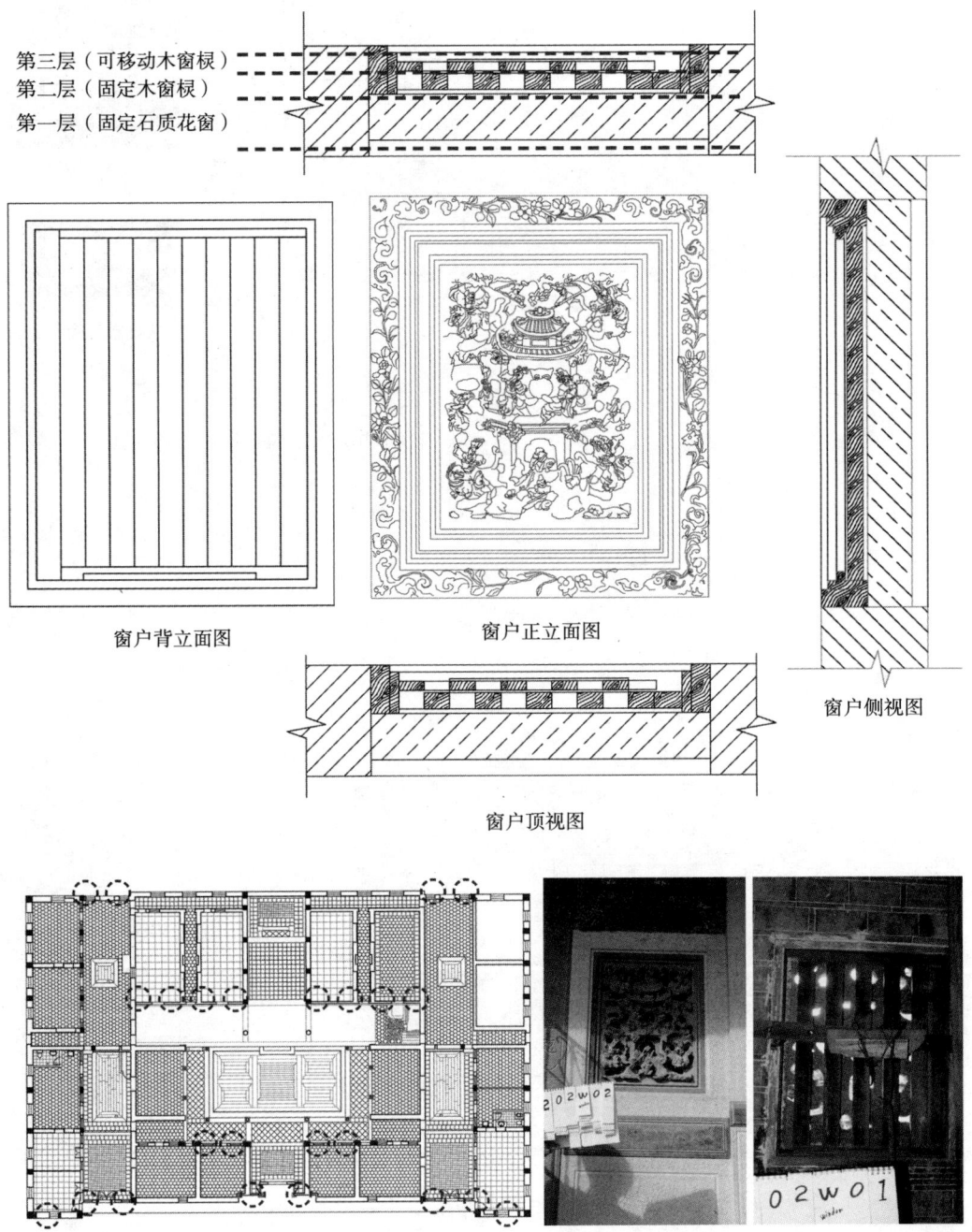

图4-104　石制花窗+木窗样式—位置示意及图示

福兴堂石制花窗，以当地白色花岗岩作为窗框，辉绿岩作为窗扇。窗框采用沉雕的形式，题材为花草；窗扇采用透雕的形式，题材为人物。此类窗户用于主立面/背立面入口两侧，大天井四周主要房间等重要的面上，施工工艺复杂有很强的装饰作用。

福兴堂木窗不同于现代窗扇，需要用到五金构建，而是利用简单的构造达到了开启和闭合的效果。木窗可移动部分还可随时拆卸。这种灵活而又简单的构造方式，凝聚了

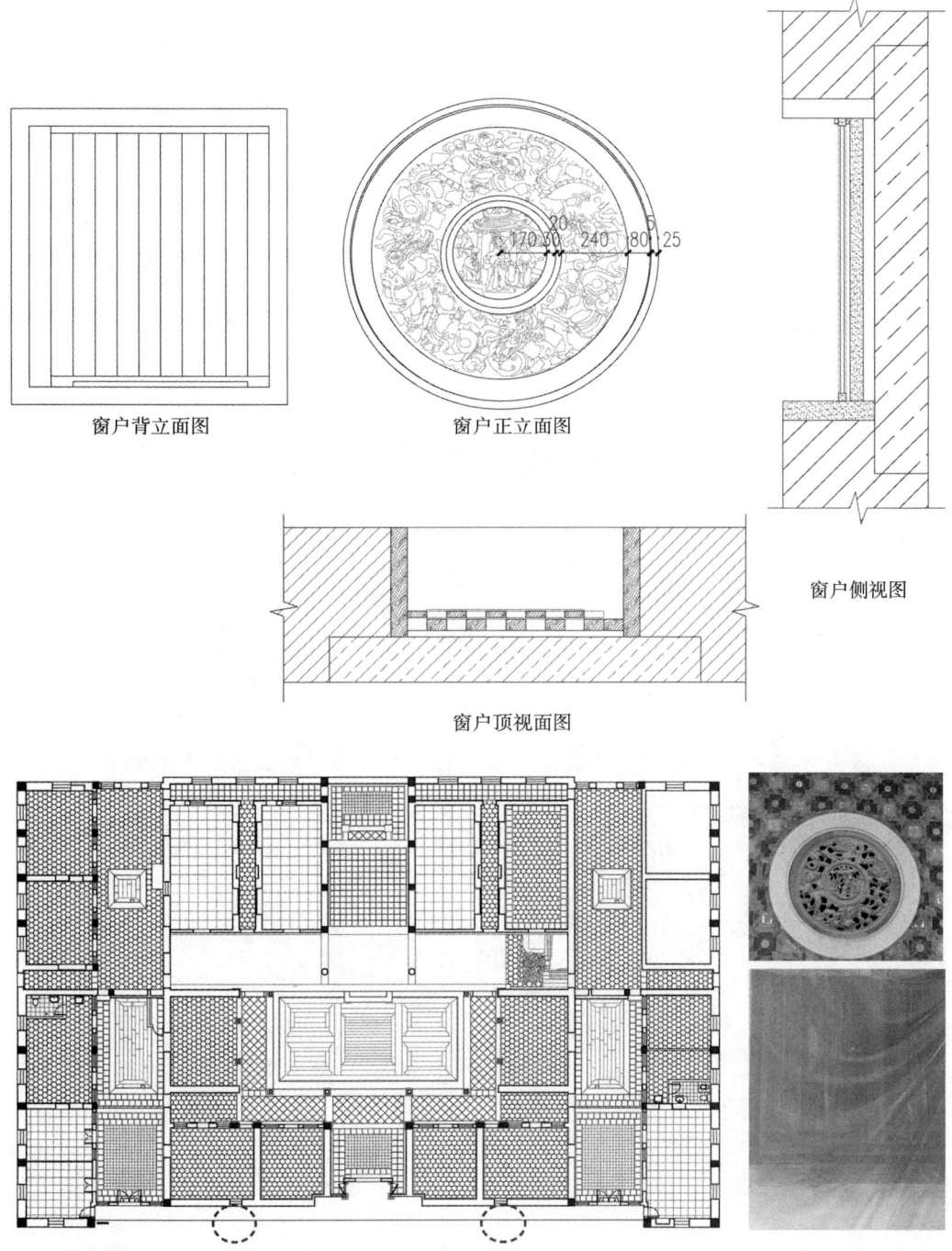

图4-105　石制花窗+木窗样式二位置示意及图示

工匠们的技艺，是值得后人保留和学习的技术瑰宝。

②砖砌直棂窗+木窗

此类直棂窗看似为灰绿石制成，实为砖砌后粉上灰绿色材料制成类似于石头的材料，此种做法不仅节省了材料，降低了造价，而且减轻了窗户的重量。此类窗户一般置于山墙部位或是一些次要空间。由于所处部位的特性，因此采用了这种经济的做法。

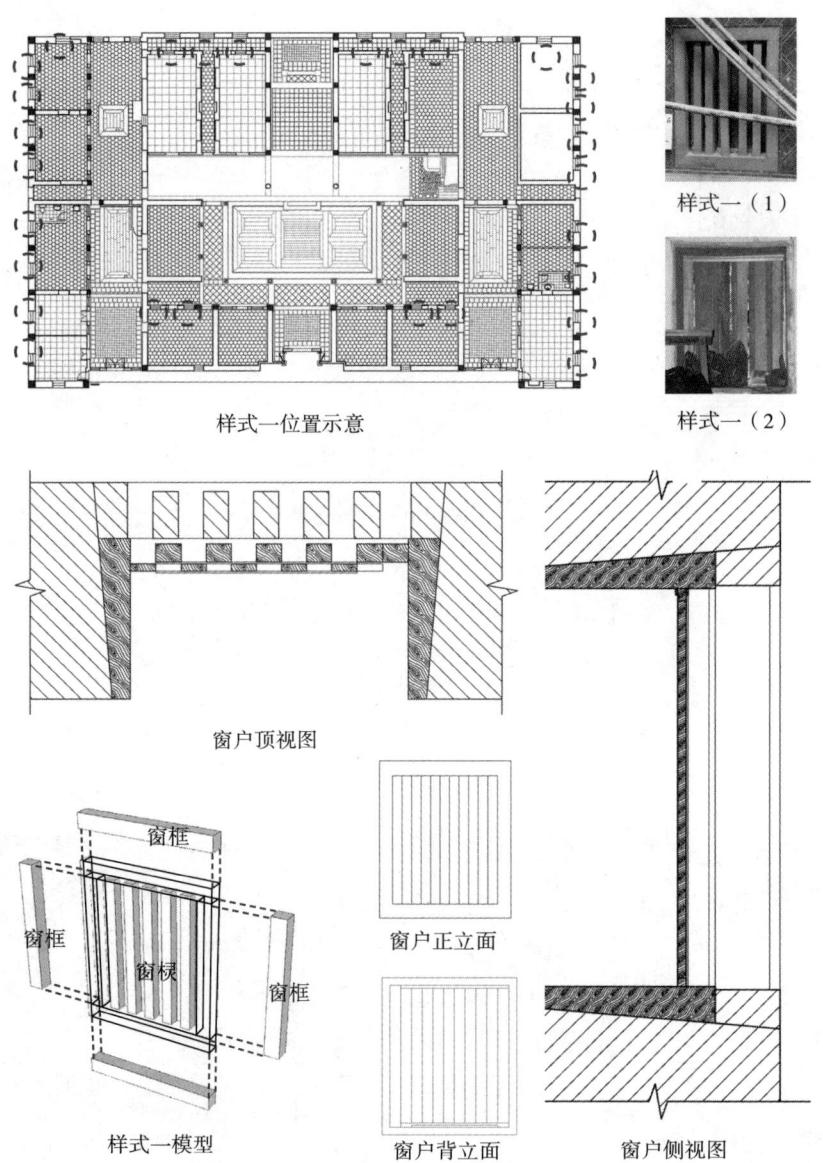

图4-106　砖砌直棂窗+木窗样式一位置示意及图示

图4-107　砖砌直棂窗+木窗样式一①

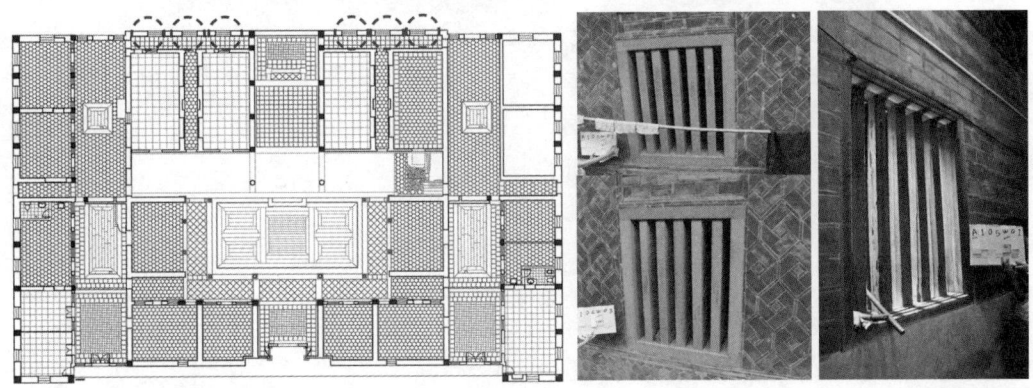

图4-108　砖砌直棂窗+木窗样式二位置示意及图示②

---

① 此窗户为外宽内窄的梯形，因此里外两个窗户的尺寸有所区别。室内木制窗户的构造方式可以参照a类型的样式一（一个固定窗扇加一个可移动窗扇）。窗框为梯形有待考证，另外此处砖墙的砌法也比较独特。
② 此类窗户与样式一相似，只是木质窗棂较宽。且从节点来看，此窗的开闭方式也不同于样式一，原来应该有两个窗扇。

（3）花砖+木窗

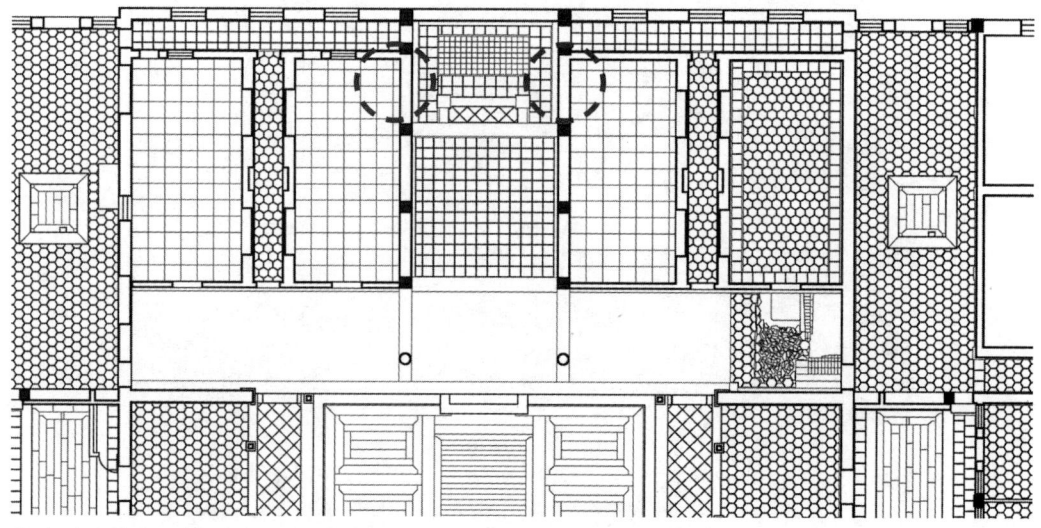

花砖+木窗样式—位置示意

花砖+木窗正立面

花砖+木窗背立面

图4-109　花砖+木窗位置示意及图示

（4）双层木窗

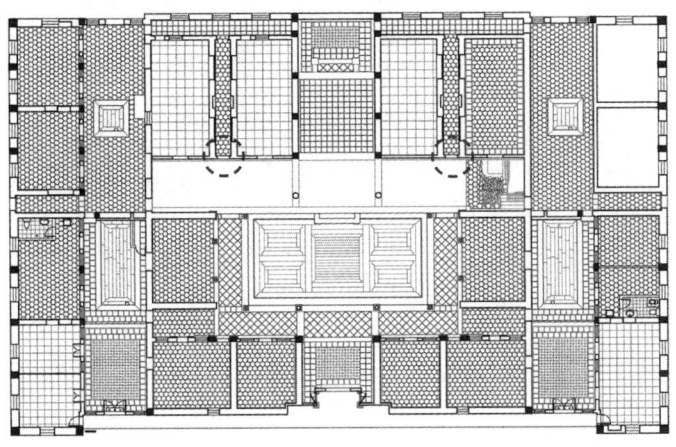

双层木窗样式一位置示意　　　　　样式一（1）

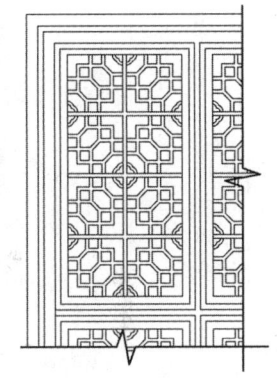

样式一（2）　　样式一放大　　样式一各部位名称　　样式一绘制图

图4-110　双层木窗样式一位置示意及图示[①]

---

① 此类木质直棂窗形制复杂，全屋仅在两处看见，即中心庭院通往主屋窄道的入口上方。因此处墙体过高，安装此类窗户，起到装饰墙面的作用，同时为窄道采光。由于年代较旧，且木棂较细，因此格心有一定的损毁。背面窗户构造样式可参考木质单层窗户样式二。

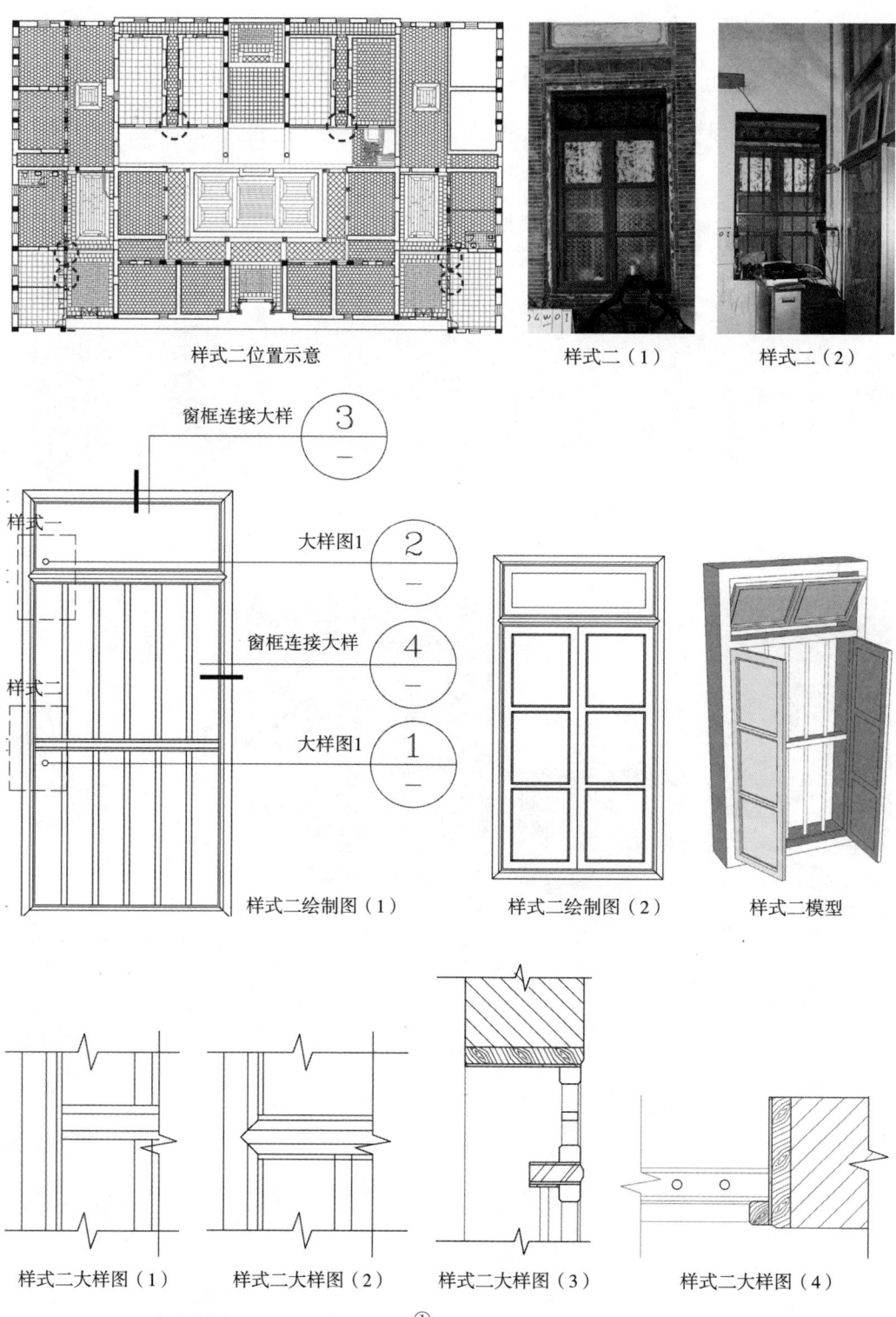

图4-111 双层木窗样式二位置示意及图示①

---

① 背面的构造与木质单层窗户样式一相同，或为了生活方便，后期在此类窗户上加上窗扇（具体情况有待考究）。

4.2.5 台基构造分析

泉州岵山福兴堂的台基采用当地所产的花岗岩砌筑而成并辅以红砖。因福兴堂腹地存在高差,室内分布有多处的台基且制作工艺都有不同(图4-112、图4-113)。

图4-112 福兴堂台基位置示意图

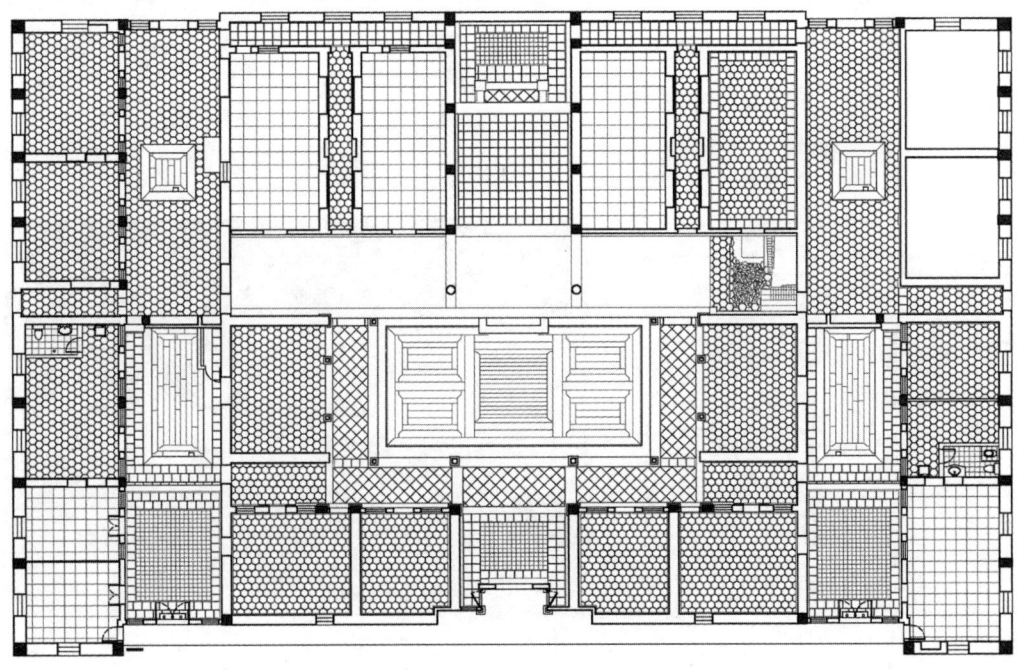

图4-113 福兴堂地面铺砖图

1. 台基各部位名称及做法

(1)地基

福兴堂台基垫20~24厘米不规格条石。底层横置最宽,次层纵置,三层横置,逐层缩小。上一层收缩时,应注意其宽度不小于下层石宽度的二分之一,做到层层叠砌。地基排列条石常采用留10~15厘米缝,十分之一白灰粉拌瓦砾渣土夯实,省石且粘结性强。

（2）地牛

又叫土衬石。地牛石安在基石上，比台基宽2~3寸（1寸约合3.33厘米），袒露部分经凿加工，为台基的金边。

（3）堵石

又称斗板石。堵石安在地牛上，比地牛缩2~3寸。长短有规则搭配。宽则根据地牛与最上层石矽的距离而定，密缝，不留空隙勾缝。

（4）石矽

又称大条石，安放在堵石上。石矽安在廊柱外，长短以两廊柱的中轴线相等，厚4~5寸，宽2尺左右，正面大厅前要更大一些。

（5）台基面

柱位安礩石，四方形，大小规格视该柱传荷量而定，礩石面与地面平。柱与柱之间（不论深丁或阔丁）均安丁矽。通长或三块并连。宽度不论，视间隔大小搭配硬山顶正面有廊，石矽内的空白，铺条石或红地砖。

图4-114　福兴堂台基各部位组成

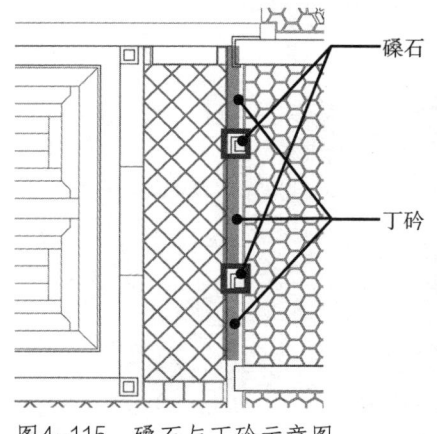

图4-115　礩石与丁矽示意图

图4-116　礩石与丁矽

（6）台阶

台阶包括台口矽石。用台座算出踏步数。因此福兴堂台阶踏步的高度及踏步数根据实际情况而定（图4-117）。

（7）深井

又叫天井。深井宽是顶落厅加两边公孙桷，即两缝桷枝约1.2~1.4尺，深是榉头宽家两边加柱畔6~7寸左右，具体数码以村白计算（图4-118）。

台基踏步（1）　　　　　台基踏步（2）　　　　　台基踏步（3）

图4-117　台基踏步样式

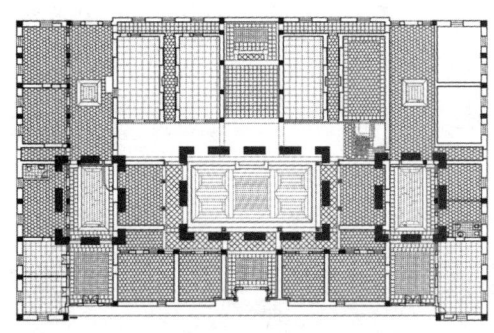 

图4-118　深井位置示意及图示

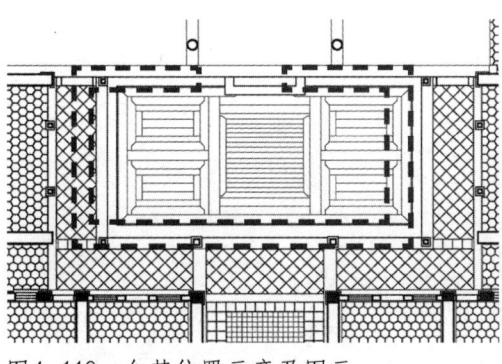 

图4-119　台基位置示意及图示

（8）沟涵

深井的周边均设明沟，集水流入暗沟，俗称沟涵。沟涵的设计用子思尺，沟道不开直线，起码要有一个弯，向东排水。

2. 铺面样式及尺寸

铺面材料一般选用当地所产的花岗岩条石板和松枝烧制而成的红色胭脂砖，以及一些彩色瓷砖。石材坚固耐久，且取材于当地；红砖质地坚硬，色彩浓艳，饱和度高，与墙面相契合。彩色砖，样式复杂，色彩多样，用于少数的点缀。另外有些室内空间经过

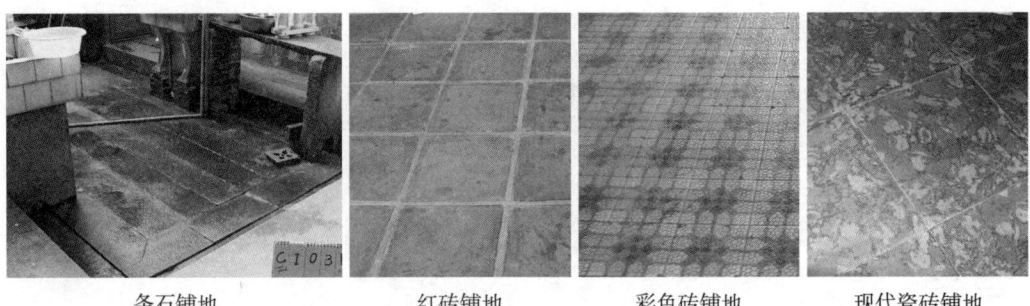

图4-120　铺面砖样式

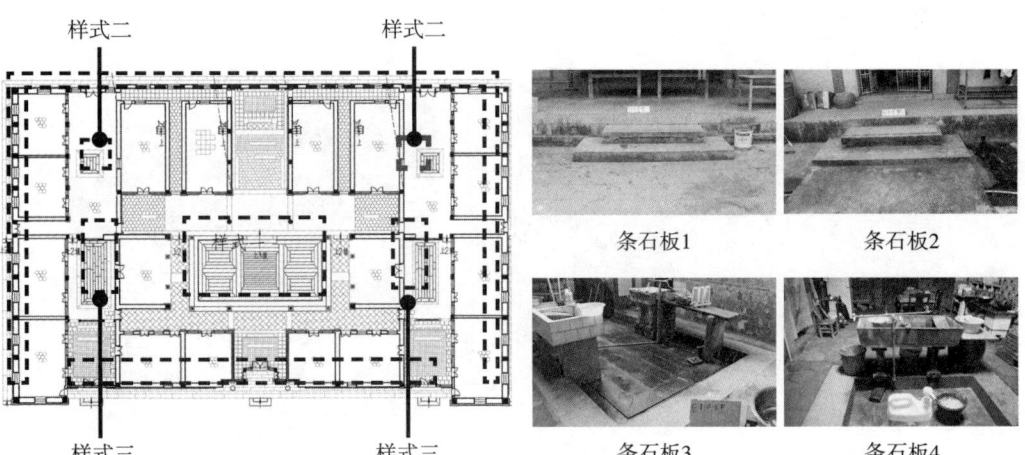

图4-121　条石铺面位置示意图

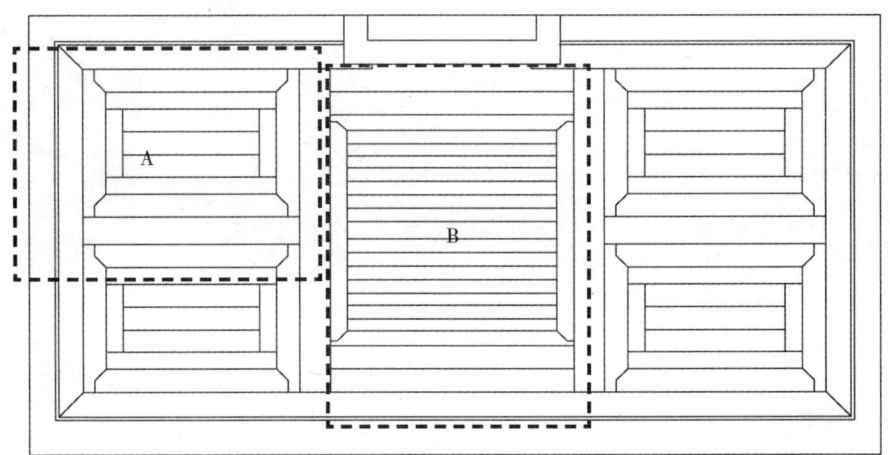

图4-122　条石板样式一平面图

屋主改造已经铺设现代瓷砖（图4-120）。

（1）条石板

因石板防水性能好，此类铺面主要用于室外，外廊，天井及铺面收边等容易有水聚集的地方（图4-121）。

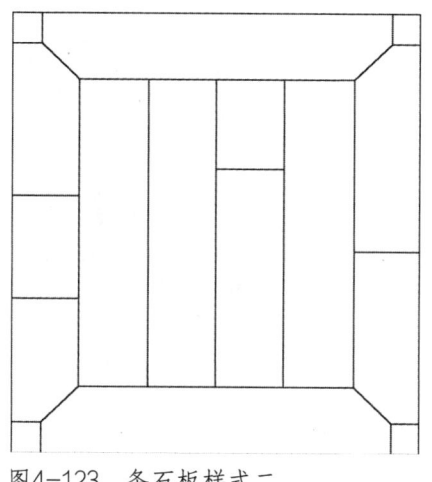
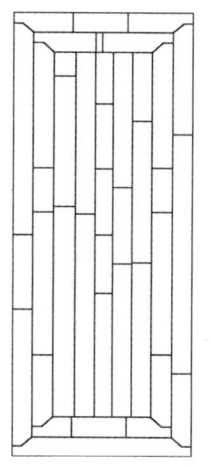

图4-123 条石板样式二　　　　图4-124 条石板样式三①

（2）红砖

红砖分为六边形，菱形和方形三种。分布于室内空间的大部分地方，其中菱形与方形主要分布于天井四周、轩亭、顶厅、后廊及下厅空间；六边形主要分布于房间内部及一些次要空间。

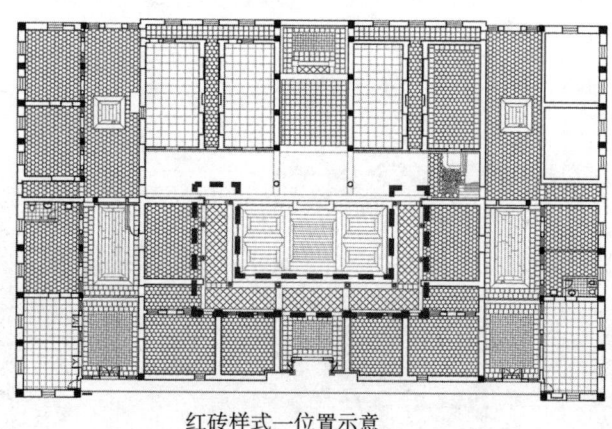

红砖样式一位置示意

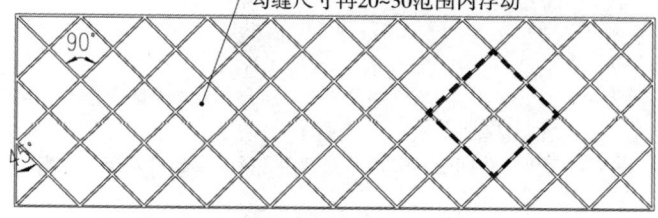

红砖样式一平面图

红砖样式一

图4-125 红砖样式一位置示意及样式图

---

① 样式二与样式三条石头长度视材料而定，无固定值

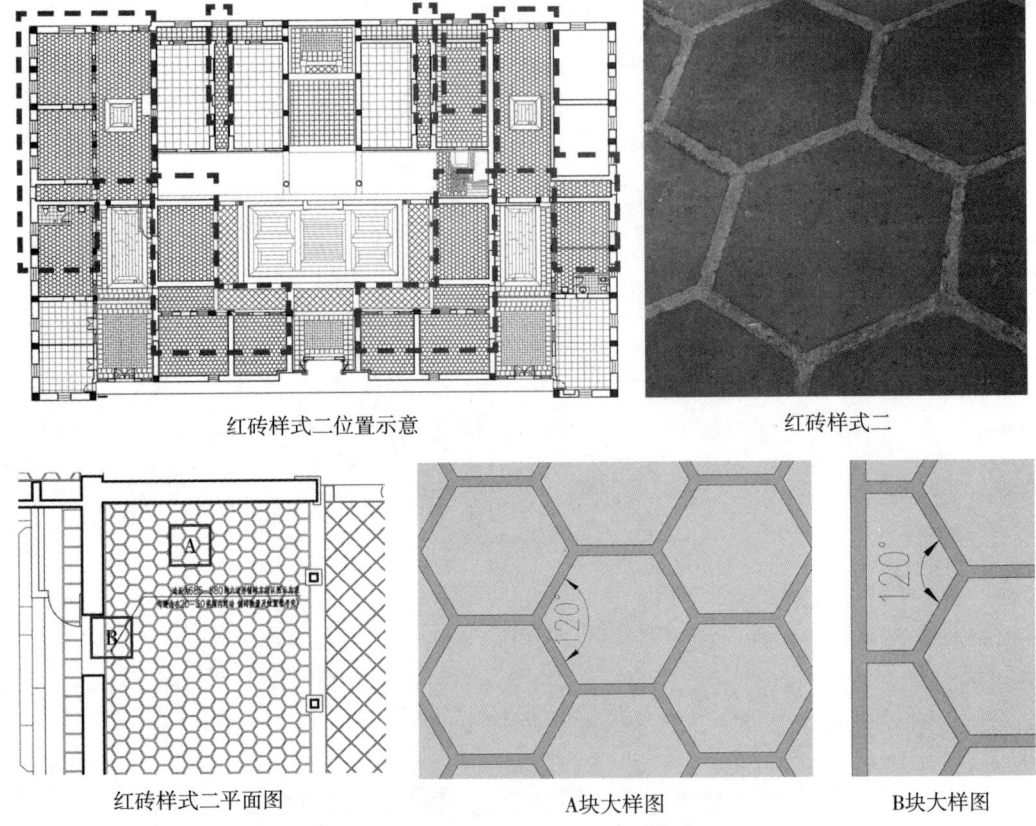

图4-126 红砖样式二位置示意及样式图

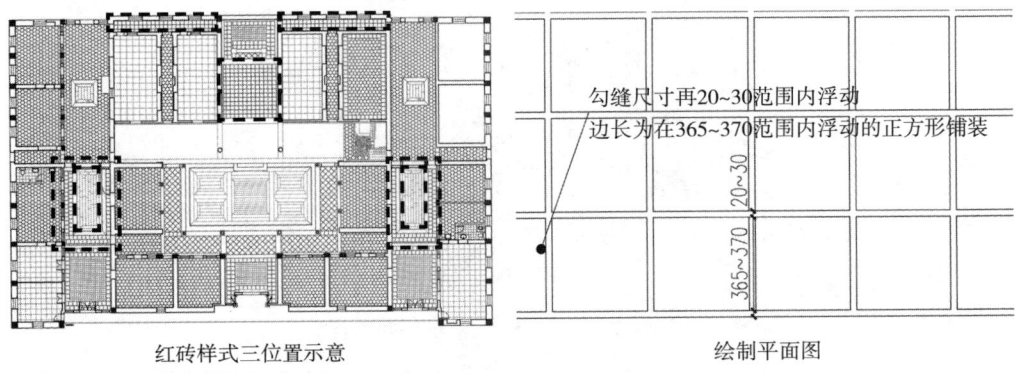

图4-127 红砖样式三位置示意及绘制平面图

（3）组合铺面

此类组合铺面分布于顶厅，下厅及两侧的轩亭。最外圈条石板，第二圈铺设红砖，中心采用色彩鲜艳的花砖，装饰性很强，因此分布于重要的空间。

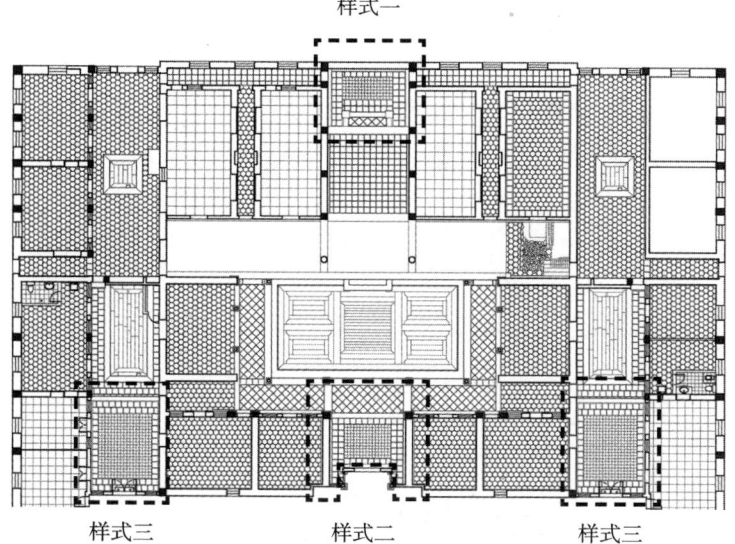

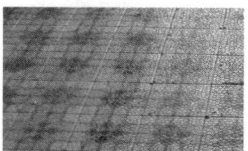

组合铺地1

组合铺地2

组合铺地3

样式三　　样式二　　样式三
组合铺地位置示意

图4-128　组合铺地位置示意及样式图

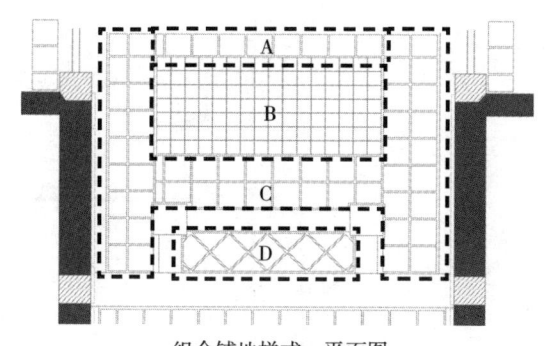

组合铺地样式一平面图

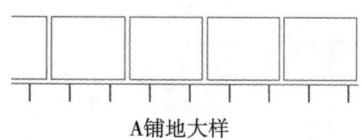

A铺地大样

勾缝尺寸在20~30mm范围内浮动，长在365~370mm范围内浮动，宽320mm的红砖8块

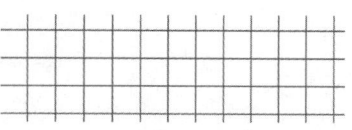

B铺地大样

边长为200×200mm的正方形铺装（7×16=112块），勾缝尺寸在2~5mm范围内浮动（铺装准确）

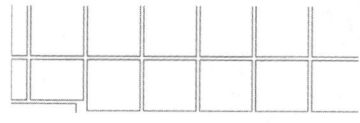

C铺地大样

边长为在365~370mm范围内浮动的正方形铺装，勾缝尺寸在20~30mm范围内浮动

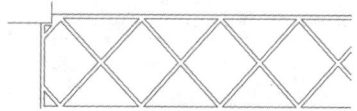

D铺地大样

边长为在365~370mm范围内浮动的正方形铺装，勾缝尺寸在20~30mm范围内浮动

图4-129　组合铺地样式一平面图及大样

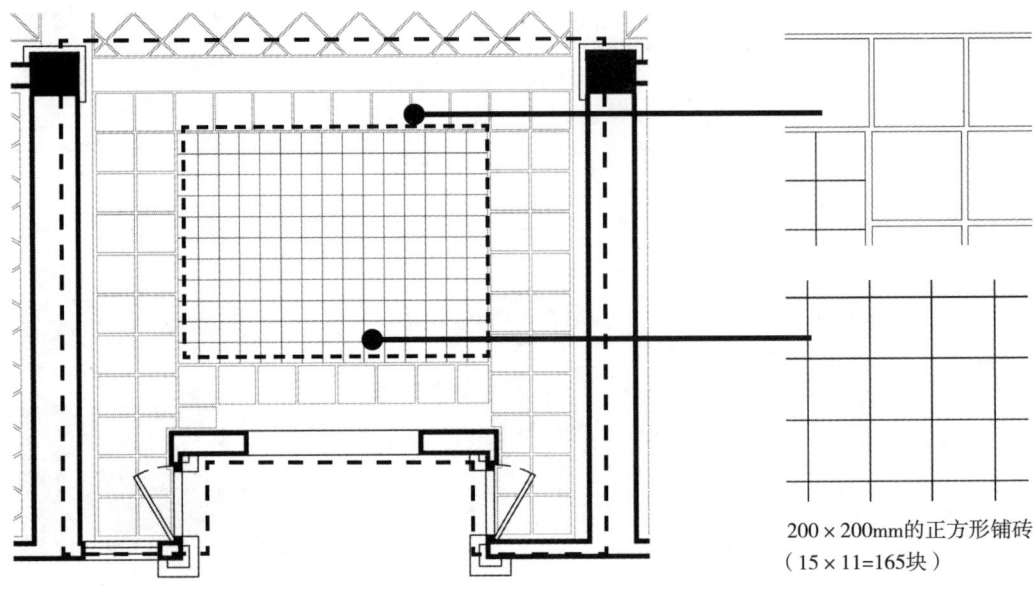

图4-130 组合铺地样式二平面图及大样

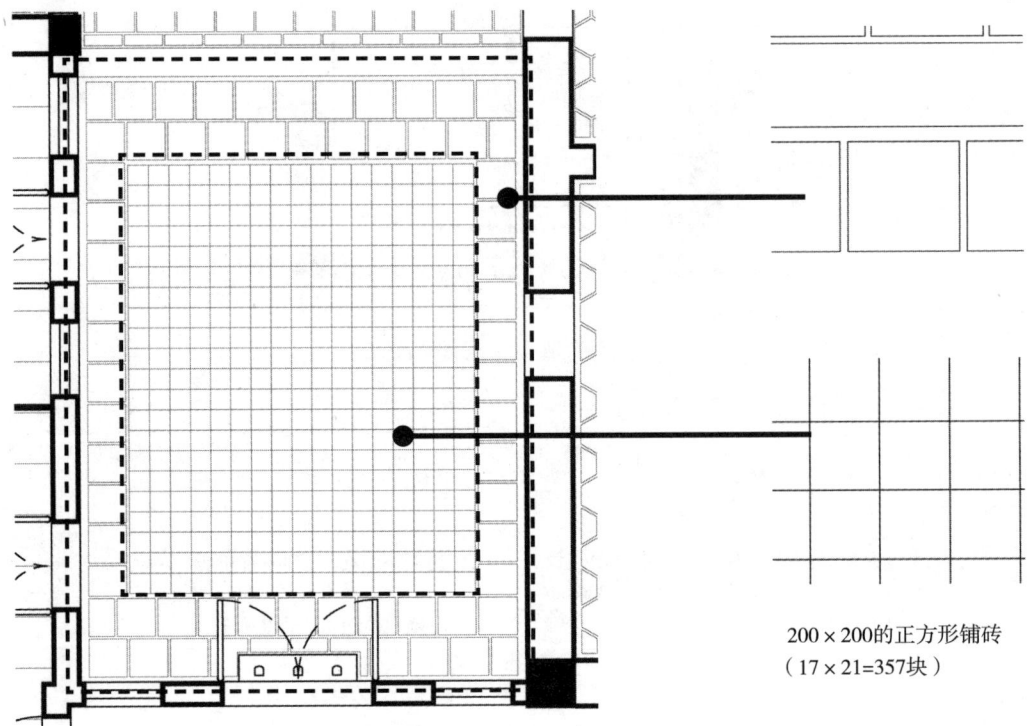

图4-131 组合铺地样式三平面图及大样

（4）瓷砖铺面

此类铺面为屋主后期改造，分布于部分室内空间（图4-132）。

（5）三合土地面

厅口处地面为三合土地面，但是从破损的红砖铺面及条石板来看，应该是原有铺面损坏露出的三合土（图4-133、图4-134）。

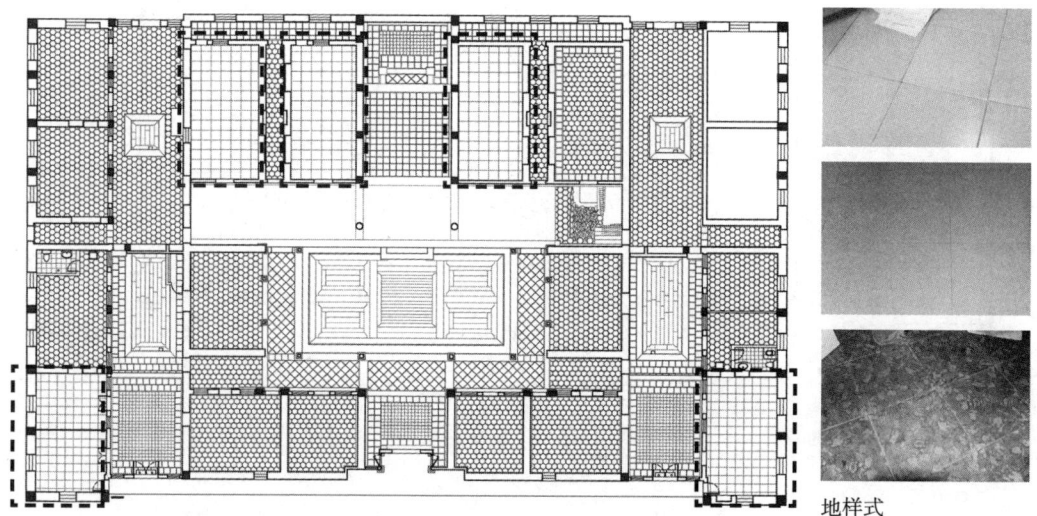

图4-132 瓷砖铺地位置示意图及样式

图4-133 三合土地面

图4-134 原铺面损坏后暴露的三合土

3. 台阶样式及做法

由于腹地本事存在高差，福兴堂内设置了较多的台阶。台阶多为石作，材料选用当地的花岗岩，部分有做雕刻及线脚，不仅美观且经久耐用。

（1）如意踏跺

此类台阶分布于正厅及正面入口的位置。

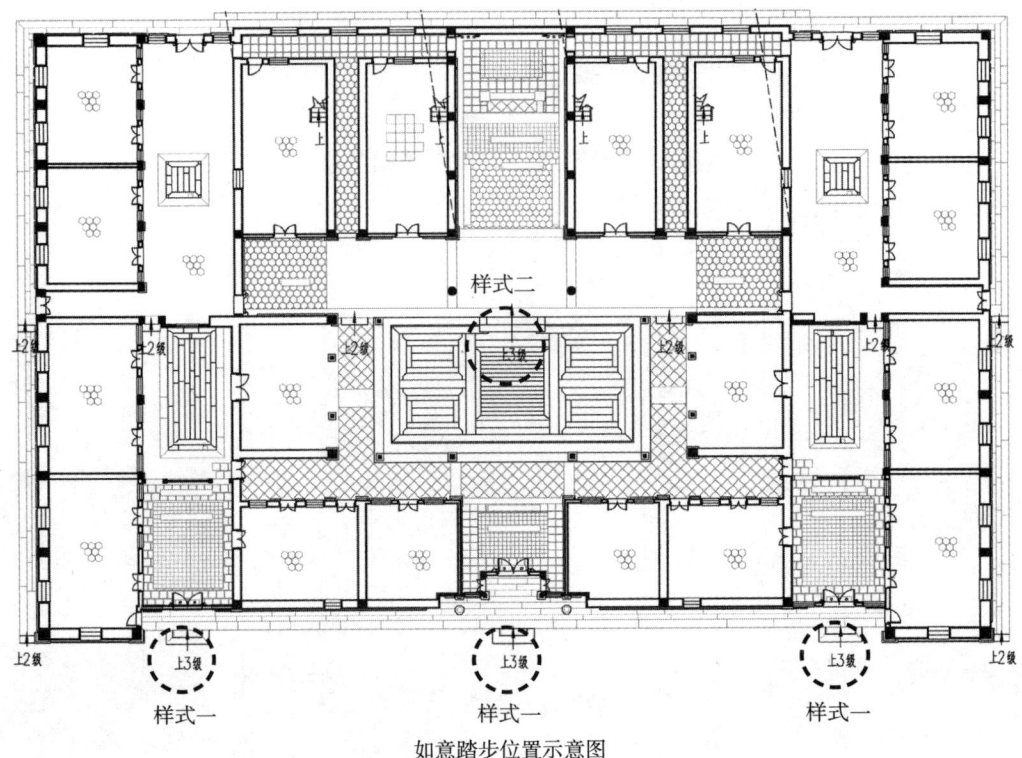

如意踏步样式一

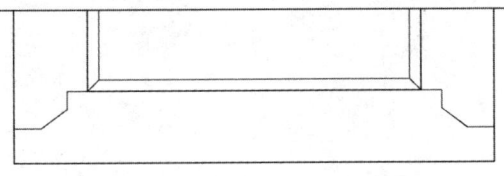

如意踏步样式一绘制平面图

如意踏步样式二

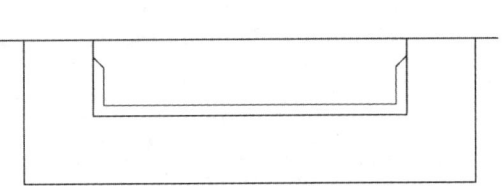

如意踏步样式二绘制平面图

图4-135 如意踏步位置示意及样式图

（2）一整块条石做踏跺（二级台阶）

此类踏步分布于天井两侧廊道及山墙两侧的通道，踏步为一整块条石。

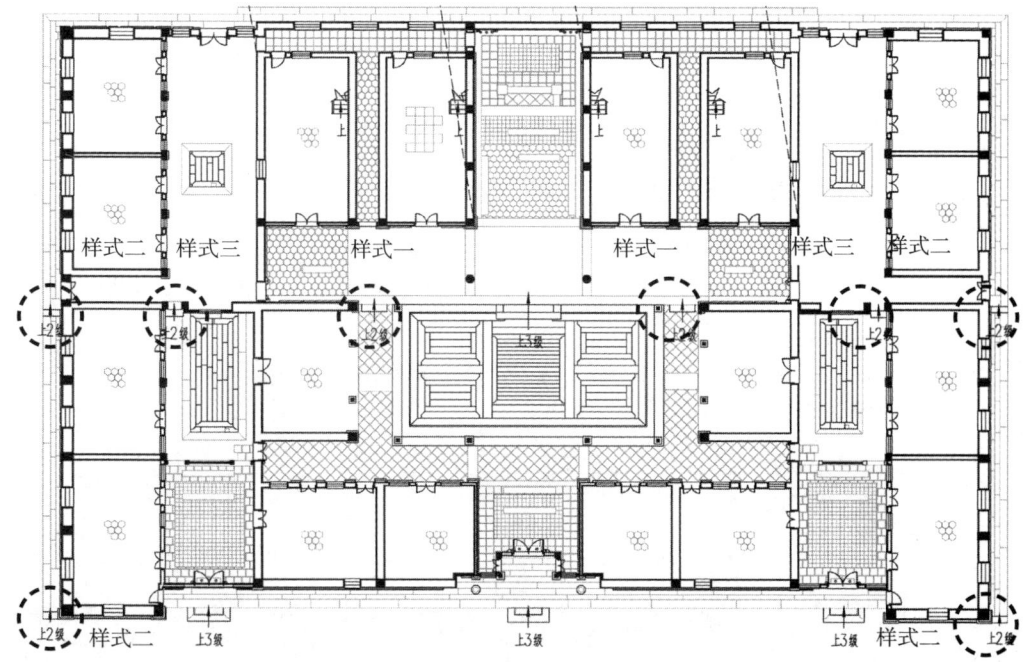

二级台阶位置分布图示

二级台阶样式一　　　　　　二级台阶样式二　　　　　　二级台阶样式三

图4-136　整块条石踏步位置示意及样式一、样式二和样式三图

（3）腹地台阶

福兴堂腹地的台阶采用卵石或块石砌成，较为不规则。

图4-137　腹地台阶样式

第五章
装饰艺术分析

5.1 中国传统建筑装饰特点

中国传统建筑之装饰不仅具有实用价值，还能给予美的熏陶与享受，为兼具实用性与艺术性之巧妙结合。工匠们常竭尽所能地借由建筑装饰营造更多、更丰富的内容，不仅美化室内外之空间环境，亦体现屋主的社会地位与影响力，表现出主人的人生理想与生活情趣。于是，石雕、木雕、砖雕、泥塑、壁画等艺术形式广泛地出现在建筑构件中，例如：梁、枋、门、窗上的雕刻，屋檐、梁枋上的彩绘，屋脊、屋角上的泥塑等。不仅创作内容多样，表现手法亦丰富多彩：既有具象征意义的飞禽走兽、花草游鱼、山水风景、博古图案等造型，亦有情节性的戏曲、神话、传说等场景。传统建筑装饰在反映出中国文化中意识形态的一致性内涵与艺术审美的特色，其具体表现在下列三方面。

5.1.1 "成教化，助人伦"的艺术主张

唐代画家张彦远在其著作《历代名画记》中提出"成教化，助人伦，穷神变，测幽微，与六籍同功，四时并运"[1]的观点，论述了绘画的教育功能。传统建筑装饰充分体现了这项艺术主张，使之发挥文化普及、宣扬中国传统伦理道德及审美陶冶的作用。这些建筑装饰艺术经常成为儿童启蒙教育的内容，例如：建筑内常以书法雕刻反映主人的思想，及其对家人、子女的教诲与期望；或利用"二十四孝图"等先圣先贤的故事，宣扬儒家三纲五常、忠孝节义的精神品德，以及淳朴美好的敬老养亲传统美德；又或以雕绘小康之世生活图景的方式，塑造礼制秩序、仁爱谦让、生活富足的社会场景，体现"天下为家"的理想社会特征。

5.1.2 "图必有意，意必吉祥"的创作理念

"图必有意，意必吉祥"是中华文化的内涵特色。它以古老丰富的生命内容和艺术形象，成为人们心中约定俗成、长盛不衰的文化传统，使熟谙民族文化的国人观之即可意会。传统观念及造型符号在口耳相传的艺术实践中加进了工匠们自身的见解及创造，使艺术语言更加丰富自由。这些装饰中，有的以物喻意，如"石榴"表示"多子"、"仙桃"表示"长寿"；有的以两物组合为成语，如"锦鸡"与"花"寓"锦上添花"，"喜鹊"与"梅花"寓"喜上眉梢"，"龙"与"凤"寓"龙凤呈祥"，"鱼"戏"莲花"间寓"年年有余"……而"蝙蝠"、"梅花鹿"等亦以谐音象征"福"与"禄"。这种高度提炼的形式美，使民间吉祥符码超越了艺术，从而给民众带来莫大的心灵慰藉和情感力量。

5.1.3 以线条造型体现中国绘画风格精髓

传统建筑装饰以线条为形式主导元素，无论简单的画面或复杂的构图，皆能呈现直、曲、粗、细、长、短等优美线条的和谐律动变化，展现中国绘画中"气韵生动"的

最高准则。线条造型不仅展现在平雕和彩绘图案之中，还出现在立体雕刻之内。平雕、彩绘中的图案以吉庆、祥瑞、故事、花草、风俗等为主要题材，处理手法可因实际需要而分成两大类：其一用于画面边框的装饰，多以图案化的传统纹样呈现，例如：云头纹、如意纹、方胜纹、万字纹、植物纹等，另一则较接近绘画，出现于较开阔的墙体或梁枋表面。而立体雕刻中也能见到线条造型的踪影，不论浮雕或具多层次立体感的透雕、圆雕等形式，如人物的衣纹、山水的态势和动植物造型等，线条的运用始终居于重要地位，体现了中国绘画的精髓。

5.2 永春县李家大院福兴堂建筑装饰特色

中华民族在思想文化与审美趣味上的同根同源，使得各地方之建筑形制和装饰艺术具有相同的内涵，但因不同区域之地理环境风貌，以及居民生活偏好和工艺技术差异，又各自形成鲜明的装饰特色。

例如闽粤两省皆为中国著名的侨乡，其建筑风格亦带有异国的情调。然因侨居地的差异，使得两省侨乡对于建筑形式之处理方式全然不同。广东省以广州为主要对外口岸，其周遭的新会、台山、开平、恩平与鹤山等"五邑"地区，其侨居地以美、加、澳洲等地为主，侨民移居的目的并非经商而为苦力，因而在西方强势文化压迫下，五邑地区的建筑风格带有强烈的文化自卑感，几近全盘西化，呈现空间形制固守传统"三间两廊"格局，但建筑外观却穿着华丽西服的奇特景象（图5-1、图5-2）。而福建省闽南地区则以泉州为主要通商口岸。泉州是"海上丝绸之路"的起点，早在唐代，泉州刺桐港就是我国四大外贸港口之一，至宋元时期已和埃及亚历山大港齐名，被誉为"东方第

图5-1 广东省江门市开平市赤坎镇灵源村耀华坊自然村（加拿大村）

图5-2 广东省江门市开平市蚬冈镇长乐村锦江里自然村

一大港"。明代郑和七下西洋（实为南洋），庞大的舰队、壮盛的军威与优质的贸易商品，使得中国文化成为东南亚地区的强势文化。故以东南亚一带为主要侨居地的闽南侨乡，多能抬头挺胸地保有自己的原乡文化，并在传承自中原且融会闽越精华的本体架构之下，兼容来自海上丝路的外来客体，形成以传统闽南建筑形式为基底，局部构造点缀外来元素的装饰性建筑风格（图5-3）。

图5-3　永春县岵山镇塘溪村福兴堂

位于福建省东南部、晋江东溪上游的永春，是泉州市辖下的一个县，其发展得益于泉州，亦深受泉州文化的影响。永春人胸襟开阔、兼蓄包容的性格充分反映在建筑装饰的风格上。因此，位于永春县内的李家大院福兴堂，其建筑形式与装饰风格可视为闽南侨乡建筑风貌的缩影。

5.2.1　中外文化兼收

中国传统建筑的柱子多为大圆木，与梁枋、檩木、橼木等元素共同架构成民居的木结构体系，但永春县李家大院福兴堂却于建筑形式中吸收了西方元素，在前厅左右廊口处之檐柱采用木石结合的构造方式：上半部以木构衔接通梁；下半部则为石柱（图5-4）。石柱柱头多为近似希腊或罗马建筑中多立克式（Doric Order，图5-5）、爱奥尼亚式（Ionic Order，图5-6）或柯林斯式（Corinthian Order）等柱式的形貌，但在装饰雕刻上却展现混搭式的创新，例如：爱奥尼亚式柱头四角的"涡卷"被"圆球"、"卷叶"或"人物"所取代（图5-7），"莨苕（Acanthus）叶"处亦雕刻了中国经典的吉祥人物图样（图5-8），或采用花草植物、神兽图腾（图5-9）等富有中国传统特色的装饰语汇。西方柱式的外形与中国传统的装饰内容在此呈现有机的结合，成为独特的"混搭样式"。

此外，福兴堂还以文字雕刻提升空间的文化品位，表现业主高尚的道德情操与深厚的儒家文化思想，具有一定的教化作用，但在作法上又与传统不同，呈现出异质宗教兼容并存的情趣风格，例如：西方基督宗教文化常以带翅膀的孩童或少女呈现天使的形象，借由孩子们天真无瑕的纯洁心灵，象征天使的圣洁，并体现个人情感与宗教伦理道德间的自然融合。而福兴堂引用了相同意涵的处理手法，让西方的天使围绕在中国吉祥文字的书卷装饰四周（图5-10、图5-11），使东西方不同宗教的文化元素在此契合，并在相同的意蕴下，产生相得益彰的效果。

图5-4　福兴堂檐柱

图5-5　柱头样式（1）

图5-6　柱头样式（2）

图5-7　柱头样式（3）

图5-8　柱头样式（4）

图5-9　柱头样式（5）

图5-10　雕刻文字（1）

图5-11　雕刻文字（2）

5.2.2　古今装饰并举

传统题材与新事物的结合是福兴堂建筑装饰的特色，体现了与时俱进的创新精神。其表现形式有二：

其一，同一装饰画面上的古今元素融合。永春人敢闯敢拼，传统的渔樵耕读与经商贸易成了不可分割的人生经历。在此背景下，建筑装饰自然体现出相关内容，使得中国人的忠义、厚德、勤勉等美德便有了古今表现题材。例如：福兴堂进门小厅左梁枋木雕（图5-12），画面中内容分三部分，依次为：耕田读书、三英战吕布、经商贸易。这样的构图形式具有蒙太奇的效果，毫无关联的三个内容能和谐地表现在同一个画面中，时空穿越给人新颖的艺术体验。从耕读到经商贸易，讲述了业主的人生历程，所代表的勤奋、忠、义精神与诚信，不仅肯定业主的高尚品德，且对后人具有教育意义。

其二，同一空间下的古今元素融合。在福兴堂中，木、石、砖、瓦、陶、瓷等为传统的建筑材料，而近代乃至民国时引进的水泥、水泥花砖、瓷砖等则是现代的建筑材料。这些传统的、现代的多种建材有序结合到一个空间中，营造出一种清末民初时期特有的混搭气质。其中19世纪末才在欧洲出现的水泥花砖，最早由南洋华侨引进福建厦门，而后广泛地运用在闽南建筑中。福兴堂的地坪花砖（图5-13）直接由法国进口，除去左右护龙的廊下，室内都铺上了各色花砖，粉彩俏丽、间间不同。

图5-12　木雕文字

图5-13　地坪花砖

5.2.3　多种宗教民俗元素共存

泉州地区发达的国际贸易，致使中外商客云集，因而东西方多种宗教信仰与民俗活动均在此交织共存。福兴堂之建筑装饰正反映了此种多元文化交融的气质，呈现闽南人"海纳百川，有容乃大"的性格特征，其内涵包括：

（1）传统的"四维"、"五常"、"八德"等伦理道德内容，例如：代表"忠义"的"三国演义"、代表"孝悌"的"二十四孝"（图5-14）。

图5-14　以伦理道德内容为主题的石装饰

（2）赋予人格气节的花草植物，例如：松竹梅之"岁寒三友"、梅兰竹菊之"四君子"等（图5-15、图5-16）。

图5-15 以人格气节为主题的石装饰（1）

图5-16 以人格气节为主题的石装饰（2）

图5-17 《朱子家训》（1）

图5-18 《朱子家训》（2）

图5-19 《朱子家训》（3）

图5-20 异国情调的石装饰（1）

图5-21 异国情调的石装饰（2）

（3）楹联题匾多为历代儒家经典名句，例如："遵祖宗二字格言曰勤曰俭，教子孙两行正路惟读惟耕"，甚至直接把《朱子家训》逐字镌刻于墙（图5-17～图5-19）。

（4）度世救人、成仙修道的道教题材，例如：八仙、福禄寿三星、麻姑等（图5-20）。

（5）新加坡的鱼尾狮、伊斯兰人的服饰、高眉深目的外国人、基督教的裸体天使等具异国情调的装饰，例如：斗座、盘头处深目高鼻的"憨番"（当地人对外国人的称呼），其面部轮廓具有外国人的典型形象（图5-21）。

5.3　永春县李家大院福兴堂建筑装饰分类

5.3.1　雕刻艺术

李家大院之建筑雕刻装饰依材质区别,可分为石雕、砖雕与木雕三种,其雕刻手法包括平雕、浮雕、透雕与圆雕等。

1. 石雕艺术

负责李家大院石雕装饰的工匠来自福建惠安。惠安石雕作为南派石雕艺术的代表,很早便声名远播,在国内与曲阳石雕齐名,享有"南惠安,北曲阳"的美誉,在国外,尤其是东南亚一带更是备受推崇。

惠安石雕最早可追溯至一千多年前的晋朝。当时的闽林始祖林禄的墓中,就有文武仲翁、虎、羊等石雕装饰。而后,更多的惠安石雕出现于建筑装饰构件中,如唐代名人王潮墓园中的人物雕像、宋代洛阳桥墩上的石将军等。至明清时,惠安石雕工艺日益完善。

明以前,惠安石雕多以人、兽石像之圆雕为主,风格粗犷大气,中原风格明显。明之后,石雕题材趋于丰富,雕刻技艺愈发精致。明末清初,惠安石雕走向成熟,精雕细琢的风格终成。清光绪年始,惠安石雕进入发展的黄金时代,在南洋一带声名显赫,每年自内地聘请惠安工匠前往海外营建的建筑工程不计其数。福建永春李家大院福兴堂的石雕装饰展现在以下四个部分,充分体现了惠安石雕繁复、精巧、细致的风格特征。

(1) 立柱、柱头及柱础 (图5-22~图5-28)。

图5-22　立柱(1)

图5-23　立柱(2)

图5-24　柱头(1)

图5-25　柱头(2)

图5-26　柱础（1）　　图5-27　柱础（2）　　图5-28　柱础（3）

（2）门额（门楣）（图5-29~图5-31）。

图5-29　门额（1）　　图5-30　门额（2）　　图5-31　门额（3）

（3）墙垛（图5-32、图5-33）。

图5-32　墙垛（1）　　图5-33　墙垛（2）

（4）窗（图5-34~图5-36）。

图5-34　窗（1）　　图5-35　窗（2）　　图5-36　窗（3）

2. 砖雕艺术

砖雕的制作方式有两种：一种为"窑后雕"，即在已经烧好的砖上进行雕刻，另一种为"窑前雕"，与前者步骤相反，在砖坯上雕刻完毕后再烧制。

图5-37 砖雕（1）　　图5-38 砖雕（2）　　图5-39 砖雕（3）

闽南民居的外墙大多以红砖砌成，色彩艳丽，建筑界将闽南地区称为"红砖文化区"，用以砌墙的红砖是一种名为"烟炙砖"的闽南特色材料。这种砖表面光滑，色彩红艳油亮，带有暗紫色的斜斑纹理。此纹理是在砖坯入窑时，因斜向码放露出部分砖体，而于烧制过程中受松枝灰烬熏烤所成。烧制时以马尾松为柴，因松枝中含有油脂，火力大，温度高，故烧出的红砖颜色鲜艳。用红砖组合拼成书法作品是常见的一种做法，如李家大院正身镜面墙上四联两对变体篆书装饰壁堵（图5-37～图5-39）。

3. 木雕艺术

木雕在李家大院福兴堂的建筑装饰中占有很大比重。历史上永春木雕人才辈出，早在清道光年间就有永春籍木雕匠师李克鸠受邀至台湾参与鹿港龙山寺重建，后定居台湾并创建"小木花匠团锦森兴"小木作行业工会，代代相传至今，为台湾留下许多建筑木雕的精彩作品[5]。通过比对李氏家族的木雕技艺与李家大院福兴堂木雕作品，二者在技法表现上如出一辙，可以确认李家大院福兴堂的木雕工匠为永春本地人。

福兴堂的木雕装饰集中在屋檐下室内的梁架结构上，如梁枋、垂花、雀替等处，其工艺做法与装饰内容依所在部位异。

（1）员光（图5-40～图5-43）。

图5-40 员光（1）　　　　　　　图5-41 员光（2）

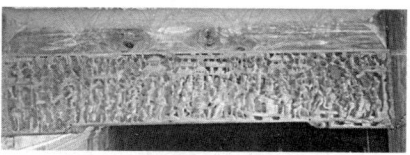

图5-42 员光（3）　　　　　　　　图5-43 员光（4）

（2）角背（图5-44、图5-45）。

图5-44 角背（1）　　　　　　　　图5-45 角背（2）

（3）垂花（图5-46~图5-49）。

图5-46 垂花（1）　　　　　　　　图5-47 垂花（2）

图5-48 垂花（3）　　　　　　　　图5-49 垂花（4）

(4）雀替（图5-50、图5-51）。

图5-50 雀替（1）

图5-51 雀替（2）

(5）斗栱（图5-52～图5-54）。

图5-52 斗栱（1）

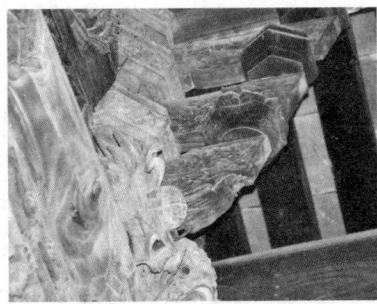

图5-53 斗栱（2）

图5-54 斗栱（3）

5.3.2 灰泥塑艺术

以灰泥塑作为屋脊、山墙及门额之装饰（图5-55～图5-62），在传统的闽南建筑中也是常见的做法。门额的装饰大小依门而定，它们镶嵌在门额上与建筑融为一体，不仅仅只是一种美化的作用，更透露出主人的文化修养和艺术品位。

图5-55 灰泥塑（1）

图5-56 灰泥塑（2）

图5-57 灰泥塑（3）

图5-58 灰泥塑（4）

图5-59 灰泥塑（5）

图5-60 灰泥塑（6）

图5-61 灰泥塑（7）

图5-62 灰泥塑（8）

5.3.3 书画艺术

诗书画印构成的国画艺术是中国特有的艺术表现形式，在李家大院福兴堂建筑装饰中占有一席之地。

（1）彩画艺术

彩画装饰是中国传统建筑艺术中极富民族特色的组成部分之一。古人所说"雕梁画栋"的"画栋"，即是此工艺的美称。中国古建筑讲究色彩之美，张衡在《西京赋》有

"屋不呈材,墙不露形"的描述,就是强调传统建筑的木构和墙体的表面不可直接暴露在外,需在上面施以油彩方符合规制。

彩绘除了装饰的功能,还有实用的意义。曹春平教授认为传统建筑彩绘之作用有三:

其一,保护作用,使木构表面减少潮湿、风化等侵蚀及防虫功效;

其二,装饰作用,增加建筑富丽堂皇效果;

其三,性格、等级标志,即借由不同色调、不同图样的油饰彩绘,标志建筑的性格与等级。

李家大院福兴堂建筑装饰绘画有两类:内檐彩绘与外檐彩绘。内檐彩绘,主要施行在屋顶压脚线和水车垛处。外檐彩绘,施于水车垛和垛顶以及山墙规带。绘画内容有山水花鸟、人物神仙、珍禽异兽及卷草如意等吉瑞纹样。画面以白灰做底,施色明艳亮丽、偏蓝重青(图5-63~图5-65)。

图5-63 彩画(1)

图5-64 彩画(2)

图5-65 彩画(3)

(2)楹联(图5-66、图5-67)。

(3)格言(图5-68~图5-70)。

第五章　装饰艺术分析

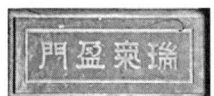

图5-66　楹联（1）

图5-67　楹联（2）

图5-68　格言（1）　　　图5-69　格言（2）　　　图5-70　格言（3）

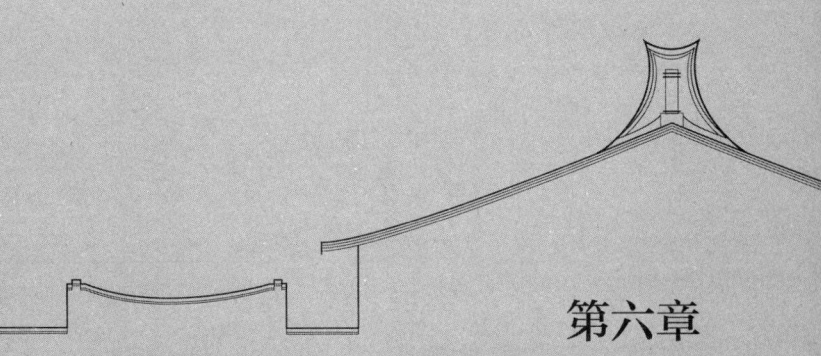

第六章
现况及损坏状况调查分析

6.1　福兴堂破损记录与分析

福兴堂自1942年创建迄今，主要结构构材为木构架及砖、石墙。建筑外观现况保存尚称良好，为室内空间部分因历经使用功能的更迭确切形式已不复见，新中国成立后房屋归还李氏宗亲作为居住用并兼营农家乐食堂。

为了解福兴堂建筑体损坏的情形，本章节将依主体建筑前落、主体建筑后落、主体建筑前后落之间的左右榉头（R1-01、L1-01）、左右侧护厝（R2-01~R2-04、L2-01~L2-04）及联系主体建筑及护厝间的庭院、轩亭（H1-01~H1-02、H2-01~H2-02）等空间来描述。

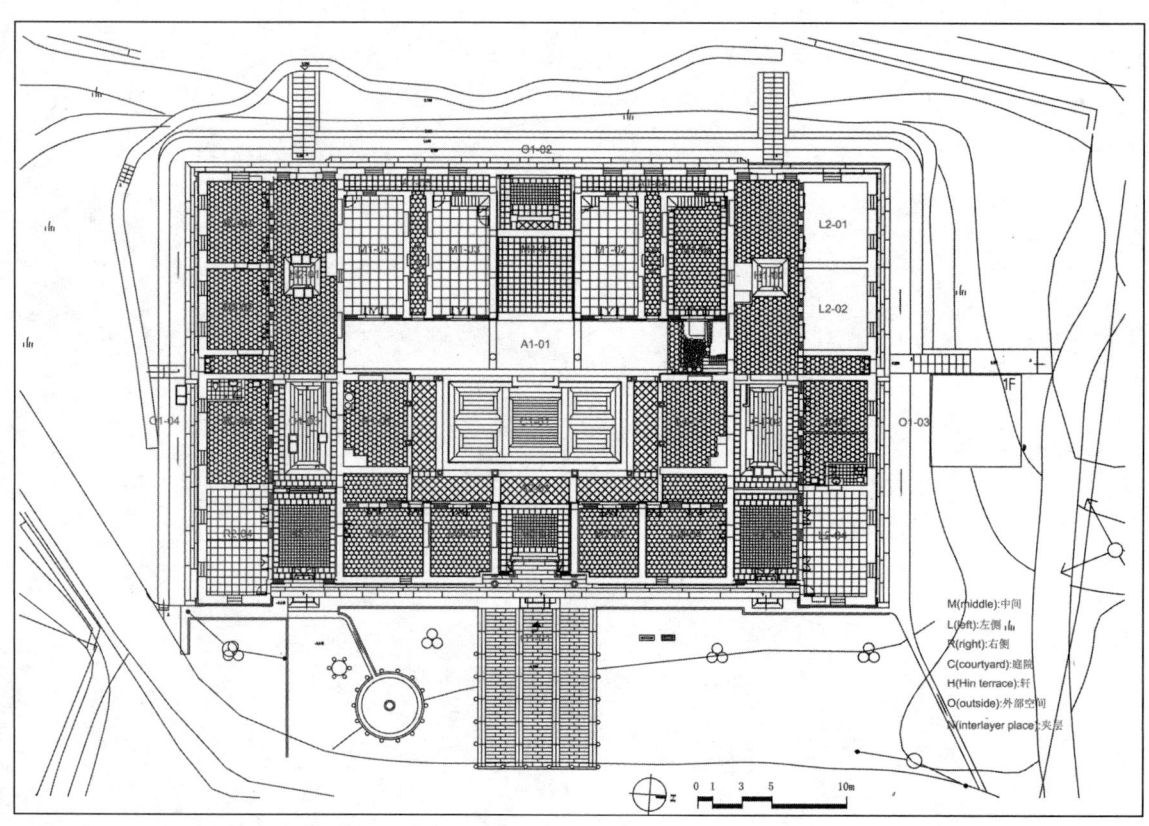

图6-1　福兴堂全区空间编码平面图

6.1.1 建筑周边现况调查与损坏分析

建筑周边现况调查与损坏分析（1）

表6-1

编号	G1-01	编号	G1-02	编号	Veg-01	编号	Veg-02
位置	C1-01	位置	C1-01	位置	C1-01	位置	C1-01
部位名称	地面	部位名称	地面	部位名称	地面	部位名称	地面
空间名称	天井	空间名称	天井	空间名称	天井	空间名称	天井
材料名称	条石	材料名称	条石	材料名称		材料名称	
现况说明	天井排水沟部分破损，水沟旁落有破损	现况说明	天井排水沟现况好排水沟条石局部污损	现况说明	天井种植盆栽	现况说明	天井种植盆栽
破损说明		破损说明		破损说明		破损说明	

编号	O-01	编号	O-02	编号	O-03	编号	O-04
位置	O1-01	位置	O1-01	位置	O1-01	位置	O1-01
部位名称	地面	部位名称	地面	部位名称	地面	部位名称	地面
空间名称	埕	空间名称	埕	空间名称	埕	空间名称	埕
材料名称		材料名称		材料名称		材料名称	
现况说明	埕前搭接竹杠晾晒衣物，新增设球求石挡	现况说明	在外埕附近设置警察值勤站点	现况说明	外埕设置省级文物立碑、县级文物立碑	现况说明	外埕放置居民日常使用的石磨
破损说明		破损说明		破损说明		破损说明	

编号	P-01	编号	P-02	编号	P-03	编号	R1-01
位置	O1-01	位置	O1-01	位置	O1-01	位置	O1-01
部位名称	地面	部位名称	地面	部位名称	地面	部位名称	地面
空间名称	埕	空间名称	埕	空间名称	埕	空间名称	埕
材料名称	混凝土	材料名称		材料名称		材料名称	混凝土
现况说明	外埕地坪部分破损	现况说明	外埕的地面现况好	现况说明	外埕地坪部分破损	现况说明	建筑外部道路现况完好
破损说明	地坪表面磨损开裂	破损说明	外埕地坪青砖为新铺设	破损说明	地坪磨损开裂	破损说明	道路为新铺设

编号	Veg-01	编号	Veg-02	编号	Veg-03	编号	Veg-04
位置	O1-01	位置	O1-01	位置	O1-01	位置	O1-01
部位名称	埕	部位名称	埕	部位名称	埕	部位名称	埕
空间名称	埕	空间名称	埕	空间名称	埕	空间名称	埕
材料名称		材料名称		材料名称		材料名称	
现况说明	埕前种植各类植栽	现况说明	埕前种植各类植栽	现况说明	埕前种植各类植栽	现况说明	埕前种植芭乐、火龙果、木瓜等水果
破损说明		破损说明		破损说明		破损说明	

建筑周边现况调查与损坏分析（2）

表6-2

编号	Veg-05	编号	Veg-01	编号	Veg-02	编号	Veg-03	编号	Veg-04
位置	O1-01	位置	O1-03	位置	O1-02	位置	O1-02	位置	O1-02
部位名称		部位名称		部位名称		部位名称		部位名称	
空间名称		空间名称	左外环境	空间名称	后外环境	空间名称	后外环境	空间名称	后外环境
材料名称		材料名称		材料名称		材料名称		材料名称	
现况说明	马路对面的龙眼树林，设置桌椅供人休憩	现况说明	左外环境盖砖房围养牲畜	现况说明	后外环境路面植生覆盖	现况说明	后外环境路面植生覆盖	现况说明	后外环境路面植生覆盖
破损说明		破损说明		破损说明		破损说明		破损说明	

编号	G1-01	编号	G-01	编号	G-01
位置	O1-02	位置	O1-03	位置	O1-03
部位名称		部位名称		部位名称	
空间名称	后外环境	空间名称	左外环境	空间名称	左外环境
材料名称		材料名称		材料名称	
现况说明	后外环境排水沟枯叶杂物堆积，生长植物	现况说明	左外环境排水沟落叶堆积，生长植物	现况说明	左外环境排水沟落叶堆积，生长植物
破损说明		破损说明		破损说明	

编号	R-01	编号	R-02	编号	R-03
位置	O1-02	位置	O1-02	位置	O1-02
部位名称		部位名称		部位名称	
空间名称	后外环境	空间名称	后外环境	空间名称	后外环境
材料名称	石块	材料名称	石块	材料名称	混凝土
现况说明	后外环境道路现况完好，石块道路为新铺设	现况说明	后外环境道路现况完好，石块道路为新铺设	现况说明	
破损说明		破损说明		破损说明	

编号	Ann-01	编号	Ann-02	编号	Ann-03
位置	O1-02	位置	O1-02	位置	O1-02
部位名称		部位名称		部位名称	
空间名称		空间名称		空间名称	
材料名称		材料名称		材料名称	
现况说明	附近建筑门前堆积杂物，影响美观	现况说明	附近建筑门前堆积杂物，影响美观	现况说明	附近建筑门前堆积杂物，影响美观
破损说明		破损说明		破损说明	

建筑周边现况调查与损坏分析（3）

表6-3

编号	Veg-01	编号	Veg-02	编号	G-01	编号	G-02
位置	O1-03	位置	O1-02	位置	O1-03	位置	O1-04
部位名称		部位名称		部位名称		部位名称	
空间名称	左外环境	空间名称	左外环境	空间名称	右外环境	空间名称	右外环境
材料名称		材料名称		材料名称		材料名称	
现况说明	左外环境路面植生覆盖	现况说明	左外环境路面积生覆盖	现况说明	右外环境排水沟杂物，落叶堆积，生长植物	现况说明	右外环境排水沟杂物堆积，生长植物
破损说明		破损说明		破损说明		破损说明	

编号	R-02	编号	O-01	编号	P-01	编号	R-01
位置	O1-02	位置	O1-02	位置	O1-04	位置	O1-04
部位名称		部位名称		部位名称	地面	部位名称	
空间名称	右外环境	空间名称	右外环境	空间名称	右外环境	空间名称	右外环境
材料名称	石块	材料名称		材料名称		材料名称	
现况说明	右外环境石阶生长青苔	现况说明	右外环境边上设有洗衣池	现况说明	右外环境道路现况完好	现况说明	右外环境道路现况完好
破损说明	右外环境道路为新铺设	破损说明		破损说明	石块道路为新铺设	破损说明	路面磨损开裂

编号	G-04	编号	G-01 R1-01	编号	G-05	编号	G-02
位置	O1-01	位置		位置	O1-01	位置	O1-01
部位名称		部位名称	埕	部位名称	埕	部位名称	埕
空间名称		空间名称		空间名称		空间名称	
材料名称		材料名称	混凝土	材料名称		材料名称	
现况说明	右外环境种植荔枝树	现况说明	外埕坪部分破损	现况说明	外埕旁排水沟墙生覆盖，影响排水	现况说明	埕前排水沟生苔藓
破损说明		破损说明	地坪表面磨损开裂	破损说明		破损说明	

编号	G-03						
位置	O1-01						
部位名称	埕						
空间名称							
材料名称							
现况说明	外埕排水沟植生茂密，堵塞排水口，影响排水						
破损说明							

6.1.2 大木作现状调查与损坏分析

大木作现状调查与损坏分析（1）

表6-4

编号	B-L-01	编号	B-L-02	编号	B-L-03	编号	B-L-04
位置	A1-01	位置	A1-01	位置	L1-01	位置	A2-01
部位名称	斗栱	部位名称	斗栱	部位名称	榫头	部位名称	斗栱
空间名称	檐廊	空间名称	檐廊	空间名称	檐廊	空间名称	下廊
材料名称	木材	材料名称	木材	材料名称	木材	材料名称	木材
现况说明	檐廊A1-01左侧斗栱形式；部分破损，污脏	现况说明	檐廊A1-01左侧斗栱形式；少数构件变湿	现况说明	榫头L1-01斗栱形式；受潮，变色	现况说明	下廊A2-01左侧斗栱形式；部分破损
破损说明	局部出现裂痕，局部受潮，污脏	破损说明	局部出现裂痕，表面污脏	破损说明	局部出现裂痕，表面污脏	破损说明	受潮，表面污脏，变色

编号	B-L-05	编号	B-L-06	编号	B-L-07	编号	B-L-09
位置	C1-03	位置	C1-02	位置	C1-02	位置	C1-02
部位名称	斗栱	部位名称	斗栱	部位名称	斗栱	部位名称	斗栱
空间名称	天井	空间名称	天井	空间名称	天井	空间名称	天井
材料名称	木材	材料名称	木材	材料名称	木材	材料名称	木材
现况说明	天井C1-03左侧斗栱形式；部分破损	现况说明	天井C1-02左侧斗栱形式-1；部分破损	现况说明	天井C1-02左侧斗栱形式-2；部分破损	现况说明	天井C1-02左侧斗栱形式-3；部分破损
破损说明	局部出现裂痕	局部出现裂痕	局部出现裂痕，受潮，表面污脏	有少数真菌或蕨类生长

编号	B-L-10	编号	B-L-12	编号	B-L-13	编号	
位置	O1-01	位置	O1-01	位置	O1-01		
部位名称	斗栱	部位名称	斗栱	部位名称	斗栱		
空间名称	建筑南侧	空间名称	建筑南侧				
材料名称	木材	材料名称	木材				
现况说明	建筑南侧檐廊 01-01 斗栱形式 -L1；部分破损	现况说明	建筑南侧檐廊 01-01 斗栱形式 -L2；部分破损				
破损说明	部分表皮剥落，局部细微蛀虫开始破坏	破损说明	局部出现裂痕，变色				

编号	B-L-14	编号	B-L-15	编号	B-L-16	编号	B-L-17
位置	O1-01	位置	O1-03	位置	O1-03	位置	O1-03
部位名称	斗栱	部位名称	斗栱	部位名称	斗栱	部位名称	斗栱
空间名称	建筑东侧	空间名称	建筑东侧	空间名称	建筑东侧	空间名称	建筑东侧
材料名称	木材	材料名称	木材	材料名称	木材	材料名称	木材
现况说明	建筑东侧檐廊 01-01 斗栱形式 -L1；部分破损	现况说明	建筑东侧檐廊 01-03 斗栱形式 -L2；部分破损	现况说明	建筑东侧檐廊 01-03 斗栱形式 -L3；部分破损	现况说明	建筑东侧檐廊 01-03 斗栱形式 -L4；部分破损
破损说明	垂花雕刻缝隙，变色；局部受到细微蛀虫开始污脏	破损说明	垂花部分皮剥落，木纹开裂，雕刻处受损模糊，除去原始色泽	破损说明	多数雕刻出现磨痕，雕刻处模糊，整体变色，表面污脏	破损说明	多数雕刻出现磨痕，整体变色，表面污脏

大木作观况调查与损坏分析（2）

表6-5

编号	B-L-18	编号	B-L-19	编号	B-L-20	编号	B-L-21
位置	O1-03	位置	O1-03	位置	O1-03	位置	O1-03
部位名称	斗栱	部位名称	斗栱	部位名称	斗栱	部位名称	斗栱
空间名称	建筑东侧	空间名称	建筑东侧	空间名称	建筑东侧	空间名称	建筑东侧
材料名称	木材	材料名称	木材	材料名称	木材	材料名称	木材
现况说明	建筑东侧檐廊01-03 斗栱形式-L4；部分破损	现况说明	垂花雕刻出01-03 斗栱形式-L5；部分破损	现况说明	建筑东侧檐廊01-03 斗栱形式-L6；变色	现况说明	建筑东侧檐廊01-03 斗栱形式-L7；部分虫蛀
破损说明	表皮反剥落，污脏	破损说明	表面污脏	破损说明	局部出现裂痕，受潮，表面污脏	破损说明	变潮腐蚀，有多处虫蛀

编号	B-L-22	编号	B-L-23	编号	B-L-24	编号	B-L-25
位置	O1-02	位置	O1-03	位置	O1-03	位置	O1-02
部位名称	斗栱	部位名称	斗栱	部位名称	斗栱	部位名称	斗栱
空间名称	建筑北侧	空间名称	建筑东侧	空间名称	建筑东侧	空间名称	建筑北侧
材料名称	木材	材料名称	木材	材料名称	木材	材料名称	木材
现况说明	建筑东侧檐廊01-02 斗栱形式-L8；部分破损	现况说明	建筑东侧檐廊01-03 斗栱形式-L9；变色	现况说明	建筑东侧檐廊01-03 斗栱形式-L10；部分破损	现况说明	建筑北侧檐廊01-02 斗栱形式-L1；部分破损
破损说明	表皮反剥落，局部雕刻多数出现裂痕	破损说明	局部出现裂痕，表面污脏	破损说明	局部出现裂痕，受潮，变色	破损说明	部分表皮剥落，整体变色

编号	B-R-02	编号	B-R-03	编号	B-R-04	编号	B-R-01
位置	C1-01	位置	C1-01	位置	C1-01	位置	A1-01
部位名称	斗栱	部位名称	斗栱	部位名称	斗栱	部位名称	檐廊
空间名称	天井	空间名称	天井	空间名称	天井	空间名称	建筑北侧
材料名称	木材	材料名称	木材	材料名称	木材	材料名称	木材
现况说明	天井C1-01 斗栱形式-R1；部分破损	现况说明	天井C1-01 斗栱形式-R2；部分破损	现况说明	天井檐廊C1-01 右侧斗栱形式，部分破损	现况说明	檐廊A1-01 右侧斗栱形式；出现裂痕
破损说明	整体变色，局部雕刻或真菌或藻类生长	破损说明	局部雕刻人为破坏；变色，表面污脏	破损说明	原始色泽变色，部分出现裂痕	破损说明	局部雕刻构件剥落

编号	B-R-05
位置	C1-03
部位名称	斗栱
空间名称	天井
材料名称	木材
现况说明	天井C1-03 右侧斗栱形式-1；部分破损
破损说明	部分雕刻构件剥落，表面脏污

编号	B-L-26	编号	B-L-27	编号	B-L-28
位置	O1-02	位置	O1-02	位置	O1-02
部位名称	斗栱	部位名称	斗栱	部位名称	斗栱
空间名称	建筑北侧	空间名称	建筑北侧	空间名称	建筑北侧
材料名称	木材	材料名称	木材	材料名称	木材
现况说明	建筑北侧檐廊01-02 斗栱形式-L2；部分破损	现况说明	建筑北侧檐廊01-02 斗栱形式-L3；部分破损	现况说明	建筑北侧檐廊01-02 斗栱形式-L4；部分破损
破损说明	局部雕刻出现裂痕；变色，表面污脏	破损说明	部分表皮反剥落，局部脏污	破损说明	局部出现裂痕，部分出现裂缝

表6-6 大木作现况调查与损坏分析（3）

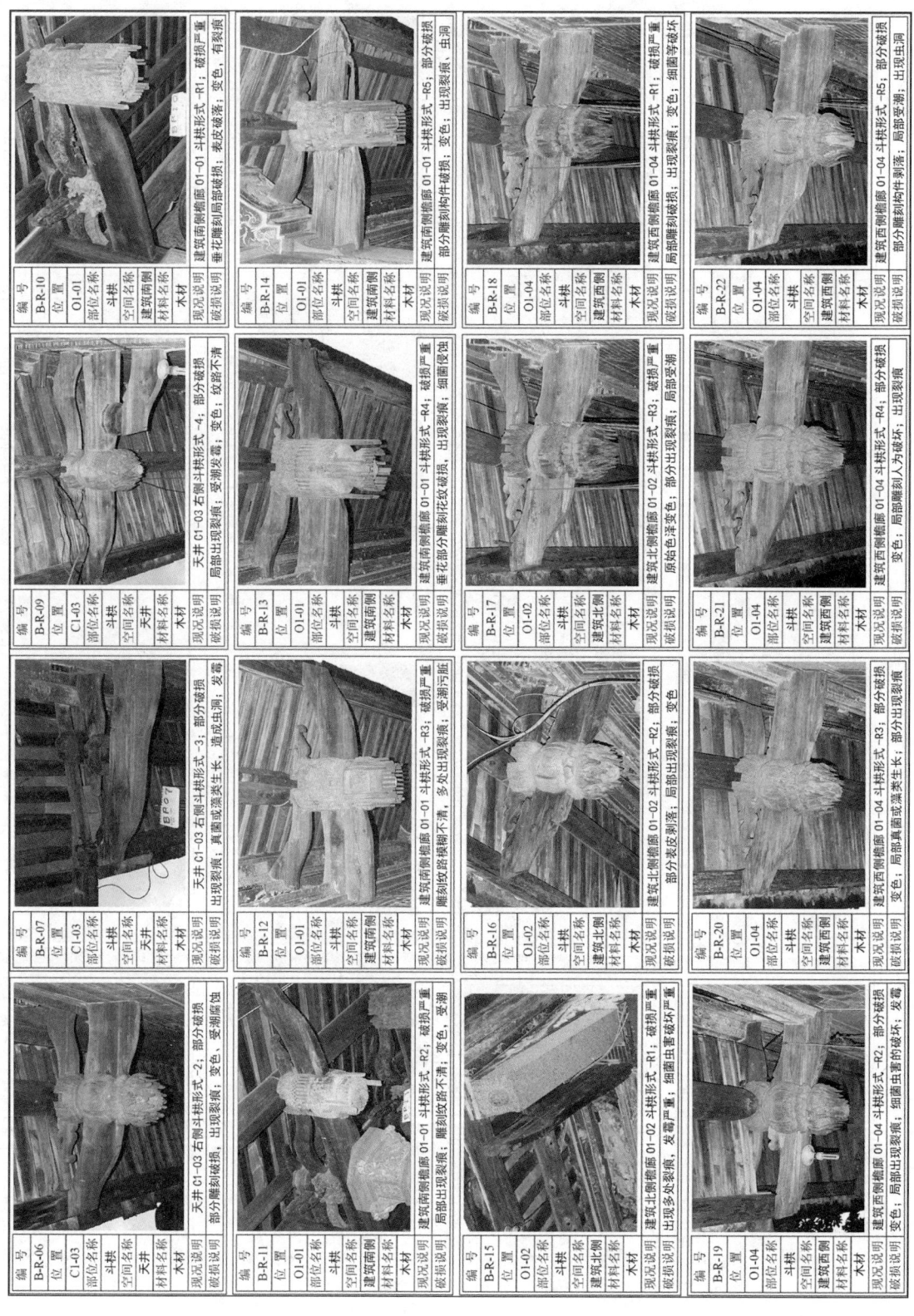

编号	B-R-06	编号	B-R-07	编号	B-R-09	编号	B-R-10
位置	C1-03	位置	C1-03	位置	C1-03	位置	O1-01
部位名称	斗栱	部位名称	斗栱	部位名称	斗栱	部位名称	斗栱
空间名称	天井	空间名称	天井	空间名称	天井	空间名称	建筑南侧
材料名称	木材	材料名称	木材	材料名称	木材	材料名称	木材
现况说明	天井C1-03右侧斗栱形式-2；部分破损，变色、受潮腐蚀	现况说明	天井C1-03右侧斗栱形式-3；部分破损，发霉	现况说明	天井C1-03右侧斗栱形式-4；部分破损，受潮发霉、纹路不清	现况说明	建筑南侧檐廊01-01 斗栱形式-R1；破损严重，表皮破损
破损说明	部分雕刻破损、出现裂痕	破损说明	出现裂痕、黄霉或漂类生长，造成虫洞、发霉	破损说明	局部纹路模糊不清	破损说明	垂花雕刻局部破损，有裂痕

编号	B-R-11	编号	B-R-12	编号	B-R-13	编号	B-R-14
位置	O1-01	位置	O1-01	位置	O1-01	位置	O1-01
部位名称	斗栱	部位名称	斗栱	部位名称	斗栱	部位名称	斗栱
空间名称	建筑南侧	空间名称	建筑南侧	空间名称	建筑南侧	空间名称	建筑两侧
材料名称	木材	材料名称	木材	材料名称	木材	材料名称	木材
现况说明	建筑南侧檐廊01-01 斗栱形式-R2；破损严重，发霉虫害破坏严重	现况说明	建筑南侧檐廊01-01 斗栱形式-R3；破损严重，受潮污脏	现况说明	建筑南侧檐廊01-01 斗栱形式-R4；细菌侵蚀	现况说明	建筑两侧檐廊01-01 斗栱形式-R5；破损严重，变色、有裂痕
破损说明	局部出现多处裂痕，细菌虫害的破坏	破损说明	雕刻纹路模糊不清，多处出现花纹破损	破损说明	垂花雕刻花纹破损、出现裂痕	破损说明	部分雕刻构件破损

编号	B-R-15	编号	B-R-16	编号	B-R-17	编号	B-R-18
位置	O1-02	位置	O1-02	位置	O1-02	位置	O1-04
部位名称	斗栱	部位名称	斗栱	部位名称	斗栱	部位名称	斗栱
空间名称	建筑北侧	空间名称	建筑北侧	空间名称	建筑北侧	空间名称	建筑西侧
材料名称	木材	材料名称	木材	材料名称	木材	材料名称	木材
现况说明	建筑北侧檐廊01-02 斗栱形式-R3；破损严重，发霉严重	现况说明	建筑北侧檐廊01-02 斗栱形式-R2；部分破损，局部表皮剥落	现况说明	建筑西侧檐廊01-01 斗栱形式-R3；部分出现变色，局部受潮	现况说明	建筑西侧檐廊01-04 斗栱形式-R5；破损等破坏
破损说明	局部虫害严重破坏的破坏	破损说明	部分表皮剥落，发霉严重	破损说明	原始色泽变色	破损说明	细雕裂痕、虫洞

编号	B-R-19	编号	B-R-20	编号	B-R-21	编号	B-R-22
位置	O1-04	位置	O1-04	位置	O1-04	位置	O1-04
部位名称	斗栱	部位名称	斗栱	部位名称	斗栱	部位名称	斗栱
空间名称	建筑西侧	空间名称	建筑西侧	空间名称	建筑西侧	空间名称	建筑西侧
材料名称	木材	材料名称	木材	材料名称	木材	材料名称	木材
现况说明	建筑西侧檐廊01-04 斗栱形式-R2；部分破损，发霉	现况说明	建筑西侧檐廊01-04 斗栱形式-R3；部分出现裂痕、变色	现况说明	建筑西侧檐廊01-04 斗栱形式-R4；部分出现裂痕	现况说明	建筑西侧檐廊01-04 斗栱形式-R5；部分破损、出现虫洞
破损说明	变色、局部出现裂痕、细菌虫害导致的破坏	破损说明	变色、局部真菌或漂类生长	破损说明	变色、局部雕刻人为破坏、出现裂痕	破损说明	建筑西侧部分雕刻构件剥落

第六章 现况及损坏状况调查分析

大木作现况调查与损坏分析（4） 表6-7

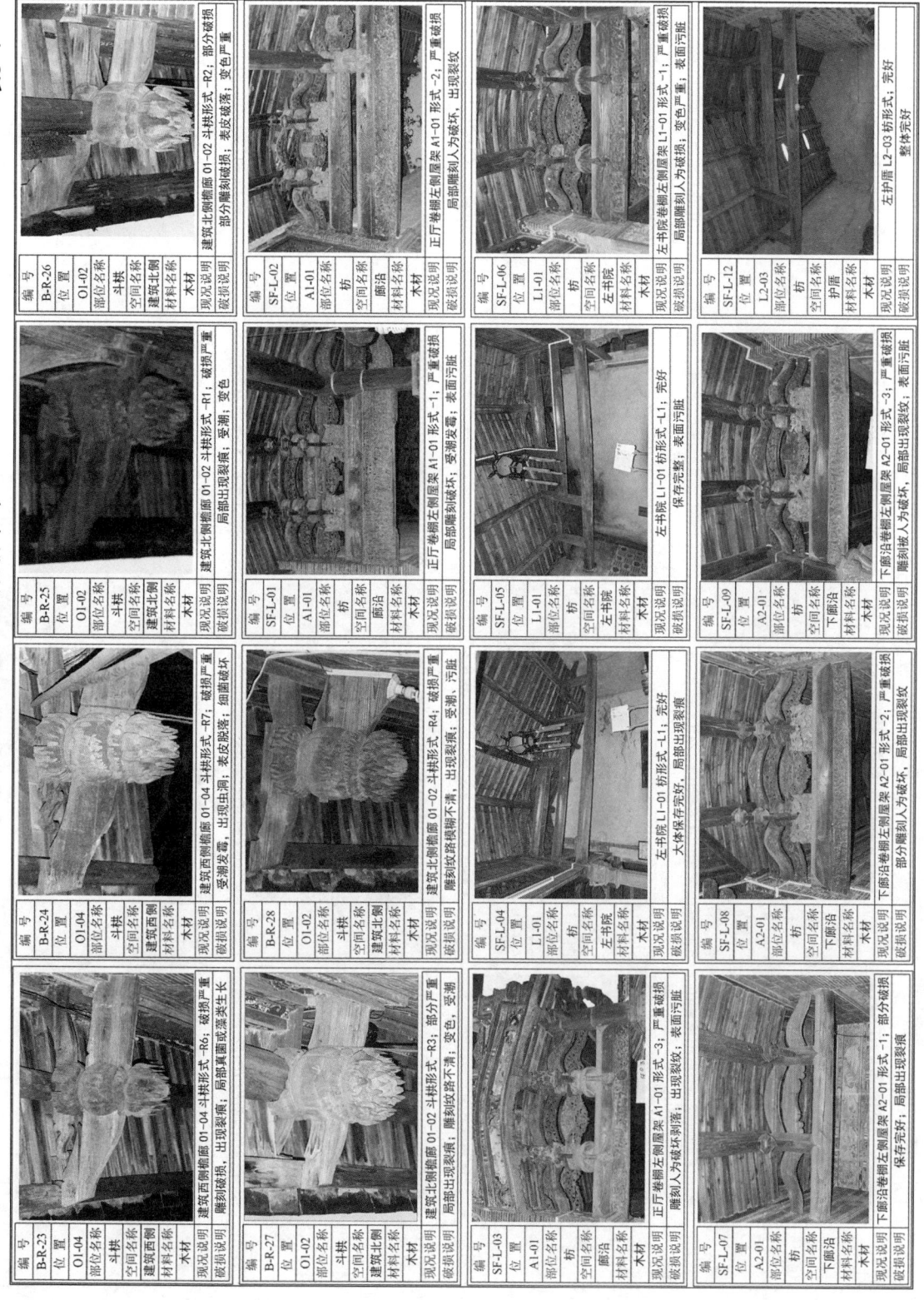

大木作现况调查与损坏分析（5）

表6-8

编号	位置	部位名称	空间名称	材料名称	现况说明	破损说明
SF-R-03	A1-01	枋	廊沿	木材	正厅卷棚右侧屋架A1-01形式-1；严重破损	部分雕刻被人为破坏；变色；受潮发霉
SF-R-04	R1-01	枋	右书院	木材	右书院R1-01枋形式-R1；完好	局部出现裂痕
SF-R-05	R1-01	枋	右书院	木材	右书院R1-01枋形式-R2；完好	局部出现裂痕
SF-R-06	R1-01	枋	右书院	木材	右书院卷棚屋架R1-01形式；严重破损	雕刻被人为破坏；表面污脏
SF-R-07	A2-01	枋	下廊沿	木材	下廊沿卷棚右侧屋架A2-01形式-1；部分破坏	整体完好；局部雕刻破坏
SF-R-09	A2-01	枋	下廊沿	木材	下廊沿卷棚右侧屋架A2-01形式-2；部分破损	部分雕刻被人为破坏；变色；受潮发霉
SF-R-10	R2-01	护厝	右护厝	木材	右厅厝尾R2-01枋形式；完好	整体完好；变色
SF-R-11	R2-02	枋	右护厝	木材	右护厝R2-02枋形式-1；完好	局部出现裂痕
SF-R-12	R2-03	枋	右护厝	木材	右护厝R2-03枋形式-2；完好	局部受潮污脏
SF-R-14	M2-05	枋	右角榈	木材	右角榈M2-05枋形式；完好	表皮部分脱落
SF-R-1	A1-01	枋	廊沿	木材	正厅卷棚右侧屋架A1-01形式-2；严重破损	部分雕刻被人为破坏，局部出现裂纹

6.1.3 屋顶现况调查与损坏分析

屋顶现况调查与损坏分析（1） 表6-9

表6-10 屋顶现况调查与损坏分析（2）

编号	C-01		编号	C-02		编号	C-02		编号	C-03	
位置	C1-02		位置	C1-02		位置	C1-02		位置	C1-03	
部位名称	天花		部位名称	天花		部位名称	天花		部位名称	天花	
空间名称	天井		空间名称	天井		空间名称	天井		空间名称	天井	
材料名称	木材、土		材料名称	木材、土		材料名称	木材、土		材料名称	木材、土	
现况说明	椽条椽发白，留下深褐木纹和节点		现况说明	屋顶构筑材料变色，椽条留下深褐木纹和节点		现况说明	椽条椽色泽褪位		现况说明	椽条椽色泽褪去，发黑发白	
破损说明	出现裂隙，望板受潮变形，筒瓦开裂		破损说明	局部望板缺失		破损说明	部分望板出现错位，椽条出现裂隙		破损说明	变形，局部望板开裂	

编号	H1-01		编号	H1-01		编号	H1-01		编号	H1-01	
位置	C-01		位置	C-02		位置	C-02		位置	C-03	
部位名称	天花		部位名称	天花		部位名称	天花		部位名称	天花	
空间名称	过水		空间名称	过水		空间名称	过水		空间名称	过水	
材料名称	木材、土		材料名称	木材、土		材料名称	木材、土		材料名称	木材、土	
现况说明	椽条椽发黑，木构件褪去色泽		现况说明	屋顶支黑，木构件褪去色泽变形		现况说明	屋顶构筑整体望板整望板局部破损		现况说明	屋顶木构件色泽褪去	
破损说明	木材受潮变色变形		破损说明	椽条椽变色变形		破损说明	椽条出现裂隙，部分望板开裂		破损说明	椽条受潮变形	

编号	H2-01		编号	H2-01		编号	H2-01		编号	H2-01	
位置	C-01		位置	C-02		位置	C-02		位置	C-02	
部位名称	天花		部位名称	天花		部位名称	天花		部位名称	天花	
空间名称	护厝厅		空间名称	护厝厅		空间名称	护厝厅		空间名称	护厝厅	
材料名称	木材、土		材料名称	木材、土		材料名称	木材、土		材料名称	木材、土	
现况说明	屋架整体结构较完整		现况说明	屋架整体结构较完整，木构件色泽损		现况说明	屋架整体结构完整，木构件色泽完整		现况说明	屋顶整体结构完整，椽条受潮变色	
破损说明	椽条受潮发黑，局部望板破损		破损说明	椽条白蚁旺蚀，局部望板破损，缺失		破损说明	底部椽条受潮变黑，望板破碎		破损说明	望板受潮变色，局部椽条破损	

编号	L1-01		编号	R2-04	
位置			位置		
部位名称	椽头		部位名称	天花	
空间名称			空间名称	护厝尾	
材料名称	木材、土		材料名称	塑料	
现况说明	屋架整体现状较好		现况说明	新增吊顶，无法看到原貌	
破损说明	整体屋架结构现状较严重，局部简瓦破损		破损说明	失去原貌	

第六章 现况及损坏状况调查分析

屋顶现况调查与损坏分析（3） 表6-11

表6-12 屋顶现况调查与损坏分析（4）

编号	1	编号	5	编号	9	编号	13
位置	R2-04	位置	M1-05	位置	M1-04	位置	M1-02
部位名称	屋面	部位名称	屋脊	部位名称	屋脊	部位名称	屋脊
空间名称	屋面	空间名称	屋脊	空间名称	屋脊	空间名称	屋面
材料名称	瓦、灰	材料名称	砖、灰	材料名称	砖、灰	材料名称	瓦、灰
现况说明	屋面发黑，长苔藓，屋脊局部破损，色泽褪去	现况说明	屋脊表面发黑，剪瓷装饰破坏，色泽褪去	现况说明	屋脊表面发黑，剪瓷装饰破坏，色泽褪去	现况说明	屋脊表面发黑，剪瓷装饰损失，色泽褪去
破损说明	屋脊风化较重	破损说明	吻兽遭人为破坏	破损说明	右侧吻兽损坏	破损说明	屋脊右侧吻兽缺失，屋脊受潮发黑

编号	C	编号	4	编号	8	编号	12
位置	R1-01	位置	R2-03	位置	M1-02	位置	M1-01
部位名称	天花	部位名称	屋面屋脊	部位名称	屋脊	部位名称	屋面屋脊
空间名称	护厝尾	空间名称	屋面	空间名称	屋脊	空间名称	屋面
材料名称	木材、土	材料名称	瓦、灰	材料名称	砖、灰	材料名称	瓦、灰
现况说明	屋顶整体构架较完好，新增装饰灯具	现况说明	屋面发黑，长苔藓，屋脊局部破损	现况说明	屋脊表面发黑，剪瓷装饰破坏，装饰被风化	现况说明	屋脊发黑腐蚀风化，瓦片发黑，瓦片受潮风化
破损说明	望板局部破损	破损说明	屋脊风化较重，剪瓷装饰破损，右侧被破坏	破损说明	右侧吻兽损坏	破损说明	瓦片受潮

编号	C	编号	3	编号	7	编号	11
位置	M2-05	位置	R2-03	位置	M1-01	位置	M1-03
部位名称	天花	部位名称	屋面屋脊	部位名称	屋脊	部位名称	屋面屋脊
空间名称	角厝	空间名称	屋面	空间名称	屋脊	空间名称	屋面
材料名称	木材、土	材料名称	瓦、灰	材料名称	砖、灰	材料名称	瓦、灰
现况说明	屋顶整体构架较完好，新增电灯电线	现况说明	屋面发黑，长苔藓，屋脊局部破损，局部瓦片移位	现况说明	屋脊表面风化，装饰色泽褪去	现况说明	屋脊发黑，屋瓦受潮变色，局部长苔藓，装饰褪色
破损说明	椽条虫蛀严重，望板破损	破损说明	屋脊风化，剪瓷装饰破损，右侧瓦片移位	破损说明	装饰色泽褪去，局部破损	破损说明	瓦片发黑，屋脊左侧吻兽装饰缺失，装饰褪色

编号	C	编号	2	编号	6	编号	10
位置	M2-04	位置	R2-04	位置	M1-03	位置	M1-04
部位名称	天花	部位名称	屋面屋脊	部位名称	屋脊	部位名称	屋面屋脊
空间名称	角厝	空间名称	屋面	空间名称	屋脊	空间名称	屋面
材料名称	木材、土	材料名称	瓦、灰	材料名称	砖、灰	材料名称	瓦、灰
现况说明	天窗破损，椽条虫蛀严重，檩条局部发白严重	现况说明	屋面发黑，长苔藓，屋脊局部破损，色泽褪去	现况说明	屋脊表面发黑，装饰损坏褪色，色泽褪去	现况说明	屋脊受潮蚀风化，瓦片发黑，瓦片发黑，局部长苔藓
破损说明	椽条局部有裂痕	破损说明	屋脊局部破损，屋脊剪瓷装饰破损，色泽褪去	破损说明	吻兽损坏，装饰被风化褪色	破损说明	屋瓦受潮发黑，屋脊风化损坏装饰被褪色

第六章 现况及损坏状况调查分析 177

表6-13 屋顶现况调查与损坏分析（5）

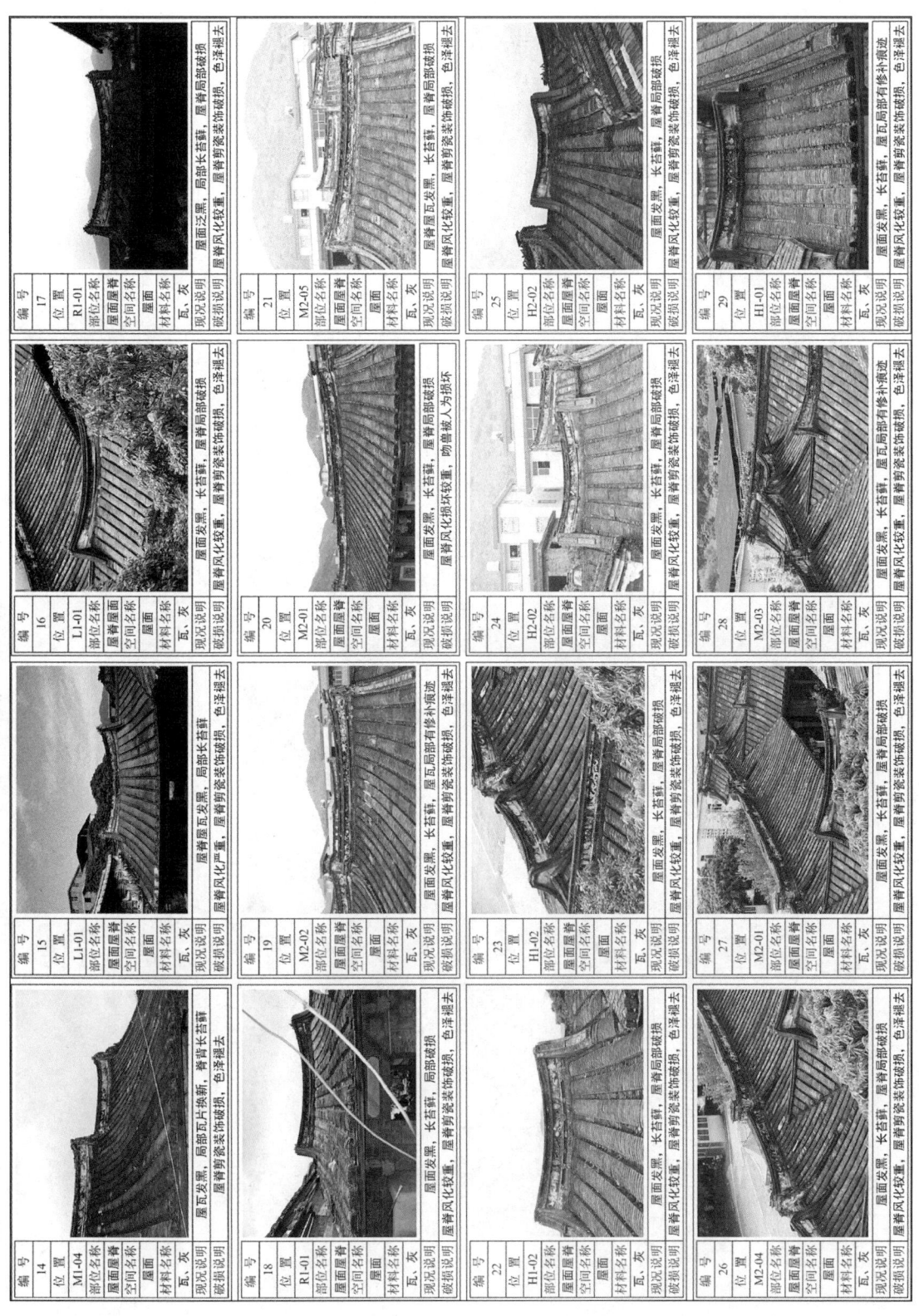

表6-14 屋顶现况调查与损坏分析（6）

编号	位置	部位名称	空间名称	材料名称	现况说明	破损说明
30	H1-01	屋面屋脊		瓦、灰	屋面发黑，长苔藓，屋脊风化较重，屋脊剪瓷装饰破损、色泽褪去	屋面局部破损
31	R2-01	屋面屋脊		瓦、灰	屋面发黑，长苔藓，变黑	屋脊风化较重
32	H1-01	屋面屋脊		瓦、灰	屋面发黑，长苔藓，变黑	屋脊风化较重
33	H2-01	屋面屋脊		瓦、灰	屋面发黑，长苔藓，屋脊剪瓷较重	屋脊局部破损
34	H2-01	屋面屋脊		瓦、灰	屋面发黑，长苔藓，屋脊剪瓷装饰破损、色泽褪去	屋脊局部破损
35	H2-01	屋面屋脊		瓦、灰	屋面风化较重，屋脊剪瓷装饰破损、色泽褪去	屋脊局部破损
36	L2-04	屋面屋脊		瓦、灰	屋面发黑，长苔藓，屋脊剪瓷装饰破损、色泽褪去	屋脊局部破损
37	L2-01	屋面屋脊		瓦、灰	屋面风化较重，屋脊剪瓷装饰破损、色泽褪去	屋脊局部破损
38	L2-04	屋面屋脊		瓦、灰	屋面发黑，长苔藓，屋脊剪瓷褪去，装饰色泽褪去，左侧吻兽损坏	屋脊局部破损
39	L2-01	屋面屋脊		瓦、灰	屋面风化较重，剪瓷色泽褪去	屋脊局部破损
40	L2-02	屋面屋脊		瓦、灰	屋面发黑，长苔藓，剪瓷色泽褪去，左侧吻兽损坏	屋脊局部破损

6.1.4 墙体及门窗现况调查与损坏分析——门窗

墙体及门窗现况调查与损坏分析——门窗（1） 表6-15

编号	W-01	编号	W-01(2)	编号	W-01(2)	编号	W-01(2)
位置	A1-02	位置	A1-02	位置	A1-03	位置	A1-03
部位名称	窗	部位名称	窗	部位名称	窗	部位名称	窗
空间环境	檐廊	空间环境	内廊	空间环境	内廊	空间环境	内廊
材料名称	铁、木材	材料名称	铁、木材	材料名称	铁、木材	材料名称	铁、木材
现况说明	檐廊高窗，木窗框木窗板花，窗花局部泥土，窗花部分木材白化	现况说明	内廊高窗，木窗框木制横挺花，窗框附着泥土，部分铁锈剥落	现况说明	内廊高窗，木窗框木制横挺铁窗侵	现况说明	内廊高窗，木窗框木制横挺铁窗侵
破损说明	昆虫筑巢窗体附泥土，窗花部分木材缺角	破损说明	窗框受潮生锈，部分铁锈剥落	破损说明	窗框受潮生锈，部分铁锈剥落	破损说明	窗框受潮生锈，部分铁锈剥落

编号	W-01	编号	W-01	编号	W-02(2)	编号	W-02(2)
位置	A1-04	位置	A1-03	位置	A1-04	位置	A1-04
部位名称	窗	部位名称	窗	部位名称	窗	部位名称	窗
空间环境	后外环境	空间环境	后方出墙	空间环境	内廊	空间环境	内廊
材料名称	石材木材	材料名称	石材木材	材料名称	石材木材	材料名称	砖、木材
现况说明	内廊外立面窗，石窗框石窗棂，部分窗棂发黄污垢，中间窗棂下部有缺角	现况说明	内廊高窗，木窗框木窗花，窗棂局部破损	现况说明	内廊高窗，木窗框木窗板花，窗棂局部破损	现况说明	内廊高窗，由花砖拼成窗花，花砖局部破损
破损说明	石材表面局部脏污，部分窗棂发黄污垢，部分窗棂发黄污垢	破损说明	物面窗，木窗框木窗板花，受潮出现白化现象	破损说明	木材表面褪色留下清晰木纹节疤，受潮且有裂缝	破损说明	花砖受面发黑，花砖局部破损

编号	W-03	编号	W-03(2)	编号	W-04(2)	编号	W-01
位置	A1-04	位置	A1-04	位置	A1-04	位置	A1-05
部位名称	窗	部位名称	窗	部位名称	窗	部位名称	窗
空间环境	后外环境	空间环境	内廊	空间环境	内廊	空间环境	内廊
材料名称	石材木材	材料名称	石材木材	材料名称	砖、木材	材料名称	木材
现况说明	内廊外立面窗，因受潮上方部分窗板开裂	现况说明	内廊木窗，木窗框木窗棂，窗棂局部破损	现况说明	内廊木窗，木窗框木窗棂，窗棂局部破损	现况说明	内廊高窗，木窗框木窗棂，窗棂局部破损
破损说明	石材表面发黄污垢，部分窗板开裂，部分窗棂有几处轻微缺角	破损说明	木材表面褪色留下清晰木纹节疤，且受潮剥落	破损说明	木材表面褪色留下清晰木纹节疤，且受潮剥落	破损说明	木材表面留有清晰木纹节疤，受潮且有裂缝

编号	W-05	编号	W-05(2)				
位置	A1-04	位置	A1-05				
部位名称	窗	部位名称	窗				
空间环境	上厅	空间环境	内廊				
材料名称	铁、木材	材料名称	砖、木材				
现况说明	正厅高窗，由内立窗非原有面貌，后期涂上白灰	现况说明	内廊高窗，木窗框石窗棂，窗棂局部破损				
破损说明	新涂白灰完非原有面貌，新增白灰部分剥落	破损说明	石材表面褪色，后期白色化，石材表面留有清晰木纹节疤				

表6-16

墙体及门窗现状调查与损坏分析——门窗（2）

编号	位置	部位名称	空间名称	材料名称	现况说明	破损说明
W-02	A1-05	窗	后外环境	石材木材	内廊外立面高窗，石窗框石窗楞，局部破损	石材局部表面褪色发黄发脏污迹
W-02(2)	A1-05	窗	内廊	石材木材	内廊木窗，木窗框石窗楞，窗楞局部破损	木材表面褪色节化节疤，留下清晰木纹和节疤
W-03	A1-05	窗	内廊	砖、木材	内廊外立面窗，石窗框石窗楞，局部破损	石材局部表面发黄污迹
W-03(2)	A1-05	窗	内廊	石材木材	内廊木窗，木窗框木窗楞受潮严重，窗下清晰木纹和节疤	木材受潮木纹和节疤
W-04	A1-05	窗	内廊	砖、木材	内廊高窗，木窗框石窗楞，窗体破损严重，木板受潮开裂，表面色泽褪色，新增电线	
W-04(2)	A1-05	窗	内廊	砖、木材	内廊高窗，木窗框成窗楞，由花砖拼成窗楞，花砖局部破损	花砖表面发黑，受潮局部有裂缝
W-05	A1-05	窗	内廊	砖、木材	内廊高窗，木窗框木窗楞，局部受潮开裂	木材表面发黑，局部受潮开裂
W-05(2)	A1-05	窗	上厅	砖、木材	正厅高窗，由花砖拼成续窗，后期涂上白灰	新涂白灰留有原面貌
D-01	H1-01	门	过水	木材	左侧过水侧入口双扇木板门，木门破损严重，表面色泽褪去，白化现象严重且受潮开裂	左侧过水后入口双扇木板门，木门局部破损
D-01(2)	H1-01	门	过水	木材	左侧过水后入口双扇木板门，木门局部破损	表面色泽褪去，木门纹节疤清晰受潮开裂
D-02	H1-01	门	过水	木材	后方出墙外立面石雕续窗，石雕局部破损	石雕表面风化，局部污脏发黄
W-01	H1-01	窗	过水	石雕木材	左侧过水立面风化，局部发黄	新增白灰面原白灰和节疤
W-01(2)	H1-01	窗	过水	石材木材	杂物堆积影响视线判断	
W-02	H1-01	窗	过水	石雕木材	左侧过水立面石雕续窗，木窗框木窗楞，窗体局部破损	木材表面色泽褪色，局部受潮白化
W-02(2)	H1-01	窗	过水	石雕木材	左侧过水立面石雕续窗，木窗框石窗楞，窗体局部破损	木材表面色泽褪色，局部受潮白化
D-01	H1-02	门	护厝厅	木材	左侧护厝厅入口双扇木板门，木门局部破损	木材表面褪色白化，留下深厚之木纹及节疤

墙体及门窗现况调查与损坏分析——门窗（3）

表6-17

编号	位置	部位名称	空间名称	材料名称	现况说明	破损说明
D-01(2)	H1-02	门	堂	木材、铁	左护厝厅入口双扇木门，新增铁门，局部破损	木材表面色泽褪去，留下清晰木纹和节疤
W-01	H1-02	窗	过水	石材木材	以新增木板封死影响视线判断	
D-01(2)	H1-02	门	堂	石材木材	左护厝厅外立面石雕石雕门窗，石雕局部破损	石雕表面风化，局部破损剥落
W-01(2)	H1-02	窗	堂	石材木材	左护厝厅外立面石雕门窗，局部破损	木材表面色泽褪去，留下清晰木纹和节疤
W-02	H1-02	窗		石材木材	左护厝厅木窗，木窗框木窗棂，局部破损	木材表面色泽褪去，留下清晰木纹和节疤
D-02(2)	H1-02	窗		石材木材	左护厝外立面石雕窗空置，部分石雕被人为损坏	局部发黄污渍，局部破损
D-03	H2-01	门	过水	木材	右侧过水侧入口双扇木门，破损较为严重	木板受潮沿木纹开裂严重，表面白化
D-01(2)	H2-01	门	过水	木材	右侧过水侧入口双扇木门，破损较为严重	木板表面色泽褪去，留下清晰木纹和节疤
D-02	H2-01	门	巷	木材	门扇铁失	
D-04	H2-01	门	巷	木材	门扇铁失	
D-02(2)	H2-01	门	后外环境	木材、石	右侧过水后入口双扇木板门，木门局部破损	木板受潮开裂，底白化严重
D-03(2)	H2-01	门	天井	砖、石	门扇铁失	
W-01	H2-01	窗		砖、石	由砖拼成棂窗，窗棂受潮生锈，少量铁锈剥落	
W-01(2)	H2-01	窗	天井	砖、石	由砖拼成棂窗，亮子部分木窗框铁制窗棂，窗棂受潮生锈，少量铁锈剥落	
W-03	H2-01	窗		石材木材		杂物堆积影响视线判断

墙体及门窗现状调查与损坏分析——门窗（4）

表6-18

编号	位置	部位名称	空间名称	材料名称	现况说明	破损说明
W-03(2)	H2-01	窗	后外环境	石材木材	右侧过水石雕镂空窗，石雕局部破损	石雕表面风化脏污，部分石雕表层剥落
W-04	H2-01	窗	过水	石材木材	右侧过水木窗，木窗框木窗棂，留下深厚木纹节疤	窗棂表面色泽褪去，部分石雕表层剥落
W-04(2)	H2-01	窗	后外环境	石材木材	右侧过水石雕镂空窗，部分石雕表层剥落	石雕表面风化脏污，局部破损
D-01	H2-02	门	护厝厅	木、铁	右侧护厝厅入口双扇木板门，门扇下滑槽色泽褪去，留下深厚木纹节疤	表面褪色风化，局部蓝污白化严重
D-01(2)	H2-02	门	埕	木材	右护厝厅入口双扇木板门，新增木门	木板表面颜色褪去，受潮开裂
W-01	H2-02	窗	护厝	石材木材	护厝维拉木窗，木窗框木窗棂，留下深厚木纹节疤	—
W-01(2)	H2-02	窗	埕	石材木材	右护厝外立面石雕镂空窗，石雕局部破损	石雕表面层剥落
W-02	H2-02	窗	过水	石材木材	右护厝外立面石雕镂空窗，石雕局部破损	石雕表面风化，局部蓝污剥落
W-02(2)	L2-01	窗	—	石木材 铁	右护厝木窗，木窗框木窗棂，局部破损，留下木纹节疤，受潮白化	—
D-01	L1-01	门	梓头	木材	门扇佚失	—
D-01	L1-01	门	左书院	木材	门扇佚失	—
D-02	L2-01	门	过水	木材	护厝双扇木板门，新漆红色油漆	新漆木板门非原有面貌
D-02	L2-01	门	过水	石材木材	杂物遮挡影响视线判断	—
W-03	L2-01	窗	—	石木材	杂物遮挡影响视线判断	—
D-01	L2-01	门	过水	木材	护厝双扇木板门，新漆红色油漆	杂物遮挡影响视线判断
W-01	L2-01	窗	过水	石木材	护厝尾双扇木板门，新漆红色油漆，非原有面貌	—

第六章　现况及损坏状况调查分析

墙体及门窗现况调查与损坏分析——门窗（5）　　表6-19

编号	D-02	编号	W-07	编号	W-01	编号	D-01
位置	L2-02	位置	L2-01	位置	L2-02	位置	L2-02
部位名称	门	部位名称	窗	部位名称	窗	部位名称	门
空间名称	过水	空间名称	后外环境	空间名称	护厝	空间名称	过水
材料名称	木材	材料名称	石材木材	材料名称	石材木材	材料名称	木材
现况说明	护厝双扇木板门，新漆红色油漆	现况说明	左护厝尾外立面窗，石窗框石窗棂，局部损坏	现况说明	杂物遮挡影响视线判断	现况说明	护厝双扇木板门，新漆红色油漆
破损说明	新漆木板门非原有面貌	破损说明	石材表面风化脏污	破损说明	—	破损说明	新漆木板门非原有面貌

编号	W-02	编号	W-04	编号	W-03	编号	W-02(2)
位置	L2-02	位置	L2-01	位置	L2-02	位置	L2-03
部位名称	窗	部位名称	窗	部位名称	窗	部位名称	窗
空间名称	过水	空间名称	左外环境	空间名称	过水	空间名称	护厝
材料名称	石材窗框窗棂	材料名称	石材木材	材料名称	石材木材	材料名称	木材
现况说明	杂物遮挡影响视线判断	现况说明	木窗窗框外漆新漆黄色油漆，新增纱窗	现况说明	护厝木窗框外漆新漆黄色油漆，新增纱窗	现况说明	护厝窗框窗表面褪色，窗棂局部原白化
破损说明	—	破损说明	新漆窗框窗棂非原有面貌	破损说明	新漆窗框窗棂非原有面貌	破损说明	窗框窗表面褪色，窗棂快失

编号	W-04	编号	W-06	编号	W-05	编号	W-05(2)
位置	L2-02	位置	L2-01	位置	L2-02	位置	L2-03
部位名称	窗	部位名称	窗	部位名称	窗	部位名称	护厝
空间名称	过水	空间名称	左外立面窗	空间名称	左外空间	空间名称	护厝
材料名称	石材框窗	材料名称	石材木材	材料名称	石材木材	材料名称	木材
现况说明	新漆窗框窗棂非原有面貌	现况说明	左护厝外立面窗，石窗框石窗棂，局部破损	现况说明	护厝外立面窗，石窗框石窗棂，局部破损	现况说明	杂物堆积遮挡影响视线判断
破损说明	—	破损说明	石材表面脏污，窗棂有少量缺角	破损说明	石材表面脏污	破损说明	—

编号	W-06	编号	—	编号	D-01	编号	D-01(2)
位置	L2-02			位置	L2-02	位置	L2-03
部位名称	窗			部位名称	门	部位名称	门
空间名称	左外空间			空间名称	天井	空间名称	护厝
材料名称	石材木材			材料名称	石材木材	材料名称	木材
现况说明	护厝外立面窗，石窗框石窗棂，中间的一根发生移位			现况说明	左护厝尾外立面窗，石窗框石窗棂，局部破损	现况说明	护厝双扇木板门，门扇破损严重
破损说明	窗框被人为损坏			破损说明	表面褪色留下纹文节疤，右半边门扇右边门扇白化严重	破损说明	门扇表面色泽褪去，留下清晰的木纹和节疤

表6-20

墙体及门窗现况调查与损坏分析——门窗（6）

编号	D-02	编号	D-02(2)	编号	D-03	编号	D-03(2)
位置	L2-04	位置	L2-04	位置	L2-04	位置	L2-04
部位名称	门	部位名称	门	部位名称	窗	部位名称	窗
空间名称	护厝头	空间名称	护厝头	空间名称	埕	空间名称	护厝头
材料名称	木材	材料名称	木材	材料名称	铁	材料名称	铁
现况说明	杂物遮挡影响视线判断	现况说明	护厝头双扇木板门，新漆黄色油漆	现况说明	护厝头单扇铁门，门扇局部破损	现况说明	护厝头单扇铁门，新增铁门，门扇局部破损
破损说明	—	破损说明	新漆木板门非原有面貌	破损说明	门扇表面褪色、板缝处受潮白化	破损说明	门扇表面褪色、板缝处受潮白化

编号	W-01	编号	W-01(2)	编号	W-02	编号	W-02(2)
位置	L2-04	位置	L2-04	位置	L2-04	位置	L2-04
部位名称	窗	部位名称	窗	部位名称	窗	部位名称	窗
空间名称	护厝厅	空间名称	护厝头	空间名称	护厝厅	空间名称	护厝头
材料名称	木材	材料名称	木材	材料名称	木材	材料名称	木材
现况说明	护厝头木窗，整体保存较为完好	现况说明	杂物遮挡影响视线判断	现况说明	护厝头木窗，整体保存较为完好	现况说明	杂物遮挡影响视线判断
破损说明	—	破损说明	—	破损说明	—	破损说明	—

编号	W-03	编号	W-03(2)	编号	W-04	编号	W-04(2)
位置	L2-04	位置	L2-04	位置	L2-04	位置	L2-04
部位名称	窗	部位名称	窗	部位名称	窗	部位名称	窗
左外环境	护厝头外立面窗，石窗框窗根	空间名称	护厝头	左外环境	护厝头外立面窗，石窗根重新更换，非原有面貌	空间名称	护厝头
石材木材	石材木材	材料名称	石材	石材木材	石材木材	材料名称	木材
现况说明	石材表面局部脏污，窗根有轻微缺角	现况说明	杂物遮挡影响视线判断	现况说明	窗根为后期重新更换，非原有面貌	现况说明	杂物遮挡影响视线判断
破损说明	—	破损说明	—	破损说明	—	破损说明	—

编号	W-05	编号	W-05(2)	编号	D-02	编号	D-02(2)
位置	L2-04	位置	L2-04	位置	C1-02	位置	C1-02
部位名称	窗	部位名称	窗	部位名称	门	部位名称	门
空间名称	埕	空间名称	护厝头	空间名称	天井	空间名称	天井
石材木材	石材木材	材料名称	石材	材料名称	木材	材料名称	木材
现况说明	护厝头外立面石雕镂空窗，石雕局部破损，部分石雕板人为损坏	现况说明	石材表面局部脏污，石雕局部破损，部分石雕板人为损坏	现况说明	门扇佚失	现况说明	门扇佚失
破损说明	—	破损说明	—	破损说明	—	破损说明	—

第六章 现况及损坏状况调查分析

表6-21 墙体及门窗现况调查与损坏分析——门窗（7）

编号	D-01	编号	D-01(2)	编号	D-01(2)	编号	D-02(2)
位置	M1-02	位置	M1-02	位置	L2-04	位置	M1-02
部位名称	门	部位名称	门	部位名称	门	部位名称	门
空间名称	檐廊	空间名称	大房	空间名称	护厝头	空间名称	左大房
材料名称	木材	材料名称	木材	材料名称	木材	材料名称	木材
现况说明	大房双扇木板门，新漆红色油漆	现况说明	大房双扇木板门，新漆黄色油漆	现况说明	—	现况说明	大房单扇木板门，新漆黄色面漆
破损说明	新漆木板门非原有面貌	破损说明	新漆木板门非原有面貌	破损说明	杂物遮挡，影响视线判断	破损说明	新漆木板门非原有面貌

编号	W-01	编号	W-01(2)	编号	W-02	编号	W-02(2)
位置	M1-02	位置	M1-02	位置	M1-02	位置	M1-02
部位名称	窗	部位名称	窗	部位名称	窗	部位名称	窗
空间名称	檐廊	空间名称	大房	空间名称	檐廊	空间名称	大房
材料名称	石材	材料名称	石材木材	材料名称	石材木材	材料名称	石材
现况说明	大房镂空石雕窗	现况说明	大房木窗，木窗框木窗棂，新漆黄色面漆	现况说明	大房镂空石雕窗，石雕局部破损	现况说明	大房木窗，木窗框木窗棂，新漆黄色油漆
破损说明	石雕表面局部脏污，部分石雕表层剥落	破损说明	新漆窗框窗棂非原有面貌	破损说明	石雕表面局部脏污，部分石雕油漆剥落	破损说明	新漆窗框窗棂非原有面貌

编号	D-01	编号	W-03(2)	编号	D-01	编号	D-01(2)
位置	L2-04	位置	M1-02	位置	M1-03	位置	M1-03
部位名称	门	部位名称	窗	部位名称	门	部位名称	门
空间名称	护厝厅	空间名称	大房	空间名称	檐廊	空间名称	大房
材料名称	木材	材料名称	铁、木材	材料名称	石材木材	材料名称	石材木材
现况说明	—	现况说明	铁制窗棂铁制窗框窗棂新漆黄色油漆	现况说明	大房双扇木板门，新漆黄色面漆	现况说明	为双扇木板门，木窗框木窗棂，新漆黄色油漆
破损说明	杂物遮挡影响视线判断	破损说明	窗框窗棂非原有面貌	破损说明	新漆木板门非原有面貌	破损说明	新漆窗框窗棂非原有面貌

编号	W-05	编号	W-02(2)	编号	W-01	编号	W-01(2)
位置	L2-03	位置	M1-03	位置	M1-03	位置	M1-03
部位名称	窗	部位名称	门	部位名称	窗	部位名称	窗
空间名称	左外环境	空间名称	大房	空间名称	檐廊	空间名称	大房
材料名称	木材石材	材料名称	石材木材	材料名称	石材木材	材料名称	石材木材
现况说明	护厝外立面窗	现况说明	大房双雕镂空窗，新漆黄色油漆	现况说明	大房石雕镂空窗，石雕局部破损	现况说明	木窗框木窗棂，新漆黄色油漆，新增纱窗
破损说明	石材表面局部脏污，石雕局部破损，局部缺角	破损说明	新漆木板门非原有面貌，局部新漆油漆剥落	破损说明	石雕表面局部脏污，石雕局部破损，部分石雕表层剥落	破损说明	新漆窗框窗棂非原有面貌

表6-22 墙体及门窗现况调查与损坏分析——门窗（8）

编号	位置	部位名称	空间名称	材料名称	现况说明	破损说明
W-02	M1-03	窗	檐廊	石材木材	大房石雕镂空窗，木雕窗框新漆黄色，新增纱窗	石雕表面局部脏污，部分石雕表层剥落
D-01	M1-04	门	过房	石材木材	过房双扇木板门，新漆黄色油漆	新漆木板门非原有面貌
W-01	L2-03	窗	天井	木材	护厝木窗，木雕木窗框，新增纱窗	窗框窗棂表面脏污，窗扇局部破损
W-03	L2-03	窗	天井	木材	护厝木窗，木雕木窗框，窗扇缺失	窗框窗棂表面脏污，窗扇局部白化
W-02(2)	M1-03	窗	大房	铁、木材	窗框窗棂分别新漆黄色、银色油漆，新增纱窗	新漆窗框窗棂非原有面貌
D-01(2)	M1-04	门	过房	石材木材	过房双扇木板门，新漆黄色油漆	新漆木板门非原有面貌
W-01	M1-04	窗	过房	木材	木窗框窗棂新漆黄色，新增纱窗	新漆窗框窗棂非原有面貌
D-02	L2-03	门	天井	木材	护厝双扇木窗，门扇局部破损	窗框窗棂表面褪色，窗框局部潮白化
W-02	M1-04	窗	檐廊	石材木材	过房石雕镂空窗，石雕局部破损	石雕表面局部脏污，部分石雕表层剥落
D-01(2)	M1-05	门	过房	木材	新漆窗棂窗框长新漆有面貌，部分窗框油漆表层剥落	
W-03(2)	M1-03	窗	大房	铁、木材	窗框窗棂分别新漆黄色、银色油漆，新增纱窗	新漆窗框窗棂非原有面貌
D-02(2)	M1-04	门	过房	木材	过库单扇木板门，新漆黄色油漆	新漆窗框窗棂门非原有面貌
W-01(2)	M1-04	窗	过房	木材	过房双扇木门，新漆黄色油漆	新漆双扇板门非原有面貌
D-01(2)	M1-05	门	过房	木材	过房双扇木板门，新漆黄色油漆，局部油漆表层剥落	

表6-23 墙体及门窗现况调查与损坏分析——门窗（9）

编号	位置	部位名称	空间名称	材料名称	现况说明	破损说明
W-01(2)	M1-05	窗	过房	石材木材	木窗框木窗损，新漆黄色油漆，新增纱窗	新漆窗框窗损非原有面貌
W-01	M1-05	窗	墙廊	石材木材	过房石雕镂空窗，石雕局部破损，部分石雕表层剥落	石雕表面局部脏污，部分石雕表层剥落
D-01(2)	M2-01	门	下厅	木材	下厅双扇木板门，局部破损，门扇表面色泽褪去，留有清晰木纹和节疤	门扇表面色泽褪去
W-01(2)	M2-03	窗	下房	石材木材	下房木窗，新漆黄色油漆	新漆窗框窗损非原有面貌
D-02(2)	M1-05	门	过房	木材	过房单扇木板门，新漆黄色油漆	新漆木板门非原有面貌
W-02	L2-03	窗	天井	石材木材	护厝木窗，木窗损绿色窗框，窗腐铁夹	窗框窗损表面褪色，局部白化
W-03	M1-05	窗	过房	石材木材	过房石雕铁制窗损	窗框表面色泽褪去
D-01	M2-01	门	下厅	木材	下厅双扇木板侧门，局部破损，门扇表面色泽褪去，留有清晰木纹和节疤	门扇破损较为严重，局部受潮开裂
W-02(2)	M1-05	窗	过房	木材	木窗框窗损，新漆黄色油漆，新增纱窗	新漆窗框窗损非原有面貌
W-04	L2-03	窗	天井	石材木材	过房石雕镂空窗，木窗损木窗框，部分石雕表层剥落	石雕表面局部脏污，部分石雕表层剥落
W-04(2)	M1-05	窗	过房	木材	窗损，窗框新漆黄色油漆，新增纱窗	新漆窗框窗损非原有面貌
W-06	L2-03	窗	左外环境	石材	护厝外立面窗，石雕石窗损，局部破损	表面褪色白化，石雕破损较为严重，局部受潮开裂

表6-24 墙体及门窗现况调查与损坏分析——门窗（10）

编号	W-01	位置	M2-01	部位名称	窗	空间名称	下厅	材料名称	石材木材	现况说明	下厅外立面石雕镂空窗，石雕局部破损	破损说明	局部表面脏污，部分石雕被人为损坏

| 编号 | W-01(2) | 位置 | M2-01 | 部位名称 | 窗 | 空间名称 | 下厅 | 材料名称 | 石材木材 | 现况说明 | 左侧过水木窗，木窗框木窗板，留下清晰木纹和节疤 | 破损说明 | 木材表面色泽褪去 |

| 编号 | W-02 | 位置 | M2-01 | 部位名称 | 窗 | 空间名称 | 下厅 | 材料名称 | 石材木材 | 现况说明 | 下厅外立面石雕镂空窗，石雕局部破损 | 破损说明 | 局部表层剥落，部分石雕被人为损坏 |

| 编号 | W-02(2) | 位置 | M2-01 | 部位名称 | 窗 | 空间名称 | 下厅 | 材料名称 | 石材木材 | 现况说明 | 左侧过水木窗，木窗框木窗板，留下清晰木纹和节疤 | 破损说明 | 窗体表面色泽褪去，窗体局部破损 |

| 编号 | D-01 | 位置 | M2-02 | 部位名称 | 门 | 空间名称 | 下房 | 材料名称 | 石材木材 | 现况说明 | 下房双扇木板门，新漆红色油漆 | 破损说明 | 新漆木板门非原有面貌 |

| 编号 | D-01(2) | 位置 | M2-02 | 部位名称 | 门 | 空间名称 | 下房 | 材料名称 | 石材木材 | 现况说明 | 下房双扇木板门，新漆红色油漆 | 破损说明 | 新漆木板门非原有面貌 |

| 编号 | W-01 | 位置 | M2-02 | 部位名称 | 窗 | 空间名称 | 下房 | 材料名称 | 石材木材 | 现况说明 | 木窗框木窗板，新漆淡黄色油漆 | 破损说明 | 新漆窗框窗板非原有面貌 |

| 编号 | W-01(2) | 位置 | M2-02 | 部位名称 | 窗 | 空间名称 | 下房 | 材料名称 | 石材木材 | 现况说明 | 木窗框木窗板，新漆淡黄色油漆 | 破损说明 | 新漆窗框窗板非原有面貌 |

| 编号 | W-02 | 位置 | M2-03 | 部位名称 | 墙廊 | 空间名称 | | 材料名称 | 石材木材 | 现况说明 | 墙廊石雕镂空窗，石雕局部破损 | 破损说明 | 局部表层剥落，部分石雕被人为损坏 |

| 编号 | W-02(2) | 位置 | M2-03 | 部位名称 | 窗 | 空间名称 | 下房 | 材料名称 | 石材木材 | 现况说明 | 木窗框木窗板，新漆淡黄色油漆 | 破损说明 | 新漆窗框窗板非原有面貌 |

| 编号 | W-01 | 位置 | M2-03 | 部位名称 | 墙廊 | 空间名称 | | 材料名称 | 石材木材 | 现况说明 | 墙廊石雕镂空窗，石雕局部破损 | 破损说明 | 局部表层剥落，部分石雕被人为损坏 |

| 编号 | D-01 | 位置 | M2-03 | 部位名称 | 门 | 空间名称 | 檐廊 | 材料名称 | 石材木材 | 现况说明 | 为双扇木板门，门隔局部破损 | 破损说明 | 角度双面木纹及节疤 |

| 编号 | D-01(2) | 位置 | M2-03 | 部位名称 | 门 | 空间名称 | 檐廊 | 材料名称 | 石材木材 | 现况说明 | 木窗框木窗板门，门隔局部破损 | 破损说明 | 留下木纹及节疤 |

第六章 现况及损坏状况调查分析

墙体及门窗现况调查与损坏分析——门窗（11） 表6-25

编号	D-01(2)	编号	D-02	编号	D-02(2)	编号	D-03
位置	M2-04	位置	M2-04	位置	M2-04	位置	M2-04
部位名称	门	部位名称	门	部位名称	门	部位名称	护墙厅
空间名称	角厝	空间名称	角厝	空间名称	角厝	空间名称	角厝
材料名称	木材	材料名称	木材	材料名称	木材	材料名称	木材
现况说明	角厝双扇木板门，门扇破损较为严重，板缘处受潮白化蛀蚀	现况说明	角厝双扇木板门，门扇褪去漆色，木材表面色泽褪去，留下清晰木纹与节疤	现况说明	角厝双扇木板门，门扇局部破损，门扇色泽褪去受潮白化，留下木纹又节疤	现况说明	角厝双扇木板门，新漆红色油漆
破损说明	门扇受潮变色，板缘处受潮白蚁蛀蚀	破损说明	木材表面色泽褪去，留下清晰木纹与节疤	破损说明	木材表面色泽褪去受潮白化，留下木纹又节疤	破损说明	新漆木板门表原有面貌

编号	W-02(2)	编号	W-01	编号	W-01(2)	编号	W-02
位置	M2-04	位置	M2-04	位置	M2-04	位置	M2-04
部位名称	窗	部位名称	窗	部位名称	窗	部位名称	窗
空间名称	下厝	空间名称	下厝	空间名称	角厝	空间名称	下厝
材料名称	石材木材	材料名称	石材木材	材料名称	石材木材	材料名称	石材木材
现况说明	角厝窗，石窗框石窗扇，被新增木板遮挡	现况说明	角厝窗，石窗框石窗扇，留下清晰木纹与节疤	现况说明	角厝窗，木窗框木窗扇，留下清晰木纹，局部有轻微白化	现况说明	角厝窗，石窗框石窗扇，局部破损
破损说明	新增木板遮挡，留下清晰木纹与节疤	破损说明	木窗框木窗扇，整体保存较为完好	破损说明	表面褪色，留有清晰木纹，局部有轻微白化	破损说明	角窗框和节疤，局部破损脏污

编号	W-03	编号	W-03(2)	编号	D-01	编号	D-02(2)
位置	M2-04	位置	M2-04	位置	M2-04	位置	M2-05
部位名称	星	部位名称	窗	部位名称	门	部位名称	角厝
空间名称	下厝	空间名称	角厝	空间名称	角厝	空间名称	角厝厅
材料名称	石材	材料名称	石材木材	材料名称	木材	材料名称	木材
现况说明	角厝外立面石雕镂空窗，石雕局部表面轻微剥落	现况说明	角厝窗，木窗框木窗扇，窗棂局部破损	现况说明	角厝双开木板门，留有木纹和节疤，表面漆色褪去	现况说明	表面褪色留有清晰木纹节疤，局部受潮白化
破损说明	石雕局部表面轻微剥落	破损说明	杂物遮挡部分窗棂判断	破损说明	表面漆色褪去，木材纹路清晰	破损说明	表面褪色留有清晰木纹节疤，局部受潮白化

编号	D-01(2)	编号	D-02	编号	W-03(2)	编号	D-03
位置	M2-05	位置	M2-05	位置	M2-05	位置	M2-05
部位名称	下厝	部位名称	护厝厅	部位名称	角厝	部位名称	角厝
空间名称	角厝	空间名称	角厝	空间名称	角厝	空间名称	角厝
材料名称	木材	材料名称	木材	材料名称	石材木材	材料名称	木材
现况说明	角厝双扇木板门，门扇局部破损，底部受潮白化	现况说明	角厝双扇木板门，门扇局部破损，表面褪色，留有清晰木纹节疤	现况说明	角厝双扇木板门，门扇破损较为严重，木材受潮白化严重	现况说明	角厝双开木板门，局部受潮开裂，左半边门扇缺失
破损说明	表面褪色留有清晰木纹节疤，底部受潮白化	破损说明	表面褪色留有清晰木纹节疤，局部破损	破损说明	表面褪色留有清晰木纹，木材受潮白化严重	破损说明	表面褪色留有木纹节疤，左半边门扇缺失

190　风华初现——福兴堂建筑保护与修复

墙体及门窗现况调查与损坏分析——门窗（12） 表6-26

编号	D-03(2)	编号	W-01	编号	W-01(2)	编号	W-02
位置	M2-05	位置	M2-05	位置	M2-05	位置	M2-05
部位名称	门	部位名称	窗	部位名称	窗	部位名称	窗
空间名称	护厝厅	空间名称	角厝	空间名称	角厝	空间名称	角厝
材料名称	木材	材料名称	石材木材	材料名称	石材木材	材料名称	石材木材
现况说明	角厝双扇木板门，门扇局部破损	现况说明	角厝窗，石窗框木窗棂，新增纱窗	现况说明	角厝窗，石窗框木窗棂，新增纱窗	现况说明	角厝窗，石窗框木窗棂，新增纱窗
破损说明	门扇表面色泽褪去，留有清晰之木纹和节疤	破损说明	木材表面退褪色留有木纹且受潮白化	破损说明	木材表面退褪色留有木纹且受潮白化	木材表面退褪色留有木纹且受潮白化

编号	W-02(2)	编号	W-03	编号	W-03(2)	编号	D-01
位置	R1-01	位置	M2-05	位置	M2-05	位置	R2-01
部位名称	窗	部位名称	窗	部位名称	窗	部位名称	榫头
空间名称	下廊	空间名称	角厝	空间名称	下廊	空间名称	护厝厅
材料名称	石材木材	材料名称	石材木材	材料名称	石材木材	材料名称	—
现况说明	角厝窗，石窗框石窗棂，石窗局部破损	现况说明	杂物遮挡影响视线判断	现况说明	角厝窗，石窗框石窗棂，石窗局部破损	现况说明	—
破损说明	石窗局部表面脏污	破损说明	—	破损说明	石窗局部表面脏污	破损说明	—

编号	D-01(2)	编号	D-01	编号	D-01(2)	编号	D-01
位置	A1-02	位置	A1-02	位置	R2-01	位置	R2-01
部位名称	门	部位名称	门槛	部位名称	门	部位名称	护厝厅
空间名称	内廊	空间名称	内廊	空间名称	护厝厅	空间名称	护厝厅
材料名称	—	材料名称	石材木材	材料名称	—	材料名称	—
现况说明	门扇佚失	现况说明	角厝外立面石雕镂空窗，石雕局部破损	现况说明	门扇佚失	现况说明	—
破损说明	—	破损说明	石雕局部表层轻微剥落	破损说明	—	破损说明	—

编号	D-02(2)	编号	D-02	编号	D-02(2)	编号	W-01
位置	A1-05	位置	R2-01	位置	H1-01	位置	R2-01
部位名称	门	部位名称	护厝尾	部位名称	门	部位名称	护厝尾
空间名称	内廊	空间名称	护厝尾	空间名称	后外环境	空间名称	护厝尾
材料名称	—	材料名称	木材	材料名称	木材	材料名称	木材
现况说明	门扇佚失	现况说明	角厝双扇木门，门扇局部破损	现况说明	角厝双扇木门，门扇局部破损	现况说明	护厝尾窗，木窗框退色，窗扇佚失
破损说明	—	破损说明	木材表面色泽褪去，留有木纹且受潮白化	破损说明	木材表面色泽褪去，留有木纹且受潮白化	破损说明	木材表面褪色，横梁受潮白化

第六章 现况及损坏状况调查分析

墙体及门窗现况调查与损坏分析——门窗（13）

表6-27

编号	W-01(2)	编号	W-02	编号	W-02(2)	编号	W-03
位置	R2-01	位置	R2-01	位置	R2-01	位置	R2-01
部位名称	护厝尾	部位名称	护厝尾	部位名称	护厝尾	部位名称	护厝尾
空间名称	过水	空间名称	过水	空间名称	过水	空间名称	过水
材料名称	窗	材料名称	窗	材料名称	窗	材料名称	窗
石材木材	木材	石材木材	石材木材	石材木材	石材木材	石材木材	石材木材
现况说明	护厝尾窗，木窗框木窗损，横挺受潮白化	现况说明	护厝尾窗，木窗框色泽褪去，留有清晰木纹	现况说明	杂物堆积遮挡影响视线判断	现况说明	杂物堆积遮挡影响视线判断
破损说明	木材表面褪色，窗扇佚失	破损说明	木材表面褪色，留有木纹	破损说明	—	破损说明	—

编号	W-03(2)	编号	W-04	编号	W-04(2)	编号	W-05
位置	R2-01	位置	R2-01	位置	R2-01	位置	R2-01
部位名称	护厝尾	部位名称	护厝尾	部位名称	护厝尾	部位名称	护厝尾
空间名称	过水	空间名称	过水	空间名称	过水	空间名称	过水
材料名称	窗	材料名称	窗	材料名称	窗	材料名称	窗
石材木材	木材	石材木材	木材	石材木材	石材木材	石材木材	木材
现况说明	护厝尾窗，木窗框木窗损，窗扇佚失	现况说明	护厝尾窗，木窗框色泽褪去，窗有清晰木纹	现况说明	杂物堆积遮挡影响视线判断	现况说明	护厝尾窗，木窗框色泽褪去，窗扇清晰木纹
破损说明	木材表面褪色，留有木纹	破损说明	窗扇佚失，窗有清晰木纹	破损说明	—	破损说明	木材表面色泽褪去，留有清晰木纹

编号	W-05(2)	编号	W-06	编号	W-06(2)	编号	W-07
位置	R2-01	位置	R2-01	位置	R2-01	位置	R2-01
部位名称	护厝尾	部位名称	护厝尾	部位名称	过水	部位名称	护厝尾
空间名称	过水	空间名称	过水	空间名称	后外环境	空间名称	过水
材料名称	窗	材料名称	窗	材料名称	窗	材料名称	窗
石材木材	石材环境	石材木材	木材	石材木材	石材木材	石材木材	石材木材
现况说明	护厝尾外立面窗，石窗框石窗损，局部破损	现况说明	护厝尾窗，木窗框木窗损，留有木纹	现况说明	护厝尾外立面窗，石窗框木窗损，局部破损	现况说明	护厝尾外立面窗，石窗框木窗损，留有清晰木纹
破损说明	石材表面脏污，右侧破损部分发黑	破损说明	木材表面褪色，留有木纹	破损说明	中间窗根被人为损坏发生移位	破损说明	护厝尾表面褪色，窗扇清晰木纹

编号	W-07(2)	编号	D-01	编号	D-01(2)	编号	D-02
位置	R2-01	位置	R2-02	位置	R2-02	位置	R2-02
部位名称	护厝	部位名称	护厝	部位名称	门	部位名称	门
空间名称		空间名称		空间名称	护厝	空间名称	护厝
材料名称	门	材料名称	门	材料名称	木材	材料名称	木材
石材木材	石外环境	石材木材	石材木材	石材木材		石材木材	
现况说明	部分窗根被人为损坏发生轻微移位	现况说明	角厝双扇木板门，门扇破损严重，右半边门扇受潮化严重	现况说明	角厝双扇色留有木纹节疤，表面褪色部受潮白化	现况说明	角厝双扇色留有木纹节疤，门扇局部受潮白化
破损说明		破损说明		破损说明		破损说明	门扇底部受潮白化

表6-28 墙体及门窗现况调查与损坏分析——门窗（14）

编号	位置	部位名称	空间名称	材料名称	现况说明	破损说明
D-02(2)	R2-02	门	过水	木材	角落双扇木板门，门扇局部破损	表面褪色留有木纹书危，门扇底部受潮白化
W-01(2)	R2-02	窗	护扇	木材	护扇窗，木窗框木窗棂，窗扇佚失，局部破损	木材表面色泽褪去，留有木纹且受潮白化
W-02	R2-02	窗	过水	木材	护扇窗，木窗框木窗棂，窗扇佚失，局部破损	木材表面色泽褪去，留有木纹且受潮白化
W-03	R2-02	窗	护扇	木材	杂物堆积造成影响视线判断	
W-04(2)	R2-02	窗	护扇	木材	护扇窗，木窗框木窗棂，窗扇佚失，局部破损	木材表面色泽褪去，留有清晰木纹
W-04	R2-02	窗	护扇	木材	护扇窗，木窗框木窗棂，窗扇佚失，局部破损	木材表面色泽褪去，留有清晰木纹
W-05	R2-02	窗	古外环境	石材木材	护扇外立面窗，石窗框石窗棂，石窗局部破损，部分窗棂遭人为损坏发生轻微移位	
W-05(2)	R2-02	窗	古外环境	石材木材	护扇外立面窗，石窗框石窗棂，石窗局部破损	木材表面色泽褪去，留有木纹且受潮白化
W-06(2)	R2-02	窗	护扇	木材	护扇窗，木窗框木窗棂，新增纱窗	木材表面色泽褪去，留有清晰木纹
W-06	R2-02	窗	古外环境	石材木材	护扇外立面窗，石窗框石窗棂，石窗局部破损	表面脏污
D-01	R2-02	门	天井	—	门扇佚失	—
D-01(2)	R2-02	门	护扇	—	门扇佚失	—

第六章 现况及损坏状况调查分析

表6-29 墙体及门窗现况调查与损坏分析——门窗（15）

编号	D-02(2)	编号	W-02
位置	R2-03	位置	R2-03
部位名称	门	部位名称	窗
空间名称	天井	空间名称	护厝
材料名称	木材	材料名称	木材
现况说明	—	现况说明	护厝窗，木窗框木窗棂，窗扇窗棂缺失
破损说明	门扇缺失	破损说明	木材表面色泽褪去，留有木纹且受潮白化

编号	W-02(2)	编号	W-01(2)
位置	R2-03	位置	R2-03
部位名称	窗	部位名称	窗
空间名称	天井	空间名称	护厝
材料名称	木材	材料名称	木材
现况说明	护厝窗，木窗框木窗棂，窗扇窗棂缺失	现况说明	护厝窗，木窗框木窗棂，窗扇窗棂缺失，破损严重
破损说明	木材表面色泽褪去，留有木纹且横挺受潮白化	破损说明	木材表面色泽褪去，留有木纹且受潮白化

编号	W-01	编号	W-04
位置	R2-03	位置	R2-03
部位名称	窗	部位名称	窗
空间名称	天井	空间名称	护厝
材料名称	木材	材料名称	木材
现况说明	木窗框木窗棂，破损严重	现况说明	护厝窗，木窗框木窗棂，窗扇窗棂缺失
破损说明	木材表面色泽褪去	破损说明	木材表面色泽褪去，留有木纹且受潮白化

编号	W-04(2)	编号	W-03(2)
位置	R2-03	位置	R2-03
部位名称	窗	部位名称	窗
空间名称	天井	空间名称	护厝
材料名称	木材	材料名称	木材
现况说明	护厝窗，木窗框木窗棂，窗扇窗棂缺失	现况说明	护厝窗，木窗框木窗棂，窗扇窗棂缺失
破损说明	木材表面色泽褪去，留有木纹且受潮白化	破损说明	木材表面色泽褪去，留有木纹且受潮白化

编号	W-06(2)	编号	W-06
位置	R2-03	位置	R2-03
部位名称	窗	部位名称	窗
空间名称	护厝头	空间名称	右外环境
材料名称	石材木材	材料名称	石材木材
现况说明	护厝窗，木窗框木窗棂，窗扇局部破损，局部有缺角	现况说明	护厝外立面窗，石窗框石窗棂，石窗局部破损
破损说明	木材表面色泽褪去，留有清晰木纹	破损说明	部分窗棂遭人为损坏发生移位

编号	W-05(2)	编号	W-05
位置	R2-03	位置	R2-03
部位名称	窗	部位名称	窗
空间名称	护厝	空间名称	右外环境
材料名称	木材	材料名称	石材木材
现况说明	护厝窗，木窗框木窗棂，窗扇窗棂缺失	现况说明	护厝外立面窗，石窗框石窗棂，石窗局部破损
破损说明	木材表面色泽褪去，留有木纹且受潮白化	破损说明	部分窗棂遭人为损坏发生移位，局部有缺角

编号	D-01(2)	编号	D-02
位置	R2-04	位置	R2-04
部位名称	门	部位名称	门
空间名称	护厝厅	空间名称	护厝头
材料名称	木材	材料名称	木材
现况说明	护厝头双扇木板门，新漆红色油漆	现况说明	护厝头双扇木板门，新漆黄色油漆
破损说明	新漆木板门非原有面貌	破损说明	新漆木板门非原有面貌，局部新漆油漆剥落

编号	D-01	
位置	R2-04	
部位名称	门	
空间名称	护厝头	
材料名称	木材	
现况说明	护厝头双扇木板门，新漆黄色油漆	
破损说明	新漆木板门非原有面貌，局部新漆油漆剥落	

墙体及门窗现况调查与损坏分析——门窗（16）　　表6-30

编号	D-02(2)	编号	D-03	编号	D-03(2)	编号	W-01
位置	R2-04	位置	R2-04	位置	R2-04	位置	R2-04
部位名称	门	部位名称	门	部位名称	窗	部位名称	窗
空间名称	护厝厅	空间名称	护厝头	空间名称	护厝厅	空间名称	护厝头
材料名称	木材	材料名称	木材	材料名称	木材	材料名称	木材
现况说明	护厝头双扇玻璃门，新漆红色油漆	现况说明	护厝头单扇木板门，新增铁门，门扇局部破损	现况说明	护厝头单扇木板门，新漆黄色油漆	现况说明	护厝头窗，木窗框玻璃窗扇，新漆棕色油漆
破损说明	新漆窗框非原有面貌	破损说明	木材表面色泽褪去，留有清晰木纹	破损说明	新漆木板门非原有面貌	破损说明	新漆窗框非原有面貌

编号	W-03(2)	编号	W-02	编号	W-02(2)	编号	W-03
位置	R2-04	位置	R2-04	位置	R2-04	位置	R2-04
部位名称	窗	部位名称	窗	部位名称	窗	部位名称	窗
空间名称	护厝头	空间名称	护厝头	空间名称	护厝厅	空间名称	护厝头
材料名称	木材	材料名称	石材木材	材料名称	木材	材料名称	石材木材
现况说明	护厝头窗，木窗框玻璃窗扇，新漆棕色油漆	现况说明	护厝头窗，木窗框玻璃窗隔，新漆棕色油漆	现况说明	护厝头窗，木窗框玻璃窗隔，新漆棕色油漆	现况说明	护厝外立面石雕镂空窗，石雕框石窗扇，局部破损
破损说明	新漆窗框非原有面貌	破损说明	新漆窗框非原有面貌	破损说明	新漆窗框非原有面貌	破损说明	石材表面局部脏污

编号	W-06(2)	编号	W-04	编号	W-04(2)	编号	W-05
位置	R2-03	位置	R2-04	位置	R2-04	位置	R2-04
部位名称	窗	部位名称	窗	部位名称	窗	部位名称	窗
空间名称	护厝头	空间名称	外环境	空间名称	护厝头	空间名称	护厝头
材料名称	石材木材	材料名称	石材木材	材料名称	石材木材	材料名称	石材木材
现况说明	护厝头窗，木窗框窗棂，窗棂局部破损，部分窗棂受潮白化	现况说明	护厝头外立面石窗，石雕框石窗扇，局部破损	现况说明	护厝头窗，木窗框玻璃双扇窗，新增玻璃窗褪去	护厝外立面石雕镂空窗，石雕框石窗扇，石隅局部破损
破损说明	表面色泽褪去，留下木纹，窗下木纹受潮白化	破损说明	杂物遮挡影响视线判断	破损说明	木材表面色泽褪去	破损说明	石雕部分表层轻微剥落，表面脏污

编号	D-01(2)	编号	D-01	编号	D-01(2)	编号	D-01
位置	A1-03	位置	A1-03	位置	A1-04	位置	A1-04
部位名称	门	部位名称	门	部位名称	门	部位名称	门
空间名称	檐廊	空间名称	檐廊	空间名称	内廊	空间名称	上厅
材料名称		材料名称		材料名称		材料名称	
现况说明	门扇佚失	现况说明	门扇佚失	现况说明	门扇佚失	现况说明	门扇佚失
破损说明	—	破损说明	—	破损说明	—	破损说明	—

墙体及门窗现况调查与损坏分析——门窗（17）

表6-31

编号	位置	部位名称	空间名称	材料名称	现况说明	破损说明
W-01	M1-04-I	窗	夹层	砖	夹层高窗，以砖块堆砌封死影响视线判断	—
D-01	A1-05	门	上厅	—	门扇佚失	—
W-01(2)	M1-04-I	窗	夹层	—	夹层高窗，以砖块堆砌封死影响视线判断/左外环境	—
D-01(2)	A1-05	门	内廊	—	门扇佚失	—
D-02	A1-04	门	过水	—	门扇佚失	—
D-02	A1-05	门	过水	—	门扇佚失	—
D-01(2)	A1-04	门	内廊	—	门扇佚失	—
D-02(2)	A1-04	门	内廊	—	门扇佚失	—

6.1.5 墙体及门窗现况调查与损坏分析——墙体

墙体及门窗现况调查与损坏分析——墙体（1） 表6-32

编号	WE	编号	WN-01	编号	WN-02	编号	WN-03
位置	A1-01	位置	A1-01	位置	A1-01	位置	A1-01
部位名称	墙	部位名称	墙	部位名称	墙	部位名称	墙
空间名称	墙廊	空间名称	墙廊	空间名称	墙廊	空间名称	墙廊
材料名称	石、灰	材料名称	石、灰	材料名称	石、灰	材料名称	石、灰
现况说明	上方白灰墙面局部脱落，砖瓦发白	现况说明	上方白灰墙受潮较重，贴石面保存较完好	现况说明	上方白灰墙受潮较重，贴石面保存较完好，空鼓，石膏表面风化	现况说明	上方白灰墙受潮较重，贴石面保存较好
破损说明	剪瓷表面饰局部破损，色泽褪去	破损说明	白灰墙面受潮变色，砖瓦表面风化	破损说明	白灰墙面受潮变色，空鼓，石膏表面风化	破损说明	白灰墙面受潮变色，石膏表面保存较好

编号	WN-04	编号	WN-05	编号	WN-06	编号	WS-01
位置	A1-01	位置	A1-01	位置	A1-01	位置	A1-01
部位名称	墙	部位名称	墙	部位名称	墙	部位名称	墙
空间名称	墙廊	空间名称	墙廊	空间名称	墙廊	空间名称	墙廊
材料名称	石、灰	材料名称	石、灰	材料名称	石、灰	材料名称	石、灰
现况说明	上方白灰墙受潮较重，贴石面保存较完好	现况说明	贴石面保存较好，墙面轻微风化	现况说明	贴石面保存较好，上方砖瓦受损严重	现况说明	墙面整体保存较好，左侧新增电路开关
破损说明	白灰墙面空鼓，墙裙石面破损，石膏表面风化	破损说明	贴石面表面轻微风化，砖瓦表面出现白霜	破损说明	贴石面保存较好，上方砖瓦受损	破损说明	墙面整体保存较好，剪瓷表面破损，墙裙石面砖风化

编号	WS-02	编号	WW	编号	WE	编号	WN
位置	A1-01	位置	A1-01	位置	A1-02	位置	A1-02
部位名称	墙	部位名称	墙	部位名称	墙	部位名称	墙
空间名称	内廊	空间名称	墙廊	空间名称	内廊	空间名称	内廊
材料名称	石、砖	材料名称	石、灰	材料名称	砖、白灰	材料名称	砖、白灰
现况说明	石门拱保存较好，两侧冻损	现况说明	上方彩绘完好，墙体完好，新增照明灯	现况说明	墙裙砖面潮变色，白灰墙面发白，墙裙砖面冻损	现况说明	门拱保留有污渍，白灰墙面发黄，砖瓦边上出现裂缝
破损说明	门框两侧冻损	破损说明	墙体整体较好，局部破损，墙裙表面破损，剪瓷表面微风化	破损说明	墙裙砖面潮变色包剥落，白灰墙面潮发包，墙裙砖面冻损	破损说明	砖瓦面污损，出现开裂

编号	WS	编号	WW	编号	WE	编号	WN
位置	A1-02	位置	A1-02	位置	A1-03	位置	A1-03
部位名称	墙	部位名称	墙	部位名称	墙	部位名称	墙
空间名称	内廊	空间名称	内廊	空间名称	内廊	空间名称	内廊
材料名称	砖、白灰	材料名称	石、白灰	材料名称	砖、白灰	材料名称	砖、白灰
现况说明	石门拱保存较好，墙体保存完好	现况说明	墙体保存完好，上方墙面变色，右侧新增电路线	现况说明	墙裙砖面潮变色，白灰墙面污脏	现况说明	墙裙砖面潮变色，变色，墙裙砖面污脏
破损说明	门拱两侧冻损	破损说明	石门拱保存较好，墙面表面风化	破损说明	墙裙砖面潮变色包剥落，白灰墙面冻损	破损说明	白灰墙面潮发包剥落，变色，墙裙砖面冻损

墙体及门窗现况调查与损坏分析——墙体（2）

表6-33

编号	WS	编号	WW	编号	WE	编号	WN
位置	A1-03	位置	A1-03	位置	A1-04	位置	A1-04
部位名称	墙	部位名称	墙	部位名称	墙	部位名称	墙
空间名称	内廊	空间名称	内廊	空间名称	内廊	空间名称	内廊
材料名称	砖、白灰	材料名称	砖、白灰	材料名称	砖	材料名称	白灰
现况说明	白灰墙面获损、变色，墙裙受潮空鼓	现况说明	墙裙砖面涂损、变色，墙面砖污脏	现况说明	墙角杂物堆积，门拱用布覆盖	现况说明	砖面含水痕，白灰墙面受潮较重
破损说明	白灰墙面受潮变色，墙裙砖面冻损	破损说明	白灰墙面受潮空鼓、变色，墙裙砖涂损	破损说明	上方砖面含水痕，出现白霜	破损说明	砖面白灰墙面受潮空鼓变色，砖面局部出现裂痕

编号	WS	编号	WW	编号	WE	编号	WN-01
位置	A1-04	位置	A1-04	位置	A1-05	位置	A2-01
部位名称	墙	部位名称	墙	部位名称	墙	部位名称	下面
空间名称	内廊	空间名称	内廊	空间名称	内廊	空间名称	内廊
材料名称	白灰	材料名称	砖、白灰	材料名称	石、砖	材料名称	砖
现况说明	墙体整体现状较完好	现况说明	砖墙出现白霜	现况说明	顶部彩绘纹饰完好，门拱砖面变退色，以下砖面含水痕	现况说明	砖面较完好，墙裙白灰墙面洋涂退去
破损说明	白灰墙整体受潮，墙裙砖面变色，墙裙砖墙受潮变色	破损说明	砖墙出现白霜	破损说明	顶部彩绘纹饰轻微褪色，以下砖面受潮发白	破损说明	墙裙白灰墙面受潮空鼓变色，空鼓

编号	WN	编号	WS-01(1)	编号	WS-01(2)	编号	WS-02(1)
位置	A2-01	位置	A2-01	位置	A2-01	位置	A2-01
部位名称	墙	部位名称	下面	部位名称	墙	部位名称	石
空间名称	内廊	空间名称	内廊	空间名称	内廊	空间名称	内廊
材料名称	砖	材料名称	石头	材料名称	石、砖	材料名称	石
现况说明	整体砖面发白，左侧新增电路线	现况说明	整体装饰现状完好，石雕表面微破损、褪色、石雕表面风化	现况说明	砖面污损、发白，上方装饰画褪色	现况说明	贴石面现状完好，石雕表面微破损
破损说明	砖墙受潮变色，出现白霜	破损说明	剪瓷装饰局部破损，石雕表面风化	破损说明	砖面出现白霜，变色	破损说明	剪瓷装饰轻微破损，石雕表面风化

表6-34

墙体及门窗现状调查与损坏分析——墙体（3）

编号	WS-02(2)	编号	WW	编号	WE	编号	WN
位置	A2-01	位置	A2-01	位置	C1-01	位置	C1-01
部位名称	墙	部位名称	墙	部位名称	墙	部位名称	墙
空间名称	下廊	空间名称	下廊	空间名称	周围	空间名称	周围
材料名称	石、砖	材料名称	砖	材料名称	天井	材料名称	天井
现况说明	顶部彩绘装饰褪色，门拱上装饰涂损，砖面受潮出现白滑	现况说明	顶部彩绘装饰褪色，门拱上表饰涂损，砖面受潮出现白滑	破损说明	破损说明	破损说明	窗框底部破损，窗框破损，墙裙受潮变色，发黑
破损说明	装饰画破损，砖墙发白，墙裙出现白滑，墙裙石面	破损说明					

编号	WS	编号	WW	编号	WE	编号	WN
位置	C1-01	位置	C1-02	位置	C1-02	位置	C1-03
部位名称	墙	部位名称	墙	部位名称	墙	部位名称	墙
空间名称	周围	空间名称	天井	空间名称	天井	空间名称	天井
材料名称	木	材料名称	砖	材料名称	石、砖	材料名称	石、砖
现况说明	窗花局部破损	现况说明	砖面发白，门拱墙裙发霉，装饰画褪色	现况说明	墙面脏污，墙边上墙建水泥墙厕所，装饰画损坏	现况说明	石画局部破损，墙面被水渍连浸阻砖视线
破损说明		破损说明	墙裙装饰变色，砖面出现白滑，装饰画褪色	破损说明	墙裙受潮变色，装饰损坏	破损说明	

编号	WS	编号	WW	编号	WE-01	编号	WN-01
位置	C1-03	位置	C1-03	位置	H1-01	位置	H1-01
部位名称	墙	部位名称	墙	部位名称	墙	部位名称	墙
空间名称	天井	空间名称	天井	空间名称	过水	空间名称	过水
材料名称	木材	材料名称	砖、石	材料名称	砖、石	材料名称	砖
现况说明	木雕花局部破损较重，新增电路线，窗花损坏	现况说明	砖墙面脏较重，新增照明灯及电线，装饰画褪色	现况说明	墙上窗用纸封住，左侧新增照明灯，装饰画涂损，砖面出现白滑	现况说明	砖墙面脏污，墙角杂物堆积影响视线
破损说明	木隔扇受潮变色变形，窗花损坏	破损说明		破损说明		破损说明	砖面出现水痕，白滑

第六章 现况及损坏状况调查分析

墙体及门窗现况调查与损坏分析——墙体（4） 表6-35

编号	WN-02	WW-02	WS	WS-02	WW-01
位置	墙	墙	墙	墙	墙
部位名称	H1-01	H1-01	H1-01	H1-01	H1-01
空间名称	墙	墙	墙	墙	墙
过水					
材料名称	砖、白灰	砖	砖	砖	砖、灰
现况说明	砖面脏污、发白，墙裙青砖变色，墙裙受潮	局部破损较发，新增照明灯及电线，窗框下砖潮破损，门拱上装饰画损坏	墙体整体较完好，白灰墙面受潮变色、空鼓，砖墙微有裂缝	白灰墙面发黑，堆积杂物较多影响判断，白灰墙受潮变色、出现裂缝
破损说明					

编号		WE-02	WW	WE	WN
位置		墙	墙	墙	墙
部位名称		H1-01	H1-02	H1-02	H1-02
空间名称		墙	下厢厅	下厢厅	下厢厅
过水					
材料名称		白灰	砖、白灰	石、砖	木材
现况说明		砖墙表面脏污，上方新增电路线，剪瓷装饰局部破损	墙面整体较完好，剪瓷装饰局部破损	剪瓷局部破损，门窗被遮住，新增电路线、张贴，白灰墙面变色、剥落	窗花局部破损，木隔角色泽褪去新增电路线，窗花破坏，木隔受潮变色、变形
破损说明					

编号	WN-02	WW	WS-01	WS-02	WN-01
位置	墙	墙	墙	墙	墙
部位名称	H2-01	H1-02	H2-01	H2-01	H2-01
空间名称	墙	下厢厅	墙	墙	墙
过水					
材料名称	砖、白灰	砖	砖、白灰	砖、白灰	石
现况说明	整体较完好，砖面出现白灰，砖墙受潮变色	墙面污脏，砖瓦污脏，白灰墙受潮发黑	砖墙表面污染变色较严重，剪瓷发果变色，新增电灯电线，砖下坊台发果变色，砖面出现白滑	整体较完好，红砖变色，砖面受潮变色	墙体整体较完好，装饰受潮变色，新增电路线 墙角受潮变色，装饰画冻损，墙面出现白滑
破损说明					

表6-36 墙体及门窗现状调查与损坏分析——墙体（5）

表6-37 墙体及门窗现况调查与损坏分析——墙体（6）

编号	WE	编号	WN	编号	WS	编号	WW
位置	M1-02	位置	M1-02	位置	M1-02	位置	M1-02
部位名称	墙	部位名称	墙	部位名称	墙	部位名称	墙
空间名称	大房	空间名称	大房	空间名称	大房	空间名称	大房
材料名称	白灰	材料名称	白灰	材料名称	白灰	材料名称	白灰
现况说明	墙被重新粉刷，失去原貌	现况说明	墙被重新粉刷，失去原貌	现况说明	墙面被重新粉刷，失去原貌	现况说明	墙被重新粉刷，失去原貌
破损说明		破损说明		破损说明		破损说明	

编号	WE	编号	WN	编号	WS	编号	WW
位置	M1-03-I	位置	M1-03-I	位置	M1-03-I	位置	M1-03-I
部位名称	墙	部位名称	墙	部位名称	墙	部位名称	墙
空间名称	大房夹层	空间名称	大房夹层	空间名称	大房夹层	空间名称	大房夹层
材料名称	白灰	材料名称	白灰	材料名称	白灰	材料名称	白灰
现况说明	墙脏面污，墙角杂物堆积影响视线判断	现况说明	墙面被污，新增照明	现况说明	白灰墙面脏污，鼓包明显	现况说明	墙角杂物堆积污，白灰墙面受潮发黄，空鼓
破损说明	白灰墙面受潮发黄，空鼓	破损说明	白灰墙面受潮发黄	破损说明	白灰墙面受潮发黄，鼓包明显	破损说明	

编号	WE	编号	WN	编号	WS	编号	WW
位置	M1-04-I	位置	M1-04-I	位置	M1-04-I	位置	M1-04-I
部位名称	墙	部位名称	墙	部位名称	墙	部位名称	墙
空间名称	过房夹层	空间名称	过房夹层	空间名称	过房夹层	空间名称	过房夹层
材料名称	白灰	材料名称	白灰	材料名称	白灰	材料名称	白灰
现况说明	白灰墙面脏污，出现明显变色，污损，留下黄色水痕	现况说明	白灰墙面受潮变色，情况较良好	现况说明	白灰墙脏污，变形严重，鼓包	现况说明	白灰墙面破损较严重，剥落
破损说明		破损说明	留下黄色水痕	破损说明	墙面受潮发黄，鼓包	破损说明	白灰墙面受潮发黄，剥落

第六章 现况及损坏状况调查分析

墙体及门窗现况调查与损坏分析——墙体（8） 表6-39

204 风华初现——福兴堂建筑保护与修复

墙体及门窗现况调查与损坏分析——墙体（9） 表6-40

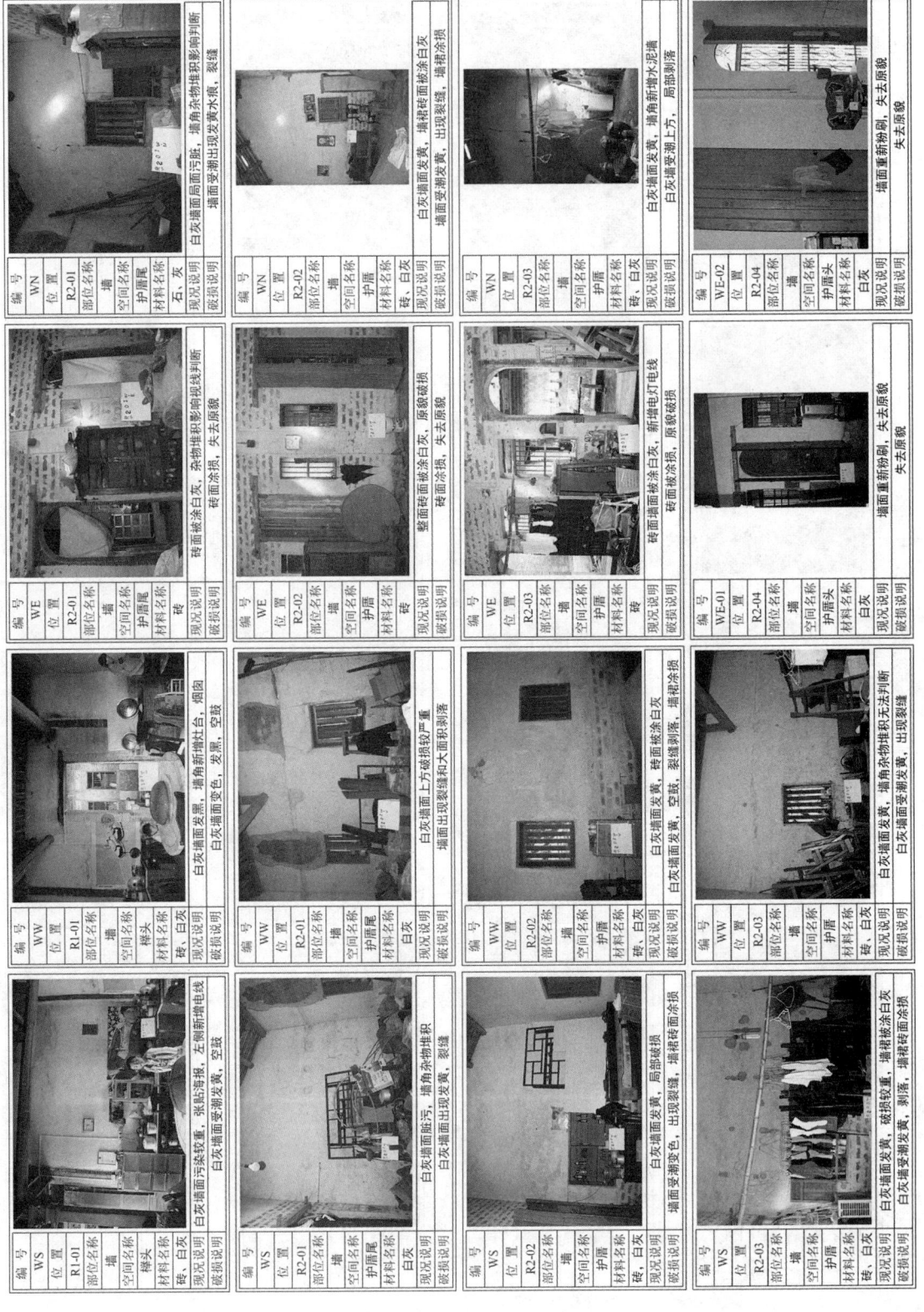

墙体及门窗现况调查与损坏分析——墙体(10)

表6-41

编号	WN	编号	WS	编号	WW-01	编号	WW-02
位置	R2-04	位置	R2-04	位置	R2-04	位置	R2-04
部位名称	墙	部位名称	墙	部位名称	墙	部位名称	墙
空间名称	护厝头	空间名称	护厝头	空间名称	护厝头	空间名称	护厝头
材料名称	白灰	材料名称	白灰	材料名称	白灰	材料名称	白灰
现况说明	墙面重新粉刷，失去原貌	现况说明	墙面重新粉刷，失去原貌	现况说明	墙面重新粉刷，失去原貌	现况说明	墙面重新粉刷，失去原貌
破损说明		破损说明		破损说明		破损说明	

编号	WW-02	编号	WE	编号	WN	编号	WW
位置	L2-04	位置	M1-01	位置	M1-01	位置	M1-02-I
部位名称	墙	部位名称	墙	部位名称	墙	部位名称	墙
空间名称	护厝头	空间名称	上厅	空间名称	上厅	空间名称	大房夹层
材料名称	砖、白灰	材料名称	石、砖	材料名称	砖	材料名称	白灰
现况说明	白灰墙面重新粉刷，新增电灯路线 砖面出门白滑	现况说明	砖面披白灰粉刷，原貌损坏 石雕装饰风化，砖面冻损	现况说明	砖面披白灰粉刷，原貌损坏	现况说明	墙面脏污，新增照明灯 墙面受潮发黄
破损说明		破损说明		破损说明		破损说明	

编号	WE	编号	WN	编号	WS	编号	
位置	M1-02-I	位置	M1-02-I	位置	M1-02-I	位置	
部位名称	墙	部位名称	墙	部位名称	墙	部位名称	
空间名称	大房夹层	空间名称	大房夹层	空间名称	大房夹层	空间名称	
材料名称	白灰	材料名称	白灰	材料名称	白灰	材料名称	
现况说明	白灰墙面目视较完好	现况说明	白灰墙面脏污 白灰墙面受潮发黄	现况说明	白灰墙面脏污，有明显鼓包 白灰墙面受潮发黄，鼓包	现况说明	
破损说明		破损说明		破损说明		破损说明	

编号		编号		编号		编号	
位置		位置		位置		位置	
部位名称		部位名称		部位名称		部位名称	
空间名称		空间名称		空间名称		空间名称	
材料名称		材料名称		材料名称		材料名称	
现况说明		现况说明		现况说明		现况说明	
破损说明		破损说明		破损说明		破损说明	

6.1.6 装饰现况调查与损坏分析

装饰现况调查与损坏分析（1） 表6-42

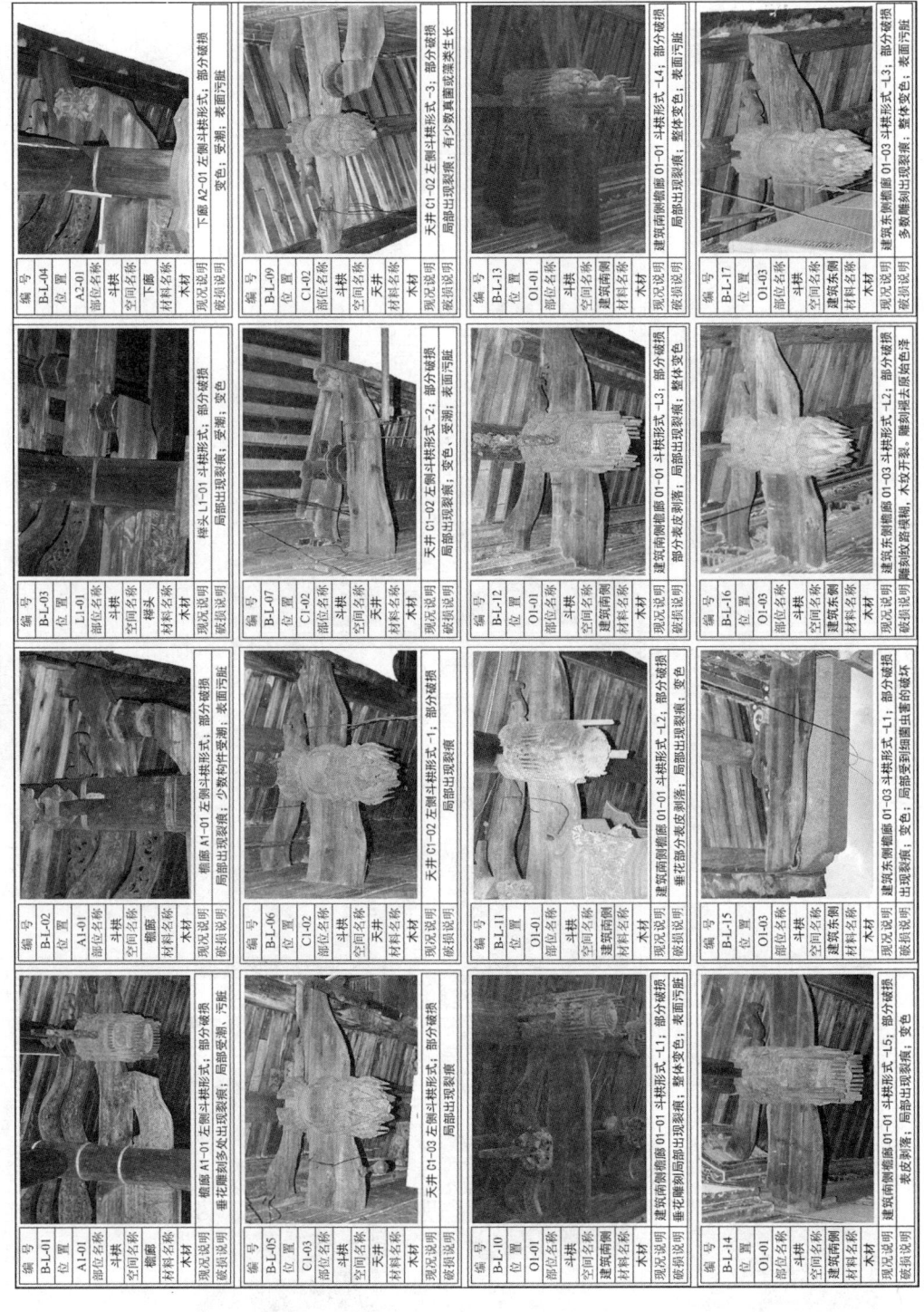

第六章　现况及损坏状况调查分析

装饰现况调查与损坏分析（2）　　　　表6-43

编号	位置	部位名称	空间名称	建筑名称	材料名称	现况说明	破损说明
B-L-18	O1-03	斗栱	檐廊	建筑东侧	木材	建筑东侧檐廊 01-03 斗栱形式-L4；部分破损	表皮剥落，局部雕刻多数出现裂痕；污脏
B-L-19	O1-03	斗栱	檐廊	建筑东侧	木材	建筑东侧檐廊 01-03 斗栱形式-L5；部分破损	垂花雕刻受潮变霉；局部受潮，表面污脏
B-L-20	O1-03	斗栱	檐廊	建筑东侧	木材	建筑东侧檐廊 01-03 斗栱形式-L6；部分破损	局部出现裂痕，变潮
B-L-21	O1-03	斗栱	檐廊	建筑东侧	木材	建筑东侧檐廊 01-03 斗栱形式-L7；部分破损	受潮腐蚀、表面污脏变色，有多数虫洞
B-L-22	O1-03	斗栱	檐廊	建筑东侧	木材	建筑东侧檐廊 01-03 斗栱形式-L8；变色、污脏	表皮剥落，局部出现裂痕
B-L-23	O1-03	斗栱	檐廊	建筑东侧	木材	建筑东侧檐廊 01-03 斗栱形式-L9；部分破损	表面污脏
B-L-24	O1-03	斗栱	檐廊	建筑东侧	木材	建筑东侧檐廊 01-03 斗栱形式-L10；部分破损	受潮、变潮、变色
B-L-25	O1-02	斗栱	檐廊	建筑北侧	木材	建筑北侧檐廊 01-02 斗栱形式-L1；部分破损	部分表皮剥落，出现裂痕
B-L-26	O1-02	斗栱	檐廊	建筑北侧	木材	建筑北侧檐廊 01-02 斗栱形式-L2；部分破损	变色出现裂痕，表面污脏
B-L-27	O1-02	斗栱	檐廊	建筑北侧	木材	建筑北侧檐廊 01-02 斗栱形式-L3；部分破损	局部表皮剥落，局部黄霉或苔藓类生长
B-L-28	O1-02	斗栱	檐廊	建筑北侧	木材	建筑北侧檐廊 01-02 斗栱形式-L4；部分破损	原始色泽变色，部分出现裂痕
A1-01		斗栱	檐廊		木材	檐廊 A1-01 右侧斗栱形式-L1；部分破损	局部雕刻构件变色，整体变色
B-R-01		斗栱	檐廊		木材	建筑北侧檐廊 01-02 斗栱形式-L1；部分破损	出现裂痕
B-R-02	C1-01	斗栱	天井		木材	天井 C1-01 斗栱形式-R1；部分破损	整体变色，局部出现裂痕；表面污脏
B-R-03	C1-01	斗栱	天井		木材	天井 C1-01 斗栱形式-R2；部分破损	局部变色，局部黄霉或苔藓类
B-R-04	C1-01	斗栱	天井		木材	天井檐廊 C1-01 右侧雕刻人为破坏；部分破损	变色，局部雕刻人为破坏
B-R-05	C1-03	斗栱	天井		木材	天井 C1-03 右侧檐件剥落；部分破损	部分雕刻构件剥落，局部受潮，表面脏污

207

表6-44 装饰现况调查与损坏分析（3）

编号	位置	部位名称	空间名称	材料名称	现况说明	破损说明
B-R-06	C1-03	斗拱	天井	木材	天井 C1-03 右侧斗拱形式-2；变色、出现裂缝	部分雕刻破损、受潮腐蚀
B-R-07	C1-03	斗拱	天井	木材	天井 C1-03 右侧斗拱形式-3；部分破损	出现裂痕；黄菌或藻类生长，造成虫洞；发霉
B-R-09	C1-03	斗拱	天井	木材	天井 C1-03 右侧斗拱形式-4；变色、纹路不清	出现裂痕；局部破损；受潮发霉
B-R-10	O1-01	斗拱	建筑两侧	木材	建筑两侧檐廊 01-01 斗拱形式-R1；破损严重	垂花雕刻/局部破损；表皮破落、变色、有裂痕
B-R-11	O1-01	斗拱	建筑两侧	木材	建筑两侧檐廊 01-01 斗拱形式-R2；破损严重	局部出现裂痕；雕刻纹路不清；变色、受潮
B-R-12	O1-01	斗拱	建筑两侧	木材	建筑两侧檐廊 01-01 斗拱形式-R3；破损严重	雕刻纹路模糊不清，多处出现裂痕、受潮污脏
B-R-13	O1-01	斗拱	建筑两侧	木材	建筑两侧檐廊 01-01 斗拱雕刻花纹破损，出现裂痕	细菌侵蚀
B-R-14	O1-01	斗拱	建筑两侧	木材	建筑两侧檐廊 01-01 斗拱形式-R5；部分破损	垂花雕刻；出现裂痕；虫洞
B-R-15	O1-02	斗拱	建筑北侧	木材	建筑北侧檐廊 01-02 斗拱形式-R1；破损严重	出现多处裂痕、发霉严重；细菌虫害的破坏；发霉
B-R-16	O1-02	斗拱	建筑北侧	木材	建筑北侧檐廊 01-02 斗拱形式-R2；变色、受潮	部分表皮剥落；局部真菌或藻或漆的破坏；发霉
B-R-17	O1-02	斗拱	建筑北侧	木材	建筑北侧檐廊 01-02 斗拱形式-R3；破损严重	垂花部分雕刻破损；受潮污脏
B-R-18	O1-04	斗拱	建筑西侧	木材	建筑西侧檐廊 01-04 斗拱形式-R1；破损严重	细部裂痕
B-R-19	O1-04	斗拱	建筑西侧	木材	建筑西侧檐廊 01-04 斗拱形式-R2；部分破坏	局部出现裂痕、发霉
B-R-20	O1-04	斗拱	建筑西侧	木材	建筑西侧檐廊 01-04 斗拱形式-R3；出现裂痕	变色；局部真菌或藻生长、变色
B-R-21	O1-04	斗拱	建筑西侧	木材	建筑西侧檐廊 01-04 斗拱形式-R4；部分破损	原始色泽变色；部分出现裂痕、部分雕刻人为破坏
B-R-22	O1-04	斗拱	建筑西侧	木材	建筑西侧檐廊 01-04 斗拱形式-R5；部分破损	局部雕刻结构剥落；出现虫洞；局部受潮

表6-45

装饰现况调查与损坏分析（4）

编号	B-R-23	编号	B-R-24	编号	B-R-25	编号	B-R-26
位置	O1-04	位置	O1-04	位置	O1-02	位置	O1-02
部位名称	斗拱	部位名称	斗拱	部位名称	斗拱	部位名称	斗拱
空间名称	建筑西侧	空间名称	建筑西侧	空间名称	建筑北侧	空间名称	建筑北侧
材料名称	木材	材料名称	木材	材料名称	木材	材料名称	木材
现况说明	建筑西侧檐廊 O1-04 斗拱形式-R6；破损严重	现况说明	建筑西侧檐廊 O1-04 斗拱形式-R7；破损严重	现况说明	建筑北侧檐廊 O1-02 斗拱形式-R1；破损严重	现况说明	建筑北侧檐廊 O1-02 斗拱形式-R2；部分破损
破损说明	雕刻破损，出现裂痕	破损说明	受潮发霉，出现虫洞；细菌破坏	破损说明	受潮	破损说明	表皮破损；变色严重

编号	B-R-27	编号	B-R-28	编号	SF-L-01	编号	SF-L-02
位置	O1-02	位置	O1-02	位置	A1-01	位置	A1-01
部位名称	斗拱	部位名称	斗拱	部位名称	枋	部位名称	枋
空间名称	建筑北侧	空间名称	建筑北侧	空间名称	廊沿	空间名称	廊沿
材料名称	木材	材料名称	木材	材料名称	木材	材料名称	木材
现况说明	建筑北侧檐廊 O1-02 斗拱形式-R3；变色、受潮	现况说明	建筑北侧檐廊 O1-02 斗拱形式-R4；破损严重	现况说明	正厅卷棚左侧屋架 A1-01 形式-R1；严重破损	现况说明	正厅卷棚左侧屋架 A1-01 形式-2；严重破损
破损说明	雕刻纹路模糊不清；局部出现裂痕	破损说明	受潮发霉，出现裂痕；表面污脏	破损说明	局部雕刻破坏；表面发霉	破损说明	局部雕刻破坏；出现裂纹

编号	SF-L-03	编号	SF-L-06	编号	SF-L-07	编号	SF-L-08
位置	A1-01	位置	L1-01	位置	A2-01	位置	A2-01
部位名称	枋	部位名称	梁头	部位名称	枋	部位名称	枋
空间名称	檐廊	空间名称	下廊	空间名称	下廊	空间名称	下廊
材料名称	木材	材料名称	木材	材料名称	木材	材料名称	木材
现况说明	正厅卷棚左侧屋架 A1-01 形式-3；严重破损	现况说明	左梁头卷棚左侧屋架 L1-01 形式-1；变色严重	现况说明	下廊卷棚右侧屋架 A2-01 形式；保存完好	现况说明	下廊卷棚右侧屋架 A2-01 形式-2；严重破损
破损说明	雕刻被人为破坏；出现裂纹	破损说明	雕刻被人为破坏；表面污脏	破损说明		破损说明	部分雕刻破坏；局部出现裂纹

编号	SF-L-09	编号	SF-R-03	编号	SF-R-06	编号	SF-R-07
位置	A2-01	位置	A1-01	位置	R1-01	位置	A2-01
部位名称	枋	部位名称	檐廊	部位名称	梁头	部位名称	枋
空间名称	下廊	空间名称	檐廊	空间名称	下廊	空间名称	下廊
材料名称	木材	材料名称	木材	材料名称	木材	材料名称	木材
现况说明	下廊卷棚左侧屋架 A2-01 形式-3；表面发霉	现况说明	正厅卷棚右侧屋架 A1-01 形式-1；严重破损	现况说明	右梁头卷棚右侧屋架 R1-01 形式；局部出现裂纹	现况说明	下廊卷棚右侧屋架 A2-01 形式-1；严重破损
破损说明	雕刻被人为破坏，局部出现裂纹	破损说明	部分雕刻被人为破坏；表面污脏	破损说明	雕刻被人为破坏；局部出现裂纹	破损说明	整体完好；局部雕刻破坏

装饰现况调查与损坏分析（5）

表6-46

编 号	SF-R-J
位 置	A1-01
部位名称	枋
空间名称	檐廊
材料名称	木材
现况说明	正厅卷棚右侧屋架 A1-01 形式之一；严重破损
破损说明	部分雕刻人为破坏，局部出现裂纹

编 号	SF-R-09
位 置	A2-01
部位名称	枋
空间名称	下廊
材料名称	木材
现况说明	下廊沿卷棚右侧屋架 A2-01 形式之一；部分破损
破损说明	部分雕刻被人为破坏；变色；受潮发霉

编 号	
位 置	
部位名称	
空间名称	
材料名称	
现况说明	
破损说明	

编 号	
位 置	
部位名称	
空间名称	
材料名称	
现况说明	
破损说明	

编 号	
位 置	
部位名称	
空间名称	
材料名称	
现况说明	
破损说明	

编 号	
位 置	
部位名称	
空间名称	
材料名称	
现况说明	
破损说明	

编 号	
位 置	
部位名称	
空间名称	
材料名称	
现况说明	
破损说明	

编 号	
位 置	
部位名称	
空间名称	
材料名称	
现况说明	
破损说明	

6.1.7 台基、踏步、铺面现况调查与损坏分析

台基、踏步、铺面现况调查与损坏分析（1）

表6-47

编号	F1	编号	Sty-01	编号	Sty-02	编号	Sty-03
位置	C1-01	位置	C1-01	位置	C1-01	位置	C1-01
部位名称	地面	部位名称	地面	部位名称	地面	部位名称	地面
空间名称	天井	空间名称	天井	空间名称	天井	空间名称	天井
材料名称	条石	材料名称	石材	材料名称	石材	材料名称	石材
现况说明	正厅入口台阶部分破损	现况说明	样头至下厝台基部分破损	现况说明	样头至样头台基部分破损	现况说明	样头台基部分破损
破损说明	台阶侧面雕刻精美	破损说明	石砼表面受风化和雨水侵蚀，表面磨损发黑	破损说明	受风化和雨水侵蚀，石砼表面污损严重	破损说明	受风化和雨水侵蚀，石砼表面污损严重

编号	Sty-04	编号	Sty-05	编号	Sty-06	编号	Sty-07
位置	C1-01	位置	C1-01	位置	C1-01	位置	C1-01
部位名称	地面	部位名称	地面	部位名称	地面	部位名称	地面
空间名称	天井	空间名称	天井	空间名称	天井	空间名称	天井
材料名称	石材	材料名称	石材	材料名称	石材	材料名称	石材
现况说明	样头至下厝台基部分破损	现况说明	上厅台基部分破损	现况说明	样头至样头台基部分破损	现况说明	下厝至样头台基部分破损，表面污损严重
破损说明	石砼表面受风化和雨水侵蚀，表面磨损发黑	破损说明	石砼表面污损，影响表面雕刻美观	破损说明	下厝正面受风化和雨水侵蚀，表面磨损严重	破损说明	石砼表面受风化和雨水侵蚀，表面污损严重

编号	F1	编号	F1	编号	F1	编号	F1
位置	C1-02	位置	C1-03	位置	L1-01	位置	R1-01
部位名称	地面	部位名称	地面	部位名称	样头	部位名称	样头
空间名称	天井	空间名称	天井	空间名称	天井	空间名称	天井
材料名称	石材	材料名称	石材	材料名称	石材	材料名称	石材
现况说明	护厝天井的台阶现况完好	现况说明	护厝天井的台阶现况完好	现况说明	样头至上厅台阶部分破损	现况说明	样头至上厅台阶部分破损
破损说明	阶梯角落生长植株	破损说明	阶梯角落生长植株	破损说明	阶梯表面污损	破损说明	阶梯表面污损

编号	F1-01	编号	F1-02	编号	F1-03	编号	Sty-01
位置	O1-01	位置	O1-01	位置	O1-01	位置	O1-01
部位名称	墙	部位名称	墙	部位名称	墙	部位名称	墙
空间名称		空间名称		空间名称		空间名称	
材料名称	石材	材料名称	石材	材料名称	石材	材料名称	石材
现况说明	外埕侧面入护厝的台阶局部破损	现况说明	外埕进入护厝厅的台阶局部破损	现况说明	外埕进入大门的台阶局部破损	现况说明	建筑正面受风化和雨水侵蚀，表面污损严重
破损说明	台阶侧面雕刻污损，台阶面上局部井裂	破损说明	台阶间阶梯长出植株	破损说明	台阶侧面雕刻污损，台阶面上局部井裂	破损说明	石砼表面受风化和雨水侵蚀，石砼表面污损严重

台基、踏步、铺面现况调查与损坏分析（2）　　表6-48

编号	位置	部位名称	空间名称	材料名称	现况说明	破损说明
Sty-05	O1-01	地面	堂	石材	建筑正面外墙台基部分破损	侧面污损，台基与排水沟交接处混凝土开裂
Sty-04	O1-01	地面	堂	石材	建筑正面外墙台基部分破损	石材表面磨损污损，局部开裂，间隙生长植株
Sty-03	O1-01	地面	堂	石材	建筑正面外墙台基部分破损	台基的石块间隙扩张，表面污损
Sty-02	O1-01	地面	堂	石材	建筑正面外墙台基部分破损	石砾表面受风化和雨水侵蚀，表面污损严重
Fl-01	O1-02	地面	后外檐	石材	后外檐通往建筑正面道路台阶局部破损	石头台阶面上散布落叶，生长植株
Sty-08	O1-01	地面	堂	石材	左外檐台基石块间隙扩张，台基石块间隙扩大	表面污损，生长植株
Sty-07	O1-01	地面	堂	石材	护厝头台基雨水侵蚀，表面污损严重	因劣化和雨水间隙扩张
Sty-06	O1-01	地面	堂	石材	护厝厅台基部分破损	因劣化和雨水侵蚀，台基侧面污损严重
Fl-01	O1-03	地面	左外檐	石材	左外檐通往建筑正面道路台阶局部破损	台阶通面上散布落叶，生长植株
Sty-02	O1-02	地面	后外檐	石材	后外檐台基现况完好	台基面上杂物堆积，生长植株
Sty-01	O1-02	地面	后外檐	石材	后外檐台基部分破损	石块间隙扩大，生长植株
Fl-02	O1-02	地面	后外檐	石材	后外檐通往建筑外墙空间台阶局部破损	石头台阶面有落叶覆盖，杂物堆积
Sty-02	O1-03	地面	外埕	石材	外埕与外檐台基高差局部破损	台基面上有裂缝
Sty-01	O1-03	地面	左外檐	石材	左外檐台基现况完好	侧面生长苔藓
Fl-03	O1-03	地面	左外檐	石材	外埕通往左外檐台阶部分破损	阶梯污损严重，间隙生长苔藓
Fl-02	O1-03	地面	左外檐	石材	左外檐台阶局部破损	台阶石块间隙扩张，侧面生长苔藓

第六章 现况及损坏状况调查分析

台基、踏步、铺面现况调查与损坏分析（3）　　　　　　　　　　　　　　　　　　　　　　表6-49

编号	Sty-04	编号	Sty-02	编号	F-02	编号	F
位置	O1-03	位置	O1-04	位置	A1-01	位置	A1-03
部位名称	地面	部位名称	地面	部位名称	地面	部位名称	地面
空间名称	左外环境	空间名称	右外环境	空间名称	墙廊	空间名称	内廊
材料名称	石材	材料名称	石材	材料名称	混凝土	材料名称	面砖
现况说明	左外墙台基现况完好	现况说明	右外墙台基部分破损	现况说明	墙廊地面破损严重	现况说明	内廊地面污脏磨损严重
破损说明	台基面上杂物堆积，侧面生长杂草	破损说明	台基表面杂物堆积，石块间隙扩张	破损说明	混凝土磨损严重，局部开裂	破损说明	面砖表面污脏磨损，局部开裂

编号	F1-01	编号	Sty-03	编号	F-03	编号	F
位置	O1-04	位置	O1-04	位置	A1-01	位置	A1-04
部位名称	地面	部位名称	地面	部位名称	地面	部位名称	地面
空间名称	右外环境	空间名称	右外环境	空间名称	墙廊	空间名称	内廊
材料名称	石材	材料名称	石材	材料名称	混凝土	材料名称	面砖
现况说明	左外墙通往后外廊台阶部分破损	现况说明	右外墙台基部分破损	现况说明	墙廊地面破损严重	现况说明	内廊地面部分破损
破损说明	台阶石块间隙扩张，生长植株	破损说明	台基表面杂物堆积，石块间隙扩张	破损说明	地坪表面磨损严重	破损说明	地坪表面污脏磨损，局部开裂

编号	F1-02	编号	Sty-04	编号	F-04	编号	F
位置	O1-04	位置	O1-04	位置	A1-01	位置	A1-05
部位名称	地面	部位名称	地面	部位名称	地面	部位名称	地面
空间名称	右外环境	空间名称	右外环境	空间名称	墙廊	空间名称	内廊
材料名称	石材	材料名称	石材	材料名称	面砖	材料名称	面砖
现况说明	右外墙台阶部分破损	现况说明	右外墙石块间隙扩张	现况说明	墙廊地面破损严重	现况说明	内廊地面部分破损
破损说明	台阶表面污脏，石块间隙扩张	破损说明	台基石块间隙扩张严重	破损说明	墙廊地面铺砖磨损严重	破损说明	地坪表面污脏磨损严重

编号	Sty-01	编号	F1-01	编号	F-01	编号	F-01
位置	O1-04	位置	A1-01	位置	A1-02	位置	A2-01
部位名称	地面	部位名称	地面	部位名称	地面	部位名称	地面
空间名称	右外环境	空间名称	墙廊	空间名称	内廊	空间名称	下廊
材料名称	石材	材料名称	混凝土	材料名称	面砖	材料名称	面砖
现况说明	右外墙台基部分破损	现况说明	墙廊地面受侵蚀磨损严重	现况说明	内廊地面现况完好	现况说明	下廊地面部分破损
破损说明	台基表面杂物堆积，石块间隙扩张	破损说明	地坪表面受侵蚀磨损	破损说明	堆放杂物，地坪表面污脏	破损说明	地坪表面磨损

台基、踏步、铺面现况调查与损坏分析（4）

表6-50

编号	F-02		编号	F		编号	F-01		编号	F-01	
位置	A2-01		位置	C1-01		位置	C1-02		位置	C1-02	
部位名称	地面		部位名称	地面		部位名称	地面		部位名称	地面	
空间名称	下廊		空间名称	天井		空间名称	天井		空间名称	天井	
材料名称	面砖		材料名称	石材		材料名称	面砖		材料名称	面砖	
现况说明	下廊地面局部破损		现况说明	天井地面堆放杂物，表面污脏		现况说明	天井地面破损严重		现况说明	天井地面破损严重	
破损说明	面砖磨损开裂严重		破损说明	地面表面脏污磨损严重，生长苔藓		破损说明	地坪面砖磨损开裂严重		破损说明	地坪面砖磨损开裂严重	

编号	F-01		编号	F-02		编号	F-02		编号	H1-01	
位置	C1-03		位置	C1-03		位置	C1-03		位置	H1-01	
部位名称	地面		部位名称	地面		部位名称	地面		部位名称	地面	
空间名称	天井		空间名称	天井		空间名称	天井		空间名称	过水	
材料名称	石材		材料名称	石材		材料名称	面砖		材料名称	面砖	
现况说明	天井地面局部破损		现况说明	天井地面局部破损		现况说明	天井地面局部破损严重		现况说明	过水地面局部破损	
破损说明	地坪表面脏磨损开裂严重，生长苔藓		破损说明	地坪表面脏磨损开裂严重，生长苔藓		破损说明	天井地面污脏磨损开裂严重		破损说明	地坪面砖磨损开裂	

编号	F-01		编号	F-01		编号	F-03		编号	H2-01	
位置	H1-01		位置	H1-01		位置	H1-01		位置	H2-01	
部位名称	地面		部位名称	地面		部位名称	地面		部位名称	地面	
空间名称	过水		空间名称	过水		空间名称	过水		空间名称	过水	
材料名称	面砖		材料名称	面砖		材料名称	面砖		材料名称	面砖	
现况说明	过水地面严重破损		现况说明	过水地面严重破损		现况说明	过水地面严重破损		现况说明	过水地面现况完好	
破损说明	地坪表面裙色磨损开裂严重，有些面砖缺失		破损说明	地坪表面裙色磨损开裂严重，有些面砖缺失		破损说明	地坪表面磨损开裂严重		破损说明	—	

编号	F-01		编号	F-01		编号	F-01		编号	F-01	
位置	H1-02		位置	H2-01		位置	H1-02		位置	H2-02	
部位名称	地面		部位名称	地面		部位名称	地面		部位名称	地面	
空间名称	过水		空间名称	过水		空间名称	过水		空间名称	过水	
材料名称	面砖		材料名称	面砖		材料名称	面砖		材料名称	面砖	
现况说明	过水地面严重破损		现况说明	过水地面严重破损		现况说明	过水地面现况完好		现况说明	过水地面现况完好	
破损说明	地坪表面裙色磨损开裂严重，有些面砖缺失		破损说明	地坪表面裙色磨损开裂严重，有些面砖缺失		破损说明	—		破损说明	—	

表6-51 台基、踏步、铺面现况调查与损坏分析（5）

编号	位置	部位名称	空间名称	材料名称	现况说明	破损说明
F-01	H2-02	地面	过水	石材面砖	过水地面严重破损	地坪表面褪色磨损开裂严重
F-02	M1-01	地面	上厅	面砖	上厅地面局部破损	地坪表面褪色磨损开裂，局部开裂
F	M1-03-1	地面	夹层	木材	夹层地坪污脏，因氧化作用木头变色	夹层地坪污脏，因氧化作用木头变色
F	M2-02	地面	下房	面砖	下房地面局部破损	地坪面砖磨损褪色
F	L1-01	地面	榉头	面砖	榉头地面严重破损	地坪表面褪色磨损开裂严重
F	M1-01	地面	上厅	面砖	上厅地面局部破损	地坪表面褪色磨损
F	M1-04-I	地面	夹层	木材	夹层地面局部破损	夹层地坪污脏，因氧化作用木头变色
F	M2-03	地面	下房	面砖	下房地面局部破损	地坪面砖磨损褪色，局部污脏发黑
F	L2-03	地面	护厝	面砖	护厝地面严重破损	地坪表面污脏磨损开裂严重
F	M1-02-I	地面	夹层	木材	夹层地面局部破损	因受潮劣化，木板地面变黑
F	M1-05	地面	过房	面砖	过房地面现况完好	—
F	M2-04	地面	角厝	面砖	角厝地面局部破损	地坪面砖磨损褪色
F	L2-04	地面	护厝头	面砖	护厝头地面现况完好	—
F	M1-03	地面	大房	面砖	大房地面现况完好	—
F	M2-01	地面	下厅	面砖	下厅地面局部破损严重	地坪表面褪色磨损开裂严重
F	M2-05	地面	角厝	面砖	角厝地面局部破损	地坪面砖磨损褪色

台基、踏步、铺面现况调查与损坏分析（6）

表6-52

编号	位置	部位名称	空间名称	材料名称	现况说明	破损说明
F	R1-01	地面	榫头	面砖	榫头地面局部破损	地坪面砖裙色磨损、局部开裂
F	R2-01	地面	护眉尾	面砖	护眉尾地面局部破损	地坪面砖磨损开裂
F	R2-02	地面	护眉	面砖	护眉地面局部破损	地坪面砖裙色磨损开裂
F	R2-03	地面	护眉	面砖	护眉地面局部破损	面砖磨损开裂，局部污蹭发黑
F-01	R2-03	地面	护眉	面砖	护眉地面严重破损	面砖受污蹭损开裂严重
F	R2-04	地面	护眉头	—	护眉头地面现况完好	

6.1.8　柱系统现状调查与损坏分析

柱系统现状调查与损坏分析（1）　　表6-53

编号	位置	部位名称	空间环境	材料名称	现况说明	破损说明
Col-L-01-1	O1-02	柱子	后出檐	砖石	由于风化和劣化，柱身磨损，柱体失去原有色泽	后出檐砖石柱子局部破损
Col-L-01-2	H1-01	柱子	过水	砖石	由于劣化作用，柱身失去原有色泽	过水砖石柱子局部破损
Col-L-02	H1-01	柱子	过水	砖石	由于劣化作用，柱身失去原有色泽	过水砖石柱子局部污损，柱子表面污损
Col-L-03	H1-01	柱子	过水	砖石	由于劣化作用，柱身失去原有色泽	过水砖石柱子局部污损，柱子表面污损
Col-L-04	H1-01	柱子	过水	砖石	因劣化，加上人为抹白灰，柱体失去原有色泽	过水砖石柱子局部破损
Col-L-05	H1-01	柱子	过水	砖石	柱体受污严重，人为抹白灰，劣化严重	过水砖石柱子破损严重
Col-L-06-1	H1-01	柱子	过水	砖石	由于劣化作用，柱身失去原有色泽	过水砖石柱子局部破损
Col-L-06-2	C1-02	柱子	天井	砖石	由于劣化作用，柱身失去原有色泽	天井砖石柱子局部破损
Col-L-07-1	C1-01	柱子	天井	砖石	柱体受污严重，劣化作用，使其失去原有色泽	天井砖石柱子局部破损
Col-L-07-2	C1-01	柱子	天井	砖石	由于劣化作用，柱体失去原有色泽	天井砖石柱子局部破损
Col-L-08	C1-01	柱子	天井	砖石	由于劣化作用，柱身失去原有色泽	天井砖石柱子局部破损
Col-L-09	C1-02	柱子	天井	砖石	由于劣化风化作用使柱体失去原有色泽，局部开裂	天井砖石柱子局部破损
Col-L-10	H1-01	护眉头	天井	砖石	由于劣化作用，柱身失去原有色泽	左护眉头砖石柱子局部破损
Col-L-11	O1-01	柱子	左外环境	砖石	因风化原蚀，雕刻变模糊，局部变色	左出檐砖头砖石柱子局部破损
Col-L-12	O1-03	柱子	左外环境	砖石	雕刻变模糊，局部变色严重，柱础磨蚀严重	左出檐砖头砖石柱子局部破损
Col-L-13	O1-03	柱子	左外环境	砖石	劣化风化作用使失去原有色泽	左出檐砖石柱子局部破损

柱系统现况调查与损坏分析（2）

表6-54

编号	Col-L-14	编号	Col-L-15	编号	Col-L-16	编号	Col-L-17
位置	O1-03	位置	O1-03	位置	O1-03	位置	O1-03
部位名称	柱子	部位名称	柱子	部位名称	柱子	部位名称	柱子
空间名称	左外环境	空间名称	左外环境	空间名称	左外环境	空间名称	左外环境
材料名称	木头	材料名称	砖石	材料名称	石头	材料名称	石头
现况说明	左出檐砖石柱子完好	现况说明	左出檐砖石柱子完好	现况说明	左出檐砖石柱子局部破损	现况说明	左出檐砖石柱子局部破损
破损说明	柱体局部污脏，因风化劣化作用失去原有色泽	破损说明	柱体局部污脏，因风化劣化作用失去原有色泽	破损说明	因风化劣化作用失去原有色泽	破损说明	因风化劣化作用失去原有色泽，柱脚腐蚀严重

编号	Col-L-18	编号	Col-L-19	编号	Col-L-20	编号	Col-L-21
位置	O1-03	位置	O1-03	位置	O1-03	位置	O1-03
部位名称	柱子	部位名称	柱子	部位名称	柱子	部位名称	柱子
空间名称	左外环境	空间名称	左外环境	空间名称	左外环境	空间名称	左外环境
材料名称	砖石	砖石	砖石	砖石	石头	石头
现况说明	左出檐砖石柱子局部破损	现况说明	左出檐砖石柱子局部破损	现况说明	左出檐砖石柱子局部破损	现况说明	左出檐砖石柱子局部破损
破损说明	由于受潮劣化，柱身发黑，柱脚发白	破损说明	因风化劣化作用失去原有色泽	破损说明	因风化劣化作用失去原有色泽	破损说明	因风化劣化磨损，柱脚腐蚀严重

编号	Col-L-22	编号	Col-L-23	编号	Col-L-24	编号	Col-L-25
位置	H1-01	位置	H1-01	位置	O1-02	位置	H1-02
部位名称	柱子	部位名称	柱子	部位名称	柱子	部位名称	柱子
空间名称	过水	空间名称	过水	空间名称	后外环境	空间名称	后外环境
材料名称	石头	石头	石头	砖石	砖石
现况说明	后出檐砖石柱子局部破损	现况说明	后出檐砖石柱子局部破损	现况说明	后出檐砖石柱子局部破损	现况说明	后出檐砖石柱子局部破损
破损说明	受风化劣化磨损，失去原有色泽	破损说明	柱体污脏严重，因劣化变色严重	破损说明	柱体污脏严重，因劣化风化失去原有色泽	破损说明	由于受潮劣化，柱身发黑，柱脚发白

编号	Col-M-01	编号	Col-M-01	编号	Col-M-02	
位置	A1-01	位置	A1-01	位置	C1-01	
部位名称	柱子	部位名称	柱子	部位名称	柱子	
空间名称	檐廊	空间名称	檐廊	空间名称	庭院	
材料名称	石头	石头	石头	
现况说明	檐廊砖石柱子局部破损	现况说明	檐廊砖石柱子局部破损	现况说明	庭院砖石柱子局部破损	
破损说明	柱头长期暴露于室外，劣化程度大，色泽褪去	破损说明	柱头腐蚀劣化严重，色泽褪去程度较大	破损说明	柱身有划痕，柱础和柱脚腐蚀劣化磨损程度大	

柱系统现况调查与损坏分析（3）

表6-55

编号	Col-M-02	编号	Col-M-03	编号	Col-M-04	编号	Col-M-05
位置	C1-01	位置	A2-01	位置	A2-01	位置	A2-01
部位名称	柱子	部位名称	柱子	部位名称	柱子	部位名称	柱子
空间名称	庭院	空间名称	下廊	空间名称	下廊	空间名称	下廊
材料名称	石头	材料名称	石头	材料名称	石头	材料名称	石头
现况说明	庭院石柱局部破损，柱础柱脚腐蚀劣化严重，柱身分化严重	现况说明	下廊石柱局部破损，柱中等程度风化器损程度大	现况说明	下廊石柱局部破损，柱中等程度风化器损比较严重	现况说明	下廊石柱局部破损，柱中等程度风化器损程度大
破损说明		破损说明		破损说明		破损说明	

编号	Col-M-06	编号	Col-M-07	编号	Col-M-08	编号	Col-M-08
位置	A2-01	位置	C1-01	位置	A1-01	位置	A1-01
部位名称	柱子	部位名称	柱子	部位名称	柱子	部位名称	柱子
空间名称	下廊	空间名称	庭院	空间名称	檐廊	空间名称	檐廊
材料名称	石头	材料名称	石头	材料名称	石头	材料名称	石头
现况说明	下廊柱础柱脚腐蚀劣化器损程度大	现况说明	庭院石柱局部破损，柱身柱头分化严重	现况说明	檐廊石柱局部破损，柱础腐蚀污垢，柱体局部污损	现况说明	檐廊石柱局部破损，柱础器损使得雕刻纹路模糊
破损说明		破损说明		破损说明		破损说明	

编号	Col-M-09	编号	Col-M-09	编号	Col-M-10	编号	Col-M-11
位置	M1-01	位置	A1-01	位置	A1-01	位置	A1-01
部位名称	柱子	部位名称	柱子	部位名称	柱子	部位名称	柱子
空间名称	上厅	空间名称	檐廊	空间名称	檐廊	空间名称	檐廊
材料名称	石头	材料名称	石头	材料名称	石头	材料名称	石头
现况说明	上厅石柱局部破损，柱体局部受白漆覆盖，柱脚劣化严重，发黑	现况说明	檐廊石柱局部破损，使雕刻纹路模糊严重	现况说明	檐廊石柱局部破损，使雕刻纹路模糊，泛白	现况说明	檐廊石柱局部破损，部分浅雕变得模糊
破损说明		破损说明		破损说明		破损说明	

编号	Col-M-12	编号	Col-M-13	编号	Col-M-13	编号	Col-M-14
位置	A1-01	位置	L1-01	位置	L1-01	位置	L1-01
部位名称	柱子	部位名称	柱子	部位名称	柱子	部位名称	柱子
空间名称	檐廊	空间名称	榉头	空间名称	榉头	空间名称	榉头
材料名称	石头	材料名称	石头	材料名称	石头	材料名称	石头
现况说明	檐廊石柱潮发黄，柱体受潮发黄	现况说明	局部风化严重，柱脚劣化严重，柱体风化严重，雕刻纹路模糊，失去原有色泽	现况说明	榉头柱局部破损，柱体风化，柱头有划痕	现况说明	榉头石柱局部破损，柱体风化，失去原有色泽，局部有锈角
破损说明		破损说明		破损说明		破损说明	

220　风华初现——福兴堂建筑保护与修复

柱系统现状调查与损坏分析（4）

表6-56

编号	Col-M-15	编号	Col-M-16	编号	Col-M-17	编号	Col-M-17
位置	L1-01	位置	A2-01	位置	A2-01	位置	M2-01
部位名称	柱子	部位名称	柱子	部位名称	柱子	部位名称	柱子
空间名称	榉头	空间名称	下廊	空间名称	下廊	空间名称	下厅
材料名称	石头	材料名称	石头	材料名称	石头	材料名称	石头
现况说明	柱身劣化严重，雕刻纹路模糊，失去原有色泽	现况说明	柱身劣化严重，雕刻纹路模糊，失去原有色泽	现况说明	柱身劣化严重，雕刻纹路模糊，失去原有色泽	现况说明	柱身劣化严重，雕刻纹路模糊，失去原有色泽
破损说明	榉头石柱局部破损	破损说明	下廊石柱局部破损	破损说明	下廊石柱局部破损	破损说明	下厅石柱局部破损

编号	Col-M-18	编号	Col-M-19	编号	Col-M-20	编号	Col-M-21
位置	A2-01	位置	A2-01	位置	R1-01	位置	R1-01
部位名称	柱子	部位名称	柱子	部位名称	柱子	部位名称	柱子
空间名称	下廊	空间名称	下廊	空间名称	榉头	空间名称	榉头
材料名称	石头	材料名称	石头	材料名称	石头	材料名称	石头
现况说明	柱身劣化严重，雕刻纹路变模糊，柱脚部发黑	现况说明	柱身劣化严重，雕刻纹路模糊，失去原有色泽	现况说明	柱身劣化严重，雕刻纹路变模糊	现况说明	柱身劣化严重，雕刻纹路变模糊，失去原有色泽
破损说明	下廊石柱严重破损	破损说明	下廊石柱局部破损	破损说明	榉头石柱局部破损	破损说明	榉头石柱局部破损，失去原有色泽，雕刻变模糊

编号	Col-M-22	编号	Col-M-23	编号	Col-M-24	编号	Col-M-25
位置	A1-01	位置	A1-01	位置	A1-01	位置	A1-01
部位名称	柱子	部位名称	柱子	部位名称	柱子	部位名称	柱子
空间名称	墙廊	空间名称	墙廊	空间名称	墙廊	空间名称	墙廊
材料名称	石头	材料名称	石头	材料名称	石头	材料名称	石头
现况说明	柱身劣化严重，雕刻纹路变模糊，泛白	现况说明	柱身劣化，雕刻纹路变模糊，泛白，柱脚部发黑	现况说明	柱身受风化，雕刻纹路变模糊	现况说明	柱身受风化，雕刻纹路变模糊，失去原有色泽
破损说明	墙廊石柱局部破损	破损说明	墙廊石柱局部破损	破损说明	墙廊石柱局部破损	破损说明	墙廊石柱局部破损

编号	Col-M-26	编号	Col-M-26	编号	Col-M-27	编号	Col-M-27
位置	A1-01	位置	A1-01	位置	M1-01	位置	O1-02
部位名称	柱子	部位名称	柱子	部位名称	柱子	部位名称	柱子
空间名称	墙廊	空间名称	墙廊	空间名称	上厅	空间名称	室外环境
材料名称	石头	材料名称	石头	材料名称	砖头	材料名称	砖头
现况说明	柱身劣化，雕刻纹路变模糊，泛白	现况说明	柱身劣化，雕刻纹路变模糊，泛白	现况说明	上厅砖石柱子失去原有色泽，局部白灰遮盖	现况说明	后出檐砖石柱子局部破损，表面磨损
破损说明	墙廊石柱局部破损	破损说明	墙廊石柱局部破损	破损说明	上厅砖石柱子局部破损	破损说明	由于长期风化作用

表6-57 柱系统现况调查与损坏分析（5）

编号	Col-M-28	编号	Col-M-29	编号	Col-M-30	编号	Col-M-31
位置	M1-01	位置	M1-01	位置	M1-01	位置	M1-01
部位名称	柱子	部位名称	柱子	部位名称	柱子	部位名称	柱子
空间名称	上厅	空间名称	上厅	空间名称	上厅	空间名称	上厅
材料名称	砖石	材料名称	石头	材料名称	石头	材料名称	石头
现况说明	整体完好；表面有后期新粉刷层	现况说明	劣化作用和人为抹白灰，使雕刻纹路模糊	现况说明	劣化作用，使雕刻纹路模糊，失去色泽	现况说明	劣化作用，使雕刻纹路模糊，失去色泽
破损说明	上厅砖石柱子局部破损	破损说明	上厅石柱局部破损	破损说明	上厅石柱局部破损	破损说明	上厅石柱局部破损

编号	Col-M-32	编号	Col-M-33	编号	Col-M-34	编号	Col-M-34
位置	A2-01	位置	M1-01	位置	M1-01	位置	O1-02
部位名称	柱子	部位名称	柱子	部位名称	柱子	部位名称	柱子
空间名称	下厅	空间名称	上厅	空间名称	上厅	空间名称	广场
材料名称	砖石	材料名称	石头	材料名称	砖石	材料名称	石头
现况说明	劣化作用，使雕刻纹路模糊，失去原有色泽	现况说明	柱身抹白灰，柱脚劣化变色	现况说明	柱身轻微劣化、磨损，局部白灰遮盖	现况说明	局部破损
破损说明	上厅石柱子局部破损	破损说明	上厅石柱子局部破损	破损说明	上厅砖石柱子局部破损	破损说明	

编号	Col-M-35	编号	Col-M-35	编号	Col-M-36	编号	Col-M-37
位置	O1-01	位置	O1-01	位置	O1-01	位置	O1-01
部位名称	柱子	部位名称	柱子	部位名称	柱子	部位名称	柱子
空间名称	埕	空间名称	埕	空间名称	埕	空间名称	埕
材料名称	石头	材料名称	石头	材料名称	石头	材料名称	石头
现况说明	由于外部物理作用，使雕刻纹路模糊	现况说明	劣化和风化作用使雕刻纹路变得模糊，泛白	现况说明	前出檐石柱严重劣化，柱础磨损变色严重	现况说明	柱体劣化磨损严重，基本失去原有色泽
破损说明	下厅砖石柱子严重破损	破损说明	前出檐石柱子局部破损	破损说明	前出檐石柱中等程度破损	破损说明	前出檐石柱严重破损

编号	Col-M-38	编号	Col-M-39	编号	Col-M-40	编号	Col-M-41
位置	O1-01	位置	O1-01	位置	O1-01	位置	O1-01
部位名称	柱子	部位名称	柱子	部位名称	柱子	部位名称	柱子
空间名称	埕	空间名称	埕	空间名称	埕	空间名称	埕
材料名称	石头	材料名称	石头	材料名称	石头	材料名称	石头
现况说明	风化劣化作用严重，雕刻纹路变得模糊，失去原有色泽	现况说明	风化、劣化作用，雕刻纹路变得模糊，泛白	现况说明	风化、劣化作用，雕刻纹路变得模糊	现况说明	风化、劣化作用，雕刻纹路变得模糊
破损说明	前出檐石柱严重破损	破损说明	前出檐石柱严重破损	破损说明	前出檐石柱局部破损	破损说明	前出檐石柱局部破损

表6-58

柱系统现况调查与损坏分析（6）

编号	位置	部位名称	空间名称	材料名称	现况说明	破损说明
Col-M-42	A2-01	柱子	下厅	砖石	下厅砖石柱子局部破损	由于外部物理作用，使柱身轻微磨损
Col-M-43	O1-01	柱子	埕	石头	前出檐石柱子局部破损	风化、劣化作用，雕刻纹路变得模糊，泛白
Col-M-44	O1-01	柱子	埕	石头	前出檐石柱子局部破损	风化劣化磨损严重，失去原色泽，柱础有幅损
Col-M-45	O1-01	柱子	埕	石头	前出檐石柱子严重破损	风化劣化严重，失去原色泽，柱础磨损严重
Col-M-46	O1-01	柱子	埕	石头	前出檐石柱子严重破损	由于劣化磨损，石柱失去原有色泽，石柱失去原有色泽
Col-M-47	O1-01	柱子	埕	石头	前出檐石柱子局部破损	风化劣化磨损严重，失去原色泽
Col-M-48	O1-01	柱子	埕	石头	前出檐石柱子局部破损	风化、劣化作用，雕刻纹路变得模糊
Col-M-50	A2-01	柱子	下廊	砖石	下廊砖石柱子局部破损	下廊劣化磨损，雕刻变模糊，失去原有色泽
Col-M-51	A2-01	柱子	下廊	砖石	下廊砖石柱子局部破损	受风化劣化磨损，雕刻纹路变模糊失去原色泽
Col-M-52	A2-01	柱子	下廊	砖石	下廊砖石柱子局部破损	风化、劣化作用，雕刻纹路变模糊，失去原色泽
Col-M-53	A2-01	柱子	下廊	砖石	下廊砖石柱子局部破损	下廊劣化严重，雕刻变模糊，失去原有色泽
Col-M-54	A2-01	柱子	下廊	砖石	下廊砖石柱子局部破损	风化劣化磨损，失去原有色泽
Col-M-55	A2-01	柱子	下廊	砖石	下廊砖石柱子局部破损	下廊磨损严重，劣化磨损，失去原有色泽
Col-M-56	A2-01	柱子	下廊	砖石	下廊砖石柱子局部破损	下廊磨损严重，柱体失去原有色泽，有裂痕

表6-59 柱系统现况调查与损坏分析（7）

编号	位置	部位名称	空间名称	材料名称	现况说明	破损说明
Col-M-57	M2-01	柱子	下厅	石头	下厅石柱子局部破损	柱体表面因劣化磨损，石柱失去原有色泽
Col-M-58	M2-01	柱子	下厅	砖石	下厅砖石柱子局部破损，雕刻变模糊	因劣化磨损，柱体失去原有色泽
Col-M-59	O1-01	柱子	埕	砖石	前出檐砖石柱子局部破损	柱体表面污脏，劣化，失去原有色泽
Col-M-60	M2-01	柱子	下厅	石头	下厅石柱子局部破损，雕刻变模糊	因劣化磨损，柱体失去原有色泽
Col-M-61	M2-01	柱子	下厅	石头	下厅石柱子局部破损	柱体表面因劣化磨损，石柱失去原有色泽
Col-M-62	O1-01	柱子	埕	砖石	前出檐砖石柱子局部破损，风化，柱体失去原有色泽，雕刻泛白	因劣化，柱体表面磨损
Col-R-01	O1-02	柱子	后外环境	砖石	后出檐砖石柱子局部磨损	因风化劣化，柱体表面磨损
Col-R-01	H2-01	柱子	过水	砖石	过水砖石柱子局部破损	柱体表面污脏，因劣化，失去原有色泽
Col-R-02	H2-01	柱子	过水	砖石	过水砖石柱子局部破损	柱体表面污脏，因劣化，失去原有色泽
Col-R-03	H2-01	柱子	过水	砖石	过水砖石柱子局部破损	柱体表面污脏，因劣化，失去原有色泽
Col-R-04	H2-01	柱子	过水	砖石	过水砖石柱子局部破损	柱林可见部分表面污脏，因劣化，失去原有色泽
Col-R-05	H2-01	柱子	过水	砖石	过水砖石柱子局部破损	柱体表面污脏，劣化严重，失去原有色泽
Col-R-06	C1-03	柱子	天井	砖石	天井砖石柱子局部破损	因劣化，风化，失去原有色泽，部分砖块开裂
Col-R-07	C1-03	柱子	天井	砖石	天井砖石柱子局部破损	柱林污脏严重，因劣化及人为，多处破损
Col-R-08	C1-03	柱子	天井	砖石	天井砖石柱子局部破损	受污严重，表面磨损，变色严重

表6-60 柱系统现况调查与损坏分析（8）

编号	Col-R-09	编号	Col-R-10	编号	Col-R-11	编号	Col-R-12
位置	C1-03	位置	H2-02	位置	O1-01	位置	O1-01
部位名称	柱子	部位名称	柱子	部位名称	柱子	部位名称	柱子
空间名称	庭院	空间名称	过水	空间名称	埕	空间名称	埕
材料名称	砖石	材料名称	砖石	材料名称	石头	材料名称	石头
现况说明	庭院砖石柱子局部破损	现况说明	过水砖石柱子局部破损	现况说明	前出檐石柱子局部破损	现况说明	前出檐石柱局部破损
破损说明	受污严重、表面风化劣化、变色严重	破损说明	因步化磨损、柱体变色严重、局部开裂	破损说明	受风化劣化腐蚀、雕刻纹路变模糊	破损说明	因外部物理作用、柱体裂缝变深、柱身磨损

编号	Col-R-13	编号	Col-R-14	编号	Col-R-15	编号	Col-R-16
位置	O1-04	位置	O1-04	位置	O1-04	位置	O1-04
部位名称	柱子	部位名称	柱子	部位名称	柱子	部位名称	柱子
空间名称	左外环境	空间名称	左外环境	空间名称	左外环境	空间名称	左外环境
材料名称	砖石	材料名称	砖石	材料名称	砖石	材料名称	砖石
现况说明	左出檐砖石柱子局部破损	现况说明	左出檐砖石柱子局部破损	现况说明	左出檐石柱子局部破损	现况说明	左出檐石柱子局部破损
破损说明	人为因素、表面污脏、因步化、失去原色泽	破损说明	因风化劣化、柱体表面磨损变色	破损说明	因风化劣化、柱体表面磨损变色	破损说明	因风化劣化、柱体表面磨损变色

编号	Col-R-17	编号	Col-R-18	编号	Col-R-19	编号	Col-R-20
位置	O1-04	位置	O1-04	位置	O1-04	位置	O1-04
部位名称	柱子	部位名称	柱子	部位名称	柱子	部位名称	柱子
空间名称	左外环境	空间名称	左外环境	空间名称	左外环境	空间名称	左外环境
材料名称	砖石	材料名称	砖石	材料名称	砖石	材料名称	砖石
现况说明	左出檐砖石柱子局部破损	现况说明	左出檐砖石柱子局部破损	现况说明	左出檐石柱子局部破损	现况说明	左出檐石柱子局部破损
破损说明	柱体表面污脏、因步化、柱脚柱础腐蚀严重	破损说明	柱体受风中等程度风化劣化、柱脚柱础腐蚀严重	破损说明	因风化劣化、柱体表面磨损变色	破损说明	因风化劣化、柱体表面磨损变色

编号	Col-R-21	编号	Col-R-22	编号	Col-R-22	编号	Col-R-23
位置	O1-04	位置	O1-02	位置	H2-01	位置	H2-01
部位名称	柱子	部位名称	柱子	部位名称	过水	部位名称	过水
空间名称	左外环境	空间名称	后外环境	空间名称		空间名称	
材料名称	砖石	材料名称	砖石	材料名称	砖石	材料名称	砖石
现况说明		现况说明	后出檐石柱子局部破损	现况说明	过水砖石柱子受污、柱身泛白	现况说明	过水砖石柱受污、柱身泛白
破损说明		破损说明	柱体表面污脏、因风化劣化	破损说明	柱体风步化变色、柱身泛白	破损说明	柱体风步化变色、柱身泛白

柱系统现况调查与损坏分析（9） 表6-61

编号	Col-R-24	编号	Col-R-25	编号	Col-R-26	编号	
位置	O1-02	位置	H2-02	位置	H2-02	位置	
部位名称	柱子	部位名称	柱子	部位名称	柱子	部位名称	
空间名称	后外环境	空间名称	过水	空间名称	过水	空间名称	
材料名称	砖石	材料名称	木头	材料名称	木头	材料名称	
现况说明	后出檐砖石柱子局部破损	现况说明	过水木柱局部破损	现况说明	过水木柱局部破损，局部开裂	现况说明	
破损说明	因多化受污，柱体失去原有色泽	破损说明	因劣化受潮，柱体变色	破损说明	因劣化受潮，柱体变色	破损说明	

编号		编号		编号		编号	
位置		位置		位置		位置	
部位名称		部位名称		部位名称		部位名称	
空间名称		空间名称		空间名称		空间名称	
材料名称		材料名称		材料名称		材料名称	
现况说明		现况说明		现况说明		现况说明	
破损说明		破损说明		破损说明		破损说明	

第七章
保存维护与修复准则

7.1 建筑保存价值定位与修复目标

以福兴堂为例，其本身是福建省文物保护单位，更是中国传统村落塘溪村重要的有形（有物质形态）的文化遗产。保存管理有三大单位，包括科学机构（Scientific Institution）、管理当局（Management Authorities）、立法（Legislation），且由管理当局主管建构管理机制拟定在不同的层次范围预期达到的维护管理目标。

为文物建筑的保护价值定位，主要目的是要根据建筑群体的历史价值标明其保护的层级，并为其未来修复拟订指导性的修复目标。

"修复"是文化遗产保存的重要策略，而延续文化遗产的永恒性却是必须依赖"管理"的维护机制。文物保护单位作为文化资产，自然希望达成有效保护（保存及维护）的终极目标，因此笔者参考波多野想先生对文化资产所提出的维护管理面向的概念，共分为"核心区域（Core Area）"、"缓冲区（Buffer Zone）"、"过渡区域（Transition Area）"三个层次。

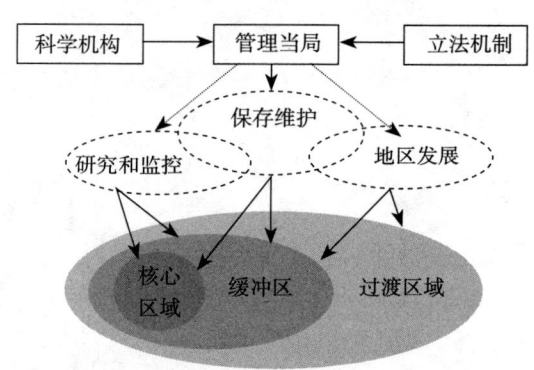

图7-1 维护管理面向的概念（波多野想，2006；笔者重绘）

7.2 福兴堂文物建筑修复策略

福兴堂于1941年运土，1942开工，1948年左右建成，期间所有权经历多次更迭，如今为李氏亲族后代作为居住及经营餐馆，第一进的院子及上厅提供用餐弹性使用，左右两旁护厝则作为餐馆的厨房，其于均仍维持原住居空间使用。虽然因后期使用，而造成部分空间荒废以及使用上之破坏，但就整体的文物建筑空间意义与构造原貌来说，保存可说依然清晰如昔，是现存相当重要的历史文化资源，极具保存意义。

《威尼斯章程》中提到修复的目标是"依据其原来的材料与真实可信的纪录，保存并显现文物建筑的美学与历史价值"。因此应该不仅是着重于"保存"或维护，还必须致力于"显现"建筑构造美学及历史价值，换句话说，要强调福兴堂隐藏的或毁损表象之下的价值，并且"重建"其价值。不管对于文物建筑现有构造的维护，是否仅在于技术性地加固个别部位，及消弭直接威胁到构造的危害因素，修复所关照的是整个文物建筑所有历史与艺术的证据（雅典宪章，1931）。

文物建筑的活化与修复准则，应基于是否为危害结构安全者、防水或漏水困扰者、具历史性语汇者，以及再利用的特定用途之考量，进行修复准则之判断。修复准则还须有针对建筑物修复的法令依据，以及工程施作要点作为背景与基础，将有助于修复质量的提升。

修复应保持原有形貌，损毁部分应依原形貌和内涵加以修复。期使后人能对本建筑及其代表的历史与文化轨迹有较真实的体会，这也是吾辈对整体文明和历史应有的尊重。

修复是对珍贵文物资产的维护，而不是加以消灭。下列各项修复准则，是笔者认为从事文物建筑修复工作必须具备的基本观念：

1. 破损部位的修理：保留原有部材

建筑修理的过程中，破损部位的构成建筑物的部材自创建以来是怎样地被保留下来的，在评估建筑物之价值时是一个非常重要的标准。更要紧的是，不仅是部材，连室内外的装修加工、结构骨架、屋架、装潢等，在施工时应尽可能不替换或重新组合，尽量保留原有的样子也是非常重要的。

迄今为止建筑物所用的部材或施工方法，其价值是无法估算的。比如，以木材来说，可以从一根圆木看出制材时是由机械还是手工工具进行的切割、从制材时留下的施作痕迹及修饰可以看出当时的加工精密度或工匠的技术水平、从木材断面的尺寸规格及表面的卡榫洞或钉孔等可以看出过去部材的构成或施工方法等各种的信息。

2. 解体的范围及修理方法

到底建筑物之解体工程应做到何种程度，其判断标准应依据损伤程度来决定。若只因木造部分的部材容易拆卸，就在图纸上随意地划出一个范围，进行机械式解体的话，很有可能会连原本健全的部分也被解体掉，而致不必要的损伤。

若是从今后保存上考虑，解体的范围当然是愈少愈好，且必须控制在最低限度的检查和修理范围内。这种观念必须始终贯彻于整个修复工程，特别是直接在现场的工作人员。

为了不伤及健全的部分，同时亦能进行解体调查工程，在最初的设计阶段时，就必须要作好事前的调查。为了要尽可能避免在拆卸建筑物时造成损伤，且又要能确实地进行修理，就必须慎重考量及决定要进行解体的范围。

3. 修补型修理的技术

剜木、继木、埋木法等等这些木材的修理方法是自古流传下来的日本传统技术，但现今普遍都采用称为"保存科学"的保存处置方法。

传统技术和现代科学技术，在文化财产的应用上，双方各有长短，都不是万能的。若只采用传统技术的话，在添加新材料时，就必须要先将旧有部材先进行处理，如此一来的确会损伤到旧有的部材。但如果是重要的部材，就算它破损、腐朽得很严重，一定会想要继续维持其原有状态，遇到这样的情况时，

图7-2 木材的修理方法——剜木

为了在一定程度上回复其强度，或维持其结构，就必须同时使用现代科学技术了。

为了延长历史性建筑的寿命，必要时可作基础地质之改良，以加强结构之稳定性，木材均需做过干燥和防腐防虫处理，以延长使用年限。照明、消防设备等电源和给排配管应尽量隐蔽，并应符合绝缘和防水要求，使原有建筑物之美观和耐久性不受影响。

4．施作痕迹的保存

进行修理时，可以看到部材上仍旧留着表示着那幢建筑物曾经历过多少次的修改、变迁过程所留下的施作痕迹。要认识到这些痕迹实际是在讲述着建筑物的历史，要注意在修复时不要让这些极其贵重资料因此消失，应当设法将它们继续保存下去。

若发现有一些施作痕迹明显有碍美观时，可以采用在保留施作痕迹同时小心谨慎地嵌入可拆卸式的埋木等慎重细致的保存方法。

5．原来使用机能之转化

考量再利用空间与机能兼容性，尽可能使修复的建筑物考量兼容性使用目的，若要局部大幅变更亦要适合原有房屋之使用功能，并减少对房屋本身或四周环境特质的变更。

6．历史风格保存原则

整体而言，福兴堂建筑物年龄虽已七十几年，但其建筑空间与构造原貌仍保存完好，主要构造没有严重的损坏。就文物建筑保存意义而言，建筑重要之历史原貌修复并不困难，但在修复判断的过程中，仍需依赖不断的考证，透过历史及文物史料的搜集辩证，作为文物建筑原貌复原的依据，对于与文物建筑原貌不符的形式或结构技术方式，也则应视其本身的价值性与时代意义，给予弹性以及谨慎的处理对待，并同文物建筑研究般，给予完整地记录，留下未来可资考证的历史证物，在修复时应遵循："已改变原貌者鉴定其原貌；无法考据的形貌则不作任何臆测性的修复或重建。"

对于现代化的附加设施，亦应配合后续再利用设计，做一整体的设计与规划。另外，在新机能使用的结构的安全性考量下，不同于传统构法的现代营建技术，可以在不影响建筑旧有形式与构法表现的原则上，配合整体的风貌而补足旧有构法的缺失，依传统建筑形式及构造上的知识与技术，重新设计不影响文物建筑原风貌的替代品。另外，在历史性建筑物整修或新建设施的过程，需以不伤害文物建筑原貌价值为主要考量。整修的方式尽量以部分解体以及局部整修为主。在破坏材料的部分如需修补或更换时，须尽可能采用原用之材料，依原物之形貌、尺寸及色彩，以传统之技术及方法加以制作。对于文物建筑修复的整修方式，未来设计监造以及施工单位，需以更灵活且机动之方式来处理面对各相关议题，以完成文物建筑修复的意义。

除了就原貌复原以及破坏整修两大方向外，福兴堂须配合再利用计划进行整体之设计与规划，配合基地以及大环境的整治，活化文物建筑的存续以及地方意义。对于福兴堂现址周围丰富的历史景观与人文特色，对于区位重新界定与整理，完成文物建筑保存与永续活化的意义。

（1）历史性建筑的传统建造技术探讨

笔者得幸与岵山当地的木匠、泥水匠及瓦窑厂进行深度的访谈，虽然他们不是当时直接参与建造过程的匠师，但仍获得了许多关于福兴堂及当地的建造知识，对于研究过程中的疑惑不无帮助，仍是相当宝贵的资料。

（2）新添加物须与原建筑物和环境相调和

为了将来开放参观而必须增设的设施必须与原建物和环境之大小、比例、颜色、材料和古时风俗活动相呼应，必要时可以加入现代材料，以与文物建筑区分。景观极不相称的新添构造物经业主、建筑师和主管机关会勘决议后可予拆除。

（3）形式风格应保持完整性

建筑外观和装饰风格代表当时工匠技术及手工艺的水平，同时反映当时在地的风俗文化，应充分予以尊重，整修时应格外小心。有些部分外观改变是建筑和环境发展的实证，这些改变本身具有价值，应予了解和珍惜。由于建筑物经后人更改修建与变动是在所难免的，应在不损及原屋的原则下，须经过审慎评估后再决定是否校正回复原始状态。

7．材料的更换原则

重建部分所使用的材料颜色、质感、尺寸等必须与原来材料配合，并参考原来的构造和式样。已损坏部分修补时须依据有实证的图片或文献资料来模仿，不可以凭想象或随便以某一古建筑的外观来修复。除了材料已损毁必要修补或更换外，应将重修的程度减至最小，仿制材料须将样品送请核准后才予复制。

7.3　福兴堂文物建筑修复计划

有关福兴堂文物建筑修复方式与内容，将根据上述要点，订定以现况及可推测旧貌作为修复之依据，并以研究过程中所搜集推测可复原兴建时期之原貌为参考，作为未来修复依据与目标进行修复计划项目：

1．防潮、防渗漏处理

福兴堂后方邻近土坡，因受地势的影响，建筑体无论墙身或墙基的湿气非常的严重。从各处的墙面及墙基随处可见湿气所造成的污染及破坏（如苔菌附生、粉刷层剥落、粉刷层表面粉化等）。

（1）内墙因渗水壁体严重潮湿及粉刷层剥落。渗水之防治配合外墙表面防水工程施作完成后，才进行内墙表面粉刷层去除，去除范围须大于破坏范围周边距离

图7-3　福兴堂苔菌附生照片

图7-4 福兴堂粉刷层剥落照片　　　　图7-5 粉刷层表面粉化照片

约50厘米，待墙体潮湿经风干后，复原灰浆粉刷。其余立面墙的内壁因受潮亦产生粉刷层严重隆起、脱落，应去漆复原原壁面材料，如：空斗砖裙墙、灰浆粉刷等。

（2）粉刷层粉化处理：湿气固然是粉刷层受潮的原因，但一连串不当的整修工程却是造成原有粉刷层风化严重的主因。建议去除不当的整修表层，包含表面的油漆，建议在防水工程施作后依原貌重做粉刷，其外墙修复及防水作业程序如图7-6所示。

（3）窗框及开口周围的漏水现象造成室内粉刷层脏污：包括因装置设备（如：空调机、抽风机、配电箱等）的开口，水分由室外侧从窗台粉刷层裂缝或空调机开口的隙缝渗进室内，导致室内粉刷层脱落，应先从窗框外部进行防水施工，损坏部分之粉刷层。若是油漆则须去漆重新粉刷，传统的石灰墙则直接涂补。

（4）潮湿的防治除了隔离（也就是防水层的施作），另一个有效阻绝水的渗浸，就是检查建筑物周围的排水系统，是否有良好的导水设计，比如排水沟的杂物淤积、沟壁破裂等，导致水流没有按照预期的水流方向排出。应进行基地周围水沟检测并疏通，破损处进行修补等修复工作。

（5）屋顶板与墙面交接处渗水，导致封檐板腐朽。封檐板腐朽严重，现况几乎都已整修过，部分损坏处应更换重做封檐板，天沟及漏水管建议全面检查修理，并注意屋顶附近植栽之修剪，以免落叶树枝堵塞天沟及漏水管，或引诱生物生长。

2. 台基及地坪修复计划

天井地坪高程比主体建筑外埕升高两阶（约30厘米），于前廊墙与砖墙交界处以外为石板铺面，以内为砖铺面。石板部分现况保存良好，室内砖铺面则有部分破损（图7-7），且影响行走安全，屋主已经先行整修（图7-8）。

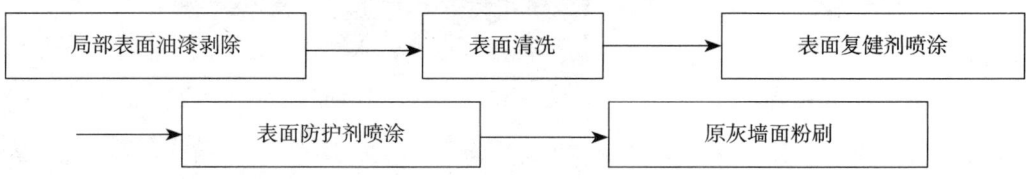

图7-6 外墙修复及防水作业程序

图7-7 原损坏的砖地坪

图7-8 调查期间屋主自行修复已损坏的砖地坪

3．木构架修复计划

中式传统木构架损坏原因包括老化、受潮、生物虫害等，修复工作除了对现状的修复外，应对相关原因提出防治对策及作法。

木材劣化的种类、原因与结果　　　　表7-1

木材劣化的种类	劣化的原因	劣化的结果	防治作法
生物劣化	木材腐朽菌、霉菌类与虫蚁等寄生	腐蚀	防腐处理、防虫处理
吸水、吸湿劣化	木材因含水率变化引起收缩或膨胀	反翘、变形或割裂	非生物性防治
天候劣化	木材受紫外线、风沙雨水之打击与热、湿气、氧气之综合作用，在木材内部引起物理及化学变化	木材组成成分改变，并使木构件渐次发生硬脆、磨耗之现象，外观受损、龟裂、变形等随之发生	非生物性防治、防腐处理
应力劣化	干燥应力	木口割裂、表面割裂、内部割裂	补强修复

（1）生物防治法——防腐处理

对原木料进行防腐处理可有效防止腐朽菌滋生，相关工法限于表面药剂刷涂，或喷涂，药剂应以油溶性或乳剂防腐（如：环烷酸铜NCU、环烷酸锌NZN等）为主，并考虑使用改良过的煤焦油类的防腐剂于易于漏水之处，如木构造与墙体之交接处以及在施作防水层或灰土层之前施作，以达防腐之功效。

（2）生物防治法——防虫处理

防虫处理有两种方式：①原旧木料构件上直接使用药剂（如除虫菌类化合物或有机磷类化合物）；②为阻断虫蚁侵袭木构件的路径等来达到防虫的效果。

由于文物建筑之调查不得采取破坏木构造的试验，透过检测评估之后，确定原物保存之后仍需进一步评估采用维护、修补、加固或抽换等作法；相关作法都是为延长原物的寿命，以使原物尽可能地保存下来，有时已非原物所采用的材料与工法所能达到，应仰赖当代的材料与工法。

（3）非生物因子防治

非生物因子包括水、火、风、光线及天灾等，其中以水的危害最为严重，尤其是正房的侍卫餐厅的天花板、地板及招待所因水气而受潮，造成地板腐蚀程度几乎达百分之百。另外来自屋顶的渗漏是第二大伤害，造成木屋架因受潮产生水渍残留。

水分子对石材、砖、泥灰等造成侵蚀，亦使木质材料含水率升高，更导致进一步的生物劣化。另外风及光线则是造成建筑物材料风化的主因，尤其是建筑物的外观，其危害不仅影响美观更使得构造老化加速。非生物劣化的防治首重破坏原因的阻绝或疏导，当然得配合修复后日常的维护，例如：天沟的修复与平时的清理，疏导水流避免停留，所谓滴水成穿；落地门、窗应加阻隔紫外线的设备，以保护室内木质地板及家具的寿命，良好排水系统及疏导，防止尘埃附着及青苔的生长。

（4）至于原物遭置换时，主要在评估采用何种材料与工法来进行复原的工作，其方式为"复制原物"或"重新制作"构件。

4. 屋顶

屋顶破坏现况、修复做法　　　　　　　　　　　　　　表7-2

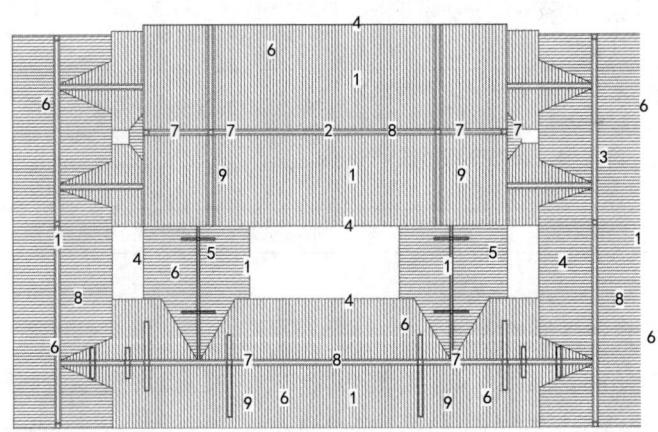

项次	破坏现况	修复做法	备注
1	屋瓦脏污、破损	清洗抽换	
2	脊瓦松动	防水层重修、后铺设固着	
3	屋面坍陷	配合屋架整修调整水平度	
4	封檐板面漆剥落	封檐板检修、去漆，重新补漆	
5	厨房烟囱裂痕	壁炉裂缝以灌注Epoxy方式补强修复	
6	屋瓦布满青苔与水垢	清洗维护	
7	灰背风化、破损	灰背清洗、修补破损处、去漆、重新补漆	
8	正脊装饰破损、褪色	修补破损处、去漆、重新补漆	
9	垂脊风化、破损	修补破损处	

福兴堂位处空旷，屋后更有一高起驳坎，建筑物整个被树木环绕，环境清幽，导致环境潮湿，加上多年失修，渗漏、虫蚁滋生等造成建筑物腐朽严重。

5．内墙装修修复计划

水泥漆部分表面补平重新涂刷，台基、窗框、线板、阳台装饰栏杆部分与勾缝用中性药剂进行清洗；至于崩落与龟裂部分仿原材料进行修补，表面喷涂防护涂刷。外部设备、管线装设不当，应全面拆除、修补墙面并涂刷处理。裂缝补强：JAHN M30 灌注胶为改良的灌注用填补材，适于宽度0.2～5毫米、极细的裂缝，不含氯、铬、氟等化合物，具有高渗透性、高流动性以及高黏着性等特性，更具备达到抗水及抗盐的标准。

6．门、窗及五金修复计划

（1）门窗

现有门窗修护，依实测现况检修或重作复原为原则。门窗经虫、蚁的侵蚀及人为破坏等，虽然形式上还算完整，但有些物件已遭受损坏及汰换，失去了其原来的感觉，故借由本次的整修，把木材损坏、腐朽及五金损毁、佚失的部分，依原材质加以仿作、添补及整修，期使其恢复原有之风貌。

室内门窗保存尚完好，但因水分及其他非生物因素之影响，表面产生金属氧化现象造成掉漆；木框损坏程度不一，轻者掉漆，重者框料断裂，两者均应作全面检修。未来修复原则应以不伤害材料的本色，且须内外颜色一致。线脚结构式样及尺寸均须依保存原则仿旧有形式重作。在外部木制门窗部分，大多有风化现象，甚至受到白蚁虫害、外表风化现象并有龟裂情况产生，因此，在主要木料腐朽之构件处应依原材质抽换，旧有木料施以防腐、防虫药剂。

（2）五金配件

五金配件部分，旧有多为铸铁制品，所有修补工作应于门窗整修工作完成后，依照个别之损坏状况，由于极具历史价值，除非完全劣化损坏，不得任意拆除或新制，以修复原有功能为原则，不得轻易汰换，即使置换，旧有原件应保存纪录。

门窗、五金破坏叙述、现场照片及修复对策　　　　表7-3

名称	破坏叙述	现场照片	修复对策
门窗	因沉陷门扇、窗扇变形，保面受潮腐朽		（1）扶正后检修复原； （2）窗框木料蛀蚀部分抽换更新； （3）窗框木料蛀蚀部分抽换更新

续表

名称	破坏叙述	现场照片	修复对策
门窗	窗框木料蛀蚀		
五金	门锁五金锈蚀		（1）除锈整修润滑； （2）摇窗机整理润滑修复仿制； （3）铰链除锈整修润滑
五金	上插销锈蚀		
五金	下插销锈蚀		（1）除锈整理修复； （2）除锈整理修复，无法修复时仿制处理； （3）除锈整理修复
五金	门锁锈蚀卡死		

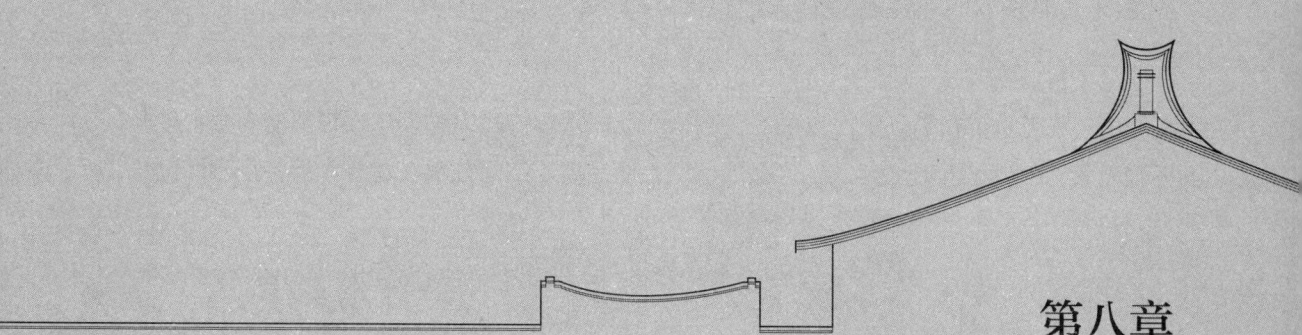

第八章
文物建筑空间再利用规划方案与建议

8.1 福兴堂空间再利用课题分析及相关案例

根据福兴堂的历史发展和再利用设计的需求,福兴堂的再利用设计应考虑到原居住者经营管理空间、文化展示空间、民宿空间三个部分。

8.1.1 福兴堂原居住者经营管理空间

（1）营业空间——居住者自用或提供餐饮服务销售

原居住者目前在福兴堂内自主经营餐饮商业,营业模式以先预订次日消费为主,没有日常营业时间,同时还有农副产品的销售,商品展示空间分散在建筑内部各个不同位置,再利用设计时应考虑餐饮空间和展销空间。

（2）居住空间——原住户共5户人家,成员如表8-1所示。

福兴堂原住户人数统计表　　　　　　　　　　表8-1

李先生-1		李先生-2		李先生-3		李先生-4		李先生-5	
夫妻	2对	夫妻	2对	夫妻	1对	夫妻	2对	夫妻	1对
成人	4人	成人	4人	成人	2人	成人	4人	成人	2人
未成年人	1人	未成年人	1人	未成年人	1人	未成年人	1人	未成年人	1人

经统计,李家大院（福兴堂）共21人,其中成人16人,未成年人5人,故福兴堂再利用设计应考虑到满足现有居住人数和年龄层次所需要的日常生活空间。

8.1.2 文化展示空间

岵山镇是华侨的家乡,代表着岵山地区商业发展的优越性,早期岵山人至外地经商,故利用福兴堂作为商业文化展示是极具代表性的。因此再利用设计时关于文化展示空间的设置,可将多媒体展示空间、实体展示相结合的方式展示岵山的侨乡文化。

8.1.3 民宿空间

岵山镇地方观光资源丰富,其域内还有清末炮楼、福茂寨、和塘古街、仙崆岩等文物古迹。并且岵山,是闽南地区唯一遗存较为完整的千年古镇。岵山镇的茂霞、铺上、铺下、塘溪四个村都已入选中国传统村落名录。

拥有数量如此之多的旅游观光景点,住宿空间的需求是必不可少的,又因为岵山古镇现存古民居的数量庞大,是作为民宿很好的资源,因此福兴堂作为一个重要的旅游景点,发展民宿空间也是大势所趋。

8.1.4 资源与潜力分析

1. 岵山镇的交通与观光资源

（1）交通区位

岵山镇南北有泉三高速、莆永高速与省道206接入，东西岵夹公路贯穿，莆永高速从附近环绕而过，形成了3小时覆盖福建省大部分经济发达地区的交通圈，是永春县的南大门。

（2）观光资源

①文物古迹

塘溪古街：塘溪古街位于岵山镇塘溪村和茂霞村的交界路段，1930年始建，至今已有80多年历史。古街按照闽南特色街道布局而建，因当时民国时期建筑风格开始受到西方建筑的影响，古街也有了中西结合的特色。古街两边建筑有着闽南传统古厝的红砖和飞檐，但已不像传统民居那样明显，一层廊柱和二层阳台栅栏则采用西式的建筑风格，雕饰精美，样式独特，是那个时期的典型写照和文化标示。这些民居第一层基本上用作店面和生活空间，第二层则为卧室，小姑人在此经营一些私人小本生意，悠闲自得的买卖往来。1950年后古街逐渐成为小姑的镇区中心，当时的大部分公共配套设施，如公社、供销社、税务、邮电等都在此。

图8-1 塘溪古街街景图

下灶古民居群：原为下灶大厝繁衍而来。下灶大厝——登庸堂为南陈一脉第20世惊蛰公于明朝正德年间所建，惊蛰公为进士出身，知文通理，见下灶大厝时特意凿金河百丈流通，每隔几步建一个墩子，整条河沟共设7墩，河沟蜿蜒环绕大厝，蜿蜒环绕如田螺，故为"田螺吐珠"，寓意福泽后代，人丁兴旺。直至惊蛰公第九代家族兄弟在20世纪30年代在下灶大厝旁边各自兴建祖厝、宗祠6座，分别为金角堂、金国堂、联兴堂、霞溪堂、玉溪堂、金溪堂，紧密相连，互相依托共同构成现今的下灶古民居群。现在这些古厝依然保存完好，河道顺着田边流过，房前稻田广袤，屋旁荔枝繁茂，是一片自然与人文特色交汇的闽南特色古民居群，是清新与古朴相融的最佳诠释。整片古厝群

图8-2 下灶古民居群屋面（吴新华摄）

图8-3 福茂寨照片（吴新华摄）

图8-4 福茂寨照片（吴新华摄）

图8-5 清末炮楼

图8-6 传统制瓦（吴新华摄）

代表了岵山华侨归乡修祖屋的历史，也代表了闽南传统建筑背山临田、环水植树的建筑格局。

福茂寨：福茂寨始建于明朝嘉靖末年，寨里祠前有池塘一口，尽收环山四水旖旎风光，南山林建有"瓢寨"。现寨墙高三丈，方圆四里有余，周边被田地所包围。

清末炮楼：塘溪村保留着一座比较完整的清代咸丰时期的炮楼，至今已有150年的历史。炮楼结构呈长方形，长约15m，宽约5m，有两层楼高。建筑面积约80m²，室内有1丈多深的地下室，炮楼四周顶端有多个枪眼，墙体全部用石头砌筑而成，墙厚1米有余，结构十分牢固，一般的枪炮难以攻克。炮楼的门高约2米。墙壁上有字迹，但是只能依稀看见一个"今"字，其他的字已经模糊不清。

陈氏宗祠：建于1400年，为南山陈氏十五世优道公之长子（字德修）所建，系二进歇山式建筑，共占地面积为2107m²，其中建筑面积726m²，广场面积891m²，其余四周面积490m²。该宗祠共经过了4次修缮，主要为1955~1957年、1990年、2004~2005年，其中规模较大为1990年，主要由台胞陈进测、陈银枝等先生捐资。宗祠主要用于宗亲联谊、供奉先祖，至优道公传至今已有24世，其繁衍的子孙达十数万之多，分布在福鼎、浙江、漳平、永安、仙夹、桃城、台湾、香港、东南亚等，可谓遍布世界各地。宗祠每年的冬至祭冬堪称规模盛大，五湖四海的宗亲回家祭拜，场面壮观、热闹非凡。

②传统产业

传统制瓦业：由于自然的厚爱，岵山镇域内有丰富的地下陶土矿，这是制作砖瓦的优质原材料，于是，砖瓦业成了岵山人的传统手工业。岵山砖瓦窑发展历史悠久，顺应古时建筑需求，乡亲早就用上自制的砖瓦。现在的整个镇域内保存着许多宋元明清以来修建的烧砖瓦古土窑。这里的砖瓦业在明清时期、民国时期可以算得上首屈一指的工艺产业。这里烧制的产品有瓦片、大脚砖、脊砖、地伏砖和黑色封规砖等。制作工艺包括：选土（有瓷土的田段）、取土（人工挖掘耕田底下无污染的瓷土）、踩土（用大水牛踩融化土）、堆土（把融土团堆砌成小土墩）、造坯（把小土墩的泥巴砌割一大块，用手举起，大力甩在木模瓦斗上，用脚踩实后，用弓钢线沿木模平面切割一下，倒去上面的泥巴，取出成形的瓦坯，然后一张张叠起成瓦坯柱、晾干）、进窑（把晾干的瓦坯柱装进瓦窑）、煅烧（时间七昼夜）、浇水（在窑顶置水润湿降温、时间半个月）、出窑，成品砖瓦待销售。

古建筑业：历史上，湖山人居住的是土木结构的平屋瓦房。而这些平屋瓦房都是房主人自己搭盖或请人来建筑的。经过风吹雨刷，长年居住的房子自然会破落和倒塌的，靠自己简单维修。因此，雇佣土木师傅来维修房子或新建房子成为农村中的一个专门行业。于是催生了一个专业的民间传统建筑工队伍——木匠、泥水匠、石匠，在自然经济的社会里，建筑业的规模不大，大都是个体户，直至近现代以来，才有规模大一些的建筑班组，自成一派建造技艺。

③非物质文化遗产

南音：南音又称"南曲"，素有"御前清曲"之美誉，起源于唐，形成于宋。主要由"指"、"谱"、"曲"三大类组成，仍保留中原古乐的许多韵律，并与闽南民间音乐融汇一体，曲清调美、节奏徐缓、古朴幽雅、委婉深情，是一种旋律缠绵深沉、扣人心弦的美妙乐种。南音是岵山镇男女老少业余活动中的重要文化活动，与群众的生活密切相关，有深厚的群众基础，是群众作为陶冶情操、自娱自乐的文化表现形式。

掌中木偶戏：岵山现在每逢节庆之时，都会有掌中木偶戏上演。该戏种是从明清时期开始流传于闽南地带的特色民间技艺之一。它是把小小的木偶头和木偶的衣服连结起来，衣服像一条口向下开的布袋。表演时，艺术家把手伸进这布袋形的衣服里，食指套进木偶头腔内，大拇指和另三个指头套进在左右两个衣袖里，靠着灵活自如的手指，把

图8-7 南音表演（1）（吴新华摄）

图8-8 南音表演（2）（吴新华摄）

图8-9 木偶戏表演（吴新华摄）

各种木偶角色表演得活灵活现，栩栩如生，木偶戏具有兼收并蓄，博采众长的特点，地域文化特征明显。其艺术风格独特，行当角色分工细致，木偶头雕刻形神兼备，表演细腻，动作传神，深受广大岵山民众的喜爱。

2．发展潜力与限制条件分析（SWOT分析）

SWOT分析是文化观光休憩资源规划的分析工具之一，对于文化资源本身内部发展的优势（Strengths）与劣势（Weaknesses），以及面临外界环境可能带来的发展机会（Opportunities）与威胁（Threats），借由此四项指标交互分析，作为后续规划与经营策略之参考。一般而言内部资源之优势与外在环境的机会即为规划经营的有利条件，内部劣势与外在威胁则须设法予以克服以转换为有利条件，同时尽可能降低劣势与威胁产生的危险。以下即针对福兴堂现况进行分析：

（1）优势（Strengths）

①镇区中心为开阔盆地，小姑溪自西北而东南，曲折穿流于盆地中间，青山绿水，秀色夺人。全镇森林覆盖率达70%，森林植被都保护得比较好，可作为景观再造的良好资源，适合发展为都市近郊之名胜旅游地。

②泉州市政府对旅游业发展不断加大的扶持力度，将有力地推动了永春县的旅游开发；永春县也将旅游业发展视为其重要的产业。

③岵山镇南北有泉三高速、莆永高速与省道206接入，东西岵夹公路贯穿，莆永高速从附近环绕而过，交通资源良好。

④岵山是我国东南沿海的著名侨乡，岵山人自明代嘉靖年间便开始出外谋生，至2007年，旅居海外和港澳台地区的岵山人超过六万。

⑤近年来地方社区发展协会积极参与总体营造活动，已累积良好成果。

⑥建筑内部居民都为李武宗后人，对于修复及再利用计划支持度高。

（2）劣势（Weaknesses）

①腹地空间狭小，周围民居围绕，退距较小，未来开发受限，闲置空间不多。

②旅游服务设施资源缺乏，交通、住宿、购物、娱乐等配套服务设施均有改善空间。

③岵山镇深厚的闽南历史文化底蕴及其特色农副产品挖掘力度不足，尚未充分发挥其巨大的市场潜力。

④地区虽有良好自然资源，但现况观光资源（硬件）略显不足，再利用如朝向营利目标将影响成效。

发展潜力与限制条件分析（SWOT分析）　　　　　　　　　表8-2

机会（Opportunities）	前进策略（SO）	改善策略（WO）
（1）地方民众及文史社团再利用意愿高，为计划推动及管理之助力。 （2）闽南文化生态保护区的建设，有利于岵山镇闽南文化的保护和传承，同时也促进了岵山旅游产业的发展。 （3）区域内及邻近地区古民居资源丰富，将有助于旅游民宿的发展。 （4）岵山传统文化和非物质文化遗产种类丰富，正迎合了目前旅游市场上炙手可热的生态文化旅游。 （5）县镇政府对于修复与再利用意愿高，并具有高度期待，并得到现居居民的配合	（1）修复与再利用之方式均以保留既有纹理与风貌为原则，同时考量对既有生态环境的维护，降低开发量，停车设施不得破坏区域环境，建议规划步行道。 （2）结合政府部门及社区文史团队共同营运管理。 （3）连结周边观光资源进行整体性旅游规划，再利用规划之用途须以易融入社区特性之产业为优先。 （4）配合福兴堂周边资源以及岵山镇侨乡特点，增设配合公共家具，营造具象征性的社区中心。	（1）与地区观光资源结合，增加社区之曝光度，持续引入外界关注，透过社区主导强化观光产业之发展，并同时与当地政府及民间投资业者建立常态沟通平台。 （2）可规划步行道或自行车道，自岵山全镇域规划停车场地，步行通往福兴堂，出站设置明确动线以及告示、识别系统。 （3）增加举办社区活动之频率凝聚社区力量，并配合宣传推广相关信息，增加未来活化再利用之能见度
威胁（Threats）	暂缓策略（ST）	撤退策略（WT）
（1）岵山旅游发展面临区域内激烈的竞争，要继续发展旅游产业多样性才能在竞争中占得先机，提高自身的竞争力。 （2）道路的铺设横穿农田，破坏了当地原来的生态环境。 （3）岵山镇与周边旅游景点联系薄弱，应该与周围资源相互联系形成旅游产业网。 （4）在地人口老化，社区活力较低。村中缺乏工作机会，影响年轻人居住村落的意愿。	（1）与其他部门资源进行整合，避免资源浪费。 （2）后续再利用用途须以永续经营为目标，并考量一定程度之营收，以弥补营运成本。可采用分阶段实施再利用，降低经费压力。 （3）利用基地环境既有肌理与文化、自然资源进行规划，相关建设以可逆及生态工法进行。 （4）妥善结合基地周边艺文资源，降低相关活动成本，并共享资源	（1）配合区域整体发展计划，避免大规模与高强度之开发，短期以辅助整体计划发展为主，长期策略则在排除使外界不易亲近本区的负面因素之后，寻求其他再利用方式之可能性。 （2）考量运用较少的修复经费来维持建筑物使用功能的替代方案，初步得先以提供社区文史团队为主，不具营利目的。使建筑物在维持使用的状态下而获得适当的管理维护

8.2　再利用规划方案

8.2.1　福兴堂再利用分期计划

（1）近程计划

在不影响现有居民日常生活的前提下，近程计划应先完成建筑本体之修复以及必要设备之装设，使福兴堂能维持使用机能，并完成周围环境清理（包含主要观览动线铺面之整修），提供游客基本观览功能，同时，须执行管理维护计划，维持建筑本体与周围环境良好的使用状态，另外，文物应妥善保存或置于原位展示。

（2）中程计划

以纳入再利用相关设施为主。建筑本体部分，室内空间可保持现状供现有居民居住使用，增加必要的展示品与展示设施，除了充实游客观览内容，也可让福兴堂建筑构件上的构件得到更妥善的保护。为了增加游客的便利，可利用适当空间（如过水天井）提供休憩场所，并贩售具当地特色之农产品。户外空间则配合农家餐饮设置露天餐饮空间。此外，庭园亦可设置景观平台或步道，增加福兴堂游憩空间。如经费充足，即可直接进入中程计划。

（3）远程计划

福兴堂再利用功能完备后，除了考虑利用基地周围环境增设景观步道外，可进一步与前述周边邻近景点串联，形成完整的观光游憩网络与路线，借由更丰富的游憩景点吸引游客。此一阶段，应针对整个观光游憩网络与路线规划明确的识别与标示系统，并配合计划性的宣传与推广，同时设置必要的硬件设施，例如游客服务站、自行车租赁点、停车空间以及洗手间等。由于远程计划牵涉层面较广，后续仍需相关单位进一步协调与配合。

8.2.2 福兴堂再利用方案建议

（1）福兴堂原居住者经营管理空间

①营业空间——居住者自用或提供餐饮服务销售

根据现场调研得知，目前福兴堂原居住者自主经营的餐饮商业，每次接待游客人数上限为200人，若按照每桌8个人用餐计算，需提供可容纳25张圆形餐桌的空间作为餐饮商业的营业空间，因为现有经营模式为提前订餐，所以在未营业阶段，该空间可作他用。此空间的规划，原居住者原先使用的空间是上下檐廊和大天井的部分，根据现状考量，建议沿用原来的布置方式。

农副产品的销售也占原居住者收入的一部分，目前的商品的展销空间较为混乱，与厨房共用一个空间，建议调整位置。

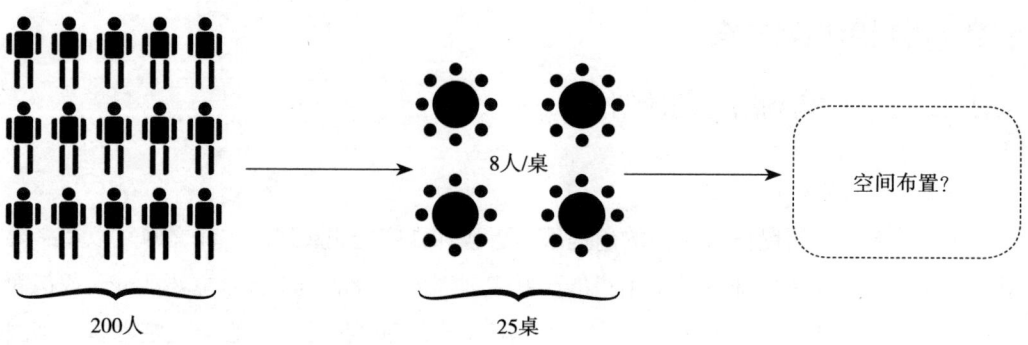

图8-10 福兴堂餐饮商业空间需求分析图

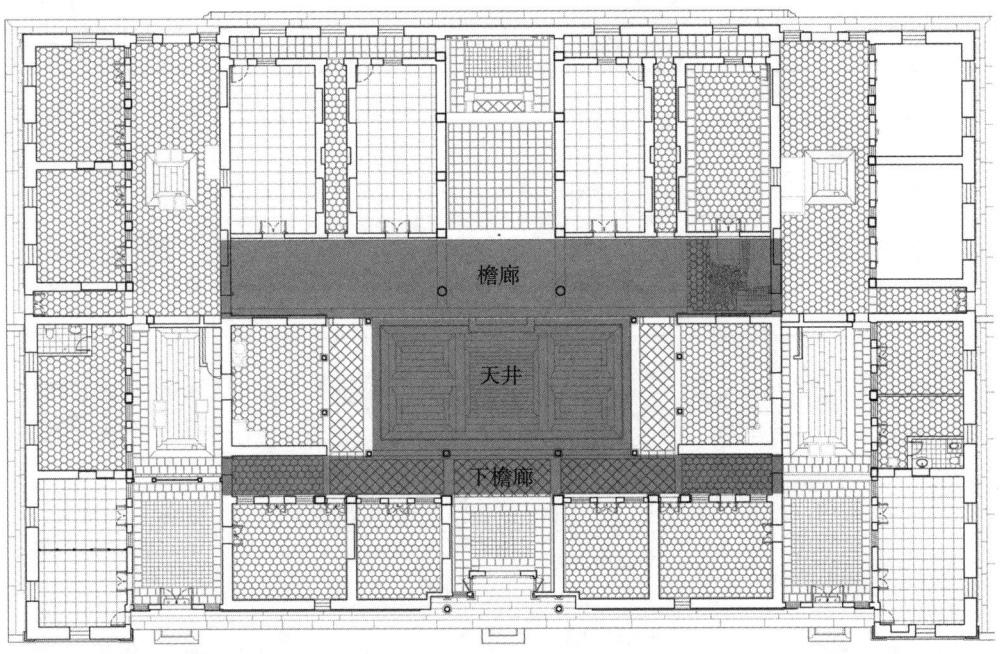

图8-11 福兴堂餐饮再利用设计商业空间分布图

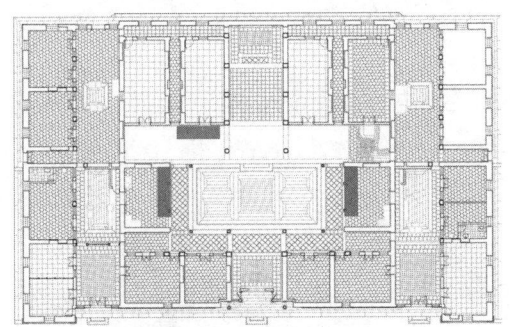

图8-12 福兴堂原农产品销售空间分布图

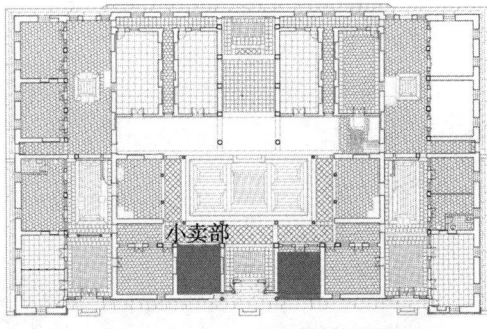

图8-13 福兴堂农产品销售空间规划图

② 居住空间

居住空间类型属性分析　　　　　　表8-3

空间类型	生活行为	居室的种类	面积需求	容纳人数	主要的家具
家庭生活	接待客人	客厅	4.4（5.1）m×3.1（3.3）m=12（15）m²	2~4人	桌子、沙发、座椅
	休闲、看电视、阅读、听音乐	起居室		3~5人	桌子、沙发、座椅、电视机、录音机、电脑
	吃饭	餐厅		5~6人	餐桌、椅子、餐具
个人生活	睡觉、读书、工作、更衣、储藏	主卧室	3（3.6）m×4.1（4.8）m=12（19）m²	2人	床、被子、沙发、桌子、书架、橱柜
	学习、玩耍、兴趣、储藏、更衣	儿童房		1~2人	桌子、书桌、椅子、书架、音响、电脑

续表

空间类型	生活行为	居室的种类	面积需求	容纳人数	主要的家具
个人生活	一天大部分时间都在此度过，睡觉、接待客人	老人房		2人	被子、床、衣柜、盥洗设备
生理卫生	排泄	卫生间	1.5（1.65）m×2.3（2）m=3.5（4）m²	1人	马桶
	入浴、休息	浴室		1人	淋浴设备
	更衣、洗脸、化妆	盥洗室、更衣室		1人	盥洗设备、化妆台、镜子
家务	烹调（洗、切、煮）	厨房	1.8（2）m×3.6（4）m=6.5（8）m²	1~2人	水池、料理台、煤气灶台、电冰箱、餐具柜
	裁缝、熨烫、家庭事务、洗衣、烘干、扫除	家事房、杂用室	1.8（2）m×3.6（4）m=6.5（8）m²	1~2人	缝纫机、熨斗、椅子、洗衣机、烘干机、除尘器
储藏	储藏、整理	食品储藏室、储藏室	5m²		橱柜、抽屉、衣柜

（2）文化展示空间

文化展示空间可划分为：学习体验区、展示区、展品后勤区、办公管理区、研究调查区和休闲区。

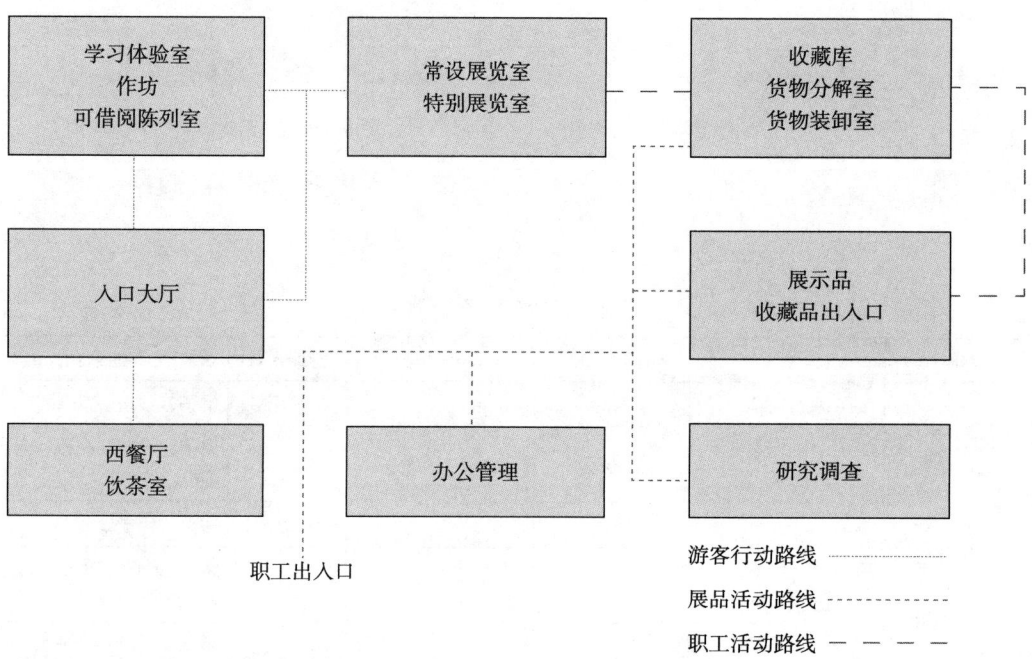

图8-14 文化展示空间基本布局示意图

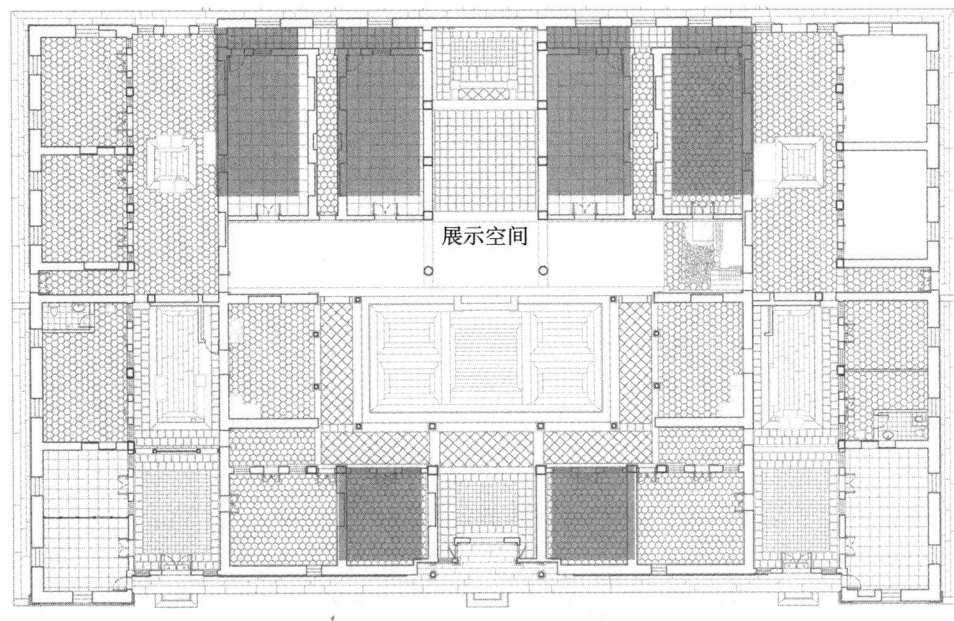

图8-15 文化展示空间可能性

（3）民宿空间

民宿空间类型属性分析　　　　表8-4

空间类型	生活行为	居室的种类	面积需求	容纳人数	主要的家具
家庭房	睡觉	卧室	4.4（5.1）m×5.0（5.5）m=22（25）m²	2~4人	床、桌子、沙发、座椅
	休闲、看电视、阅读、听音乐	起居室		2~4人	桌子、沙发、座椅、电视机、录音机、电脑
	吃饭	餐厅		2~4人	餐桌、椅子、餐具
标准房（单人床、双人床）	睡觉、更衣	卧室	4m×5m=20m²	2人	床、被子、沙发、桌子、书架、橱柜
	排泄、沐浴、更衣	卫生间		1~2人	
公共功能房	烹调（洗、切、煮）	厨房	1.8（2）m×3.6（4）m=6.5（8）m²	1~2人	水池、料理台、煤气灶台、电冰箱、餐具柜
	裁缝、熨烫、家庭事务、洗衣、烘干、扫除	家事房、杂用室	1.8（2）m×3.6（4）m=6.5（8）m²	1~2人	缝纫机、熨斗、椅子、洗衣机、烘干机、除尘器
休憩空间	散步	室外步道	—		
	聚会、休息、讨论、游戏	休息室、休息区			桌子、椅子

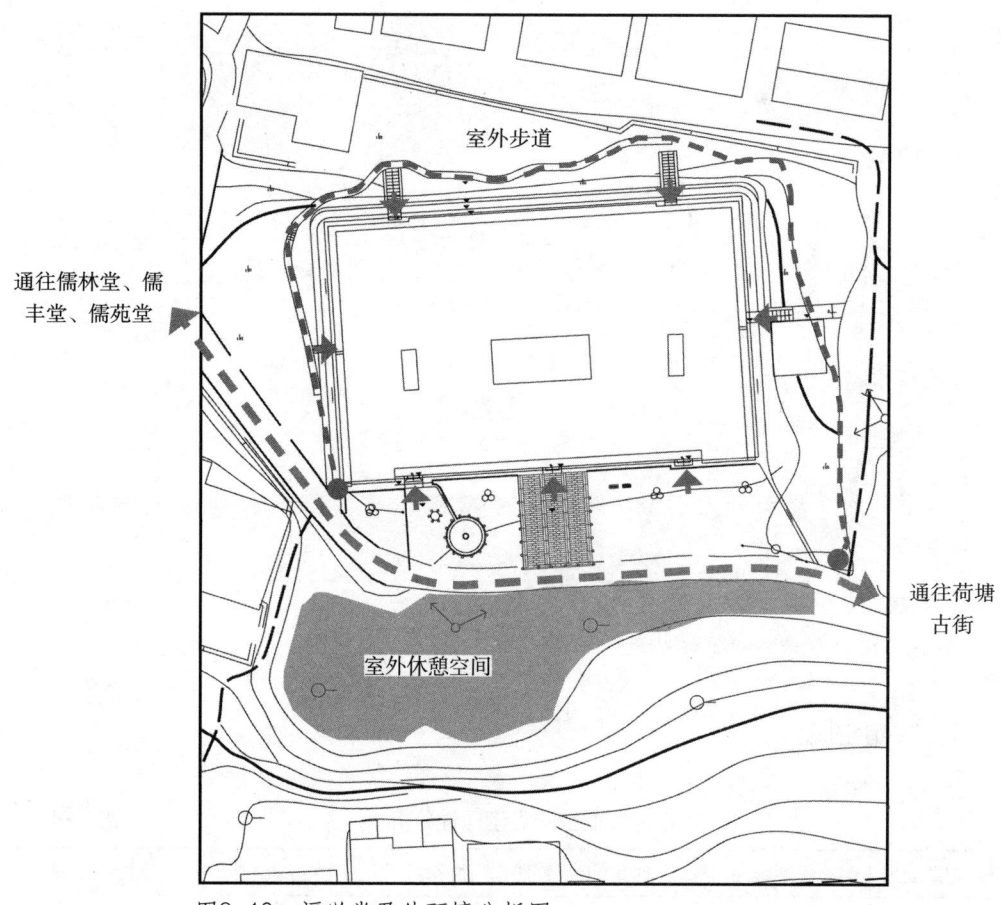

图8-16　福兴堂及外环境分析图

①方案一

本方案将整个建筑分为五个功能区：民居空间、文化展示空间、民宿空间、商业空间、办公空间，其中，民居空间应满足原居民所有家庭成员生活所需要的空间，如卧室、起居室、厨房、卫生间、储藏室等；文化展示空间应包含实体展示空间、多媒体展示空间、展品陈列室等；民宿空间包括了前台接待、客房、公共休闲空间、公共厨房等；商业空间主要经营农副产品和手工艺纪念品的销售；办公空间主要由专业的文物保护研究人员办公使用。

②方案二

本方案将整个建筑分为五个功能区：民居空间、文化展示空间、农家餐厅空间、商业空间、办公空间，其中，民居空间应满足原居民所有家庭成员生活所需要的空间，如卧室、起居室、厨房、卫生间、储藏室等；文化展示空间应包含实体展示空间、多媒体展示空间、展品陈列室等；农家餐厅主要为前来参观的游客提供体验当地饮食文化的场所，并提供公共厨房让游客体验农家生活烹饪的过程；商业空间主要经营农副产品和手工艺纪念品的销售；办公空间主要由专业的文物保护研究人员办公使用。

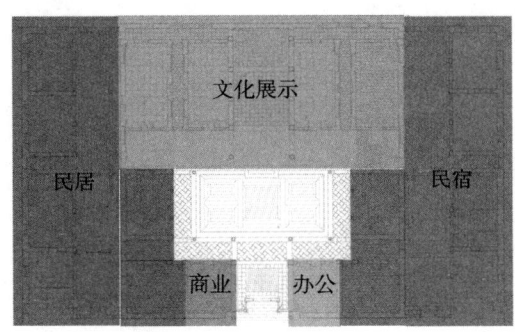
图8-17 福兴堂改造方案一

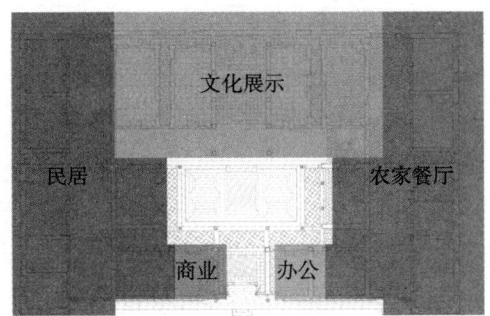
图8-18 福兴堂改造方案二

③方案三

本方案将整个建筑分为六个功能区：民居空间、文化展示空间、民宿空间、商业空间、办公空间、农家餐厅空间，其中，民居空间应满足原居民所有家庭成员生活所需要的空间，如卧室、起居室、厨房、卫生间、储藏室等；文化展示空间应包含实体展示空间、多媒体展示空间、展品陈列室等；民宿空间包括了前台接待、客房、公共休闲空间、公共厨房等；商业空间主要经营农副产品和手工艺纪念品的销售；办公空间主要由专业的文物保护研究人员办公使用；农家餐厅主要为前来参观的游客提供体验当地饮食文化的场所，并提供公共厨房让游客体验农家生活烹饪的过程。

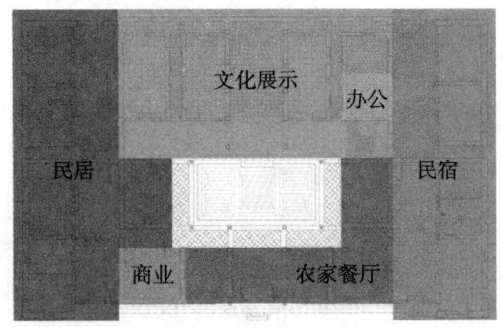
图8-19 福兴堂改造方案三

参考文献

[1]　陈志宏. 闽南侨乡近代地域性建筑研究[D]. 天津：天津大学，2005.

[2]　李炜. 闽南传统建筑屋顶意匠研究[D]. 厦门：厦门大学，2014.

[3]　张晓慧. 民国后期闽南民居建筑装饰艺术研究[D]. 福州：福建师范大学，2014.

[4]　汤黎明. 基于闽南传统非物质文化保护与传承的新城镇发展研究——以"中国岵山古镇"项目为例[C]. 华南理工大学，2012.

[5]　刘晖. 闽南传统聚落保护与更新——以"中国岵山古镇"项目为例[C]. 华南理工大学，2012.

[6]　潘莹. 闽南传统村落历史建筑的保护和更新研究——以"中国岵山古镇"项目为例[C]. 华南理工大学，2012.

[7]　施瑛. 闽南传统建筑文化的现代传承研究——以"中国岵山古镇"项目为例[C]. 华南理工大学，2012.

[8]　王静. 闽南传统聚落生态性研究与可持续发展策略——以"中国岵山古镇"项目为例[C]. 华南理工大学，2012.

[9]　田永复. 中国古建筑知识手册[M]. 北京：中国建筑工业出版社，2013.

[10]　杨莽华，马全宝，姚洪峰. 闽南民居传统营造技艺[M]. 合肥：安徽科学技术出版社，2013.

[11]　陈支平，徐泓. 闽南建筑[M]. 福州：福建人民出版社，2008.

[12]　李重耀，李学宗. 台湾传统建筑术语词典[M]. 台北：蓝第国际出版社，1998.

[13]　方凤玉，李琦华. 历史建筑大屯郡役所及台中州厅附属建筑群调查研究及修复计划[M]. 台中：台中市文化资产管理中心，2012.

[14]　魏闽. 历史建筑保护和修复的全过程——从柏林到上海[M]. 南京：东南大学出版社，2011.

[15]　孙大章. 中国民居研究[M]. 北京：中国建筑工业出版社，2004.

[16]　林宜君. 传统汉式大木作落篙——许汉珍叠斗式落篙技艺[M]. 台中：文化部文化资产局，2011.

[17]　林文为，杨思局，曾经民. 闽南古建筑做法[M]. 香港：香港闽南人出版有限公司，1998.

[18]　福建永春《福兴堂人文光华》编委会. 福兴堂人文光华. 2015-03.

[19] 中华人民共和国国务院. 中华人民共和国文物保护法[S], 2011.

[20] 永春县岵山镇人民政府. 永春县岵山镇——福建省历史文化名镇申报材料[R].

[21] 福建省人民代表大会常务委员会. 福建省文物保护管理条例[S], 2009.

[22] 中华人民共和国文化部. 文物认定管理暂行办法[S], 2010.

[23] 福建省文化厅. 福建省文化厅关于加强文物保护工程项目管理的通知[R], 2013.

[24] 中华人民共和国国务院. 历史文化名城名镇名村保护条例[R], 2008.

[25] 福建省文物局. 福建省历史文化名镇名村保护和整治导则(试行)[S], 2014.

[26] 福建省住房和城乡建设厅. 关于重点扶持历史文化名镇名村保护和整治的指导意见[R], 2014.

[27] 福建省住房和城乡建设厅, 福建省文化厅, 福建省财政厅. 福建省传统村落评审认定方法[S], 2014.

[28] 永春岵山黑瓦制作工艺历经水与火的淬炼[EB/OL]. http://www.mnw.cn/quanzhou/yc/xw/781159.html, 2014-08-05/2015-10-24.

[29] 戴志坚等. 永春县岵山镇古建筑测绘[E]. 厦门大学闽台建筑文化研究所.

[30] 占婷, 颜华杰. 木屑换白银雕出福兴堂[EB/OL]. http://www.ssrb.com.cn/html/mintai/wenhua/2013/0601/281628.html, 2013-06-01.

[31] 曹立群. 谁消耗了这么多棉纱?——论近代中国民族资本主义棉纺织业产生的时间[J]. 历史教学, 2016, 2016:1.

[32] 泉州商报编辑部. "无永不开市"传奇: 能商善贾的永春商帮[EB/OL]. http://www.zgyc.com.cn/news/local/3515337.html, 2015-3-1.

[33] 福建省人民政府外事办公室编. 名词解释: 海上丝绸之路[EB/OL]. http://www.fjfao.gov.cn/ztzl/hssczl/hssczl/201411/t20141118_895649.html, 2014-11-18.

[34] 梁天成. 永春县志-人物志[M]. 北京: 语文出版社, 1990.

[35] 关瑞明. 泉州官式大厝的词源及其读音释义辨析[J]. 福建建筑, 2006(02).

[36] 关瑞明. 传统民居的类设计模式建构[J]. 华侨大学学报, 2003(02).

[37] 波多野想. 文化景观保存哲学及国际案例比较研究计划, 2007.

[38] 波多野想. 挪威文化景观的保存: 系统的方法与网络的理论, 2007.

[39] 吴锡山, 2015, Sekeping Kong Heng光兴民宿, 准建筑人手札: http://forgemind.net/media/archives/2735.

[40] Marco Casagrande, 2014, Ultra-Ruin, ArchDaily: https//www.archdaily.com/485522/ultra-ruin-marco-casagrande.

附录

附录一：李鸿良访谈记录

　　李武宗名李昭派，取字武宗。生于1896年卒于1945年12月，他从福州前往上海时在上海吴淞口遭遇日本水雷袭击沉船不幸遇难。李武庸名李登梯，取字武庸，生于1900年卒于1960年，其父亲李世沂生育1女3男儿。长儿年轻时在南洋生病亡故，武宗居第2，武庸居3儿。武宗祖父早就在外做些生意，父亲李世沂青少年时也是在永春县城及五里街一带做生意，常将永春土特产贩往泉州福州销售，然后采购一些货物回家出售。家庭经济殷实，在家乡已是大户人家。武宗受父辈影响自小跟在父亲身边，也爱做些小买卖，他挑过"摇鼓担"，下乡卖杂货。常随父亲去泉州福州出货，不久世沂在县城买了店面房子，开了一家公司，搞批发。此时武宗已长大，其父世沂常叫他去泉州福州一带出货。有一次在福州金铂店出货，在客栈整理装货欲回永春时，发现货中茂有好几根金条，老实的武宗立即如数将金条归还给金铂店主，金铂店主非常高兴，把武宗的诚信流传出去，得到商人们的好评。武宗逐渐在商界结交了一些朋友，其父亲给他资金作资本，放手让他去经营，武宗初期在泉州同商人周卿章（桃溪人）、刘士诚（达埔人）、刘帮（留安人）4人开办永盛兴批发公司，经营棉布棉纱生意，顺利赚到一些钱。在家庭资金大力支持下，不久武宗同刘士诚2人前往上海发展。同上海商人郑崇丘、郑崇瑞兄弟（仙夹人）、郑金桂（岵山铺下人，日本籍），在上海合办永顺兴进出口商行，武宗真正地走进了商界。接着武宗在上海办鸿荣商行，专营棉布进出口生意。后来他把资金投向各行各业，成为上海九峰织布厂股东，上海大丰布行股东，大上海百货公司股东、上海大丰布行股东、大上海百货公司股东、上海鑫大公司股东、上海谊联银行股东、福州胜津火柴厂股东、福州福盛兴公司、福联兴公司2家公司的股东、泉州泉永通公司股东、武汉汉口《裕记庄棉布贸易公司》股东、宁波宁德公司股东、温州棉布批发站股东、莆田涵江友丰棉布商行股东、永安县"新兴茂贸易公司"股东、香港"南荣贸易公司"股东，还在马来西亚、新加坡、印尼等地投资合股办公司主要经营土特产及棉布。其弟武庸在永春县城经营家族的"长合兴棉布批发公司"。因投资入股的公司多业务广，其弟武庸侄儿李鸿良，常受武宗委派到上海、福州、泉州、宁波等地，走遍了所有的公司办理业务和对账目等。如今已93岁的鸿良对那些公司的名称非常清楚印象深刻。武宗本人不大识字，在生意上遇到诸多不便，以致他后来非常重视教育，办启新小学建宗中中学。

武宗第一任妻子是岵山磻溪人，因病亡故。生子李耿材。第二任妻子张俊英福州人，育有2子，耿通、耿燃。武宗连同亲生的有10个儿子，其他儿子名叫：鸿礼、鸿盛、鸿远、鸿程、鸿春、鸿近、鸿希等。武庸也有10个儿子，亲生儿有李国江、国境、国振、国渊。其他有鸿安、鸿敏、鸿钩、鸿生等。

因当时交通不便，武宗一般很少回家，有时一年才回家一次二次，和家里联系多是打电报。武宗武庸兄弟十分亲密，从无分家，家里事务包括基建均由武庸一人操办。1945年12月宗中中学开工奠基那天，家中接到武宗去世的电报。武宗去世后由武庸调集资金继续建好福兴堂厝及宗中中学（后改为农中）。1960年困难时期中学被人为拆毁。武宗在抗日期间，福州缺粮饥荒，他从芜湖买了几船粮食，无偿救济灾民，并在码头用几个大鼎煮咸稀饭，让上下船的饥饿旅客吃。名声波及东南亚，使武宗在马来亚、印尼、新加坡等地投股的公司经营很是顺利。其母也捐巨资救济灾民，民国省政府授其母"视国犹家"金字牌匾。授李武宗福建省参议员荣誉。

福兴堂厝，位于塘溪村班，是李武宗、李武庸兄弟用一生的心血和巨额资金建成厝中的石雕、木雕精美绝伦（有的石雕师傅还参与过中山陵的修建）。师傅们都是用手工雕刻，难度极大。武宗在外经营公司，其弟武庸全盘负责基建，他调集全国最顶尖最优秀的石雕师、木雕师，砖雕、泥塑师及画师等。1942年开工运土，备石料，建筑1947年完工，历时6年。情况如下：

福兴堂厝基地原是个小山坡，种地瓜，武庸在家负责将地买下，1940年启新小学完工后，1942年福兴堂开工运土地，挑工来自岵山平原村农民，由鸿良负责过称记工，每百斤当时5分钱，土挑至户表溪边倒，距离约600米。平整土地用去近半年时间。同时利用秋收田地无水干燥，开始大量运石料备石。所有石料均来自南安县，当时运石分两路，一路是白石通过桃溪流由船运到永春留安溪畔，然后由人工扛到目的地。另一路是青石直接由南安石窟直接由人工扛到目的地。扛石工人一般来自南安和永春。

福兴堂所用的杉木是从龙阁红岭阁方向找来的，大概是蓬壶达埔一带山区的杉木运来。福兴堂厝建筑所用的白灰是从安溪湖头用人工挑来的，屋顶的瓦片也是由岵山各地瓦窑人工挑来的。

石雕是福兴堂厝最为突出的项目，参与的工匠也是最多的。当时正逢抗日战争，各地极少有大型建筑，石雕师傅多闲着无去处。顶尖的石雕师傅多是惠安人，他们聚集在班上李做工。总负责是一个叫"土成"师傅的惠安人。师傅和徒弟共有100多人，人员分为2大组。厝的左边右边各一组人雕刻，整体要用什么石块，雕刻什么内容，什么图案，尺寸大小，最后均由"土成师"决定打板。当时没电没有机械，要磨平石块，是用两块石块叠在一起，下面的磨石是黑色的，不知是什么石，两块石头中间放金刚砂，用木棍夹住上面的石块，两边用人拉动来回磨，磨好后首先在石块上画上草图，然后用钢锥逐渐打造成形。当时无电无机械,全部都是用手工打磨的,十分艰难。陈嘉庚先生来看了两次刻好的石雕,赞不绝口,希望师傅们做完工后,去集美给他做工。

木雕的雕刻师傅总负责人是磻溪村著名木雕师"铜师"(磻溪瑞芳的父亲)。当时由铜师负责调集各地著名木雕师傅,有岵山铺下村尾树人胡相铜师,有来自永春仙夹、渤溪,以及南安县、安溪、莆田、仙游等地顶尖雕刻师30多人。建造福兴堂时是没有设计图纸的,完全是由铜师及各项目的主要师傅,根据武宗的设想要求,在武庸的主持下,由铜师执笔,将厝的模型草图尺寸画在一块1米多见方的木板上,整座厝要建多大面积、多高、厅要多宽、巷要多宽、埕要多大梁要多长,由众师傅共同探讨研究,经武庸同意后,将尺寸全标在木板上。各项师傅根据尺寸,各展才能,各施其责。做工以点工为主,各位师傅和徒弟、小工等的工资多少。全部是由武庸负责同老师傅商定的。武宗如偶尔回家,武庸将一切情况告知武宗,武宗听后从未反对过。

泥水师傅总负责有两人。分为两组做工,一组是铺上村大路脚人,负责师傅叫"陵师",另一组是南安人"庵师"。两人常在一起探讨问题,并共同负责调集各地的土墙师、砖雕师、泥塑师、画师等共有30多人,有时达40多人。制作泥塑时是用鱼肚加水煮成糊状作为粘胶,制作各种图案。砖是从泉州及南安罗口人工挑来的。水泥花砖是从上海运来的进口砖。

注:以上内容是武宗、武庸侄儿,现年93岁的李鸿良口述,李武宗、武庸的侄孙李明亮记录整理。李鸿良与李武宗原来属表兄弟,武宗的母亲是鸿良的姑母。鸿良从小继承给武宗的大哥为儿,成为侄儿。17岁时就常随武宗去泉州福州,武宗坐轿他跟随步行,然后从泉州或福州坐船到上海,他跟随武宗去各个公司办事,也常受武宗委托到某个公司办事,所以对那些公司及名称非常熟悉。开始兴建福兴堂时也回家协助武庸办事,并参与福兴堂的一些事务。对整个建筑过程也很清楚。跟师傅们混得很熟,平整土地时运土他负责称土、记工、看工地以及近200人的伙食。他经常要带人去五里街买米、买油、买菜,有时跑城关取电报或发电报寄,整天很是忙碌。若武宗要他去上海等地出差,他还要立即赶去上海。他常来往于家乡和上海福州等地。今年他虽93岁高龄但眼不花耳不聋,每天还看报纸。当时的情况只有他最知情最清楚、最真实的。

附录二：陈耕爱访谈记录
访谈人：高小倩　　记录：刘怀杨
2015年9月17日

　　陈老师：(福兴堂)共两进，这个是两边护，两边有护厝，护厝是一间的，XXXX（猜测：中间天井两边各）是2间，上面又是2间，中间这边又是一间，所以这个（福兴堂）足足有36间房间。同时，后面还有一条通道，那是因为过去男女授受不亲，女眷不可入厅堂，厅堂是会客的地方，女眷要做事情只能通过后面的通道，人如果要出去要走这个通道，通往两边的护厝。

　　高小倩：那为什么我们传统（民居）没有那个通道呢？在次间两侧也没有？

　　陈老师：我们传统的应该是要有。但是，（福兴堂）规模不够大，基本是后面被截断了，后面还应该有一部分。岵山这边的古厝有200多厝。

　　高小倩：我推断福兴堂是建于1940~1946年。

　　陈老师：对对对，他1938年的时候已经在建了，差不多到1942年的时候建成。

　　高小倩：像我们这边如果华侨回乡来建房子，我们这边华侨回来建房子的情况多吗？

　　陈老师：岵山镇的房子基本都是华侨回来建的，很多情况是华侨汇钱过来建造的，我这边有一份材料是《华侨古民居》。

　　高小倩：我们就是需要这方面的资料。

　　陈老师：《华侨古民居》，这边只有一些介绍华侨汇钱建造的房子的，只有房子的名称、功能面积、建造时间，但是具体的图纸要下去（村里查找），我这边只有一部分资料，不全面。

　　高小倩：没关系，我们做的这种研究，已经清楚知道那么多古民居一定分散在各处，所以我们想从陈老师这边开始，慢慢去探寻，比如说，您讲的那个华侨，我也想找到那个华侨，如果他们在家中不方便出行，我们也以前去到他们家中访谈。

　　陈老师：我们这座房子，是台湾（某某协会）的人捐款建造的，原本的功能是台胞活动中心。隔壁那栋是侨联的房子，是以前马来西亚的华侨来捐建的，他捐了30万。过去，这些华侨如果有赚很多钱，就会回来家乡建房子。

　　高小倩：像我们刚刚说的。您这座房子是指侨联所在什么时候建造的？

　　陈老师：这是一九八几年的时候建造的。

　　高小倩：有没有华侨民居的建造时期是比福兴堂更早的？

　　陈老师：有啊，这边的学校很多都是华侨捐建的，比如这边有9间学校，都是华侨捐建的。政府如果有出钱也是只出了很少一部分。所以说有很多华侨是岵山出去的。1971年，同乡会的会长是岵山人，现在的会长也是岵山人，新加坡的同乡会会长也是岵山人，澳大利亚永春同乡会的会长也是，台湾有一个支是我们岵山的人，（貌似是一个协会）叫台协堂（台湾协会）。台南屏东有一支姓陈的是我们这边人。

高小倩：所以我们这边陈的是一个大姓？

陈老师：是的，在国内，我们姓陈的同乡有几十万人，包括海外的就有四十几万人。国内很多城市里姓陈的也是从我们这边出去的。

高小倩：那陈老师，以您的经历来看，您认为为什么我们岵山的华侨有这么多呢？

陈老师：这个要分为几个阶段了。清朝末，国内战乱，为了躲避战乱，就开始有居民逃往海外。

高小倩：所以是清朝的时候就有人出去了。像台湾那边的也是那个时候出去的吗？

陈老师：是的，我们在金门也有一个支派。为什么华侨会这么多，就是这些原因了，才会有那么多人回来永春认亲。

高小倩：那您有没有印象，那个福兴堂的雕刻，很精细，还有外国文化在里面，有天使之类的？

陈老师：那是因为年代的原因，那时候一九四几年了。

高小倩：我是在想是不是和华侨与西方文化接触频繁有关？

陈老师：福兴堂当时的建造者叫李武宗，本身就是华侨，他主要是在国内，是一个资本家，他也是有去过海外的。

高小倩：但是资料上写，他没有出去过，他只去过上海（记录上记载居住地为台湾）。

陈老师：那是他的事业范围，他当初在福建地区垄断了许多产业，比如草席、火柴等等。

高小倩：所以他本身是去过南洋的？

陈老师：是的。他有出去过，所以福兴堂的产权作为华侨资产退还给他的子孙了，原本政府已经征收那个房子了。福兴堂后面原来有一座"山"字形的学校，中间是一个礼堂，旁边是两间教室，后面一排教室，共12间教室，楼上楼下都是教室，礼堂上面是一个办公室，整个建筑就是一个"山"字形。但是后来拆掉了，就是80年代的时候，福兴堂因为是华侨的财产，才退还给了他们。

高小倩：福兴堂原来是华侨的财产，那现在是什么样的一个状况呢？因为那个时候我们在询问李家人时，他们说当时李武宗没有出过国，只到过上海，那我们就很不理解，为何福兴堂会有那么多西洋文化的雕刻存在，我们这边有教堂吗？

陈老师：教堂我们这边有的。

高小倩：那教堂是什么时候建造的？

陈老师：教堂建造的时候更早了（比福兴堂），可能是在清末时建造的。

高小倩：那它现在还保留有清末时候的建筑吗？我们在想说如果李武宗不是天主教徒或者基督教徒的话，怎么可能把那么多西洋元素的雕刻用在自己的房子里。

陈老师：如果要研究这个房子的结构，我们这边即将出版一本书，里面有关于福兴堂的一些解释，比如里面对联的来由。

  高小倩：对于福兴堂的研究不仅仅只有介绍福兴堂，初步的想法是，希望经过研究，通过了解岵山的历史、人文、自然、产业等，进行基础资料的建构。但是它的历史现在记录得比较分散，既然住建局已经委托给我们来执行这项研究，我是希望可以把这些分散的历史整合起来，以后的人查找起来也比较方便。

  陈老师：那我这边有一些资料，可以给你们看看。

  高小倩：好的。谢谢。

附录三：埔尾瓦窑访谈记录
访谈人：刘怀杨　　记录：刘怀杨
2015年11月07日

瓦窑阿婆对烧瓦的过程介绍：

首先是采土，采土过程中要把土里面的杂质挑出，如果土含有杂质，烧出来的瓦会有破洞。采土时把表层土先去掉，取土心，如果是软土就不适合烧瓦，烧瓦最合适的土质是偏硬一点的，也不能完全用硬土，要按照一定比例搭配软土和硬土。软土大概的比例是1/3。一般是白土和黄姜（红土）的比例是1∶3，还有一定比例的黑土。按照一定比例混合之后再用牛去采土，采土时要加一点清水。采土至少要经过8个工时，直到土变均匀。接下来就是工匠做瓦了，这个瓦的弯度也是有讲究的。一般来说，弯度的确定方法是"三块半弯"，就是瓦弯的高度是瓦厚度的3.5~4倍，这样烧出来的瓦才能算成功。瓦做好之后要先风干，风干完要检验是不是可以烧制，检验方法就是用手轻轻敲打，如果没有裂纹就是已经风干完成。就可以烧制了。 入窑的过程中，要使瓦的堆叠保持垂直，如果没有垂直，两摞瓦片在上层会碰撞，不仅如此，中间的空隙是要使烧瓦的时候热空气上升的通道。这里还用到了水平仪来保持窑底部的平整。烧瓦的时候，瓦窑上面有一个水池，每过3~4小时就要加一池水，不能让池里的水蒸发干。水池底部留有洞眼，是用来观察窑内的瓦片的成色，在瓦片还没烧好之前，洞眼是用土封住的。池子的做法是，围墙是用石头砌成，里面要填坯土，还要压实，不能让水渗进窑子里面。要把风干后的瓦片进行编号，然后按编号抬入窑子里去。窑洞口放2个煤炉，然后封口，留一个风管给鼓风机送风用。接下来就是烧制的过程了。等瓦熟了之后就可以熄火了，火灭了之后上面的水池还是需要加水，要保持水的量不能见底，见底了就会有空气进入窑中，瓦片会开裂。就这样再过2个星期，然后透过窑顶部的洞看瓦片的成色，就可以开窑了。

牛踩土

附录四：瓦窑陈先生采访记录——屋顶的铺瓦过程讲解
访谈人：刘怀杨、宋睿　记录：刘怀杨
2015年11月07日

双坡屋顶交接处及屋顶正脊的做法（正脊上有装饰）：
正脊的最底层构造是由多层瓦片错缝堆叠而成，瓦片与两坡交接处填塞碎瓦，外层涂抹石灰，瓦片之上叠加黑砖，黑砖之上垂直叠加黑砖，第二层黑砖的两面贴灰塑做装饰，也有用镂空窗做装饰的做法。再往上一层叠加黑瓦，黑瓦之上再次叠加黑砖。砖与砖之间、砖与瓦之间的缝隙均有石灰粘合。

屋脊施工操作示范（1）

屋脊施工操作示范（2）

双坡屋顶交接处及屋顶正脊的做法（正脊上无装饰）：
正脊的最底层构造是由多层瓦片错缝堆叠而成，瓦片与两坡交接处填塞碎瓦，外层涂抹石灰，瓦片之上叠加黑砖。

屋脊施工操作示范（3）

屋面与山墙交接处，瓦片铺设的做法：

常规瓦片铺设规律是两垄凹瓦之间的缝隙上叠加一垄凸瓦，遇到山墙的时候，最外层的一垄凹瓦改成凸瓦。此垄凸瓦与相邻的一垄凹瓦之间的缝隙正下方即为山墙所在的位置。在缝隙上，盖上一垄凸瓦即为垂脊。垂脊之上再用黑砖压顶。

屋脊施工操作示范（4）

屋脊施工操作示范（5）

正脊、垂脊、屋面铺瓦的先后顺序介绍：

在此过程之前屋面应已铺设椽条及望板，正脊的铺设做法如上所述，正脊之下一般来说先预留一片瓦并且将瓦的一边架高以便于后期铺瓦的施工。接下来是垂脊的铺设，铺设做法如上所述。最后才是屋面的铺瓦。屋面的铺瓦顺序是由一边山墙向另外一边山墙铺设。

烧瓦的过程：

宋：瓦窑的入口在烧瓦的时候是密封的，那你们是怎么点火的？

陈先生：在瓦窑的入口处先点好一个煤炉，然后将瓦窑的入口封堵，但是预留一条风管，并在风管的另一头接上鼓风机，向瓦窑内送风。此步骤的作用使将煤炉产生的热气送到瓦窑的各个部位。

宋：瓦窑的外壁是建造的时候就是这个厚度吗？建造瓦窑外壁的材料是什么？

陈先生：瓦窑外壁的外层是由石头砌成的，外壁内的一层是夯土而成的，夯土必须压实。瓦窑内最内层的炉胆是由黑砖砌成的。

瓦窑（1）

瓦窑（2）

附录五：泥水匠师傅朱龙采访记录
访谈人：刘怀杨　　记录：刘怀杨
2015年11月09日

刘：我们目前正在研究那个福兴堂，要全面的调查，一九四几年以来，一年一年调查下来，包括岵山这边，二十几幢古建筑，我们一幢一幢去翻资料，你能不能介绍下，跟福兴堂（建造年代）相似的建筑在那个年代的修建过程。

朱师傅：这我不知道了。因为当时我还没出生。

刘：你后面工作接触的有和福兴堂规格相似的吗？

朱师傅：造型是基本差不多，但是福兴堂的造型比较特别，它哪里特别了呢，它下面的石头，是磨得没有缝的，比我们用机器制作的还密，这是其一；另一方面，福兴堂的各个立面上都做了精美的砖花，正常来讲，民居的立面贴砖都是简单的方形贴面，因此，我说福兴堂是特别的。还有一个方面是，立面上的每一面完整的砖花贴面交界的地方都有"角牌"，"角牌"上面有对联，对联是由砖排列而成的，对联上的文字都是繁体字。这些做法都和这里的做法是不一样的，之所以不一样是因为当时的户主李武宗是在华侨，赚了很多钱。当年正值抗战，所以他没有回来。整个工程都是交由工匠完成的。当时有很多师傅，我知道其中就有来自惠安的石雕师傅，因为永春当地的师傅没有这项技术。我估计那时候做砖和做石头的师傅都是来自惠安，所以才会做的这么精美。屋顶的做法基本和岵山当地的做法是一样的，屋脊上有一些装饰部分，那些装饰大部分是由土作为原材料做成的。上面的立体雕花是由瓷碗剪成的。这里的瓷碗在烧制之前是涂了釉，所以才有颜色。我这里还有这种碗，我可以拿给你们看一下。雕花的做法就是先把这种碗胚敲碎，然后挑选大小合适的碎片，用镊子剪粘成花瓣，然后贴在上面。这种东西我有做过。后来的工作中我去德化看到陶瓷雕花的做法，和我之前推测的雕花的做法是一样的。所以我推测，福兴堂雕花的做法是由德化的陶瓷师傅做的。

刘：那做瓷碗的材料是什么？

朱师傅：是由瓷土做的。

刘：瓷土和土的区别是什么？

朱师傅：其实都是土，工匠先从山上把原始的白土运回来，经过过滤、沉淀、再过滤，若干次重复步骤之后将得到较细的土，这就是瓷土。过滤出瓷土之后要晒干，晒干之后要用机器搅拌，用机器是我们现代人的做法，当时的人们是用锤子去撞（锤），是要耗费很多人力的，搅拌和撞的步骤是为了让瓷土更细、更有黏性。搅拌过后还要再次过滤，过滤完还要再次沉淀，沉淀完再晒干，晒干之后的瓷土就具有一定的黏性，可以用来制作瓷碗。

刘：刚刚师傅说你这里有留做瓷碗的材料。

朱师傅：好，我拿给你看。这些东西都是我去德化买的。我那时候买这个是为了帮别人堆龙，堆花也是用这个做的。

刘：福兴堂屋脊上面的雕花也是用这个瓷碗做的吗？

朱师傅：我认为是，但是他们的做法是不同的。我们现在的做法是先做好整朵雕花，再运到施工地，直接放到上面去，当时的技术没有这么先进，都是在当地剪瓷，直接黏贴上去。我家对面的那座民居也有这种雕花，只是比较小。因为这处人家相比于福兴堂，格局比较小。如果要追究福兴堂的师傅是哪里的，这是无法考证的，因为那时候我还没出生。

刘：那师傅你是什么时候开始从事这个行业的？

朱师傅：我开始工作的时间是（20世纪）60年代，1965年距离40年代已经有二十几年了，我一开始的工作是个砌砖的学徒。我刚出来工作的时候只有十四岁。当时砌的砖的尺寸大概是21厘米宽，21厘米长，5厘米高。当时墙面的工程还有用的材料有小溪里的鹅卵石，我就是这么一步一步学习的，一直到现在，工作了50余年。

刘：福兴堂的地基部分在基础的内部有没有预留排水管，或者换句话说，岵山当地的民居有没有在基础部分预留排水管。

朱师傅：没有。排水管是预留在石基础的部分，不是在土基础的部分。

刘：我在福兴堂天井的部分看到排水口，那福兴堂的排水是怎么做的？

朱师傅：以我的房子为例解释给你听。你看这个就是天井的排水口。

刘：那水是排往哪里？

朱师傅：排到门口去。

刘：那水是都排往门口吗？

朱师傅：不是的。基础下面有一口井，水是从井排出去的。井口有三角形、圆形、正方形、长方形，这个形状要根据这户人家要吃哪个字神，以这个为依据来配井。基础下面并不只有一个井，在进门处的地方也有一个井。井跟井之间有排水通道相连，我们这边十间张的古厝都是这种做法。排水管必须连通到建筑外部，排水管的侧壁是用类似于筒瓦形状的构建制成的，该构建的材料是和烧砖的材料一样的。构建下方是砖。

刘：那建筑内外部都是通过建筑底下的两口井排水的吗？

朱师傅：不是的。只有建筑内部是用那两口井排水的，建筑外的水是不会流入建筑内部的。那这两口井的作用相当于现代建筑的污水池，就是污水流入井中，污物在井中沉淀。当有新的污水进入井中，井中原有的污物就会被冲散到井口。

刘：福兴堂的屋顶是分成三节的是为什么？

朱师傅：是这样的。中间是正厅，是陈家的公共空间，就好比我们现在套房中的客厅。正厅的两边是大房，再往外一件叫六扇，六扇的高度要比大房低，所以要分成三节。这个做法要追溯到鲁班时期定制的规则，鲁班是木匠的鼻祖，所以民居建造当中的尺寸和规则都是鲁班遗留下来的方法。房子越大，内部的房间开间就越大，开间就越深，高度就越高。房子住得下了，内部房间的尺寸就相应变小了。但是房间最小的尺寸要放得下一张床。

刘：房子的大小与正厅开间进深有直接联系吗？正厅的开间进深和高度是不是在建房子之前就已经决定，是由房子的大小决定的吗？还是有别的依据？

朱师傅：根据鲁班的尺寸决定的。

刘：鲁班的尺寸中有规定房子要建多大，正厅的进深、开间和高度的尺寸就要有相应的大小吗？

朱师傅：我们现在用的卷尺上就有鲁班尺。卷尺上面一共有四种尺寸，不知道你们学建筑的有没有关注到这个？

刘：有的，我们现在用的卷尺是以厘米为度量单位。但是我们有考虑到先前的工匠可能是以别的度量方式来施工的。

朱师傅：是的。我解释给你听。我们现在是以米为单位，你看卷尺上面的刻度，最上面的一道尺寸就是我们现在用的度量单位，第二道就是鲁班尺用来建造房屋的时候用的度量单位，第三道是做灵堂牌位用的度量单位，第四道就是英寸。英寸主要是应用在车的轮胎、铁钉，这些地方的比较多。我们现在建造房屋用的都是鲁班尺。鲁班尺上的度量单位用的是八个字，财、病、离、义、官、劫、害、本。其中，财、义、官、本是四个吉利的字，我们建房子的时候要尽量取在吉利的数字上，这个过程就叫取红字。需要取字的尺寸就是正厅的开间进深和正脊最高点。

刘：所以说要先从鲁班定的尺寸中查找到相应的数值之后，尺寸的尾数必须落在吉利的数值上是吗？

朱师傅：那我们现在建造过程中尺寸也可以由甲方决定的。我们现在居住的套房中没有这样取字的。像房间门的宽度和正门的宽度要取红字。

刘：卷尺上的第三排是什么？

朱师傅：是丁兰尺。这个尺寸是用来做过世长辈的灵牌，用来决定灵牌的长度和宽度的，也是需要取红字的。丁兰尺上刻有十个字，分别是财、失、兴、死、官、义、苦、旺、害、丁。丁兰尺有一个典故，丁兰是一个人，他从小时候开始就是一个不孝的人，直到长大之后，到了二十多岁了还是不孝顺。有一天，丁兰在种田，他的母亲带食物来给他吃，但是来晚了，丁兰就打他的母亲，他的母亲已经被打到很害怕他，但是又不能不送饭来给他吃，因为他还没有娶妻。这天，丁兰在种田的时候看到田边树上鸟儿在喂食，如此的景象触动了他，明白自己之前的不孝的行为，理解了母亲的辛劳。此时刚好看到迟来的母亲，丁兰迎面跑了上去，他的母亲不知道他的变化，以为他要打她。他母亲就看到田边有一个水潭，就跳了进去。丁兰也跳了下去，要去救他的母亲，但是他捞出了一块木头。他就用这一块木头来刻他母亲的灵牌。这个典故就是这样的。

刘：所以丁兰尺是在确定灵牌的长度的？

朱师傅：是的，还有宽度。

附录六：图目录

图1-1　福兴堂"文物保护单位"立碑..003
图1-2　福兴堂列入省文物保护单位文件..004
图1-3　福兴堂建设控制地带规划图（永春县城镇规划设计室提供）......006
图1-4　岵山镇传统村落分布图..008
图1-5　岵山镇土地利用现况..008
图1-6　岵山镇永春的交通条件..009
图1-7　福兴堂周边建筑现况..011
图1-8　福兴堂周边建筑...011
图1-9　福兴堂周边植被...012
图3-1　福茂寨、美前堂、如在堂平面组织形态...................................031
图3-2　儒丰苑堂、仰奎堂、敦好堂平面组织形态................................032
图3-3　贻赞堂、心德堂、儒苑堂平面组织形态...................................033
图3-4　福美堂、顺安堂、仁美堂、集福堂平面组织形态......................034
图3-5　裕德堂、顺信堂、双美堂、金角厝平面组织形态......................035
图3-6　丰岑头厝、福兴堂平面组织形态...036
图3-7　世德堂、金谷堂、荣福堂平面组织形态...................................037
图3-8　龙庆堂、泰德堂平面组织形态..038
图3-9　儒林堂、振德堂平面组织形态..039
图3-10　瑞美堂、源隆堂、福兴堂平面组织形态.................................040
图3-11　福茂寨、美前堂、如在堂屋架形式..041
图3-12　儒丰苑堂、仰奎堂、敦好堂屋架形式....................................042
图3-13　贻赞堂、心德堂、儒苑堂屋架形式..043
图3-14　福美堂、顺安堂、仁美堂、集福堂屋架形式...........................044
图3-15　裕德堂、顺信堂、双美堂屋架形式..045
图3-16　金角厝、丰岑头厝、福兴堂屋架形式....................................046
图3-17　世德堂、金谷堂屋架形式...047
图3-18　龙庆官、泰德堂屋架形式...048
图3-19　瑞美堂、源隆堂屋架形式...049
图3-20　福兴堂、儒林堂屋架形式...050
图4-1　福兴堂平面空间名称图..055
图4-2　福兴堂屋架样式分布图..056
图4-3　福兴堂屋架样式一...057
图4-4　福兴堂屋架样式二...057
图4-5　福兴堂屋架样式三...057
图4-6　卷棚分布图...058
图4-7　挑檐样式分布图..062

图5-27	柱础（2）	155
图5-28	柱础（3）	155
图5-29	门额（1）	155
图5-30	门额（2）	155
图5-31	门额（3）	155
图5-32	墙垛（1）	155
图5-33	墙垛（2）	155
图5-34	窗（1）	155
图5-35	窗（2）	155
图5-36	窗（3）	155
图5-37	砖雕（1）	156
图5-38	砖雕（2）	156
图5-39	砖雕（3）	156
图5-40	员光（1）	156
图5-41	员光（2）	156
图5-42	员光（3）	157
图5-43	员光（4）	157
图5-44	角背（1）	157
图5-45	角背（2）	157
图5-46	垂花（1）	157
图5-47	垂花（2）	157
图5-48	垂花（3）	157
图5-49	垂花（4）	157
图5-50	雀替（1）	158
图5-51	雀替（2）	158
图5-52	斗栱（1）	158
图5-53	斗栱（2）	158
图5-54	斗栱（3）	158
图5-55	灰泥塑（1）	158
图5-56	灰泥塑（2）	158
图5-57	灰泥塑（3）	159
图5-58	灰泥塑（4）	159
图5-59	灰泥塑（5）	159
图5-60	灰泥塑（6）	159
图5-61	灰泥塑（7）	159
图5-62	灰泥塑（8）	159
图5-63	彩画（1）	160
图5-64	彩画（2）	160
图5-65	彩画（3）	160

图5-66　楹联（1）..161
图5-67　楹联（2）..161
图5-68　格言（1）..161
图5-69　格言（2）..161
图5-70　格言（3）..161
图6-1　福兴堂全区空间编码平面图...164
图7-1　维护管理面向的概念（波多野想，2006；笔者重绘）.......228
图7-2　木材的修理方法——矧木...229
图7-3　福兴堂苔菌附生照片...231
图7-4　福兴堂粉刷层剥落照片...232
图7-5　粉刷层表面粉化照片...232
图7-6　外墙修复及防水作业程序...232
图7-7　原损坏的砖地坪..233
图7-8　调查期间屋主自行修复已损坏的砖地坪....................233
图8-1　塘溪古街街景图..239
图8-2　下灶古民居群屋面（吴新华摄）................................239
图8-3　福茂寨照片（吴新华摄）..240
图8-4　福茂寨照片（吴新华摄）..240
图8-5　清末炮楼..240
图8-6　传统制瓦（吴新华摄）..240
图8-7　南音表演（1）（吴新华摄）..241
图8-8　南音表演（2）（吴新华摄）..241
图8-9　木偶戏表演（吴新华摄）..242
图8-10　福兴堂餐饮商业空间需求分析图.............................244
图8-11　福兴堂餐饮再利用设计商业空间分布图.................245
图8-12　福兴堂原农产品销售空间分布图.............................245
图8-13　福兴堂农产品销售空间规划图.................................245
图8-14　文化展示空间基本布局示意图.................................246
图8-15　文化展示空间可能性...247
图8-16　福兴堂及外环境分析图...248
图8-17　福兴堂改造方案一...249
图8-18　福兴堂改造方案二...249
图8-19　福兴堂改造方案三...249

附录七：表目录

表号	表名	页码
表1-1	第八批福建省省级文物保护单位名单（节选）	004
表2-1	李武宗的企业汇总表	019
表4-1	福兴堂各空间桁架面内系统组合分析表1	055
表4-2	福兴堂各空间桁架面内系统组合统计表2	056
表4-3	福兴堂卷棚样式一	059
表4-4	福兴堂卷棚样式二	060
表4-5	福兴堂卷棚样式三	061
表4-6	福兴堂挑檐样式一	063
表4-7	福兴堂挑檐样式二	064
表4-8	福兴堂挑檐样式三	065
表4-9	福兴堂挑檐样式四	066
表4-10	福兴堂挑檐样式五	067
表4-11	福兴堂挑檐样式六	068
表4-12	福兴堂挑檐样式七、样式八	069
表4-13	福兴堂柱式分类及说明	070
表6-1	建筑周边现况调查与损坏分析（1）	165
表6-2	建筑周边现况调查与损坏分析（2）	166
表6-3	建筑周边现况调查与损坏分析（3）	167
表6-4	大木作现况调查与损坏分析（1）	168
表6-5	大木作现况调查与损坏分析（2）	169
表6-6	大木作现况调查与损坏分析（3）	170
表6-7	大木作现况调查与损坏分析（4）	171
表6-8	大木作现况调查与损坏分析（5）	172
表6-9	屋顶现况调查与损坏分析（1）	173
表6-10	屋顶现况调查与损坏分析（2）	174
表6-11	屋顶现况调查与损坏分析（3）	175
表6-12	屋顶现况调查与损坏分析（4）	176
表6-13	屋顶现况调查与损坏分析（5）	177
表6-14	屋顶现况调查与损坏分析（6）	178
表6-15	墙体及门窗现况调查与损坏分析——门窗（1）	179
表6-16	墙体及门窗现况调查与损坏分析——门窗（2）	180
表6-17	墙体及门窗现况调查与损坏分析——门窗（3）	181
表6-18	墙体及门窗现况调查与损坏分析——门窗（4）	182
表6-19	墙体及门窗现况调查与损坏分析——门窗（5）	183
表6-20	墙体及门窗现况调查与损坏分析——门窗（6）	184
表6-21	墙体及门窗现况调查与损坏分析——门窗（7）	185

表6-22	墙体及门窗现况调查与损坏分析——门窗（8）	186
表6-23	墙体及门窗现况调查与损坏分析——门窗（9）	187
表6-24	墙体及门窗现况调查与损坏分析——门窗（10）	188
表6-25	墙体及门窗现况调查与损坏分析——门窗（11）	189
表6-26	墙体及门窗现况调查与损坏分析——门窗（12）	190
表6-27	墙体及门窗现况调查与损坏分析——门窗（13）	191
表6-28	墙体及门窗现况调查与损坏分析——门窗（14）	192
表6-29	墙体及门窗现况调查与损坏分析——门窗（15）	193
表6-30	墙体及门窗现况调查与损坏分析——门窗（16）	194
表6-31	墙体及门窗现况调查与损坏分析——门窗（17）	195
表6-32	墙体及门窗现况调查与损坏分析——墙体（1）	196
表6-33	墙体及门窗现况调查与损坏分析——墙体（2）	197
表6-34	墙体及门窗现况调查与损坏分析——墙体（3）	198
表6-35	墙体及门窗现况调查与损坏分析——墙体（4）	199
表6-36	墙体及门窗现况调查与损坏分析——墙体（5）	200
表6-37	墙体及门窗现况调查与损坏分析——墙体（6）	201
表6-38	墙体及门窗现况调查与损坏分析——墙体（7）	202
表6-39	墙体及门窗现况调查与损坏分析——墙体（8）	203
表6-40	墙体及门窗现况调查与损坏分析——墙体（9）	204
表6-41	墙体及门窗现况调查与损坏分析——墙体（10）	205
表6-42	装饰现况调查与损坏分析（1）	206
表6-43	装饰现况调查与损坏分析（2）	207
表6-44	装饰现况调查与损坏分析（3）	208
表6-45	装饰现况调查与损坏分析（4）	209
表6-46	装饰现况调查与损坏分析（5）	210
表6-47	台基、踏步、铺面现况调查与损坏分析（1）	211
表6-48	台基、踏步、铺面现况调查与损坏分析（2）	212
表6-49	台基、踏步、铺面现况调查与损坏分析（3）	213
表6-50	台基、踏步、铺面现况调查与损坏分析（4）	214
表6-51	台基、踏步、铺面现况调查与损坏分析（5）	215
表6-52	台基、踏步、铺面现况调查与损坏分析（6）	216
表6-53	柱系统现况调查与损坏分析（1）	217
表6-54	柱系统现况调查与损坏分析（2）	218
表6-55	柱系统现况调查与损坏分析（3）	219
表6-56	柱系统现况调查与损坏分析（4）	220
表6-57	柱系统现况调查与损坏分析（5）	221
表6-58	柱系统现况调查与损坏分析（6）	222
表6-59	柱系统现况调查与损坏分析（7）	223
表6-60	柱系统现况调查与损坏分析（8）	224

表6-61　柱系统现况调查与损坏分析（9）..225
表7-1　木材劣化的种类、原因与结果..233
表7-2　屋顶破坏现况、修复做法..234
表7-3　门窗、五金破坏叙述、现场照片及修复对策..235
表8-1　福兴堂原住户人数统计表..238
表8-2　发展潜力与限制条件分析（SWOT分析）...243
表8-3　居住空间类型属性分析..245
表8-4　民宿空间类型属性分析..247

永春县李家大宅院古建筑保护研究及教育出版计划参与人员名单

委 托 单 位： 永春县住房和城乡规划建设局

受 托 单 位： 福建工程学院建筑与城乡规划学院

项目负责人： 高小倩

项目组成员： 林从华　吴　征　林　曦　祁开龙　林秀姿
　　　　　　　邱婉婷　黄东海

测绘组成员： 刘怀杨　宋　睿　林晗颖　林　鳃　蔡晓薇
　　　　　　　蒋严涛　邱萍萍　黄　柔　白常庆　郑荣华